헤겔 법철학 입문

헤겔 법철학 입문

초 판 1쇄 발행 1987년 9월 30일
개정판 3쇄 발행 2014년 1월 20일

저 자 上妻精 외
역 자 강금실 외
디자인 EG 디자인
인 쇄 상지사
제 본 상지사
발행처 도서출판 **중원문화**
주 소 서울특별시 마포구 서강로 11길 24
주문처 02-325-5534 FAX 02-324-6799
ISBN 978-89-7728-260-5(93160)

헤겔 法哲學 입문

上 妻 精
小林靖昌　지음 강금실 외 옮김
高柳良治

도서출판 중원문화
2010

머 리 말

이 책은 헤겔이 1821년에 발표했던, 정확하게는 『법철학강요(또는 자연법과 국가학요강)』(*Grundlinien der philosophie des Rechts oder Naturrecht und Staatwissenschaft im Grundrisse*)라는 제목의 책에 대하여 처음으로 공부하고자 하는 사람들을 위해 그 개요를 해설한 것이다.

법, 도덕, 가족, 시민사회, 국가 등 모든 사람들에게 밀접하게 관련되어 있는 현실적인 삶의 문제를 체계적으로 다루고 있는 이 책은 철학을 전문으로 하는 사람들 이외에도 널리 알려져 있는 책이다. 그러나 널리 알려져 있다고 해서 그것이 곧 그 내용이 바르게 이해되고 있음을 의미한다고는 할 수 없다. 헤겔의 저작 가운데에서 이 책만큼 논쟁의 대상이 되었던 책도 없다. 내용의 성격을 둘러싸고, 이 책은 발표 직후부터 오늘날에 이르기까지 그때그때마다의 시대의 움직임에 따라 여러 가지로 해석되었으며 또한 많은 사람들에 의해서 수용되고 비판되어 왔다.

우리는 이 해설서를 집필함에 있어서 무엇보다도 헤겔을 헤겔로부터 이해할 것을 다짐했다. 헤겔과 함께 당시의 독일에 발을 딛고, 헤겔의 생각을 이끌어갔던 문제의식을 탐구하고, 그로부터 나온 사상을 더듬어감으로써 헤겔 사상의 합리적 핵심을 끌어내려고 노력했다. 이 작업이 어디까지

성공했는가는 독자의 비판을 기다려야 하겠지만, 적어도 이 『법철학』의 헤겔을 가리켜 프로이센의 전제적인 군주제국가를 이상국가로 옹호했던 반동적인 어용철학자라고 평하는 것은 일면적인 이해이며, 그러한 이해로써는 파악할 수 없는 폭넓은 내용을 이 책이 담고 있다는 것을 깨닫게만 된다면, 소기의 목적은 거의 달성되는 셈이다.

이 책은 세 사람의 분담 집필로 완성되었다. 내용에 대해서는 공동토론을 통하여 전체의 통일을 꾀했지만, 최종적으로는 말할 나위 없이 각각의 집필자가 책임을 맡는 것으로 했다.

저자 대표

上妻精

저자 소개

上 妻 精(꼬우즈마 따다시)

1930년 출생. 동경대학 문학부 졸업. 현재 성혜대학(成蹊大學) 교수 주요저작 ; 『헤겔에 있어서 혁명과 철학』 『헤겔에 있어서 이론과 실천』, 『헤겔 정치논문집』, 하(下) 등.

小林靖昌(꼬바야시 야수마사)

1936년 출생. 1960년 동경대학 문학부 졸업. 현재 기부(岐阜)대학 조교수. 주요저작 및 논문 ; 「도덕성과 인륜성」(공저, 『일본윤리학논집』 15 헤겔, 1980년), 역서로 딜타이의 『근대성립기의 인간상』 등.

高柳良治(따까야나기 료우지)

1935년 출생. 1960년, 일교(一橋)대학 사회학부 졸업. 현재 국학원대학 경제학부 조교수. 주요저작 및 논문 ; 『헤겔의 노동관』, 「헤겔의 루소 비판에 대하여」, 「헤겔에 있어서 근대 국가의 이미지」 등.

● 차 례 ●

서 론 ; 『법철학』의 대상과 방법

1. 자유의 이념

2. 『법철학』의 방법과 구분

제1부 추상법

● 추상법의 규정과 인격성

1. 자기의 것으로서의 소유

2. 계약

3. 불법

제2부 도덕성

● 도덕성의 규정과 주체성

1. 의도와 죄책

2. 기도(企圖)와 복지

3. 선과 양심

3. 국가

보 론(補論) ; 『법철학』의 이해를 위하여

1. 『법철학』의 해석사

2. 『법철학』의 문제점 정리

3. 『법철학』의 사상사적 의의

4. 『법철학』에 대한 비판적 논평

헤 겔

서 문

— 혁명철학으로서의 헤겔철학 —

上妻 精

『법철학』 성립 당시의 독일연방(1815~66년)

서 문

- 혁명의 철학으로서의 헤겔철학 -

1. 헤겔철학의 성립과 전개

철학혁명으로서의 독일 관념론

시인(詩人)으로도 유명한 하인리히 하이네(H. Heine; 1797~1856년)는 1834년 『독일의 종교와 철학의 역사를 위하여』라는 그의 저서 속에서 칸트의 코페르니쿠스적 전회로부터 시작하여 헤겔에 이르는 독일의 철학운동을 동시대에 일어났던 프랑스혁명과 사상적인 면에서 대응하는 철학혁명으로 규정짓고 있다.

사실 18세기 후반부터 19세기 초두까지는 유럽의 역사를 가름하는 격동의 시대였다. 그 움직임은 한 마디로 말하면 근대의 완성, 현대에로의 전환이라 표현할 수 있을 것이다. 근대사회의 시민은 자유와 평등의 이념을 내걸고, 낡은 체제를 타파하고 정치와 경제의 실권을 장악하여 사회형성의 주역으로 역사의 전면에 등장하게 된다. 그리고 그 세계사적 사명을 경제적인 면에서 담당했던 것은 산업혁명을 추진했던 영국인이고 정치적인 면에서 담당했던 것은 1789년에 시작하여 파란 많은 정치혁명을 수행했던 프랑스인이었다고 한다면, 사상적인 면을 담당했던 것은 독일인이었다. 독일에서는 17세기의 30년 전쟁 이후 신성로마제국은 이름뿐인 것으로 전락했고 연방국가체제하에서 정치적·경제적으로 영국과 프랑스에 뒤지게 되어, 실제로 자본주의혁명을 수행할 만큼 충분한 현실적인 조건은 아직 성숙되지 못한 상태였다.

그러나 칸트로부터 헤겔에 이르는 독일관념론이라는 철학운동은 단지 현실세계의 혁명을 관념적 대체물로서 진행되었던 것은 아니다. 하이네의 말에 의하면 종교개혁으로부터 스스로의 근대화를 시작했던 독일인은 단계적으로 정치혁명에 선행하여 역시 철학혁명을 수행하지 않을 수 없었다. 즉 사람들은 반드시 와야 할 사회적 변혁에 앞서 그것을 밑받침해줄 사상적 토대가 철학이었던 것이다.

그 중에서도 헤겔은 이 사명을 가장 자각적으로 수행했던 사상가였다. 왜냐하면 젊었을 때 프랑스 혁명의 영향을 받았던 헤겔은, 이 혁명이 계몽운동이라는 사상운동에 의하여 이끌어졌다는 사실로부터 혁명이란 인간이 자신의 이성적인 사유를 중심으로 현실세계를 움직여 나가는 것이라는 명확한 혁명개념에 기반하여 이러한 자각 위에서 평생 이 사고를 추진시켜 나아갔기 때문이다. 1800년 가을, 그는 친구 셸링에게 다음과 같은 편지를 쓰고 있다. "나의 학문적 교양은 인간의 하위(下位)의 욕망에서부터 출발했거니와 나는 그러한 토대 위에서 학문하지 않을 수 없었다." 여기에서 헤겔은 분명히 자신의 사색의 출발점은 오직 사회와 역사, 특히 독일의 현실이라는 인간적 삶의 문제라는 것을 고백하고 있다. 헤겔은 독일의 현실 위에 서서 동시에 프랑스의 정치혁명과 영국의 산업혁명이 야기했던 문제를 자신 속으로 끌어들여, 독일 근대화의 길을 모색했다. 1821년에 발표했던 『법철학』 은 바로 그러한 노력의 결실이다. 이러한 헤겔의 자세를 명백하게 하기 위해서, 다음으로 우리는 『법철학』에 이르는 헤겔 사상의 발자취를 간단하게 더듬어 보기로 하자.

뷔템베르크 공국(公國)

G. W. F. 헤겔(Georg Whilhelm Friedrich Hegel)은 1770년 8월 27일 뷔템베르크 수도 쉬투트가르트에서 탄생했다. 아버지 게오르그 루드비히는 칼 오이겐공을 모신 재무관이고 어머니 마리아 막달라는 대대로 민회(民會) 고문의 지위를 지냈던 프롬가(家) 출신이었다.

뷔템베르크 공국은 1495년 막시밀리안 1세가 뷔템베르크 백작인 에벨하르트 5세에게 하사하여 생겨난 것이지만 이미 15세기에, 나중에 제국의회(帝國議會)로 되었던 민회(民會)가 생겨났고 그 이후 공국의 운명은 군공(君公)과 민회라는 두개의 정치권력에 의하여 결정되어져 왔다. 그리고 그 기초가 되었던 것은 1514년 윌리히공(公)의 폭압정치에 반항하여 일어났던 농민반란을 계기로 군공과 민회 사이에 맺어졌던 튀빙겐계약이다. 이 계약은 1805년 프리드리히공에 의해 폐지되기까지 오랫동안 공국의 국가체제의 기초를 이루었고 민회의 지위를 보장하였다. 처음부터 이 300년 사이에는 번갈아가며 군공의 권력에도 민회의 세력에도 축소와 확장이 있었다. 민회는 도시의 명문가를 중심으로 형성된 신분제였으며 거기에는 많은 결함이 내재해 있었지만 뷔템베르크 공국은 이 입헌군주제의 맹아를 가진 국가체제를 갖고 있었다는 점에서 독일에서는 특이한 존재의 하나였고, 헤겔은 양친을 통해서 이러한 정치적 풍토에 접할 수 있었던 것이다.

더구나 뷔템베르크 공국은 1535년 월리히공의 종교개혁 이래 신교적(新敎的) 분위기가 특히 강한 지방이었다. 특히 18세기에 들어서면서 학문으로 정립되기 시작했던 루터주의에 대항하여 독일에서 생겨난 경건주의(敬虔主義)에 내재해 있는 윤리적 자유의 체험, 즉 신비적으로 정신 속에서 내적세계와 외적세계의 통일을 이루고, 윤리적 생활을 통하여 인격에 내재하는 신성(神性)을 발현하는 생의 체험은 헤겔철학의 실존적 기반을 이루고 있다고 말할 수 있을 것이다.

하나로서 전체

헤겔은 1777년 쉬투트가르트 김나지움에 입학, 1788년 가을에 튀빙겐 신학교에 들어가 1793년 가을에 졸업했다. 신학교 시절 헤겔은 횔더린 및 셸링과 기숙사 생활을 같이했다. 수학(修學)시대 헤겔이 몸담았던 교양은 빈켈만, 렛싱, 헤르더 계보로부터 괴테, 쉴러(Schiller)로 이어지는 신(新)인문주의 내지 고전주의 운동, 플라톤, 스피노자, 칸트를 가로지르는 철학운동, 그리고 몽테스키외, 루소, 기용, 멘델스존 등으로 대표되는 계몽운동과 기독교이다.

당시 독일은 이들 사상운동이 존재할 수 있는 현실적 기반을 어느 정도는 갖추고 있었다. 자유의 공동체로 이루어진 그리이스의 폴리스 생활, 감성과 이성이 조화된 그리이스의 인간상은 민족적 통일과 인간성의 해방이라는 이상을 보여주었으며, 플라톤의 사랑, 스피노자의 범신론적 일원론, 그리고 루소 및 칸트의 자유의 주장은 이러한 이상의 실현의 원리를 시사해 주었다. 그리고 이를 위해서는 정통파 루터신앙이 연방국가체제의 정신적 기반으로서 움직이고 있는 한, 기독교와의 비판적 대결은 피할 수 없는 과제였다. 여기에서 우리는 헤겔 자신의 현실에 대한 강한 실천적 관심을 엿볼 수 있다. 바로 그렇기 때문에 1789년에 시작된, 자유, 평등, 박애를 내걸은 프랑스 혁명의 열풍은 젊은 헤겔에게 깊은 감동을 주었던 것이다.

이러한 청년 헤겔의 세계관적 이상을 우리는 그가 휄더린 및 쩨린크와 맹약했던 "하나로서 전체"란 말 속에서 찾아볼 수 있다.

민족종교와 기독교

헤겔은 1793년 가을 쉬투트가르트 교회청의 신학시험을 치르고 목사보의 자격을 얻었디만 이 길로 나가지 않고 귀족 쉬타이거가(家)의 가정교사로 스위스의 베른에 가 그곳에서 1796년 가을까지 체류하였다. 양친의 희망에 따라 성직자의 지위를 얻었지만 그의 관심은 어디까지나 민족의 통일과 전인간성의 해방에 있었으며, 이러한 관심에서 볼 때는 연방국가와 유착되어 있는 정통파 루터교회의 일원이 된다는 것은 그의 순수성이 더럽혀진다고 생각했기 때문이다. 또한 프랑스 혁명에서의 교회비판의 영향도 있었을 것이다. 이러한 젊은 헤겔의 자세는 오늘날 놀(H. Nohl)에 의해 정리된 『젊은 헤겔의 신학논문집』 속에서 볼 수 있는데, 이 시기의 그의 유고 속에 잘 드러나 있다.

즉 신학교 졸업 전후부터 1795년에 이르기까지 헤겔은 민족종교와 기독교에 관한 일련의 초고를 쓰고 있다. 여기에서 그는 기독교를 객체적 사적 종교(客體的 私的 宗敎)로 비판하고 있다. '객체적'이란 인간의 주체적 자유에 뿌리박고 있지 않다는 의미이며, '사적'이란 이 종교가 독일시민의 속물근성을 배양하는 것이 되어버렸다는 의미이다. 분명하게 헤겔은 시대의 폐단을, 즉 보편성을 대표하는 국가권력은 절대전제로서 국민의 외부에 서 있고 또한 국가생활로부터 배제된 국민은 개인[私人]으로서 독선적인 생활에 빠져 있는 것으로 파악하고 이러한 분열을 만들어 내고 유지시키는 것으로서 기독교를 비판하고 있는 것이다. 그리고 이들에 대하여 헤겔은 '공적 · 주체적 종교'로서 '민족종교'를 주장한다.

여기에서 헤겔은 자유와 공동체로 이루어진 민족생활을 이상으로 보고 이러한 민족정신의 함양을 민족종교로부터 기대한 것이다. 개인 생활을 민족 생활 속에서 보려는 태도는 헤겔이 아리스토텔레스와 몽테스키외로부터 얻은 통찰이었다. 그리고 민족종교의 구상은 루소가 『사회계약론』에서 보여 주었던 시민종교(civil religion), 그리고 이를 따른 로베스삐에르의 최고실재(être supreme)의 종교에 대응하는 것이다. 여기에서 우리는 젊은 헤겔이 프랑스 혁명 이념의 영향 아래 있음을 분명하게 볼 수 있다.

또한 헤겔이 이 구상을 고대 그리이스의 폴리스 공화제와 민족종교속에서 형상화했을 때 거기에서는 신(新)인문주의의 영향이 보인다. 더구나 헤겔이 종교를 주체의 내부에서 발생하여 주체를 자유와 공동체의 통일의 실현으로 향하게 하는 것으로 전개했을 때, 이러한 이해는 분명히 실천이성의 자유에 뿌리를 둔 도덕종교로서의 종교를 내세운 칸트를 따르고 있다고 말해도 좋을 것이다. 이 시기의 헤겔은 루소의 사상이 프랑스 혁명을 이끌었던 것처럼 칸트의 철학으로부터 독일의 정치혁명을 기대했던 것이다(1795년 4월 16일자 셸링에게 쓴 편지).

이상과 현실의 괴리

헤겔은 1797년 횔덜린의 초청에 응하여 상인 고겔(Johan Noe Gogel)가(家)의 가정교사로 마인 강가의 프랑크푸르트에 가서, 거기에서 1800년 말까지 머물러 있었다.

그동안 프랑스 혁명에 의해 결과된 현실은 프랑스 국내에서는 공포정치로부터 1794년 7월의 테르미도르 반동, 1795년 헌법과 총재판(總裁判)의 성립, 1999년 11월의 부뤼멜의 쿠데타, 집정제의 성립, 나폴레옹의 대두로 이어지고 있었다. 다른 한편 독일에서는 1792년 제1회 대불(對佛) 동맹전쟁, 혁명군에 의한 라인 좌안(左岸) 점령, 프로이센의 배신, 1797년 칸포·포르미오 평화조약, 이를 이은 라쉬타트회의, 그 위에 1799년에 시작한 제2회 대불동맹전쟁과 독일제국의 내부분열이 노정되어 붕괴에로의 내리막길을 치닫고 있었다.

이 당시 헤겔의 사색도 이러한 현실의 추이와 함께 심하게 격동하지 않을 수 없었다. 특히 고대 폴리스 공화제의 재현이라고 보았던 공화제가 내부항쟁을 거듭하고, 결국 자코뱅당의 독재, 로베스삐에르의 공포정치를 출현시킨 프랑스 혁명의 양상은 젊은 헤겔로 하여금 혁명에로의 감격으로부터 혁명에 대한 반성으로 향하게 했다. 그리고 로베스삐에르라 루소의 사상을 이론적 지주로 하는 한, 그의 반성은 루소의 사상에로, 그리고 칸트 및 피히테의 실천이성의 자유의 철학이 루소의 사상 그리고 프랑스 혁명의 자유의 이념을 따르는 한, 그의 반성은 칸트 및 피히테의 철학에로 향했다. 그리고 헤겔은 스스로 이들 사상에 의지하고 있었으므로 이러한 반성은 엄준한 자기 비판으로 되었다.

이리하여 프랑크푸르트 시대의 헤겔은 자기 자신의 문제의식의 근대화와 구체화를 추구했다. 그것은 역사적 현실의 육중함을 끌어안고, 고대 폴리스 공화제의 부활, 민족종교의 재생이라는 자신의 사색에 여전히 남아있는 추상성, 비역사성을 청산하고, 국가권력과 시민사회 그리고 이것들을 지탱하는 기독교의 지배라는 주어진 현실적 제도건 아래, 어떻게 해서 스스로가 고대 폴리스 공화제 속에서 형상화했던 자유와 공동체의 통일이라는 이상을 현실화할 것인가, 어떻게 해서 민족종교에 의거하여 국민의식의 함양을 행할 것인가, 즉 이상과 현실 사이의 괴리를 고민하면서, 양자의 화해를 자신의 문제로 끌어들이는 과정이었다.

존재하는 현실의 이해

역사적 현실이 피할 수 없는 무거움을 지녔을 때, 거기에 내던져져 살아가는 인간에게 현실은 운명이며 현실과의 화해는 운명과의 화해이다.

프랑크푸르트 시대의 헤겔은 어느 때는 기독교의 사랑 내지는 신과 인간과의 신비적 합일을 설파하는 독일 신비주의의 세계에 침잠하여 화해의 논리를 탐구하는가 하면 또 어떤 때는 고향 뷔템베르크 공국의 민회를 논하고, 신성로마제국의 역사를 연구하고 또한 영국 국민경제학을 열심히 파고 들어, 국가와 시민 사회라는 현실에 대한 이해에 노력하기도 했다. 그리고 이러한 고투 속에서 헤겔은 칸트와 피히테의 입장을 대립에 그치고 있는, 대립을 포함하는 전체로서 사물을 보지 못하는 추상적 오성의 입장이라 비판하고, 자신의 생명의 입장 그리고 대립의 통일이라는, 뒤에 변증법으로 설명되는 논리를 자기의 것으로 했다. 오늘날 놀에 의해 『1800년 체계 단편』이라는 제목으로 정리된 유고 속에서 "생명은 결합과 비결합과의 결합이다"라는 말을 찾아볼 수 있는데, 이 명제는 바야흐로 그렇게 자신의 사색을 체계화할 수 있었던 헤겔의 모습을 보여준다고 할 수 있다.

또한 같은 시기에 오늘날 「독일헌법론」으로 알려진 일련의 논고를 기록하고 있는데 여기에서 헤겔은 이상을 헛되이 높이 갈구하여 현실에 반항하는 것도, 또한 현실로부터 도피하여 헛되이 내면세계에 침잠하는 것도 그 어느 쪽이든 진정으로 시대의 병폐를 극복하는 길이 아니며, 끊임없이 변화하는 현실 바로 그 속에서 현실을 개혁하여 가는 보편성의 입장을 찾아내야 한다고 설명하며 <존재하는 현실의 이해>를 표명하고 있다. 그리고 이러한 입장에 서서 그는 구체적으로 그때까지의 전통을 살려 오스트리아 황제를 중심으로 제국권력을 확립함과 동시에 아직까지는 제후의 자유에 뿌리를 두고 있는 봉건적인 제국의회를 국민의 자유의 원리에 입각한 국민대의제도로 개혁함으로써 독일제국을 재생시켜야 한다는 제안을 하였던 것이다.(金子武藏譯 『헤겔정치논문집』 上, 岩波文庫).

철학자가 되기로 결심, 예나대학으로

1799년 1월 아버지의 죽음으로 약간의 유산을 물려받게 되자 그는 가정교사를 그만두고 스스로를 철학적 제학문에 바치기로 결심했다. 그래서 1801년 가을 예나대학에 사강사(私講師)로 취임, 1805년에는 원외교수(員外教授)가 되어 1807년 3월까지 그 자리에 있었다.

그러나 헤겔에게 아버지의 죽음은 우연한 기회에 지나지 않았고 그가 철학자로서 세상에 나올 것을 결심했던 배후에는 무엇보다도 어떻게 현실에 관계해야 할 것인가라는 자신의 위치설정과 함께, 18세기로부터 19세기로 이르는 시대의 갈림길에 서서 자신의 사상을 가지고 새로운 시대의 철학을 해야겠다는 자부심이 숨겨져 있었다. 헤겔에 있어서 철학교사가 되고 자신의 사상을 체계화하여 이를 세상에 공개하는 것은 민족을 교육하고 독일국가를 재생시키는 데 그가 기여할 수 있는 최고의 실천이었다. 민족종교를 설파한 이래 국민의 교육자로서의 헤겔의 자세가 일관되어 있는 것이다.

헤겔의 최초의 사회이론

무릇 자신의 사상을 체계화했을 때, 한편으로는 적극적으로 자신의 입장과 방법을 전개하고 또 다른 한편으로는 당시의 철학사조를 비판함으로써 이런 비판을 통하여 자신의 입장과 방법을 간단하고 명확하게 하는 길을 선택함은 당연한 일일 것이다.

헤겔은 1801년 사강사로 있기 전 『피히테와 셸링철학의 체계 차이』를 발표·출판하였는데, 이 속에서 각 개인이 절대적으로 자유롭고 독립적일 때 국가는 각 개인의 자유를 제한하기 위해서 존재한다고 말한 피히테의 국가관을 비판하고, 공존하기 위해서 제한당해야 하는 자유란 추상적·무규정적인 자유에 지나지 않으며 인격과 인격의 공존을 자유의 제한이 아니라 참된 자유의 확장으로 보지 않으면 안된다고 말하였다. 즉 "최고의 공존은 최고의 자유이다." 여기에서 우리는 헤겔의 사회철학을 특징지우는 인륜의 원리의 확립을 보게 된다.

그리고 이러한 원리의 전개로서 헤겔은 1802년 이래 셸링과 공동으로 발행하고 있던 『철학비판잡지』에 「자연법의 의학적 접근 방법들에 대하여」를 발표했을 뿐 아니라 「인륜의 체계」 등 최초의 정신철학 강의와 더불어 많은 초고를 남기고 있다. 이러한 글들에서 헤겔은 직관과 개념의 상호포섭을 통하여 이념[이데 ; Idee]을 전개하는 논리형식에 입각하여, 혹은 현실적 통일로부터 대립·차별을 거쳐 재통일에 이르는 절대자의 운동에 입각하여 인륜의 원리의 형식을 자연적 생활로부터 자유와 공동성의 자각적 통일에서 성립하는 국가로까지 더듬어 간다. 여기에서 헤겔의 사회윤리는 변증법적 논리와 결합되어 최초의 표현을 얻고 있다. 더욱이 여기에서 헤겔은 공동생활을 역사적으로 형성하는 것으로서 명확하게 노동을 이끌어 내고, 이러한 토대 위에서 인간과 자연을 매개하는 것으로서

도구 내지 기계를, 인간과 인간을 매개하는 것으로서 언어의 역할을 포착함과 동시에 노동의 분업과 기계화에 의한 인간성의 분열을 논하고 있다. 시민사회를 상대적인 인륜으로 위치지우고, 그것이 상대적이기 때문에 내포하고 있는 모순을 국가에 의해 극복하려는 것이다. 영국의 국민경제학을 자기 동화시킨 이러한 통찰을 지니는 점에서 헤겔의 사회철학은 동시대의 어떠한 철학사상도 추종을 불허하는 높은 위치를 점하고 있다.

라인 연방과 『정신현상학』

1805년 12월 아비스텔리스에서 나폴레옹에게 패하고 다음해 1806년 7월 서남 독일제국이 라인연방을 결성하여 제국으로부터의 탈퇴를 정식으로 선언하기에 이르자, 같은 해 8월 6일 신성 로마제국 프란츠 2세(오스트리아 황제 프란츠 1세)는 스스로 퇴위했다. 여기에서 오토대제 이래의 신성로마제국의 역사는 막을 내린다.

헤겔은 1807년 봄 '학의 체계 제1부'로서 『정신현상학』을 펴내는데, 이 책의 '서문'에서 "우리의 시대가 탄생의 시대이고 새로운 시기에로의 과도기이다"(임석진 역, p.60)라고 쓰고 있다. 「독일헌법론」에서 오스트리아를 중심으로 제국의 재생을 구상했던 헤겔은 이러한 현실의 바탕 위에서 이젠 라인연방에 독일 재생의 희망을 걸었다. "현실적 세계인 국가가 신앙과 통찰의 왕국으로 이행하는 것과 같이 절대자유도 또한 그의 자기 파괴적인 현실로부터 자기 의식적 정신의 다른 토양에로 이행한다." 여기에서 자기 파괴적인 현실이 테러리즘이 번성했던 프랑스 혁명의 현실을 가리킴에 반하여 자기 의식적 정신의 토양은 명백히 도덕성의 나라, 독일을 가리키고 있다.

정치가로서의 헤겔

헤겔은 1807년 3월 함부르크 신문편집자로 라인연방의 일원인 바이에른 왕국의 지방도시 함부르크에 머물러 있었다. 개인적인 사정도 있었지만 그 전해 10월의 예나회전(會戰) 후 대학이 한때 폐쇄되었던 점도 그 계기가 되었다. 우리는 이미 철학자 헤겔이 국민교육가로서의 일면을 갖추고 있음을 보았는데 여기에서는 헤겔의 정치가로서의 일면을 또한 볼 수 있다. 젊은 헤겔이 고향 뷔템베르크 지방민회의 개혁을 논하기도 하고 독일헌법론을 시도해 보기도 했다는 사실은 이미 말했던 바이지만 그 후 1817년에는 하이델베르크에 있으면서 「1815, 16년 뷔템베르크왕국 지방민회에 대한 논구」를 쓰고, 옛 특권을 고수하여 국왕의 헌법초안에 반대하는 민회를 비판했으며 반 년 후 죽음을 맞이하는 1831년 봄에는 「영국선거법 개정법안에 대하여」를 발표, 개정의 필요성을 인정하면서도 그 내용을 비판하고 있다. 헤겔은 현실세계의 사건들에 대한 관심을 평생 외면해 본 적이 없었다. 그리고 이러한 사건들을 보도하는 신문에 강한 흥미를 가졌음은 "아침에 신문을 읽는 것은 실질적으로는 아침기도의 일종이다"라는 헤겔의 말이 보여주고 있다(예나시대의 아포리즘).

철학자 헤겔과 정치가 헤겔은 두 개의 분리된 모습이 아니다. 헤겔은 현실에 깊이 관여함으로써 끊임없이 자신의 사색을 단련하여 나갔다. 그 배후에 일관하여 있는 것은 독일의 정치혁명을 달성하기 위한 토대로서의 사상을 구축하려는 문제의식이었으며 민중에 작용하여 다음에 올 독일의 정치혁명을 준비하려는 사명감이었다. 신문편집자가 되었던 것도 단순한 경제적인 이유에서만이 아니라 이러한 목적의식 때문이었다.

그러나 뷔템베르크는 세계의 사건들을 폭넓게 보는 데 있어서나 또한 독일의 민중에게 호소하는 데 있어서도 알맞지 않은 시골 변두리였다. 또한 신문경영의 재정적 기반이 약했을 뿐 아니라 무엇보다도 당국의 검열이 엄격하여 신문의 자유는 보장받을 수 없었다. 이곳에서는 그의 포부를 살릴 수 없었다. 그래서 헤겔은 친구 니이트하머(F.I. Niethammer)가 지도하는 바이에른의 교육개혁에 협력하기 위하여 뉘른베르크로 떠나게 된다.

『논리학』과 『엔찌클로패디』

헤겔은 1808년 11월부터 8년간 뉘른베르크에 머문다. 그 8년간은 독일해방전쟁, 나폴레옹의 몰락, 신성동맹의 성립 등 격동의 세월이었다. 이때 헤겔은 김나지움의 교장으로, 철학교사로, 또 1813년 11월 이후는 교육위원으로서의 직무를 보는 이외에도 세 권으로 된 『논리학』을 펴냈다. 또한 1811년에는 뉘른베르크에서 대대로 시회의원을 지낸 투허(Tucher)가의 딸인 마리아와 결혼했다.

헤겔은 『논리학』 서문을 다음과 같은 말로 시작한다. “약 25년 전쯤서부터 철학적 사고의 방식이 우리들에게 안겨줄 수밖에 없었던 전면적인 변혁이나 또는 그 같은 시기에 정신의 자의식(自意識)이 스스로에 관하여 알아차리게 된 좀더 고차적인 입장은 아직까지도 논리학의 형태에 거의 이렇다 할 영향을 입히지 못한 상태에 있다”(헤겔 『대논리학』 임석진 역, p.19). 일반적으로는 논리학은 형식적 학문이며 그 내용은 시대의 변화와는 관계없는 것으로 생각된다. 그러나 헤겔은 시대가 커다란 변화를 하였음에도 불구하고 논리학이 변하지 않은 것을 비판하였다. 왜냐하면 헤겔에 있어서 논리는 무엇보다도 실재하는 것의 존재방식이며, 그것을 빼뜨리고는 자신이 살아가는 현실을 총체적으로 파악할 수 없었기 때문이다. 여기에서 헤겔은 특히 혁명에 의한 자유롭고 평등한 인간관계의 확립을 구성원리로 하는 시민사회의 출현을 염두에 두고 이 새로운 현실의 움직임을 전체적으로 이해하는 논리의 구축을 목표하였다. 헤겔은 1831년 11월 죽음 직전에 『논리학』 제2판의 ‘서문’을 썼는데, 7월 혁명으로부터 영국 선거법 개정운동과 복고체제를 타파하여 움직이기 시작한 현실을 앞에 두고 “77회라도 퇴고할 여유를 갖고 싶었다”라고 고백하고 있다. 여기서 우리는 변함없는 헤겔의 자세를 본다.

1816년 10월 헤겔은 철학교수로 하이델베르크에 초빙되어 1818년 가을까지 이 지방에 체류하였다. 이 기간 동안의 최대의 수확은 1817년의 『철학적 제학문의 엔찌클로패디』의 출판이다. 여기에서 헤겔은 처음으로 논리학, 자연철학, 정신철학의 전체 철학체계를 문자 그대로 자기 내부로 귀환하는 절대자의 이념(이데)의 원환운동으로서 총체적으로 서술하였다.

즉 헤겔은 사유가 대상에 침투하여 발현됨으로써 포착된 진리를 이념이라 부르고 철학은 이 이념을 다루는 것이라 말한다. 이 이념이 어떠한 것인가를 순수형태로 논한 것이 논리학이고, 자연 및 정신의 여러 영역에 나타나는 이념을 다루는 것이 자연철학이며 정신철학이다. 자연 속에서도 이념은 작용하고 있지만 자연은 그것을 알지 못한다. 사유하는 정신만이 이념을 알 수 있다. 헤겔에 의하면 자연 속에서 이념은 그 본래를 잃은 상태로 존재함에 반하여 정신에 있어서 이념은 자기상실로부터 자기에 귀환하여 자기를 대상으로서 자각하게 된다. 여기에서 철학체계는 고리 모양을 형성하게 되는데, 이때 우리는 정신철학의 제2편 '객관적 정신' 속에서 『법철학』에 직접 선행하는 헤겔의 사회윤리의 형태를 볼 수 있다.

즉 자연으로부터 자기에로 귀환했던 정신은 최초에는 역시 자연적 제약을 면하지 못한다. 그 때문에 정신은 유한한 정신이다. 유한한 정신은 먼저 개별적 주관에 있어 주관적 정신으로 나타나지만 다음에는 개인을 초월한 객관적 현실을 구성함으로써 객관적 정신으로 나타난다. 정신의 본질은 자유이며, 법, 도덕, 가족, 시민사회, 국가는 모두 자유를 본질로 하는 인간의 행위에 의해 생겨나 지탱되는 것으로서 정신의 객관태이다. 객관적 정신의 현실적 제형태는 세계사의 내용을 형성한다. 이 세계사에 있어서의 국가의 흥망성쇠, 영웅의 등장과 몰락 등 일체의 운명이 영원한 것임을 깨닫게 되었을 때 거기에 절대정신이 현현한다. 주관적 정신도 객관적 정신도 실제로 존재하는 정신으로서 거기에서는 절대이념은 잠재적 즉자태로서 존재하게 되지만 절대정신에 있어서 정신은 실재성의 제약으로부터 해방되어 자기를 완전히 실현하기에 이른다. 절대정신을 직관으로 포착하는 것이 예술이고 표상으로 포착하는 것이 종교이며 개념으로 포착하는 것이 철학이다. 『엔찌클로패디』는 베를린 시대에 들어와 두 번 개정되었다. 그러나 그 체계 구상에 관한 한 변함이 없다.

베를린 대학으로의 초빙

1817년 11월 알텐쉬타인(Altenstein)이 프로이센의 신설된 문교부 장관으로 임명되었을 때, 그가 당면했던 과제의 하나는 1814년 1월의 피히테 죽음 이래 공석으로 남아있던 베를린 대학의 철학교수 자리를 메꾸는 것이었다. 그는 하이델베르크에 있던 헤겔에게 영예를 주었다. 그래서 헤겔은 이 초빙에 응했다. 「독일 헌법론」에서 헤겔은 프로이센을 일체가 위에서 아래로 통제되는 국가로 비판하고 차라리 오스트리아를 독일 재흥의 중심으로 보았다. 이 헤겔이 프로이센으로부터의 초빙에 응했던 것은 결코 그의 변절을 의미하는 것은 아니었다. 변한 쪽은 오히려 프로이센이었다.

1806년 가을의 예나 및 아우에르슈탄트에서의 패전, 그리고 다음해 7월의 틸지트의 평화조약에서 역경에 처했던 프로이센은 국가의 재생을 목표로 그 후 쉬타인 그리고 하르덴베르크(Hardenberg)의 지도 아래 왕권과 귀족과의 동맹에 기반을 두었던 낡은 국가체제를 고쳐 프랑스를 모범으로 국가의 근대화를 추진했다. 더욱이 신분적 제약을 철폐하여 국민에게 사회생활에 있어 광범위한 자유를 부여했을 뿐 아니라 무엇보다도 사회 일반에 대한 관심을 각성시켜 국민의 정신적 힘을 국가의 통치에 결부시킨다는 높은 목표를 추구함에 있어서 이 개혁은 동시대 나폴레옹의 지도 아래 행해졌던 라인연방제국의 개혁과는 질적으로 다른 특색을 가지고 있었다.

그리고 181년에 시작된 해방전쟁에서 고양된 민족의식을 폭발시켰던 프로이센은, 1815년 이래 유럽 전체에 있어서 복고체제가 다시 일어나고 다른 유력한 독일제국이 정체되거나 반동화하는 가운데 근대화에로의 방향을 계속 지향해 나갔던 유일한 나라였다. 라인연방은 나폴레옹의 몰락과 함께 해체되고 오스트리아는 러시아와 함께 신성동맹의 창립자였다. 물론 말할 것도 없이 프로이센에서 보수적인 귀족세력의 저항은 뿌리 깊은 것이었고, 특히 나폴레옹 몰락 후 그들의 세력은 다시 회복되었다.

그러나 통일과 자유를 추구하는 시민운동도 확대되면서 1815년 5월에는 국왕 프리드리히 빌헬름 3세도 국민에 대하여 국회 개설을 약속했다. 또한 하르덴베르크를 필두로 개혁파 관료도 그 지위에 머물러 있었기 때문에 사람들은 프로이센의 미래에서 통일 독일의 중심점을 볼 수 있었다.

헤겔이 알텐쉬타인의 초빙에 응했던 것도 프로이센에 대한 이런 기대 때문이었다. 그리고 동시에 거기에는 독일민족에게 넓게 호소하기에 베를린은 절호의 지역이라는, 국민교육가로서의 헤겔의 자세가 깃들어 있음은 말할 필요도 없다. 어쨌든 정통주의를 추구하는 메테르니히의 복고체제는 역사적 현실의 막중함을 알고 시대의 필연성을 알았던 헤겔과는 전혀 상용될 수 없는 것이었다. 헤겔은 1818년 10월 22일 베를린 대학교수로서의 취임연설을 했다.

그는 해방전쟁의 승리를 찬양함과 동시에 거기에서 발휘되었던 정신의 힘에 의한 프로이센의 부흥을 말하고 거기에 철학의 주된 역할이 있음을 설파하면서 **"진리에로의 용기"**를 학생들에게 요구했다. 이때의 헤겔의 감개를 상상해 보자.

2. 『법철학』의 역사적 배경

프로이센 개혁

1807년부터 1815년에 걸쳐 알텐쉬타인 및 하르덴베르크에 의해 지도된 프로이센 개혁은 농민해방으로부터 시작하여 국가기구의 개혁, 지방자치제도의 개혁에까지 이르렀다. 이들 일련의 개혁에 의하여 농노제의 폐지, 거주의 자유, 토지 매매의 자유, 직업 선택의 자유, 춘프트 제도의 폐지, 영업의 자유, 내각제도의 개혁, 도시의 자치 등이 이루어졌다. 또한 이와 함께 샤른홀리스트, 크나이제나우에 의한 군제개혁, 훔볼트에 의한 교육제도의 개혁 등이 행해졌다. 헤겔이 초빙되었던 베를린 대학도, 자유로운 학문연구와 인문주의적 교육에 의한 국가 부활을 목표했던 훔볼트에 의하여 1810년에 창설되었던 대학이다.

처음부터 이들 개혁에 대한 귀족세력으로부터의 저항은 강했다. 국왕도 본심으로는 귀족세력과 결부되어 있었고 자신의 지위를 지키기 위하여 개혁을 받아들인 것에 지나지 않았다. 국회를 개설하려고 했던 알텐쉬타인과 하르덴베르크의 계획도 역시 실현되지 못했다. 그러나 위로부터의 개혁의 한계를 보여주기는 했지만 프로이센의 수많은 병폐를 제거하고 특히 국가생활에 대한 시민층의 적극적인 관심을 높였다는 점에서 프로이센 개혁은 19세기 프로이센 발전의 전제 조건을 창출해낸 획기적인 것이었다. 그리고 프로이센 개혁이 "프랑스 혁명의 민주적 원리를 프로이센의 군주제 속에 채용하고" "폭력의 폭발에 의해서가 아니라 정부의 예지(叡智)에 의하여 혁명을 수행하는 것"(하르덴베르크의 『리가 각서』)을 목표로 할 때, 이는 헤겔이 지향했던 바이기도 하다. "프로이센 국가는 지성 위에 건설된 국가이다"(1816년 10월 28일, 하이델베르크대학 취임연설).

해방전쟁과 비인회의

1812년 겨울, 나폴레옹이 모스크바 원정에 실패하자 러시아 황제 알렉산더 1세의 호소와 당시 나폴레옹에 의해 추방되어 러시아에 망명 중이던 쉬타인의 획책에 의하여, 프로이센의 각지에서는 조국을 나폴레옹의 지배로부터 해방시키려는 운동이 강력하게 일어났다. 이러한 국민적 고양에 앞서 프로이센 왕도 1813년 2월 동원령을 발령, 3월 프랑스에 대한 선전포고를 했다. 이때부터 해방전쟁이 시작되었다.

전쟁 초기에 프로이센과 러시아 동맹군은 고전을 면치 못했으나 8월 오스트리아가 동맹군측에 가담하면서 전쟁의 귀추는 결정되었다. 1814년 3월 대불(對佛) 동맹군은 파리를 점령, 나폴레옹의 퇴위와 엘바섬에로의 유형으로 전쟁은 끝났다. 그리고 9월, 비인에서 러시아 황제, 프로이센 왕, 열국의 군주, 오스트리아의 메테르니히 등 쟁쟁한 정치가나 외교관들이 모여 프랑스 혁명 이래의 동란(動亂)의 뒤처리를 위해 열국회의를 개최했다. 자국의 영토를 확대하려는 각국의 이해가 얽혀 회의는 결렬되었지만, 1815년 3월 나폴레옹의 엘바섬 탈출이라는 충격을 받고는 6월에 열국은 급히 비인조약을 체결하였다. 그리고 이 조약에 의하여 프랑스, 스페인, 나폴리, 포르투갈 등에서는 옛군주제가 부활되었을 뿐 아니라 독일에서는 오스트리아, 프로이센 이하의 35개 군주국 및 4개 자유도시가 독일연방을 조직하고 연방의회를 프랑크푸르트에 설치하게 되었다. 또한 비인조약의 결정을 보증하기 위하여 1815년 9월에는 러시아 황제 알렉산더 1세의 제창으로 신성동맹이, 또한 11월에는 영국, 프러시아, 러시아, 오스트리아 사이에 4국동맹이 체결되었다. 이리하여 보수반동의 암운이 유럽 하늘에 무겁게 드리우게 되었다.

헤겔과 세계정신

헤겔은 일찍이 나폴레옹을 보았다. 1806년 10월 13일, 예나가 프랑스군에 의해 점령되었을 때 헤겔은 친구 니이트하머(F.I. Niethammer)에게 보낸 편지에서 “세계정신이 진지정찰을 위해 말을 타고 거리를 통과하는 모습을 보았다.”고 쓰고 있다. 헤겔은 뉘른베르크에 있으면서, 이 나폴레옹이 당시 자신(프랑스)의 민족에 의해서 몰락해가는 모습을 복잡한 심정으로 바라보았다. 그것은 나폴레옹이 군대와 함께 ‘나폴레옹법전’을 정복지(헤겔이 살고 있던 독일)에도 가져와 그것에 의해서 지배계급이 타도됨과 동시에 시민의 자유와 평등이 보장되는 한, 나폴레옹의 제패는 침략과 함께 봉건제도로부터의 인간해방이라는 혁명적인 기능도 달성하였기 때문이며, 다른 한편 나폴레옹의 지배에 항거하여 일어난 세력 가운데에는 자유와 독립을 구하는 민중과 함께 나폴레옹에 의해 빼앗겼던 봉건적인 지배와 특권을 되찾으려는 옛 귀족세력의 움직임도 볼 수 있었기 때문이었다.

헤겔은 밤베르크에서 신문편집에 종사했을 때 검열문제로 직접 나폴레옹의 군사점령의 탄압을 체험했다. 그러나 후에는 또 편협한 민족주의와 보수반동을 증오하여, 이에 관한 한 나폴레옹을 지지했다. 그러나 헤겔은 무엇보다도 역사를 일관하여 발전하는 이성을 믿었다. 그는 나폴레옹의 몰락에서 스스로 민중에게 그들의 권리를 인정함으로써 스스로 민중에 의해서 그 높은 자리에서 사라지게 되는 영웅의 비극을 보았다(1814년 4월 29일, 니이트하머에게 쓴 편지). 그리고 거기에서 그때마다 영웅을 역사의 무대 위에 등장시키면서 그의 희생 위에 자기를 발전시키는 세계정신의 간계를 보았다.

비인회의로부터 신성동맹에로 유럽의 보수화가 진행될 때, 헤겔은 냉정한 눈으로 거리를 두고 이 움직임을 지켜보면서 이 현실 속에서 무엇이 가능한가를 생각했다 "인간의 자유는 언제까지나 계속해서 억압받지는 않는다. 세계이성은 좌우로 굴절되어도 확실히 스스로를 계속해서 발전시켜 나간다." 이것은 변함없는 헤겔의 신념이었다. "시대의 세계정신은 전진의 명령을 내렸다고 나는 주장합니다"(1816년 7월 5일 날짜, 니이트하머에게 쓴 편지).

독일 학생동맹과 카알스바트 결의

비인체제에 대한 최초의 저항은 학생들 속에서 일어났다. 1815년 6월

해방전쟁에서 돌아온 학생들을 중심으로 예나대학에서 조국애에 뿌리를 둔, 독일의 통일과 국민적 자유의 실현을 목표로 하는 새로운 학생동맹(부르셴샤프트 : Burschenschaft)이 창설되었다. 그리고 이 운동은 사소한 권력을 지키기에 급급한 독일의 수많은 나라의 국경을 넘어 순식간에 독일 각지의 대학으로 확대되었다.

1817년 10월 예나대학의 호소로 종교개혁 300년제와 라이프니찌히 전승 기념축제를 겸한 학생동맹의 축제가 11개 대학 500여 명의 학생이 모인 가운데 루터와 연고가 있는 고성 발트부르크에서 열렸다. 이 집회는 꼭 정치적인 목적에서 일어난 것은 아니었으며, 정치적으로는 보수파로부터 급진파에 이르기까지 여러 경향의 학생들을 포함하고 있었지만 축제가 거의 끝나갈 무렵 급진파에 속한 일부의 학생들은 파문장을 소각했던 루터의 고사(故事)를 모방하여 당시 민족의 적으로 간주되고 있었던 출판물을 불속에 집어 던졌다. 이 가운데에는 『나폴레옹 법전』과 함께 코쩨부에(A. F. F.Kotzebue)의 『독일제국사』(1814~15년), 할러(K.L. Haller)의 『국가학의 부흥』(1816년), 『프로이센의 경찰법령집』(1817년) 등이 포함되어져 있었다.

1818년 10월, 학생동맹은 거의 대부분의 독일 대학을 망라하는 전국적인 조직이 되었다. 그러나 이들에 대한 내부 대립도 일어나, 얀과 아른트가 결합한 낭만주의적 예나학생동맹에 반대하여 프랑스 혁명의 자코뱅주의를 추구하는 호렌에 의해 지도되는 기이센의 일파도 나타났다. 그리고 1819년 3월 호렌의 친구였던 예나 대학의 학생 칼쟌트가 작가 코쩨부에를 러시아의 간첩으로 보고 암살한 사건이 터졌다. 쟌트의 행위는 학생동맹의 운동과 직접 관련되어 있는 것은 아니었다. 그러나 전부터 학생동맹을 못마땅해 했던 오스트리아의 메테르니히는 이 사건을 이용하여 1819년 8월 프로이센 정부의 동의를 얻어 독일 연방 중 주요 10개국의 대신회의를 카알스바트에 소집하고 여기에서 대학법, 출판법, 선동자단속법 및 집행규칙으로 이루어진 연방법 안을 결의시켰다. 그리고 9월에는 이 초안을 억지로 승인시켰다. 여기에서 학생동맹은 물론 일체의 모든 대학의 학생 연합조직은 금지되었다. 대학에는 정부의 감독관이 배치되고 학생은 물론 교수도 이 감독을 받아야 했다. 출판물에 대한 검열도 강화되었다. 더욱이 연방 전역에 걸쳐 혁명적 음모를 탐색하기 위하여 마인쯔에 중앙위원회가 설치되었다. 비인체제의 틀을 깨부수려는 모든 자유주의 내지 민족주의 운동이 탄압되기에 이르렀다. 그리고 10월 프로이센에서도 이 연방법이 발효되었다.

헤겔과 학생동맹

학생동맹운동을 움직이는 요소는 여러 가지가 있었다. 각지의 학생동맹은 독일의 통일과 헌법의 제정을 요구한다는 점에서는 일치하고 있었지만, 이것을 군주제의 소생으로 생각하는 파도 있었는가 하면 공화제를 목표로 하는 파도 있었다. 또한 그들의 민족주의 가운데에는 그 옛날 좋았던 게르만의 세계를 동경하는 낭만주의도 있었는가 하면 나폴레옹에 대한 증오에서 나폴레옹이 가져왔던 유태인의 해방, 배심재판의 도입, 유스티니아누스(Justinianus ; 동로마황제, 527~567년)법전을 대신하는 새로운 민법전의 편찬 등이 갖는 진보적인 역할마저 부인하는 일면도 있었다.

헤겔은 전제적인 절대주의에 반대했지만 민주라는 이름으로 행해지는 독재에도 반대했다. 그리고 공화제의 조건이 독일에는 아직 성숙되지 못했다고 판단하고 입헌군주제를 옹호했다. 그러나 프랑스 혁명의 세계사적 의의를 인식한 헤겔에 있어서는 왕정복고적인 낭만주의도 배타적인 민족주의와도 연관성을 갖지 못했다. 학생동맹운동은 여러 가지 결점과 모순을 가지고 있다고 말하긴 했지만 기본적으로 헤겔은 학생운동 가까이에 있었다. 그것은 단지 학생운동의 발상지 예나가 헤겔이 최초로 교단에 섰던 장소이며 친한 동료의 다수가 이 운동에 참가하고 있다는 사정 때문만은 아니었다. 무엇보다도 통일과 자유를 구하는 그들의 심정을 헤겔은 자기의 것으로서 이해할 수 있었기 때문이었다. 그것뿐만 아니라 헤겔이 학생동맹운동을 바른 방향으로 이끌어, 가능하다면 그것을 자신의 사상을 현실화하는 힘으로 성취하려는 기대도 지니고 있었다. 이것은 하이델베르크 학생동맹의 지도자 카로베와의 관계에서도 살필 수 있는 바이다. 그는 헤겔과 개인적 및 사상적으로도 관계를 맺음으로써 편협한 민족주의적 경향에 반대하고 유태인을 비롯한 외국인 학생도 수용하는 새로운 학생동맹의 창설에 주력했던 것이다.

헤겔은 베를린 도착 후 계속해서 1819년 2월 9일, 1813년 이날 프로이센이 나폴레옹에 대항하여 조국해방을 목표로 일어난 것을 기념하여 학생동맹이 주최한 축연에, 또한 5월 2일에는 샤를오르스트와 함께 많은 학도병의 전사를 내었던 그로스게르셴의 격전을 추도하여 학생동맹이 베를린 교외에서 열었던 집회에도 쉴라이어마허, 드 베테(W.M.L. De Wette) 등과 함께 초빙되어 출석했다. 학생들 스스로가 자신들에 대한 이해를 가지고 있는 교수로서 헤겔을 인정했던 것이다. 그러나 그 3개월에 잔트에 의한 코쩨부에의 살해사건이 일어나 가을에는 카알스바트트의 결의가 실행되기에 이르렀다. 그러한 움직임 속에서 프로이센에도 경찰당국에 의한 선동자 검거가 시작되었다.

『법철학』 초고

헤겔은 1818년 겨울부터 베를린에서 교단에 섰는데 거기에서 『엔찌클로패디』와 함께 '자연법과 국가학'을 강의했다. 그런데 전자의 강의에 대해서는 헤겔은 이미 하이델베르크 시대에 책을 출판한 바 있었지만 후자의 강의에 대해서는 『엔찌클로패디』 가운데 '객관적 정신'의 전개 이외에는 그 준거가 될 책을 가지고 있지 않았다. 그래서 헤겔은 강의를 위하여 책을 쓰기로 결심했다. 주제는 예나 이래 이미 숙지하고 있던 것이었으며 자료는 준비되어 있었다. 헤겔은 베를린에서 최초의 학기를 마친 다음날인 1819년 3월 26일에 니이트하머에게 "라이프찌히 시에서까지 나는 책을 쓰지 않으면 안 되었다"(나의 자연법)고 알리고 있다. 여기에서 우리는 『법철학』 출판의 최초의 예고를 본다.

그리고 10월 30일 헤겔은 하이델베르크의 크로이쩌에게 다음과 같이 쓰고 있다.

"나의 답장이 늦어진 것은, 극히 하찮은 일이지만 내가 법철학에 대해 약간 기록해 놓은 것을 가지고 귀하의 선물에 답하려고 생각했기 때문입니다. 그러나 막상 원고정리가 마무리 되어 내가 인쇄하여 출판하려고 했을 때에는 연방의회의 결의가 나오지 않았습니다. 하지만 지금은 우리들의 검열면제권과 함께 우리들이 뿌리박고 있는 바를 우리들도 알게 되었기 때문에 머지않아 인쇄에 들어가겠지요."

예정보다는 지연됐지만 여름이 끝날 때까지는 원고가 인쇄되어 완성되리라고 헤겔은 생각하고 있었던 것 같다. 헤겔은 9월 발트해에서 여름휴가를 지내고 있었기 때문에 이때쯤에는 어쩌면 완성되었을 것이다.

1818~19년 겨울학기의 헤겔의 강의가 어떤 내용이었는가는 그것을 들었던 사람들의 노트를 통해 알 수 있는데, 그 내용을 살펴보면, 이 시기에 완성된 원고는 기본적으로 『엔찌클로패디』의 '객관적 정신'의 전개를 확대시킨 것이라 말할 수 있다. 그러나 8월에는 카알스바트의 결의가 이루어져 9월에는 이것이 연방법으로 성립되었기 때문에 곧바로 인쇄되어 나오기는 한때 불가능하게 되었다. 연방법은 20보겐 이하의 출판물의 사전검열을 규정하고 있었기 때문에 어쩌면 당시 헤겔의 원고가 이 규정에 해당되는 분량이었는지도 알 수 없다. 혹은 이러한 연방법의 내용 역시 완전히 알 수 없고 이것이 프로이센에서 구체적으로 어떻게 실현되었는지 불분명한 점이 많기 때문에 헤겔은 인쇄로 나오는 것을 잠시 보류했을지도 모른다. 그러나 10월에는 프로이센에서 연방법에 의거한 검열령이 시행되기에 이르렀다. 그것은 모든 인쇄물의 사전검열을 정하고 대학학술기관에게 인정되었던 검열면제권도 5년 동안 정지된다는, 연방법보다도 엄한 것이었다. 그러나 어쨌건 책의 출판이 가능한 조건으로 원고를 정정하여서 빠른 시일 내에 내놓을 예정임을 크로이쩌에 알렸을 것이다.

그런데 오늘날 우리가 보고 있는 『법철학』은 '서문'에는 "1820년 6월

25일"라는 날짜가 적혀 있고 1821년 베를린의 니콜라이 서점에서 출판된 것으로 되어 있다. 헤겔은 가장 마지막으로 서문을 쓰는 게 상례인데 그렇다 하더라도 곧 인쇄되어 나오리라고 알렌, 크로이쩌에게 보낸 편지보다도 반년이 훨씬 지난 이후에야 서문이 씌어졌다는 것은 어떤 사정 때문이었을까? 거기에서 우리는 헤겔이 원고를 고쳐 쓰지나 않았나 하고 추측할 수 있는데 그 당시 헤겔이 처했던 입장을 생각해 볼 때, 이는 거의 정확한 추론이라 할 수 있다.

1815년의 위기와 『법철학』의 성립

잔트에 의해 코쩨부에* 살해사건이 일어났던 것은 헤겔이 니이트하머에게 『법철학』 출판의 의도를 알리는 편지를 쓰기 3일 전이었다. 프로이센에서도 카알스바트의 결의에 앞서 경찰당국에 의한 선동자 수색이 시작되

* 당시의 과격한 학생운동을 이끌었던 독일 학생연맹은 복합적인 성격을 띠고 있었다. 자유와 평등을 구호로 내걸었지만 낭만적 애국주의와 배타적 민족주의로 무장되어 있었으며 프랑스인과 유대인, 가톨릭 교도, 귀족들에 대한 증오심으로 충만해 있었다. 학생연맹원들은 자신들의 대의가 정당하다고 확신했으며 그것이 법질서와 충돌할 경우 이를 무시해도 좋다고까지 생각했다. 이러한 신념은 결국 '비독일적'이라고 낙인찍혀 증오의 대상이었던 시인 코쩨부에를 잔트라는 학생이 살해하는 사건으로 연결된다.
여기서 헤겔은 당시 프로이센 국가의 법질서 편에 서게 되는데 그 이면에는 현존하는 국가질서에 대한 단순한 옹호를 넘어서는 좀 더 깊은 뜻이 숨어 있었다. 헤겔이 의도한 것은 비판적 이성의 잣대와 보편타당한 법에 따라 통치되는 국가였다. 이러한 법은 포퓰리스트적 선동을 일삼는 "소위 인민의 거짓 형제와 친구들"을 걸러낼 수 있는 시금석과 같은 것이었다. 헤겔은 자신들의 인종적이고 비합리적인 신념을 국가의 법질서 위에 올려놓는 학생연맹의 사이비 민주주의야말로 자유를 심각하게 위협하는 것이라 판단했다. —역주.

었다. 자유주의에 선 하르덴베르크 및 알텐쉬타인은 여전히 그 지위에 있었지만 유럽 전체가 반동화하는 가운데 그들의 정치 내부에서의 기반은 허약했다. 헤겔의 신변에서도 그가 사적인 복습교수로서 불렀던 카로베가 체포되었고, 후임으로 정식 채용되었던 헤닝그도 10주 사이쯤인 7월에 체포되었다. 또한 그의 학생이었던 헤르스타도 포병학교의 교직에서 파면되었고 학생 아스베르스, 뷔리히도 반정부적인 언동으로 체포되었다. 이러한 움직임에 대하여 헤겔은 불법적인 조국애 및 자유주의의 언행을 변호하지는 않았지만 당시 동맹원이었다는 점에 혐의를 두고 당국이 취한 위법적 조치에 대해서는 조국애와 자유주의를 옹호하는 입장에 섰다.

그러나 8월 카알스바트의 결의 이래 선동자 수배는 교수의 신변에도 미치게 되었다. 바로 앞서 희생되었던 사람은 신학교수 드 베테였다. 그는 쟌트의 어머니에게 쟌트의 심정을 칭찬하고 위로하는 편지를 보낸 것이 문제되어 국왕에 의해 9월에 대학에서 추방당했다. 헤겔은 자신에게 위험이 점점 다가옴을 느꼈다. 그것은 드 베테 등과함께 그도 학생동맹의 집회에 출석했는데, 체포된 사람 가운데에는 하이델베르크에서 이사 온 학생을 필두로 그의 관계자 다수가 포함되어 있었고, 이들 젊은 사람들을 돕기 위하여 그도 활동했기 때문이었다. 여기에서 헤겔은 자신의 입장을 확실히 할 필요를 느꼈다. 그는 역사의 움직임을 후퇴시키는 일체의 시도에 대해서도 비판적이었지만, 쟌트의 그러한 행동을 그 동기의 순수성에 있어 인정한 드 베테와 같은 입장도 채택하지 않았기 때문이었다.

10월 30일자로 크로이쪄에게 보내는 편지에서 헤겔은 카알스바트의 결의 및 드 베테에 대한 정부의 조치에 대하여 동의를 표시하는 말은 하나도 적지 않고 있다. 11월 초에는 해임된 드 베테를 위하여 그가 수입의 길을 다시 얻을 수 있을 때까지 매년 연봉에서 각출하는 동료들의 움직임에 동조하여 헤겔은 15불을 냈다. 그러나 11월 13일의 모임에서 헤겔은 드 베테에 대한 정부의 조치를 시인하는 태도를 표명하여 쉴라이어 마허와의 대립이 일어났다. 대학도 그 존립의 기반을 국가에 두는 한 국가가 최종적인 임명권을 가짐을 시인하지 않을 수 없다는 이유 때문이었다. 여기에서 우리는 드 베테와 같은 사람들과의 사이에 일정한 선을 긋고 있는 헤겔의 자세를 볼 수 있다. 그리고 이러한 헤겔의 자세를 알 때, 가을 이후 그가 『법철학』 원고를 같은 의도에서 고쳐 썼음을 충분히 이해하게 된다.

1819년 여름학기에는 헤겔은 '논리학과 형이상학' 및 '철학사'(특히 근대)을 강의했는데 겨울학기에 와서는 '자연철학'과 함께 '자연법과 국가학, 또는 법철학'을 강의제목으로 택했다. 아마도 이 강의를 하면서 헤겔은 원고를 다시 고쳐 썼을 것이다. 이때 고쳐 쓴 가장 중심되는 부분은 '서문'과 '국가', 특히 '군주권'의 전개였다는 점은 완성된 내용과 문제의 성격에서 쉽게 추측할 수 있다. 12월 15일에 헤겔은 서점으로부터 처음으로 원고료를 받았다. 그러나 이것이 인쇄가 시작되었음을 의미하다기보다는 아마 선불이었던 듯하다. 그리고 '서문'을 썼던 1820년 6월 이후에 원고가 검열에 들어가고 그 뒤 인쇄로 넘어갔을 것이다. 그러나 검열에 시간이 걸렸다 하더라도 실제완성이 1821년까지 지연되었으리라고는 생각되지 않는다. 1820년 10월에 완성되었음은 그 달에 편지와 함께 책을 하르덴베르크와 알텐쉬타인에게 증여했다는 사실로부터 알 수 있다.

헤겔의 태도에 대한 평가

이렇게 『법철학』은 아주 삼엄한 상황 속에서 완성되었다. 여기에서 보여지는 헤겔의 태도를 자신의 안전을 위한 안이한 타협이라고 볼 수 도 있다. 그러나 헤겔의 우려가 단순한 기우가 아니었다는 것은 1819년 2월에 쉴라이어마허와 함께 그에 대해서도 혐의가 미쳐 경찰당국에 쉴라이어마허가 이를 풀기 위해 노력했다는 점으로부터도 살필 수 있다. 그리고 그는 결코 현실을 추종하는 기회주의자도 아니었고 마음속의 이상을 위해서는 현실과 격렬히 충돌하는 것도 피하지 않는 급진주의자도 아니었다. 이러한 사고방식이 얼마나 위험한가는 자유의 명목하에서 피를 피로 씻는 테러리즘을 출현시켰던 프랑스 혁명이 헤겔에게 준 교훈이었다. 현실을 수용하면서 그것에 매몰되지 않고 그 움직임 속에서 이상과 현실의 최선의 길을 탐구하는 게 그의 변함없는 자세였다.

그럴 뿐만 아니라 헤겔의 마음 속에는 반동의 물결로부터 어떻게 해서든지 프로이센 개혁의 길을 지키려는 하르덴베르크 및 알텐쉬타인의 입장에 대한 배려도 움직이고 있었다. 이상을 추구하며 지나치게 과격한 행동으로 치닫고 있는 학생들을 탄압의 힘으로써가 아니라 교육으로 지도함으로써 그들의 열정과 힘을 스스로가 지향하는 개혁노선과 결부시키려는 의사에 있어서 알텐쉬타인과 헤겔 사이에 공통의 이해가 있었음은 확실하다고 생각된다. 이때 헤겔이 『법철학』 집필에서 보여준 태도를 단순히 자신의 안전을 위한 타협으로 치부하는 것은 지나치게 일면적인 생각일 것이다. 여기에서 우리는 한편으로는 메테르니히에 의해 지도되는 복고체제, 다른 한편으로는 이에 반발하여 잔트와 같은 과격한 행동으로 공감을 일으키려는 학생 및 지식인들의 움직임 이 양자의 대립 사이에 서서, 양자에 대하여 국가와 국민이 가져야 할 자세를 보여줌으로써 양자의 대립을 극복하면서 이상에로의 길을 개척해 나가려는 헤겔의 자세를 볼 수 있다. 이 이상이 평등과 자유의 통일로 이루어진 인륜적 국가, 독일의 실현에 있음은 말할 것도 없다.

법철학 강의

헤겔은 1821년 여름학기에는 '종교철학'과 '논리학과 형이상학'을 강의했고 22년 겨울학기에는 '자연철학'과 함께 완성된 책을 사용하여 '자연법과 국가학, 또는 법철학'을 강의했다. 그 이후 1822년에서 23년까지의 겨울학기, 1824년에서 25년까지의 겨울학기 그리고 운명하기 직전에 시작했던 1830녀에서 31년까지의 겨울학기에는 '세계사의 철학'과 병행하여 이 책을 교과서로 하여 '자연법과 국가법'을 강의했다. 책의 출판에 앞선 두 번의 강의, 즉 베를린에서의 최초의 학기였던 1818년에서 19년까지의 겨울학기와, 강의와 병행하여 원고를 고쳐 쓰면서 진행시켰다고 생각되는 1819년에서 20년까지의 겨울학기의 강의를 합하여 베를린에서 헤겔은 여섯 번에 걸쳐 '법철학' 강의를 했다. 청강자는 대강 50명 내외였는데 그 가운 데에는 관료나 군인도 있었다. 지금은 여러 학기의 강의내용을 보여주는 헤겔의 각서(覺書) 및 강의를 들은 사람들의 노트가 남아 있다. 1825년부터 31년까지 헤겔은 그밖의 강의를 담당하고 '자연법과 국가법'의 강의는 그의 제자 헤닝그와 간스가 했다. 그러나 이 동안 『엔찌클로패디』의 개정이 이루어졌고 1827년에는 그 제2판, 30년에는 제 3판이 나왔다.

여기에서 이러한 사실들을 연결시켜 볼 때, 우리는 『법철학』 전후의 헤겔의 사상전개를 더듬을 수 있다. 오늘날 『법철학』 본문에 '보충'으로 덧붙여져 있는 부분은 1833년에 간스가 『헤겔전집』 속에 포함시키기 위하여 『법철학』을 교정할 때 1822~23년 겨울 학기의 오토의 노트 및 1824~25년 겨울학기의 그리스하임의 노트에서 부분적으로 수록했던 것이다. 우리는 여기에서 발견되는 헤겔의 발언을 『법철학』의 본문과 대조해 볼 때 어떻게 1820년의 헤겔이 특수한 상황 아래 있었는가, 그와 함께 이 삼엄한 상황 속에서 헤겔이 어떻게 자신의 주장을 양의적(兩義的)인 표현 속에 포함시키려 부심했는가를 알 수 있다.

1821년 6월 마침 국회개설의 무기한 연기를 알리는 칙령이 발표되던 달, 헤겔은 니이트하머에게 보내는 편지에서 "숨지 않고는 선동자 수배의 위험을 모면할 수 없을 것 같습니다."고 알리면서 "새로운 위험이 똑같이 나에게 다가오지 않기를 바랄 뿐입니다."라고 쓰고 있다. 『법철학』을 바르게 이해하기 위해서는 우리는 헤겔과 함께 그의 책이 씌어졌던 시대에서서, 강의에 있어서의 헤겔의 발언에도 주의하지 않으면 안 된다.

3. 『법철학』의 「서문」

「서문」과 「서론」

헤겔이 출판한 책들은 모두 앞머리에 「서문」과 「서론」를 갖추고 있다. 「서론」이 문자 그대로 본론의 내용에로의 도입을 위해 본론에 앞서 집필된 것임에 반하여 「서문」은 전체를 모두 집필한 후에 써서 집필의 의도 내지 자세, 그리고 시대비판을 말하여 책을 출판하는 필연성을 밝힌 것이다. 『법철학』도 예외는 아니다.

『법철학』의 집필 의도

'서문'의 앞머리에서 헤겔은 다음과 같이 쓰고 있다.

"이 책을 출판하는 직접적인 이유는 내가 직책상 법철학 강의에 필요한 교과서를 청강생들에게 제공할 필요가 있어서이다."

『법철학』을 집필하게 된 직접적 동기는 교과서로 사용하기 위해서라 할 수 있다.

그러나 우리는 계속되는 다음의 헤겔의 말도 보지 않으면 안 된다.

"그렇지만 이 책은 인쇄되어 출판되는 이상 청강생뿐만 아니라 좀더 많은 대중 앞에도 나타날 것을 고려하여 주해를 붙이는 방법을 처음 예정했던 바에서 약간 변경하지 않을 수 없었다."

분명히 헤겔은 독자대중을 의식하고 이 책을 집필했던 것이다. 그리고 그 배후에 자리하고 있는 것은 말할 것도 없이 국민교육가로서의 헤겔의 자세이다.

똑같이 '서문'에서 헤겔은 다음과 같이 쓰고 있다.

"원래 우리에게 철학은 그리이스인들의 입장과 같이 하나의 사적인 행위로 연습되는 것이 아니라 하나의 공적인, 대중이 부딪치는 현실을, 특히 관직(官職)의 형태로 가지고 있다."

이 말은 단지 철학이 국립대학의 공무원인 교수에 의해서 강의되는 것을 가리킴에 그치지 않는다. 사적인 관심에서 생기는 게 아니라 국가의 요청에 부응하여 대중을 지도하는 데 철학하는 사람의 사명이 있다는, 베를린 대학교수로서 프로이센 국가 더 나아가 독일의 중심지에서 살고 있는 헤겔의 자각을 보여주고 있다. 헤겔이 대중이라 말할 때 특히 학생 및 지식인을 염두에 두고 있음을 말할 필요도 없다. 이 책을 통하여 헤겔은 독일 정치혁명의 진로를 대중에게 제시하려고 했던 것이다.

사변적 인식

헤겔은 "본 요강(要綱)은 우선 첫째로 거기에서 주도적인 것을 이루고 있는 방법에 의해서 보편적인 요강과는 다르다"라고 말하여 이 책을 전개하는 자신의 방법을 '사변적인 인식방법'이라 부르고 있다. '사변적'이란 오늘날에는 흔히 경험에 의하지 않고 머리 속으로만 사물을 고찰하는 태도를 가리키지만 헤겔이 쓰는 용법은 전혀 다르다. 그것은 개별적인 것에 머무르지 않고 개별적인 것을 전체와의 체계적인 연관 속에서 포착하는 태도를 가리킨다. 사물을 보거나 듣는 것을 경험이라 부른다면 분명히 이 전체적인 연관은 경험으로는 포착할 수 없다. 여기서는 이성에 의해 여러 가지로 생각할 것이 요구된다. 그러나 이성은 사물에 대하여 생각하는 것이지 그렇다고 해서 사물과 떨어져 있는 것은 아니다. 이런 의미에서 헤겔에 있어 사변적 인식은 경험적 인식과 추상적으로 대립하는 게 아니라 이것을 그 자신 속에 포함시켜 자신 속에서 산출하는 것이다. 개별적인 것이 고립하여 존재하지 않고 전체와의 연결 속에서 존재함이 사물이 존재하는 구체적인 모습이라면 이 사변적인 인식방법이야말로 구체적인 인식방법이라고 말할 수 있다. 또한 보고 느끼는 직접적인 경험으로 포착하는 것은 일면적일 뿐만 아니라 거기에는 우연적인 것도 겉모습도 포함되어 있다. 이성을 움직여 대상을 전체와의 연관 속에서 포착함으로써 비로소 우리는 일면적인 고찰방법을 극복하고 우연적인 것도 겉모습도 모두 들춰내어 대상을 본질로 포착할 수 있다. 사변적인 인식방법이야말로 참된 인식방법이다.

이러한 사변적인 인식은 외부로부터 동일율 및 모순율 등 사유의 규칙 및 형식을 가지고 전체와의 연관 속에 있는 개별적인 것을 타자와의 관계로부터 분리시켜 고정적인 것으로 포착하는 '오성적 인식'과 구별됨과 동시에 이러한 오성적 인식을 추상적인 인식이라 비판한 나머지 헛되이 "심정이나 공상 등 우연적인 직관"에 호소하는 직접적인 인식방법으로부터도 구별된다. 대상은 사유에 의해 삼투되고 발현됨으로써 비로소 본질적인 모습을 나타낸다. 이로써 사유는 자기 자신의 추상성을 극복하고 구체적인 내용을 대상으로부터 획득한다. 이러한 사변적 인식이 대상에 대한 인식이 아니라 대상 속에 침투하는 인식일 때 이러한 인식 위에 서 있는 "학에 있어서 내용은 본질적으로 형식과 연관되어 있다"라고 할 수 있는 것이다.

『법철학』의 내용과 형식

『법철학』에 있어서 헤겔의 노력은 소박한 사람들이 이미 공공연하게 주어져 있는 사회규범을 순진하게 좇아 자기 생활을 하고 있는 바에서 이미 경험적으로 설명되어지는 것처럼, 이미 개인을 초월하여 오히려 개인이 이것과 일치하여 자기 생활을 바르게 해야 하는 객관적인 것이 현존함을 보여주는 데 있다고 말할 수 있다. 자연의 인식에 있어서 인간은 발견되어진 질서 및 규칙이 자연에 내재해 있음을 승인한다. 자연은 그 자체로 이성적이며 밝혀진 것은 우리가 갖고 있는 여러 가지 표상이다. 헤겔은 똑같은 것이 윤리적 세계에 대해서도 말해지지 않으면 안 된다고 주장한다.

이 객관적으로 존재하는 이성적인 것을 헤겔은 주관적인 사념에 대비하여 '실체'라고 부르고 있다. 원래 이것은 자유롭게 사유하는 주관의 권리를 방기하고 주어져 있는 것을 곧 이성적인 것으로 정당화하는 것을 의미하지는 않는다. 실체적인 것이 실체적인 것으로 인식되는 것은 분명히 이성에 의한 개념적 인식에 의해서이다.

헤겔은 "사상에 의하여 정당화되지 않은 것은 어떠한 것도 마음속으로 인정되지 않게 되는데, 이것은 하나의 위대한 자의(自意), 인간의 명예로운 자의이다. 그리고 이 자의야말로 근대의 성격을 특징지우는 것이며 원래 프로테스탄티즘의 특유한 원리이다"라고 말하고 있다. 때문에 헤겔은 정신의 객관적인 세계가 자연의 객관적인 세계와 다르다는 점을 확실히 보았다. 자연의 인식에 있어서 "법칙의 척도는 우리의 바깥에 있다." 그러나 논리적 세계에 있어서는 "무엇이 옳은가의 척도는 우리 자신 속에 가지고 있다." 이런 의미에서 헤겔은 윤리적 세계에서는 항상 "존재하는 것과 존재해야 하는 것 사이에 투쟁"의 가능성이 있음을 인정했다. 그리고 "모든 것의 대립 속에서야말로 바른 것을 근본적으로 인식하려는 요구가 존재한다"고 말한다. 그러나 이것은 결코 "우연적인 의견에 문호를 개방하는"것을 의미하지는 않는다. "참된 사상은 사물에 관한, 내지는 사물을 초월한 의견이 아니라 사물 그것의 개념이기" 때문이다.

여기에서 헤겔은 한편으로는 주어져 있는 것, 예를 들어 그것이 "국가이든 사람들의 일치된 의견이든 그러한 기성의 외적인 권위"에 대하여, 혹은 주어진 것을 수용하는 "내적인 감정과 심정의 권위 등 정신이 직접적으로 동의하는 확실성"에 대하여 곧 승인하여버리는 실증주의 및 낭만주의적 태도를 격렬히 반대함과 동시에, 다른 한편으로는 사유하는 주관의 권리를 방패로 하여 "마치 이 세계에 지금껏 국가와 헌법은 존재했던 것이 아니라면 그것이 실제로 존재하는가 아닌가를 문제 삼는" 현실로 존재하는 윤리적 세계를 무시하고 법과 도덕에 관한 이론을 새로이 창안하는 형식주의를 비판한다.

앞서 우리는 사변적 인식에 있어서는 형식과 내용이 일치한다는 점을 알았는데 지금 이 일체성이 법철학에 있어서는 '개념으로 파악하는 인식으로서의 이성'과 '인륜적 현실의 실체적인 본질'의 통일을 의미한다는 것을 알 수 있다. 헤겔의 법철학이 '실증적 과학'과 다르다는 것은 자연히 명백해질 것이다.

프리스 일파의 비합리주의에 대한 비판

헤겔이 윤리적 세계에 있어 이성적인 것의 지배를 말했을 때, 그는 1819년 3월의 학생 잔트에 의한 코쩨부에의 암살을 순수한 애국심에서 발로된 행위로 시인한 학생 및 지식인들의 동향을 의식하고 있었다. 여기에서 보여지는, 목적이 신성하면 어떠한 수단도 허용된다는 열광주의, 자신의 내면에 확신이 있다면 어떠한 행위도 허용된다는 심정주의를 헤겔은 엄격히 비판한다. 이러한 풍조를 헤겔은 '천박함'이란 한마디로 잘라버린다. 발트부르크 축제에서 선동적인 연설을 한 예나대학교수 프리스(J.F. Fries)는 "이러한 천박한 박사" 중의 하나였다.

프리스는 1801년 헤겔과 함께 예나대학 사강사(私講師)가 되면서 1805년 헤겔에 앞서 하이델베르크에 초빙되었고 1816년에는 정교수로 예나대학에 복귀한 인물로 오랫동안 교수직을 둘러싼 헤겔의 경쟁상대였다. 철학자로서는 칸트와 함께 야코비 및 슐라이어마허의 영향을 받아 현상의 배후에 있는 물자체는 지식으로는 포착되지 않고 감정 및 신앙에 의해 비로소 근접할 수 있다고 설파한 인물로 잔트를 칭찬하는 편지를 그의 어머니께 보냈던 드 베테의 스승이며 친구였다.

『법철학』의 헤겔에 대한 불평의 한 요인은 헤겔의 프리스 비판 때문이었다. 여기에서의 헤겔과 프리스의 대립을 반동적인 국가철학자와 국민의 편에 선 진보적인 사상가라는 도식으로 취급하는 것은 옳지 않다. 헤겔이 학생동맹에 접근해 있었다는 점은 이미 보았던 대로이다. 그리고 베를린에서는 반동적인 입장에서 학생동맹을 혹독하게 비난했던 법학자 슈말찌 일파와 헤겔은 대립적인 관계였다(1821년 5월 9일자 다뷔프에게 쓴 편지). 또한 책 '서문'에서 프리스를 비판했던 칼을 돌이켜 헤겔은 본문에서는 반동적인 할러의 국가학을 예리하게 비판하고 있다(285절 주). 다른 한편 프리스는 결코 진보적인 사상가라고는 말할 수 없다. 만년에 그는 자신의 언동이 혁명적인 의도에 근거한 것도 학문적 입장에 근거한 것도 아니고 정치적인 흥분 때문이었다고 고백하고 있다. 그리고 친했던 학생동맹의 관계자와의 교제도 끊었다. 더구나 헤겔의 비판은 그의 심정윤리에 향해 있었지만 그는 또한 편협한 국수주의와 반유태주의의 지주였다. 여기에 대해서도 만년 프리스는 변명을 하려 했는데, 그러나 이 점에서 제3제국의 독일은 그에게서 스스로의 선구적인 사상가를 발견할 수 있었던 것이다.

여기에서의 헤겔의 프리스에 대한 비판을 절도가 없는 인신공격이라고 비난하는 움직임도 있다. 특히 당시 프리스는 발트부르크 축제에서의 언동이 문제되어 작센=바이마르 정부로부터 퇴직처분을 받은 몸이었다. 이러한 사람에 대한 헤겔의 비판은 인간미가 없는 행위였다는 것이다. 교수직을 둘러싸고 오랫동안 다투었던 상대방에 대한 개인적 감정도 있었을 것이고, 그럼으로써 검열당국의 심증을 달래려는 마음도 움직이고 있었을 것이라는 것이다. 그러나 잔트의 행위가 결과적으로 카알스바트의 결의를 초래한 것처럼 주관주의가 객관적으로 헤겔을 포함하여 자유와 통일을 추구하는 모든 세력을 위험에 몰아넣고 반동세력에게 힘을 빼앗기게 했을 때, 이 주관주의의 대표자로서 프리스를 비판한 것은 헤겔에 있어 주관적인 사정을 넘어선 불가피한 과제였다고 말할 수 있다. 더욱이 주관주의적 윤리에 대한 비판은 칸트의 윤리학에 대한 비판을 포함하여 헤겔에 있어 그때 당시에 시작된 것이 아니라 젊은 시절부터 계속 견지되어왔던 것이다. 우리는 본론 가운데 '도덕성'에 있어서의 양심론을 통해서도 이 헤겔의 자세를 발견할 수 있다.

이성과 현실의 화해

"이성적인 것은 현실적이고 현실적인 것은 이성적이다." 『법철학』에서 이 말만큼 유명한 말은 없다. 그러나 이것은 비판과 결부되어 있다. 이 책의 출판 직후 헤겔의 예전 친구 파울스*(H.E.G. Paulus)는 현실에 있

* Paulus는 1761년에 태어나 1851년에 사망한 독일 프로테스탄트 신학자

어서 이성적인 것과 비이성적인 것의 구별을 무시하고 모든 것을 신성화하는 것이라고 이 말을 비판했다. 그 이후 이 말은 헤겔의 프리스 비판과 함께 헤겔 비판의 절호의 목표가 되어 오늘에 이르고 있다.

그러나 이러한 비판은 이 말에 이어지는 다음과 같은 헤겔의 말을 간과하고 있다. "그런데 중요한 것은 시간적으로 지나가 버린 과거의 외관 위에서 실체를, 그것도 내면적인 실체를, 그리고 영원한 것을, 그것도 현재적인 영원한 것을 인식하는 것이다. 왜냐하면 이념과 동의어인 이성적인 것은 자신의 현실성 내부에 존재하면서 동시에 외적인 현존에 발을 들여놓음으로써 무한하게 풍부한 여러 가지 형식, 현상, 형식화된 존재방식으로 출현하여 다채로운 외피로 자신의 핵심을 진행시켜 나가기 때문이다." 여기에서 헤겔은 분명히 '실체'(Substanz)를 '실존'(Existenz)과 구별하여 이를 '이성적인 것'이라 말하고 있다. 바로 그렇기 때문에 헤겔은 1827년 『엔찌클로패디』 제3판에서 이 말에 대한 비판에 답하여 다음과 같이 쓰고 있다. "내가 현실(Wirklichkeit)이라는 말을 사용했다면 사람들은 이것에 대하여 이러쿵저러쿵 말하기 전에 내가 어떠한 의미로 이것을 사용했는지를 생각해 보아야 할 것이다. 왜냐하면 내가 논리학을 상세하게 서술한 책에서 현실이라는 개념을 취급했고 이것을 또한 실존을 지탱하고 있는 우연적인 것과 구별했을 뿐 아니라 그 위에 현존재(Dasein), 실존(Existenz) 및 기타 여러 규정으로부터 분명하게 구별하였기 때문이다"(서론 6절). 그렇다면 실존하는 것 가운데 이성적인 것으로서 진실로 현실적

로 예나대학에서 동방어 대학 교수 및 신학교수를 역임했다. 뒤에 볼쯔브르크대학, 하이델베르크대학에서 교회사(史)를 강의하였다. 철저한 합리주의자였고 성서해석에서 기적을 자연현상으로 설명하려 했다. —역주.

인 것은 어떠한 것인가.

여기에서 『역사철학』 강의에서 한 절을 인용하여 보자.

"철학이 가르쳐야 하는 통찰은 현실의 세계가 존재해야 하는 길에 있으며 참된 선(善), 보편적인 신적 이성은 또한 자기 자신을 실현하는 힘에 있는 것이다. 그리고 이 선, 이 이성이 가장 구체적인 표상의 형태로 존재하는 것이 신(神)이다. 그런데 신이 세계를 통치하기 때문에 그 신의 통치의 내용, 신의 계획의 수행이 세계사이다. 그러므로 철학은 이 계획을 파악하는 것이다. 왜냐하면 이 계획에 기초하여 실현된 것만이 현실성을 갖기 때문이며 이 외의 것은 단지 부패한 실존에 지나지 않다"(서론).

이성은 자유의 실현을 목적으로 삼는데 이것이 어떠한 방법으로 실현되는가는 현존하는 세계가 갖춘 조건에 의거한다. 받아들일 조건이 성숙되지 않았을 때는 어떠한 이상도 그림의 떡에 지나지 않으며 이를 억지로 실현시키려 할 때는 많은 희생이 뒤따르게 된다. 즉 이성적인 것이 세계 속에서 실현되기 위해서는 이를 받아들일 이성적인 것이 이미 세계 속에 현존하지 않으면 안 된다. 이런 의미에서 현실은 이미 존재해야 하는 상태에 있다라고 말해지는 것이다.

여기에서 현실이라고 불려지는 것이 세계 속에 이미 출현해 있는 이성적인 것을 가리킴은 명백해진다. 이성과 현실과의 일치를 설파한 헤겔의 말은 결코 실존하는 모든 것을 이성적인 것으로 정당화하는 게 아니다.

또한 이 말의 전반부인 "이성적인 것이야말로 현실적이다"를 실천의 명제로, "현실적인 것이야말로 이성적이다"를 인식의 명제로 분리하여 이해

함도 온당치 않다. 여기에서 분명히 헤겔은 직설법 현재의 형태로 말하고 있으며 그리고 당위와 존재, 실천과 이론은 헤겔에 있어 절대 분리될 수 없는 것이기 때문이다. 헤겔은 양자의 명제가 서로 상호전화하여 성립함을 분명히 했으며, 추상적인 이성을 가지고 현실을 절단하는 그러한 합리주의를 반대함과 동시에 몰개념적인 직관 및 감정에 호소하여 현실을 직접적으로 파악하려는 비합리주의에도 반대하고 있다. 이때 여기에서 보여지는 헤겔의 자세가 「독일헌법론」의 "존재하는 것의 이해"와 상통함은 말할 필요도 없다.

십자가의 장미

일반적으로 이성이라고 하면 시공을 초월한 타당 보편적인 진리를 파악하는 인간의 정신적인 능력을 가리킨다.

> "존재하는 것을 개념으로 파악하는 것이 철학의 과제이다. 왜냐하면 존재하는 것은 이성적이기 때문이다. ……이성을 현재의 십자가의 장미로 인식하고 그럼으로써 현재를 기꺼이 받아들이는 것, 이 이성적인 통찰이야말로 철학이 사람들로 하여금 얻게 할 수 있는 현실과의 화해이다."

그러나 여기 헤겔에 있어서 이성은 인간의 주관적인 인식능력이기 이전에 존재하는 현실이며 더 나아가 역사를 통하여 생성·발전하는 것임이 분명하다. 이 역사적 이성의 발견이야말로 헤겔 철학의 불후의 공적임은 말할 나위없다. 그리고 여기에서 헤겔은 철학을 시대의식의 최고의 표현으로 파악하고 있는 것이다.

"누구나 원래 그 시대의 아들이며 철학도 또한 그 시대를 사상으로 파악한 것이다." 이 정식이 철학의 상대주의를 의미하지 않음은 지금까지의 설명으로 명백해질 것이다. 철학은 현존하는 것 가운데 이성적인 것과 비이성적인 것을 구별하며 이러한 비판 행위라는 점에서 헤겔은 철학을 시대와 연결지운 것이다. 현재를 단지 우연적인 것, 일시적인 것으로 파악하는 것은 역사의 흐름을 마디마디 단절하는 것이다. 현재는 과거로부터의 역사적 발전 전체를 배후에 짊어짐과 동시에 미래로 향한 생성을 내포하고 있다. 철학은 이 현재가 가진 초월할 수 없는 역사적·객관적 실재성을 파악하는 것이다. 이것이 바로 헤겔이 '신적 이성'(神的理性)이라고 불렀던 것이며 '현재라는 십자가의 장미'인 것이다.

미네르바의 부엉이

이렇듯 『법철학』 서문은 한마디로 말하면 철학이 현실에 서 있다는 입장을 명백하게 하는 것으로 일관되어 있다. 헤겔에 있어 철학은 그 위에 현실세계를 쌓아 올려야 할 사상의 구축을 목적으로 한다. 그래서 철학은 세계 속에 이미 출현해 있는 이성적인 것의 인식을 과제로 해야 한다고 말하고 있다.

"철학은 세계의 사상인 이상, 현실이 그 형성과정을 완료하고 자기 자신을 성취했을 때 비로소 철학은 시간 속에 나타난다."

이때 이 말은 결코 단순히 소극적인 자세에서 하는 말이 아니다. "실제로 존재하는 현실로서의 이성"을 "자각한 정신으로서의 이성"으로 즉자적인 것을 대자화함으로써 비로소 철학은 인간을 역사의 객체로부터 역사의 주체로 해방하는 무기가 된다고 말하고 있다.

"미네르바의 부엉이는 황혼이 깃들 무렵에야 비로소 날기 시작한다."

「서문」의 마지막을 장식하는 이 말은 여러 번 헤겔의 체념적인 자세를 보여주는 것으로 인용되었다. 그러나 이 말은 철학이 이미 존재하는 것을 자각하는 것으로서 생의 뒤에 오는 것을 의미하는 것이지 결코 철학이 생에 대해 무력함을 의미하는 것은 아니다.

헤겔은 '철학사' 강의에서 소아시아의 이오니아 제국가의 몰락과 함께 이오니아 철학이 생겼으며 아테네 국민의 흥망과 함께 소크라테스 및 플라톤의 철학이 일어났으며, 로마 공화국의 몰락과 함께 로마 철학이 일어났고 로마제국의 몰락과 함께 알렉산드리아의 신(新)플라톤 철학이 일어났음을 지적한다. 그러나 이것은 결코 철학이 현실적 생활에서 좌절하여 정신의 위안을 구하는 관념적 세계로의 도피로서 발생한 것이라는 의미는 아니다. 도피라해도 그것은 한 걸음 뒤로 물러나 시대를 전체적으로 파악하기 위함이며 앞으로 다가올 시대를 새로이 개척하기 위함이다. 이 증거로 '철학사' 강의에서 헤겔은 계속해서 다음과 같이 말하고 있다.

"철학은 내용상 그 시대를 초월하지 않으면서도 형식상으로는 초월한다. 왜냐하면 철학은 그 시대의 정신인 사유로서 또한 지(知)로서 실체적 정신을 자기 대상으로 하기 때문이다. ……그러므로 철학은 정신의 보다 선진적인 성격 때문에 그야말로 후에 현실적 형태로 한 걸음 한 걸음 나아가는 정신의 내적인 탄생의 장소인 것이다"(서론).

원래 헤겔이 '황혼'을 말했을 때 거기에서는 현실적 생활에 대한 철학의 일반적인 위치를 넘어서서 자신이 살고 있는 세계가 종말을 향해 나아가고 있다는 예감이 숨어 있다고 말할 수 있다. 헤겔은 19세기의 벽두에서서 썼던 『피히테와 셸링의 철학체계의 차이』에서 인간적 삶이 분열과 대립에 빠져 있을 때 '철학의 요구'가 일어났음을 말하고 있다. 그러나 이것도 철학이 청춘의 시대에 대한 장송곡을 의미하는 것이 아니라 세간에 앞서서 시대의 폐단을 간파하고 이의 극복을 목적한 철학의 선견성(先見性)을 보여주는 것이다. '황혼'은 낮의 계속임과 동시에 밤에 앞서 있으며 또한 밤은 여명에 앞선 것이다. 삶의 분열과 대립을 자각한다 함은 분열과 대립을 넘어선 통일적인 삶을 향한 움직임이 이미 거기에 현재하기 때문에 철학은 이 현재하는 것을 명확하게 밝혀내어 주체적으로 끌어들임에 지나지 않는다. 이 점은 여기에서 '미네르바의 부엉이'로 의혹을 샀던 헤겔철학이 그 시민사회 비판에 있어 마르크스보다 선구적이며, 연방국가를 넘어선 민족국가를 지향함에 있어 비스마르크에 의한 독일의 통일사업을 선취(先取)한 데에서 단적으로 증명되고 있다. 확실히 헤겔 철학은 사상의 면에서 근대를 완결지움과 동시에 현대에로의 길을 열고 있다.

『법철학』의 주제와 부제(副題)

마지막으로 이 책의 표제에 대해서 한 마디 해두지 않을 수 없다. 일반적으로 『법철학』으로 말해지지만 이 책의 정식 제목은 『법철학요강』 이다. 더욱이 여기에서 또한 「자연법과 국가학의 요강」이라는 부제가 붙어 있다. 법철학이라는 학문의 명칭은 오늘날엔 일반화되어 있지만 헤겔에 의하여, 아니 더 나아가 이 책에서 비로소 시작되었다고 말해도 좋다.

이에 대하여 '자연법과 국가학'은 이미 하이델베르크 대학에 있던 1817년 여름학기의 강의 제목으로서 헤겔에 의해 선택되었다. 헤겔은 1820년 5월에 총장 겟센에게 철학 강좌의 충실을 요하는 의견서를 제출했는데 그 가운데 이렇게 적고 있다.

"보통의 기준에 준거하면 이론철학의 강의와 실천철학의 강의에서 하나도 보완된 것을 발견할 수 없습니다. 그래서 저 스스로 학기에 논리학과 형이상학 강의를 한다면 같은 해 다음 학기에는 자연법과 국가학 내지는 법철학을 그 가운데 윤리학 내지 의무론도 포함시켜 강의하여 두 개의 학이 같은 해에 청강될 수 있도록 배려하겠습니다."

여기에서 '자연법과 국가학'은 볼테르 이래 실천철학의 전통을 발생시켰던 강의 제목이었음을 볼 수 있다. 왜냐하면 철학을 이론철학과 실천철학으로 분리했던 것은 볼테르이며 또한 그는 실천철학에 자연법과 정치학

윤리학을 포함시켜 가르쳤기 때문이다. 그래서 헤겔이 주제(主題) 외에 부제를 붙였던 것은 종래의 학문 및 커리큘럼과의 관계에서 주제가 의미하는 바를 명확하게 하기 위함이었다고 생각된다.

그러나 헤겔이 여러 번 새로운 명칭을 주제로 선택했던 배후에는 전통에 대한 독특한 공격이 포함되어 있다 하겠다. 대체로 국가학은 플라톤의 『국가』 및 아리스토텔레스의 『정치학』 이래 오래된 학문이다. 그리고 이 고대적 전통에 있어 이 학문은 폴리스적 동물로서의 인간에서 출발하여 어떻게 하여 공동생활을 확보하고 국가의 존립을 유지할 수 있었는가 라는 관심으로부터 국가생활의 질서 정립을 목표한 것이다. 이에 대하여 자연법도 오랜 계보를 갖고 있기는 하지만 그것이 정치학으로부터 독자적인 지반을 획득한 것은 근대에 이르러 홉스, 로크, 루소의 사상과 연결되면서부터이다. 그리고 이때 자연법은 그것이 구체적으로는 사회계약설로 전개되는 것에서 볼 수 있는 바와 같이 자유를 본질로 하는 개인에서 출발하여 이 자유가 어떻게 해서 확보되어야만 하는가 라는 관심으로부터 국가생활의 본연의 자세를 기초지우는 것으로 되었다. 국가학은 개인을 국가에 결부시키는 것을 목적으로 함에 반하여 자연법은 국가의 간섭으로부터 개인을 지킬 것을 목적으로 하고 있다.

여기에서 '법철학'이 새삼 '자연법과 국가학'을 대신하여 선택된 것은 공동체를 중시하는 고대의 실체적인 윤리와 자유를 중시하는 근대의 주체성의 윤리를 통일함으로써 법철학을 전개하려는 헤겔의 의도를 보여준다 하겠다. 이것이 구체적으로 의미하는 것은 시민사회를 국가내에서 소생시킴을 말한다. 더 나아가 이것은 단순히 헤겔의 의도에만 그치지 않고 프랑스 혁명을 통하여 이성이 현재 도달한 위치를 표현하는 것임은 말할 필요도 없다.

서 론

『법철학』의 대상과 방법

上妻 精

쇼펜하우어와 헤겔

누군가가 페러디한 사진이다. 쇼펜하우어는 염세론자로 칸트의 인식론에서 출발하여 피히테, 셸링, 헤겔 등의 관념론적 철학자를 공격하였으나, 그 근본적 사상이나 체계의 구성은 같은 '독일 관념론'에 속한다.

서 론

—『법철학』의 대상과 방법—

1. 자유의 이념

법의 정의

『법철학』 '서론' 앞머리에서 헤겔은 다음과 같이 쓰고 있다. "철학적 법학의 대상은 법의 이념, 즉 법의 개념과 이것의 실현이다"(1절). 일반적으로 개념은 현존재(Dasein)와 대립되는 것으로 생각되고 있다. 그러나 현존재와의 대립에 그치는 그러한 개념은 추상적인 개념이며 단지 오성적인 반성의 산물에 지나지 않는다. 역으로 말하면 실존한다 하더라도 개념의 형식을 갖추지 않은 것은 필연적인 것이 아닌 곧 지나쳐 버리는 우연적인 것이며 외면적인 것에 지나지 않는다. 영혼이라는 개념이 구체적으로는 육체에 머물러 실존하는 것처럼, 그리고 영혼이 없는 육체도 육체가 없는 영혼도 살아있는 것이라고 말할 수 없는 것처럼, 법의 개념도 법률 및 도덕으로서 그리고 가족 및 시민사회, 국가라는 인륜적 조직으로서 실존하는 한에서 비로소 살아있는 것이라 할 수 있다. 이 현존재와 하나가 된

법의 개념이 법의 이념(Idee)이며 이것이 헤겔이 법철학에서 대상으로 한 것이다.

인간은 자유를 본질로 하며 똑같이 자유를 본질로 하는 타인들과의 공동체를 떠나서는 살아갈 수 없다. 여기에서 자유와 공동체의 통일이 요구된다. 공동생활을 파괴하는 그러한 자유는 단순한 자의(恣意)에 지나지 않으며 참된 자유는 공동생활을 지탱하는 것으로 실현되지 않으면 안 된다. 이때 법의 개념이란 각각의 사람이 마음속에 품고 있는 자유의 개념이며 이 개념이 여러 제도 속에서 스스로를 형상화하며 이념으로 되는 것은 스스로의 자유를 자각한 인간이 상호 행위를 통해서 관계하고 조화됨에 의해서다. 법률 및 도덕, 그리고 가족과 시민사회 및 국가라는 인륜적 조직은 객관적으로 실현된 자유인 것이다. 여기에서 새삼 "법의 이념은 자유이며 이것을 진실로 파악하기 위해서는 그 개념으로 그리고 그 개념의 현존재로 인식되지 않으면 안 된다"(1절)라고 말해진다. 이에 서론에서는 법의 이념을 개념으로 전개하고 있으며 본론에서는 이를 현존재로 다루고 있다.

헤겔 법철학의 역사적 지평

그런데 헤겔이 이러한 이념을 대상으로 하여 자기의 법철학을 내세우는 배경에는 분명히 자유가 모든 사회제도의 원리이어야 한다는 것이 만인의 마음속에 생겨나고 있을 뿐 아니라 또한 전면적이라고는 말할 수 없지만 이미 모든 사회제도 속에 실존하고 있다는 현실의 움직임에 대한 헤겔의 이해가 숨어 있다.

헤겔은 『역사철학』 강의에서 세계사의 무대는 동양으로부터 고대의 그리스, 로마, 그리고 알프스를 넘어 기독교적 게르만적 세계로 동으로부터 서쪽으로 이동해 왔는데, 이에 따라 전제군주 한 사람의 자유로부터 소수 자유인의 자유, 그리고 만인의 자유에로 자유의 인식은 진보하고 있다고 말한다(서론). 정말로 근대에 들어와 인류는 인간이 인간으로서 자유롭다는 것을 알게 되고 자유는 법의 개념이 되었으며 자유의 원리를 토대로 정부 및 헌법이 이성적으로 조직되게 되었다. 아메리카의 독립혁명에서의 '권리선언'(1776년) 및 프랑스 혁명에서의 '인권선언'(1789년)이 보여준 것처럼 이성을 가지고 자체적으로 법으로서 파악되었던 것이 이젠 모든 실정법의 개념이며 원리로 되었으며 이에 따라 자유와 인권에 모순되는 그러한 실정법은 이젠 그 타당성을 지탱할 수 없게 되었다. 여기에 근대국가의 모습이 가진 특색이 있다.

헤겔이 자연법과 국가학을 통일하여 법철학을 내세우고 법철학에 있어 형식과 내용의 일치를 말할 수 있었던 것은 세계사의 발전이 이러한 수준에 있었기 때문이다. 이성적인 것과 현실적인 것의 일치라는 통찰도 이러한 세계사의 지평에 섰을 때 비로소 얻을 수 있었던 것이다.

헤겔과 근대 자연법

헤겔이 개념과 현존재의 일체성으로서의 법의 이념이 법철학의 대상이라고 가르쳤을 때 거기에는 현존재와 대립하여 존재해야만 하는 국가의 본래의 모습을 개념적으로 구성하는 데 그치는 종래의 자연법에 대한 비판과 이를 통한 자기성찰이 포함돼 있다.

여기에서 자연법이란 홉스로부터 로크, 루소, 그리고 칸트, 피히테에 이르는 근대 자연법의 계보이다. 이미 헤겔은 1802년의 『자연법론』, 그리고 하이델베르크 시대의 『엔찌클로패디』 440절에서 이 근대 자연법의 전통과 대결하고 있다. 그리고 이 『법철학』 258절에서도, 다시 개정된 『엔찌클로패디』 502절에서도 헤겔은 근대 자연법을 비판하고 있는데, 그 요점은 전체를 부분으로 해체하고 개인을 국가에 선행시키며 사회상태에 앞서 자연상태를 상정함과 동시에 그리하여 각 개인이 가지고 있는 자연권의 확보를 위하여 개인 상호의 계약을 토대로 국가가 성립했다고 주장하는 근대 자연법의 원자론적 · 기계론적 이론구성이 추상적 · 오성적인 것이라는 비판이다. 헤겔에 의하면 모든 권리는 국가의 법적 질서 속에서 비로소 현실성을 획득할 수 있다고 할 때 자연상태에서의 인간의 자연권의 상정은 허구에 지나지 않으며, 또한 사회계약이라는 관념은 본래 사법에 속하는 제도를 공법의 영역에까지 부당하게 확대시킨 것으로 국가의 기반을 개인의 자의에 근거지우려는 것에 지나지 않는다. 그러나 이것은 헤겔이 근대 자연법과 전면적인 대립관계에 섰음을 의미하지는 않는다. 이성을 토대로 국가를 합리적으로 재편성하려는 근대 자연법의 과제는 어떤 의미에서는 헤겔 자신의 입장이었다. 헤겔도 이성적인 존재로서의 인간에 상응한 공동생활을 국가 속에서 구했기 때문이다. 헤겔이 국가의 기반을 이성적인 의지에서 발견했을 때, 이것은 분명히 근대 자연법의 전통을 살리고 있는 것이다. 단지 이성적인 것과 현실적인 것의 일치를 주장했던 헤겔에 있어서 국가생활의 합리화는 단순히 미래에의 요구가 아니라 실존하는 세계에서 발견되는 현실이며, 국가의 기반인 이성적인 의지는 개인 의지의 단순한 총화가 아니라 그 자체 객관적으로 존재하는 보편적 의지였다. 이러한 논리의 배후에 있는 것은 인간은 이미 공동생활 속에서 살아가고 있다는 직관된 사실에 입각하여 전체를 부분에 선행시키고 개인을 사회적인 개인으로 본 헤겔의 유기체적 국가관이다. 그리고 이것은 고대 그리이스의 폴리스 생활의 이상화를 통하여 또한 몽테스키외의 『법의 정신』을 통하여, 나아가 낭만주의와의 접촉을 통하여 젊어서부터 헤겔이 견지하고 있었던 입장이었다.

『법철학』의 부제가 '자연법과 국가학'이라는 점이 보여주는 것처럼 헤겔의 법철학도 일면으로는 자연법의 계보에 서 있다. 그러나 이것은 자연상태에서 작용하는 법이라는 의미가 아니라 요컨대 사물의 본성=자연이라는 개념에 토대를 둔 법이라는 의미에서이며 아리스토텔레스가 『정치학』에서 "자연에서 인간은 폴리스적 동물이다"라고 말했을 때의 자연의 개념에 입각한 것이다.

자연법에 대한 비판 역시 당시에 반드시 헤겔의 독점물만은 아니었다. 이미 영국의 흄 및 버크*, 프랑스의 생시몽, 독일의 역사법학이 비판을 전개했다. 그러나 그들의 비판이 사회계약에 의한 국가의 성립은 역사적 사실이 아니라는 경험적 입장에서의 비판이었고, 또한 버크 및 역사법학의 비판이 보수적 입장에서의 전면적인 자연법의 부정임에 반하여, 헤겔

* 버크 [Edmund Burke, 1729～1797] 영국의 정치가·정치사상가. 조지 3세의 독재 경향과 아메리카 식민지에 대한 과세에 반대했고 당시 벵골 총독 헤이스팅스를 탄핵했다. 웅변가로서 정의와 자유를 고취했으며 영국 보수주의의 대표적 이론가로 명성을 떨쳤다. —역주.

의 비판은 그것이 국가의 해체를 이끈다고 하는 정치적 귀결에 선 원리적인 비판이며 나아가 국가생활의 이성적인 파악과 정당화를 위한 노력에서 자연법을 계승하고 있다는 데 그 독자성이 있다. 헤겔의 법철학은 근대 자연법의 완성과 해체, 즉 근대 자연법을 지양하는 위치에 서 있다.

역사법학 비판

헤겔이 근대 자연법과 전면 대립적인 입장에 서 있지 않다는 것은 다른 한편으로는 개념과 연결시키지 않은 채 실존하는 것을 실존하는 것 그대로 정당화하는 역사법학을 엄격히 비판했던 사실에서도 살펴볼수 있다. 여기에서 역사법학이란 베를린 대학에서 헤겔과 동료였던 사비니를 중심으로 한 일파로, 법은 민족 고유의 문화로부터 내재적으로 발생한 역사적 소산이라 하고 입법기관에 의해 제정된 법률보다도 관습법을 중시하는 입장이다.

헤겔은 『법철학』에서 사비니에 대한 직접 언급을 피하면서 이 학파의 선구자인 후고의 비판을 통하여 이 학파를 비판하고 있다(3절 주, 211절 주). 그리고 그 비판의 요점은 어떤 법규정이 주변의 사정에 적합하고 동시대의 법제도와 정합적이라는 것과 이 법규정이 개념을 토대로 자체적으로 이성적이라는 것은 전혀 별개의 것임에도 불구하고 이 학파는 이를 역사적으로 정당화하는 것에 만족하고 이성적인 정당화를 배제해버렸다는 데 있다. 이것에 의하면 로마법은 채권자에게 변제기한이 넘긴 채무자를 죽일 수 있는 권리를 부여했고 또한 가부장(家父長)에게는 노예 및 자식을 재산으로 취급할 수 있는 권리를 인정하고 있는데, 이런 참혹한 법률도 이 학파는 역사적으로 성립하게 된 사정을 설명함으로써 정당화시켜버린다는 것이다.

입법과 그 법의 제규정이 국민과 시대의 성격으로부터 분리되지 않았다는 것은 헤겔도 인정하는 바이다. 이것은 몽테스키외의 『법의 정신』으로부터 헤겔이 배운 통찰이었다. 그리고 이런 범위에서 헤겔은 민족정신이라는 개념을 역사법학과 공유하고 있다. 그러나 헤겔에 있어 민족정신이란 이성적인 국가의지에 구체적인 내용을 부여하는 것으로서 역사법학에 있어서처럼 그것 자체가 법의 궁극적인 원천은 아니다. 헤겔에 있어 법질서의 최고의 표현은 어디까지나 국가에 의해 제정된 법률이며 관습법에 있지 않다(211절 및 211절 보론). 자연법에 대하여 헤겔은 사회계약이라든가 자연권이라는 기본적 범주를 비판하면서도 국가의 합리적인 파악이라는 과제에 있어서는 이것을 계승하고 있으며, 역사법학에 대해서는 민족정신이라는 기본 범주를 공유하고 있으면서도 이것을 완전히 정반대의 입장에서 사용하고 있다. 역사법학은 비합리주의를 넘어서지 못했으나 헤겔은 이성주의의 입장에 서있는 것이다.

철학적 법과 실정법

법의 이념이 개념과 현존재의 일체성이라면 법철학은 실존하는 실정법과 깊은 관계에 서 있지 않으면 안 된다. 이 관계자는 헤겔의 다음과 같은 말 속에 단적으로 나타나 있다. "자연법 내지 철학적 법이 실정법과는 다르다는 것을 양자는 상호 대립하고 서로 투쟁한다는 것을 의미하는 것으로 변화시켜 버린다면 이는 커다란 오해일 것이다.(3절 주). 즉 헤겔은 철학적 법과 실정법과의 구별을 승인한다. 그런 만큼 헤겔의 법철학은 자연법의 전통을 따르고 있다. 그러나 종래의 자연법이 실정법을 넘어선 곳에 이성적인 법체계를 관념적으로 지어내어 그것에 근거하여 실정법을 기초지우고 비판하는 것이라 할 때 헤겔은 이와 궤를 달리한다.

헤겔의 법철학은 역사법학처럼 실정법을 역사적으로 정당화하는 데 그 목적이 있는 것도 아니고 또한 실정법의 완전한 범주를 만들어내어 이의 실현을 목적하는 것도 아니다. 그의 말을 빌리면 그것은 실정법을 "이해하는"데, 다시 말하면 실정법에 "즉자대자적으로 타당한 정당화"를 부여하는 데 그 목적이 있다. 거기에는 철학적 법은 실정법이 바른 법으로서 구속성을 갖는지 그렇지 않은지를 "개념에 의해" 명확하게 할 수 있지만 실정법을 대신할 수는 없다는 "철학적 법의 한계"에 대한 자각이 숨어 있다(3절 주).

즉 헤겔에 의하면 실정법이 실정법인 것은 (a)한 국가에서 제정된 것으로서 타당성을 갖는다는 형식에 의해서 뿐만 아니라 (b)내용의 면에서 볼 때도 그것은 (α)민족의 특수한 국민성 및 역사적 발전단계 내지 풍토라는 자연적 필연성이라는 한정을 받을 뿐 아니라 (β)예를 들면 절도의 규정이 입법 당시에 예상되지 않았던 표절의 경우에도 적용되지 않으면 안 되는 것처럼 실정법은 보편적인 개념의 특수한 사정 및 대상에 대한 적용을 포함하지 않으면 안 되며 더 나아가 (γ)형벌의 종류 및 양 등 현실에서의 결정을 위해서는 세세한 규정을 정확히 정하지 않으면 안 되기 때문이다(3절).

이때 이들 요소를 포함한 법체계의 전체를 개념의 입장에서 만들어 내기는 불가능함이 명백해질 것이다. 예를 들면 사기 및 강도는 의식적으로 타인의 권리를 침범하는 행위로서 벌을 받지 않으면 안 된다는 것은 법의 개념의 토대 위에서 말할 수 있지만 징역 5년이 좋은지 6년이 좋은지에 대해서는 개념으로부터 이성적으로 규정하기 곤란할 것이다. 실정법은 자의와 우연성이 개입될 여지가 있는 것이다. 그리하여 때로는 "폭력과 전제가 실정법의 한 요소"(3절 주)가 되는 것이며 "내용에 있어 법자체와는 다른 것이 있을 수 있는 것이다"(212절). 그러나 헤겔에 의하면 이 때문에 실정법을 지킬 필요가 없다고 하는 것은 완전성을 지나치게 요구한 나머지 실정법에 항상 병행하는 이런 사정을 가지고 실정법의 본질로 잘못 이해하는 것이다. 실정법을 떠나 만인에게 알려진 공통의 법률은 없다. 그렇다면 실정법을 부정하는 것이야말로 자의와 우연성이 소용돌이치는 세계 속에 몸을 던지는 것에 지나지 않는다. 이러한 실정법은 공동생활에서 "무엇이 합법적인가를 규정하는 인식의 근거"(위의 주)이어야 한다. 그리고 사실 실정법은 개인이 재판관으로서 주관적으로 평가하는 것 이상으로 이성적인 것을 포함하고 있다.

여기에서 헤겔의 법철학과 실정법과의 관계가 명확해진다. 법철학은 하나의 실정적인 법전이 만드는 데 토대가 되는 그러한 법의 체계적 전개를 목적하지 않는다. 실정법이 도덕과 함께 가족, 시민사회, 국가의 존재 방식을 지탱하는 한에서 법의 개념이 어느 정도까지 실정법 안에서 현존하는가를 고찰하는 것이다.

법의 토대(이성적 태도와 실천적 태도)

법의 이념은 자유이다. 이것은 헤겔이 근대 자연법으로부터 계승한 것이었다. 이것에 대하여 헤겔은 새삼 다음과 같이 적고 있다. “법의 토대는 일반적으로 정신적인 것이며 그것의 더욱 정확한 장소와 출발점은 의지이다. 이것은 자유로운 의지이다. 따라서 자유가 법의 실체와 규정을 이룬다”(4절).

『엔찌클로패디』에서 법, 도덕성, 가족, 시민사회, 국가, 세계사는 객관적 정신이었다. 그리고 거기에서는 이론적 정신과 실천적 정신의 통일로서의 자유정신이 객관적 정신의 기초로서 설명되었다. 법철학이 같은 생각을 이어받고 있다는 것은 4절의 주해(注解)에서 『엔찌클로패디』를 언급하고 있으며 보충설명에서도 자유가 사유와 의지, 이성적 태도와 실천적 태도의 통일로서 설명되고 있다는 데서 명확해진다. 따라서 『엔찌클로패디』에 의거하여 그것이 의미하는 바를 알 수 있다.

이성적 정신은 지성이다. 지성은 감정을 밑바탕으로 하는 직관으로부터 표상을 거쳐 사유에로 발전한다. 이 발전은 밖에서 발견되는 자립적인 대상에서 출발하여 그 대상이 무엇인가를 사상의 안에 받아들이는 방향을 걷는다는 점에서 밖으로부터 안으로의 방향을 본질로 한다. 또한 밖에서 발견된 자립적인 대상이 개별적인 것임에 대하여 사상이 대상으로부터 우연성의 형식을 제거하고 대상의 보편적 본성을 내용으로 하는 한, 개별성으로부터 보편성에로의 방향을 본질로 한다.

그런데 이론적 정신이 사유의 안으로 되돌아온다는 것은 이론적 정신이 근원적으로 실천적 정신과 연결되어 있음을 보여주는 것에 지나지 않는다. 왜냐하면 실천적 정신도 실천적 감정으로부터 충동에로 그리고 자의로부터 의지에로 발전함에 따라 내용이 단순한 주관적·개별적인 것으로부터 동시에 객관적·보편적인 것에로 고양된다는 점에서 개별성으로부터 보편성에로의 방향을 본질로 하며 이 자기 내용의 실현을 목적하는 한다는 점에서 안으로부터 밖으로, 자아로부터 세계로의 방향을 본질로 하기 때문이다. 사실 사유도 밑바탕에 사유하려는 의지가 움직이고 있지 않으면 성립하지 않는다. 다른 한편 의지도 지성 없이는 성립하지 않는다. 의지가 동물의 본성과 다른 점은 자신의 내용을 표상한다는 점에 있는데 이것은 지성의 작용 때문이다. 여기에서 자유정신이 성립한다. 자유정신은 자신을 자유로운 것으로서 인식하는 정신이라는 점에서는 이론적 정신을 계기로 하면서, 자기 자유의 실현을 지향하는 정신이라는 점에서는 실천적 정신을 계기로 한다. 그런데 자기의 자유를 실현하는 것은 자유를 객관화하는 것, 바꾸어 말하면 자유를 개인적인 자의로부터 독립적인 현실계로 고양시키는 것이다. 자유정신이 개별성으로부터 고양된 보편적인 것을 내용으로 하는 한, 이 내용은 객관화될 수 있다. 여기에서 자유정신은 그것 자체는 주관적 정신이지만 객관적 정신의 기반이 되는 것이다. 그리고 이 개인적인 자의로부터 독립적인 현실세계로서 '고양된 자유의 왕국'이야말로 '법의 체계'인 것이다.

여기서 우리는 자유의지는 자신의 실현을 지향하는 자유정신으로서 사유와 깊이 연관되어 있음에 주의하지 않으면 안 된다. 이러한 의지에 의해 생겨나고 유지되는 것이라면 우리는 실존하는 사회의 여러 질서 속에서 이성적인 것을 파악할 수 있다. 이 이론적 태도와 실천적 태도의 통일을 말한 헤겔의 주장은 명확하게 양자를 구별한 칸트 등에 대한 비판을 포함하고 있다. 이미 살펴봤던 것처럼 헤겔의 법철학은 볼프 이래의 실천철학의 전통을 계승하고 있다. 그러나 굳이 헤겔이 법철학을 실천철학이라 말하지 않고 객관적 정신의 철학으로 위치지운 것도 이를 위해서였던 것이다.

의지의 개념

헤겔의 개념은 형식논리학 및 경험과학에서의 개념과 같이 사물을 서로 구별하는 특수성을 배제하고 상호 공통된 부분을 추상함으로써 얻어지는 보편적인 표상은 아니다. 사변적 개념으로서, 구체적으로 존재하는 사물의 본질적인 존재 방식 그것이며 이 존재방식을 명확하게 하는 것으로서의 사유의 존재방식이다. 여기에서 개념은 파악하는 형식으로 파악된 내용과 동일하다. 헤겔이 사유는 자기 자신을 사유한다고 말했던 것도 이 의미에서이다.

그런데 이때 사유가 무언가를 사유한다는 것은 무엇이든지 사유할 수 있는 보편적인 자기를 자기 한정하는 것에 지나지 않는다. 내용은 일정한 것이며 규정성을 갖춘 것이기 때문이다. 그리고 사유가 자기를 한정함으로써 자기로 고정된다는 것은 사유가 자유임을 보여주는 것이다. 사유는 의지와 동일한 것이다. 그렇다면 사유가 의지를 개념적으로 파악한다는 것은 사유가 의지 안에서 자신을 발견하고 의지와의 대립을 넘어서 자기에게 복귀함을 뜻한다. 의지의 제계기의 발전은 개념의 제계기의 발전 그것이다. 개념은 규정성으로 자기를 한정하는 사유하는 보편성으로서 무규정성과 규정성, 보편성과 특수성, 그리고 양자의 통일로서의 개별성을 계기로 한다. 이 개별성은 또한 특수화를 통해 자기 동일성을 보존하는 것으로서 구체적 보편이라 말해도 좋다. 의지도 이 3 계기로부터 살펴볼 수 있다.

첫 번째로 특수성에 대립하는 보편성의 계기에 있어서는, "의지는 모든 것을 도외시하는 자기 자신의 순수한 사유이다"(5절). 우리는 모든 것에 대해 "아니오"라고 말할 수 있다. 이 의지를 절대화했다고 말해도 좋다. 그러나 일체의 규정성을 자신의 자유를 제한하는 것으로 자기 자신으로부터 배제해버린 이 의지는 현실에 있어서는 어느 것도 실현할 수 없다. "이 현실화는 파괴의 광폭에 지나지 않는다." 헤겔은 이 "부정적인 자유"를 "오성의 자유"라고 부르고 그 현실적인 형태를 종교적인 면에서는 "인도적인 순수명상의 광신", 정치적인 면에서는 "프랑스 혁명"의 쟈코뱅주의에서 찾고 있다(5절 및 보론).

두 번째로 특수성의 계기에 있어 "자아는 이렇게 자기 자신을 어떤 규정된 것으로 정립함으로써 현존재 일반 가운데로 발을 들여놓는다"(6절). 여기에서 "나는 단순히 의지하는 것이 아니라 어떤 것을 의지한다"(같은 보론). 그런데 특수성을 부정하는 보편성도 특수성에 대립하는 것이라면 그 무규정성 자신도 하나의 규정성이며 자신에게 부정적인 특수성 바로 그것이다. 거기에서 특수성과 보편성은 대립함과 동시에 또한 상호 이행하여 하나가 된다. 세 번째로 개별성에 있어, 의지는 구체적인 것이 된다. "자아는 자신을 자기 자신의 부정적인 것으로서, 결국 규정되어 제한된 것으로서 정립하면서 동시에 여전히 자기 자신으로, 결국 자신과의 동일성과 보편성 속에서 계속 존재한다"(7절). "의지가 의지이기 위해서는 일반적으로 자기 자신을 제한하지 않으면 안 된다"(6절 보론). 그러나 "자신을 오로지 하나로 제한하려는 의지가 자의"(恣意)이다(7절 보론). 개별성에 있어서는 "자아는 이 규정된 존재방식이 단순한 가능성이지 자신이 이럼으로써 제한되는 것이 아니며, 자신이 이 규정된 존재방식으로 있다는 것은 자신이 그것으로 자신을 정립하는 것이라는 것을 안다"(7절)는 것이다.

특수성에 있어 어떤 의지를 "어떤 것에로의 의지"라고 한다면 보편성에 있어 어떤 의지는 제한 없는 자기의 자유를 의지하는 것으로서 "자기 자신에로의 의지"라고 말해진다. 이때 참된 자아는 전자의 의지를 통하여 비로소 후자의 의지가 실현됨을 아는 것이다. 이러한 헤겔의 주장은 정언판단과 가언판단을 구별하는 데 그치는 칸트 및 자아와 비자아의 절대적 대립에 선 피히테에 대한 통렬한 비판을 포함하고 있다(6절 주).

의지의 여러 형태

헤겔에 의하면 의지의 자유는 "규정 속에서 자기를 단지 자기 자신으로만 보존시켜 나가려는 자아의 자기규정이다"(7절). 그리고 이것은 의지가 어떤 한정된 것을 의지하면서도 이 한정된 내용을 보편적인 것, 이성적인 것으로부터 취하여 내면적인 충동 및 욕구에, 또한 현존하는 세계의 자연적인 사정에 의존하지 않음을 의미한다. 자율이라고 말해도 좋다. 이를 명확하게 하기 위해서 헤겔은 의지의 여러 형태를 논하고 있다.

의지는 "활동과 일정한 수단을 매개로 하여 주관적인 목적을 객관성으로 바꾸어가는 과정인" 한, 형식적으로는 주관성과 객관성, 내면적으로 즉자와 대자라는 규정을 가지고 있다(8~10절). 헤겔은 이들 대립하는 규정이 통일에 이르는 운동으로 의지의 발전을 더듬어가며 "직접적 내지 자연적인 의지"(11절~14절)와 "자의(恣意)"(15절~20절) 및 "즉자대자적으로 존재하는 의지"(21절~28절) 3형태를 살피고 있다. 이제 이것을 간단히 살펴 가보자.

(1)자연적 의지 ; 이것은 "단지 즉자적으로 자유로운 의지"이다(11절). "어린이"에게 있는 것과 같은 의지이며 "고작 이성과 자유의 가능성"에 지나지 않는다(10절 보론). 이 의지가 자연적이라 함은 여기에서는 내용이 동물에 있어서와 같이 "직접적으로 존재하고 있는 내용"으로서, 즉 "갖가지 충동, 욕구, 성향"으로 현상하기 때문이다. 즉자적으로는 이성적인 내용도 또한 이 직접성의 형식으로 있는 한 이성적인 존재방식으로 존재하지 않는다. "직접성의 형식과 내용은 또한 서로 일치하지 않는다." 이때 이 의지는 "그 자신 속에만 한정된 유한한 의지"이다(11절).

(2)자의 ; 자연적 의지가 즉자적인 자유의지라면 자의는 대자적으로만 자유로운 의지이다. 충동에는 여러 가지가 있으며 그 충족의 방법도 여러 가지가 있다. 거기에서 충동이 향하는 곳에 몸을 맡기지 않고 인간은 이들 충동 중에서 하나를 그 충족방법과 함께 선택하지 않으면 안 된다. 자의는 이 선택의지 능력이다. 그러나 이 의지는 모든 충동으로부터 자유로

운 보편성에 입각해 있지만 그 자신은 공허한 것으로, 내용은 선택된 충동 가운데서 받아들이지 않으면 안 된다. 이때 이 의지는 형식으로 보면 "모든 것을 도외시하고 자신 속에 되돌아오는 자유로운 반성"이지만, 내용으로 보면 "내적 혹은 외적으로 주어진 내용 및 소재에의 의존"이다(15절). 이런 의지는 진리에 이어서는 "모순으로서의 의지"(위의 절 주)이다. 인간은 어떤 일도 의욕할 수 있지만 하나밖에 실행할 수 없다. 때문에 헤겔은 선택의 필연성을 인정했다. "일반적으로 의지는 결정하는 의지로서 비로소 현실적인 의지가 된다"(12절). 헤겔은 마음속에 품고 있는 무한성을 더럽힐까 두려워 현실로 걸어 들어가는 것을 기피하는 낭만주의의 입장을 비판하며 "큰일을 하려는 인간은 자신을 제한하지 않으면 안 된다"는 괴테의 말을 인용한다(13절). 그러나 자의가 가진 "선택의 자유"는 형식적인 것에 그치는, 역시 참된 자유가 아니다(15절 보론). 선택된 내용은 이성적 존재의 의지로서의 나의 의지의 본성에 의해 결정된다고 할 수는 없기 때문이다.

(3)즉자대자적인 의지 ; "의지는 보편성을, 다시 말하여 무한 형식으로서의 자기 자신을 자신의 내용, 대상, 목적으로 하는 한, 즉자적으로 자유로운 의지일 뿐 아니라 동시에 대자적으로도 자유로운 의지, 즉 참된 이념이다"(21절). 자유의 본질은 인간의 개별적, 우연적, 자의적인 것의 실현에 있는 것이 아니라 만인에게 연관되어 있는 보편적인 것의 실현에 있다. 그것은 무엇보다도 자유로울 것을 욕구한다. 자유로울 것을 욕구하지 않는 인간은 없다. 자유에 대한 욕구는 인간성에게 보편적으로 존재하는 것이다. 그리고 부분적으로 바라는 자유는 참된 자유가 아니다. 그것은 노

예의 자유이다. 또한 다른 목적을 위한 수단으로서 자유를 평가하는 자세에서도 자유는 실현될 수 없다. 이때 자유는 타(他)에 의존하는 것이 되기 때문이다. 참된 자유는 인간이 보편성으로 존재하는 자유를 자신의 본질로 알고 이를 실현했을 때 비로소 구체적으로 현존하게 된다. 이것은 자유가 공동생활의 대자적인 지반이 됨을 말하는 것이다. 여기에서 "즉자대자적으로 존재하는 의지"가 구체적으로 어떠한 것인가는 명백해질 것이다. 그것은 공동생활을 유지하는 보편적·이성적인 법칙에 따라 자신을 규정하는 의지이며 이미 현존하는 법, 도덕 등 모든 사회의 모든 제도가 인간의 자기의식에 의해 실현되는 자유의 척도를 반영하는 한에서 이 객관적인 현실에서 살아가려는 의지인 것이다.

여기에서도 이미 자의에 있어 형식과 내용의 모순은 극복되고 있다. '**참된 무한**'(眞無限)이 원과 같이 자기 속에 귀환하는 것이라면 현존재하는 것 속으로 나아가면서 거기에서 자기의 내면성과 같은 것을 발견하는 이 "의지는 진실로 무한(無限)이다"(22절 및 주). 의지는 이미 자기 밖에 있는 어떠한 것에도 제한되어 있지 않다. 자기가 의지하는 내용에 의해 자기를 결정한다. 이 의지는 "완전히 자기 것이 된다"(23절). 대체로 보편적인 것이란 개별적인 것으로부터 추상에 의해 얻어지는 일반적인 것을 지칭하는 게 아니라, 개별적인 것이 거기에서 비로소 개별적인 것으로서 존재할 수 있는 그런 개별적인 것의 실체를 가리킨다. 이때 각 개인에 있어서 뿐만 아니라 공동생활 속에서 현존하는 자유를 자기 내용으로 하는 이 의지에 있어서 비로소 "의지는 보편적이다"고 말할 수 있다(24절).

그런데 충동이 지닌 직접성의 형식이나 자의에 얽힌 형태의 특수성을 극복하여 자의를 이 보편성에까지 끌어 올리는 것은 사유의 활동이다. 진실로 자유로운 의지는 "사유하는 지성"인 것이다(21절 주, 13절 주).*

헤겔의 충동이론

헤겔에 있어 자의로부터 자유의지에로의 발전은 여러 가지 충동을 극복함과 동시에 보존함으로써 이성적인 것을 실현하는 것이다. 여기에는 이성적인 의지도 충동이 없이는 공허한 것에 지나지 않는다는 해겔의 통찰이 있다. 그에 의하면 충동은 자기 자신에게 객관성을 부여하려고 하는

---

* 여기에서 헤겔철학을 특징짓는 즉자적, 대자적, 또 즉자대자적이라는 말에 대해서 설명하려 한다. 예로 "A는 즉자적으로 B이다."라는 명제를 들어보자. 이 명제는 당장은 A가 B라는 것이 A 자체에 있어 객관적으로 성립하고 있음을 의미한다. 이 경우 즉자적은 자체적이란 말과 같으며 때문에 자체적이란 말로 바꾸기도 한다. 그러나 이 명제는 또한 자기자체가 B라는 것이 A에 대하여, 즉 A가 자각하지 못하고 있다는 것도 의미한다. 이때 즉자적이란 자각적(自覺的)을 의미하는 대자적에 대립한다. 그리고 자각하는 것이 현실적이라면 즉자적이란 가능적·잠재적임을 의미한다. 더 나아가 현실화하기 위해서는 매개가 필요한 바, 즉자적이란 또한 직접적·무매개적과 같은 것이다. 그런데 즉자적인 것이 현실화하기 위해서는 대자화되지 않으면 안 되는데 대자적인 것이 즉자적인 것의 부정인 한 대자화된 내용이 반드시 즉자적인 것과 일치한다고는 할 수 없다. 즉자적인 것과 대립하는 한, 대자적인 것은 더 나아가 부정되지 않으면 안 된다. 여기에서 즉자적인 것과 대자적인 것이 통일되는 바, 자체적인 진리가 동시에 현실적인 것이 된다. 이것이 즉자대자적이라고 부르는 상태이다. 여기에서 예를 들면 "어린이는 즉자적으로만 존재하는 것이다. 따라서 자유로운 이성적인 존재로, 즉 대자적으로도 되지 않으면 안 된다"(『소논리학』 124절 보론)는 용법이 이루어지는 것이다. 아직도 독일말의 일상적 용법에서는 대자적은 대타적(für ein anders)에 대립하는 것이 된다.

주관적인 의지규정이다. 충동이 약한 형식이 성향이고 강한 형식이 정열이다. 그리고 이들은 확실히 아직 주관적·개별적인 의지에 속하는 것으로서 직접적인 것이며 우연성에 매달려 있는 특수적인 것이지만 또한 정신의 이성적 본성을 자신의 토대로 가지고 있다. 충동에 몸을 맡길 때 의지는 아직 자유롭지 않다. 그러나 충동 자체는 선한 것도 악한 것도 아니다. 충동을 악마의 피조물처럼 일방적으로 '**나쁘다**'고 평가하는 것은 신의 피조물을 무조건 '**좋다**'고 평가하는 것과 마찬가지로 "주관적인 자의이다"(18절).

헤겔에 있어서 자유는 충동을 배제한 것이 아니라 '**순화**'한 것이다. 다시 말하여 자유는 "충동이 그 직접적이고 자연적인, 규정된 존재방식의 형식으로부터도 내용의 주관적·우연적인 것으로부터도 자유로워져" "갖가지 의지규정의 이성적인 체계로서 존재할 것을" 요구했을 때 성립하는 것이다(19절).

헤겔이 그 직접성 및 우연성으로부터의 해방을 주장하면서도 인간의 윤리적 생활에 있어 충동의 역할을 그렇게 평가했다는 것은 주목되어야 할 것이다. "정열 없이는 위대한 어떤 것도 성취될 수 없다."(『엔찌클로패디』 474절 주, 『역사철학』 서론)

칸트에 있어서 형식적 자유

의지의 자유를 전개하면서 헤겔은 칸트의 자유론을 비판하고 있다. 의지의 자유를 자기목적으로 파악하고 있다는 점에서는 헤겔은 칸트를 따르고 있다고 말할 수 있다. 그러나 칸트에 있어서 자유는 일체의 충동 및 성향이 그 동기가 되는 것을 배제하고 이를 순수실천이성의 자기입법에 근거한 도덕법칙에 복종시켰을 때 성립한다. 이것은 모든 충동으로부터 자기를 구별하고 이에 대립하여 자유로운 보편성에 선 자의의 입장을 절대화하는 것이라고 말할 수 있다. 자의가 그 자신은 공허한 것으로서 내용을 선택함에 있어 이를 충동으로부터 취하지 않으면 안 된다면, 무엇을 해야 하는가가 아니라 어떻게 해야 하는가를 규정함에 그치는 칸트의 도덕법칙은 형식적인 것이며 그러므로 결과적으로 일체의 내용을 허락하게 된다. "모든 반성(反省)철학에서 주장된 자유는 칸트 철학에서도, 칸트 철학의 완벽한 천박화인 프리스의 철학에서도 그렇지만, 어떤 형식적인 자기활동 이외의 그 어느 것도 아니다"(15절 주).

그 뿐만 아니다. 일체의 충동 및 경향을 극복하고 도덕법칙을 실현하는 것에서 인간의 자유를 발견했던 칸트는 자유의 실현을 이상을 향한 끝없는 전진으로 보았다. 충동 및 경향을 극복한다는 것은 인간에게는 아주 어려운 작업이기 때문이다. 그러나 이것은 의지를 "단순한 가능성, 소질, 능력"(22절)으로 보고 무한한 것을 유한한 것으로, 부정적인 것으로서 피안(彼岸)의 세계에 두는 "오성"의 입장에 그치는 것이다(15절 주). 의지의 자유는 개념으로서 각 사람의 마음속에 깃들어 있을 뿐만 아니라 이미 윤리적 생활의 기반으로서 국가 속에 실현되어 실존하는 것이다. 실현된 자유로서의 현실에서 살아가는 의지가 자기 속으로 귀환하는 것으로서 "진실로 무한하다"면 칸트의 자유의지가 서 있는 무한성은 어디까지든 앞으로 계속 나아가는 직선과 같이 한이 없는 무한으로서 "악무한"(惡無限)인 것이다(22절, 같은 절 보론).

공리주의 비판

헤겔은 직접 이름을 지적하지는 않았지만 공리주의 윤리도 칸트와 함께 자의(恣意)의 자유에 그치는 것으로 비판하고 있다.

확실히 공리주의는 이것저것 특수한 충동의 일시적인 만족을 목적하는 것이 아니라 충동전체의 포괄적인 만족으로서의 '**행복**'을 목적하는 것이다(20절). 이러한 일반적 목적은 의지가 주관적 입장에서 지니는 보편성의 형식으로 객관적 측면에서 대응하는 것이며, 이러는 한 공리주의는 자의가 서 있는 형식과 내용과의 모순 극복을 목적하는 것이라고 말해도 좋다 그러나 서로 충돌하는 충동 전체를 한편에 치우침이 없이 만족시키기는 현실적으로는 불가능하다. 하나의 충동만을 선택하고 다른 모든 것을 무시해 버리는 것은 "모든 충동의 한 체계인 나의 보편성을 팽개쳐 버리는 것이다"(17절 보론). 거기에서 공리주의는 어떤 충동은 상위(上位)로 그리고 다른 충동은 하위로 질서 지워 충동전체의 만족을 꾀하려 한다(위의 절). 이를 위해서는 갖가지 "충동을 서로 비교"하고 "이들 충동을 그 충족을 위한 여러 가지 수단 및 결과 등과 비교"해야 한다고 설명한다(20절). 이것이 벤담의 쾌락계산을 가리키고 있음이 분명하다.

그러나 이러한 "오성"의 시도가 객관적으로는 "쓸데없는 것"임은 말할 필요도 없다(17절 보론). 만족에는 질적인 차이가 있어 "이러한 순위 매김의 어떠한 척도도 있을 수 없기"(위의 절) 때문이다. 결국 무엇을 가지고 행복이라 하는가는 주관적 감정의 결정에 맡기지 않으면 안 된다. 헤겔에 의하면 공리주의에는 "또한 내용과 형식의 어떠한 참된 통일도 존재하지 않으며"(20절 보론) 자의의 자유에 그쳐버리게 된다.

자유와 필연성

이리하여 헤겔에 있어서 자유는 일체의 충동을 그 동기로부터 배제하는 것도, 이들 가운데 하나를 선택하는 것도 아니다. 그것은 사유하는 이성에 열려져 있는 객관적으로 존재하는 보편적인 것을 의지의 자각적인 내용으로 하는 것이다. 이 보편적인 것은 칸트의 도덕법칙과 같은 형식적인 것도 공리주의가 목적하는 행복도 아니다. 그것은 만인의 자유와 공동생활을 지탱하는 "인륜적인 실체"이다. 인간은 자유인의 자유와 공동생활을 지탱하는 "인륜적인 실체"이다. 인간은 자유이다. 그러나 자유를 이유로 들어 현실을 무시하는 행동을 한다면 그 행위가 어떻게 순수한 심정을 밑바탕으로 했다고 할 수 있겠는가. 결과적으로 이러한 행위는 목적의 실현에 실패하고 극단적인 경우에는 자신의 파멸을 초래하게 된다는 것은 인생경험의 교훈이다. 현실 속에는 개인의 힘으로라도 어떻게 해서든지 달성하고 싶은 이법(理法)이 이미 움직이고 있다. "인륜적인 실체"란 이 현실에 있어서의 이성적인 것을 가리킨다.

본래 이 현실에 있어서의 이성적인 것이란 자연법칙처럼 인간의 힘을 넘어서 있는 것이 아니다. 그것을 개인의 힘으로라도 어떻게든 하고 싶어 하는 것은 그것이 만인의 행위에 의해 생겨나고 유지되어지는 것이기 때문이다. 그것이 자기의 본질이 자유라는 것을 자각한 인간의 행위에 의한 것일 때 이것은 현존하게 된 자유라고 말할 수 있다. 그렇다고 해서 그것이 곧 현존하는 법률 및 도덕 등을 가리키는 것은 아니다. 그것은 이들 일체의 윤리적인 여러 제도에 현실적인 힘을 부여하는 것이다. 이 이성적인 것을 내용으로 하는 한에서만 법률 및 도덕도 올바른 것으로서 만인에 의해 승인되고 공동생활을 지탱하게 된다. 헤겔에 있어서 자유는 이미 현실 속에서 즉자적으로 움직이고 있는 이성적인 것을 자기 의지의 내용으로서 대자화함에 의해 성립하는 것이다. 즉자적으로 이성적인 것이 대자화되었을 때 이는 개인에 있어 필연적인 것이 된다. 이런 의미에서 헤겔에 있어서 자유는 필연성을 보증한 자유라고 말해도 좋을 것이다.

이미 헤겔은 『논리학』에서 자유와 필연성은 결코 대립하는 개념이 아니라 하나의 통일적인 전체의 단순한 계기에 지나지 않으며 "자유는 필연성의 진리이다" 라고 말하고 있다(「개념론」). 그리고 이것과 관련하여 헤겔은 『엔찌클로패디』 강의에서는 다음과 같이 말하고 있다. "물론 필연성 그 자체가 또한 자유는 아니다. 그러나 자유는 필연을 전제하고 이것을 지양된 것으로서 자기 안에 포함하고 있다. 덕있는 사람은 그의 행위의 내용이 필연적임과 동시에 즉자대자적으로 타당한 것임을 의식하는데, 더 나아가 이것은 그의 자유를 조금도 손상시키지 않고 오히려 이로 인해 비로소 이 의식은 내용이 없는 단지 가능적인 자유로서의 자유와는 다른 현실적으로 내용이 있는 자유로 되는 것이다"(『소논리학』 158절 보론). 간스가 전하는 『법철학』 강의에서의 헤겔의 다음 말도 같은 것을 의미한다고 말할 수 있다 "내가 이성적인 것을 욕구하는 경우 나는 하나의 특수한 개인으로서가 아니라 윤리일반의 갖가지 개념에 따라서 행위한다. 윤리적 행위에 있어서 나는 자기 자신을 끝까지 밀고 나가는 것이 아니라 일을 타당하게끔 하는 것이다"(15절 보론).

이 대자화된 필연성이 자유라는 생각이야말로 헤겔의 자유론을 특징짓는 것이다. 자연 및 사회의 법칙을 인식하는 정도에 따라 인간은 자유로우며, 의식적으로 자연 및 사회에 노동을 가하여 변혁할 수 있다는 마르크스의 사상은 이 헤겔의 자유와 필연성의 변증법에 그 근원을 두고 있는 것이다.

자유와 노동

참으로 자유로운 의지가 사유하는 이성으로서 객관적으로 존재하는 이성적인 것을 자기내용으로 할 때 거기에서 벌써 주관과 객관, 대자와 즉자의 대립은 극복되어진다.

그러나 인간은 처음부터 이처럼 자유로운 주체는 아니다. 그것은 주체적인 존재로서의 자기를 객관적인 세계 속에 밀어내고 동시에 이 세계에 작용을 가하여 끊임없이 자기 자신을 단련시켜 나아가는 인간의 노동에 의한 성과이다. 인간은 직접적으로 자신이 어떠한가를 알 수 없다. 노동을 통하여 만들어진 일을 통하여 비로소 자기를 알 수 있다. 노동을 통하여 최초로 인간은 자기 욕구의 개인적인 만족을 구한다. 그러나 노동은 이미 직접적인 활동이 아니다. 노동이 자연에 대한 작용인 한, 자연의 법칙에 따르는 것을 배우지 않으면 안 된다. 그리고 노동이 사회 속에서 이루어지는 한, 사회에 참가하는 것을 배우지 않으면 안 된다. 이를 위해서는 감정의 주관적인 자만이나 개인적인 기분, 즉 행위의 단순한 주관적인 존재방식을 극복하지 않으면 안 된다. 노동은 인간을 이성으로 이끄는 교육적 의미를 갖고 있다. "즉자적으로 이성적인 인간은 대자적으로도 또한 그러기 위해서 자신을 밖으로 내보냄에 의해, 그렇지만 또한 마찬가지로 자기 안에 끌어들여 자기를 형성·도야하여 감으로써 힘들게 끊임없이 자기 자신을 생산해 나가지 않으면 안 된다"(10절 보론).

헤겔은 시민사회를 논함에 있어 노동의 문제를 그 주제로 삼았다. 각각의 사람이 자기의 특수한 욕구의 만족을 구하는 시민사회는 자의식적으로는 자유롭지만 내용적으로는 한정되어 있다. 구체적으로는, 시민사회에 있어 개인이 자유롭게 자신의 생계유지를 꾀할 때(자유방임) 그는 점점 생산과 소비의 메커니즘에 말려들지 않을 수 없다(결정론). 그러나 이것은 주관의 특수한 내용을 넘어선 보편적인 것이 객관적으로 존재함을 자각하기 때문이다. 시민사회에 있어 노동은 개인에게 특수한 것이 보편성의 형식을 통해 비로소 성립할 수 있다는 것을 가르치고, 이것에 의해 보편적인 것을 나아가 자기 의지의 내용으로 하는 입장, 다시 말하여 자유의 객관적인 현실태인 한에서의 국가의 일원으로서 살아가는 개인을 도야한다는 의미를 갖고 있다(187절).

옛날부터 인간은 이성적인 동물이라고 말하여져 왔다. 그러나 이 뛰어난 인간의 존재방식을 노동의 성과로 본 헤겔의 통찰은 주목되어야 할 것이다. 여기에서 인간을 태어나면서부터 자유롭다고 본 루소 등에 대한 비판이 가로놓여 있다(57절 참조).

자유로서의 법

이리하여 헤겔에 있어서 법이란 단순히 법률상의 법을 가리키는 게 아니다. "자유로운 의지의 현존재 그것이 법이다"(29절). 현존재란 법이 구체적으로 실재하는 형식을 말한다. 그리고 이것은 자유에 대한 만인의 승인에 의해 구체적으로 실재하게 된다. 법은 실현된 자유로서 헤겔에 있어서는 법률임과 동시에 도덕이며, 권리임과 동시에 의무이고, 가족, 시민사회, 국가라는 일체의 인륜적 조직을 바로 인륜적 조직이게끔 하는 것이다.

루소 및 칸트는 자유를 실재성으로 보지 않고 실현되어야 할 이상으로서 요청하는 데 그쳤다. 그들의 자유에 대한 관념은 한 개인의 독자적인 자의를 절대화하는 것이며 주관적인 지평에 그치는 것이다. 개인적인 자의는 그것이 객관적으로 실현될 수 없다면 국가 안에서 객관적으로 지배하는 보편적인 질서와 대립하게 된다. 여기에서 국가는 항상 민중에 대한 외적인 권위에 그치고 만다. 그리고 항상 민중에 의해 제거될 것이 요청되는 것이다. 헤겔은 국가와 개인을 대립적으로 취급하고 법을 자유의 제한으로 보는 생각에 반대했다. 이것은 프랑스 혁명을 공포정치로 이끌었던 위험한 이원론이다(29절 주).

법은 "절대적 개념의 현존재, 자기의식적인 자유의 현존재"로서 "신성한 것이다"(30절). 여기에서 헤겔 논리학의 절대적 개념이 자기 자신을 의식한 자유라는 것이 밝혀진다. 주관적인 것에 그쳐 객관적으로 실존하는 여러 제도 속에 구체화되지 않은 자유가 추상적인 것과 마찬가지로 자유의 의식에 대응하지 않는 권리나 의무는 내용이 공허한 형식적인 것이다(법의 형식주의). 법의 내용인 권리나 의무는"자유개념의 발전"에 의해 극복되었을 때, 그 존재이유를 상실한다. "보다 추상적인" 법은 그것이 인지된 단계에서는 고유의 정당성을 가지고 있지만 인간의 자유의 의식에 의해 합치된 법, "보다 구체적이고 보다 그 자신 속에서 풍부한, 보다 진실로 보편적인" 법 앞에서는 불충분한 "제한된" 법이 된다. 여기에 법의 각 단계가 그려지게 된다. 그런데 이 법의 각 단계가 동시에 이념으로서 개념의 발전에 있어서의 여러 규정에 대응하면서 그 자신 형태화하여 실존하는 것일 때, 각각은 고유의 권리를 가지고 공동생활을 지탱하는 것으로서 작용함과 동시에 각각 제한된 것으로서 때때로 상호 대립하는 것이 된다. 법률과 도덕이 충돌하기도 한다. 가족을 위해서 개인은 노동하지 않으면 안 되고, 국가를 지키기 위해서는 때때로 특히 위험한 곳에 가지 않으면 안 된다. 고유의 권리를 가지고 각 단계는 인간에게 희생을 요구한다.

그러나 이러한 자유의 이념이 각 단계별로 서로 어긋나 서로의 대립과 충돌을 일으키는 것은 특수한 권리를 넘어서서 보편적인 자유가 실현되어 가기 위해서는 불가피한 계기가 된다. 그리고 이 변증법은 국가를 넘어서서 세계사에 이른다. 국가는 현실에 존재하는 최고의 공동체로서 자유의 이념의 가장 구체적인 현실태이지만, 다른 국가와의 관계에 이어서는 서로 제약하는 관계에 있는 한, 역시 특수한 현존재이다. "오직 세계정신의 권리만이 무제한으로 절대적인 것이다(앞의 절). 헤겔에 있어서 법철학은 역사철학 속에 포섭된다. 헤겔의 법철학은 기본적으로 유한한 영역에 머물러 있다. 그리고 이 이해는 때때로 헤겔이 국가를 절대시했다는 해석이 보여지느니 만큼 특히 중요하다.

『법철학』과 '프로이센 일반국법전'(一般國法典)

헤겔이 '서론'에서 법의 이념은 어떠한 것인가를 보여주는 종래의 자연법이론 및 역사법학을 비판했을 때, 그 배후에는 특히 실천적인 문제의식이 가로놓여 있었다. 그것은 1794년에 공포되었던 '프로이센 일반국법전'이 슈타인-하르덴베르크 개혁(Stein-Hardenbergische Reformen) 및 나폴레옹에 정복되어 '프랑스 민법전'을 경험했던 라인·프로이센의 프로이센 복귀 등에 의해 형성된 새로운 사회사정에 대응할 수 없다는 측면을 폭로하게 되어 당시 개정의 소리는 높아져 갔다. 그러나 다른 한편으로는 18세기의 계몽사상 및 자연법 이론의 강한 영향 아래서 편찬되었던 '프로이센 일반국법전'에 대한 구세력으로부터의 반대도 강하였고 특히 나폴레옹 몰락 후에 세력의 판도는 뒤바뀌어 있었다.

이미 해방전쟁에서 파면당했던 1814년 하이델베르크 대학 교수 티보(Anton Friedrich Justus Thibaut)가 『통일적 독일 시민법의 필요에 대하여』를 출판하여 국민의 요구에 맞는 사법, 형법, 소송법의 법전 제정의 필요를 역설했는가 하면 이에 대하여 베를린 대학 교수 사비니(Friedrich Karl von Savigny)는 같은 해 『입법과 법학에 대한 현대의 사명에 대하여』를 써 법은 만들어져야 하는 것이 아니라 이루어지는 것이라는 역사법학의 입장에서 법전제정은 시기상조라고 이에 반대했다. 더구나 할러도

『국가학의 부흥』(1816년)을 써서 유기체적인 낭만주의적인 국가관에 입각하여 '프로이센 일반국법전'이 토대로 하고 있는 자연법사상에 대한 반대를 소리 높여 외쳤다. 헤겔의 『법철학』은 이러한 새로운 법전 제정을 둘러싼 와중에 하나의 돌을 던지는 것이었다.

헤겔은 '프로이센 일반국법전'에 대하여 그것이 근거하고 있는 계몽적 자연법 이론을 비판하면서도 그것이 프로이센 근대화에서 담당했던 역할을 인정했다. 그리고 이 방향으로 한층 더 나아가 이 법전의 개정을 지지하는 입장에 섰다. 이것은 그가 "비록 형식을 갖추지 않은 기록의 집적에 지나지 않다 하더라도 국민에게 국법을 부여해 준 지배자, 하물며 그것을 질서 지워 명확한 법전으로서 부여해 준 지배자"야말로 국민의 최대의 은인이라고 말하여, '프로이센 일반국법전' 제정에 단서를 주었던 프리드리히 대왕을 간접적으로 칭찬하고 있다는 점에서도 살필 수 있다(215 절 주). 그리고 여기에서 헤겔은 완전무결한 법전을 제정하려고 하는 낙천적 계몽주의를 비판하면서도(216절) "한 문명국민 내지는 그 국민들 중 법률가 자신에게 법전을 만들 수 있는 능력을 인정하지 않는 것은 한 국민 내지는 법률가 자신에게 가해지는 최대의 모욕이라 할 수 있다"(211절 주)고 말하여 이런 점에서 사비니 및 할러 등을 비판하고 단호히 티보의 입장에 섰던 것이다. "체계화하는 것, 다시 말하여 보편적인 것으로 고양시키는 것이야말로 곧 현대의 한없는 갈망인 것이다"(211절 보론).

『법철학』 특히 사법 및 형법의 영역을 논하는 '추상법'의 단계에서 헤겔은 여러 번 로마법을 상정했다 이것은 로마법이 오랫동안 유럽에서 사법의 중심이었다는 점에서 '프로이센 일반국법전'을 필두로 당시 법전의 제정 때마다 로마법이 기초가 되었기 때문이다. 이 외에도 시민사회론에 있어서 도시론 및 신분론, 국가론에 있어서 주권론 등 우리는 『법철학』이 도달해 있는 곳에서 '프로이센 일반국법전' 및 쉬타인-하르덴베르크 개혁과의 연관성을 지적할 수 있다. 그리고 거기에서 헤겔의 법철학이 프리드리히 대왕으로부터 쉬타인 및 하르덴베르크를 지나는 프로이센의 근대화 노선과 궤를 같이하고 있다는 것을 분명히 알 수 있다.

2. 『법철학』의 방법과 구분

학(學)의 방법

헤겔 법철학의 대상은 법의 개념과 현존재의 통일로서의 법의 이념이었다. 이때 개념 및 이념이란 무엇을 의미하는가, 현존재와 현실성의 관계는 어떠한 것인가 하는 이러한 문제는 기본적으로 논리학에 속하는 것으로, 이런 점에서 법철학은 논리학을 전제로 하고 있다(2절). 마찬가지로 방법도 또한 "논리학으로부터 전제되어져 있다"(31절). 이미 우리는 '서문'을 고찰할 때, '사변적 인식'에 대해서 그리고 법철학에 있어서의 내용과 형식의 일치에 대해서 살펴보았다. 새삼 방법에 대해 말하고자 하는 여기에서도 헤겔이 강조하는 것은 논리 및 진리가 이미 사물 그 자체 속에 내재해 있다는 것이다.

헤겔은 한편에 논리를, 그리고 다른 한편에 경험적으로 주어진 것(경험적 소여所與)을 구분해 놓고 있는 칸트적인 사고방식에 반대했다. "어떤 것을 이성적으로 고찰한다는 것은 이 대상의 밖에 있는 하나의 이성을 가져와 이것을 가지고 대상을 가공한다는 것이 아니라, 대상 그 자체가 곧 이성적이다"(위의 절). 자연은 그 자신 보편적인 인과법칙을 갖추고 있으며 인간은 자유의 법칙을 가지고 있다. "여기에서의 이성적 고찰의 대상은 자유롭게 존재하는 정신의 존재방식이다." 즉 이성이 자신에게 현실성을 부여하여 실존하는 세계로서 자신을 만들어내는 바, 이것이 자기의식적인 이성의 최고의 정점이다. "학(學)의 임무는 단지 사물의 이성 자신의 이 노동의 성과를 의식으로 끌어올리는 것이다"(위의 절).

인간이 살아가는 세계는 인간의 사상이 쌓아올린 것이다. 이러는 한 이성은 세계의 밖에 서 있는 것이 아니라 인간의 의식을 통하여 자신을 실현하여 가는 자유의 개념, 바로 그것이다. 또한 이때 학의 방법은 이 개념이 자신을 실현하여가는 형식, 바로 그것이다.

헤겔의 변증법

헤겔은 이 개념의 운동원리를 '**변증법**'이라고 부른다(31절 주). 일찍이 스피노자는 "모든 규정은 부정이다"고 말하고 있다. 즉 반성에 의한 일체의 규정은 능동이 수동에 대해, 일자(一者)가 다자(多者)에 대해, 그리고 보편이 개별에 대해서와 같이 타자와의 구별 위에 서 있는 유한한 것이며 그런 한에서 개별적인 것이다. 그리고 이것은 헤겔에 있어서 개념이 사유에 의해 파악된 실재하는 것의 본질적인 존재방식이라면 단지 사유의 선상에서만 말해지는 것이 아니라 존재론적인 의미에서도 성립하는 것이다.

그런데 개념은 그 본성에 있어 보편적인 것이다. 더 나아가 이 보편성은 개별적인 것으로부터 추상에 의해 얻어지는 개별적인 것의 공통성이라는 의미에서가 아니라, 개별적인 것이 거기에서 비로소 개별적인 것으로서 존재할 수 있는, 개별적인 것의 근저에 가로놓여 있는 실체적인 것이라는 의미에서의 보편성이다. 이때 반성에 의한 개별적인 여러 규정은 그 자신 하나의 개념이라고도 할 수 있지만, 개별적인 것으로서 오히려 보편적인 개념의 여러 계기라고 말하지 않으면 안 된다. 대립하는 여러 규정을 포함하면서 이를 넘어서는 전체적인 것이야말로 진실로 보편적인 개념이며 개별적인 여러 규정은 이 보편적인 개념을 근저에 가지고 있는 한에서 개념이라고 부를 수 있다. 그리고 이때 여러 가지 규정은 유한한 것임과 동시에 개념으로서 보편적인 것을 근저에 가지고 있다는 모순 속에 존재하게 되지만, 이 모순이 내재함에 의해서 여러 가지 규정은 대립하는 규정으로 이행하고 서로의 매개를 통하여 보다 풍부한 규정으로 향하게 된다. 이것은 규정성을 통하여 자기를 명확하게 하는 개념의 발전임과 동시에 개념의 자기로의 복귀이다. 거기에서 명백해지는 것은 여러 가지 규정이 이미 진실로 보편적인 것이라는 점이다.

직접적으로 존재하는 것은 그 자체 미분화된 그대로 전체적인 것이다. 그것은 반성의 매개를 통하여 이것을 구성하는 여러 계기에 의해 분절화된다. 그러나 거기에서 끌어낸 여러 규정이 전체적인 것의 제계기라면 이는 따로따로 독립해서는 존재할 수 없고 다시 전체적인 통일 속으로 귀환되지 않으면 안 된다. 여기에서 전체는 부분에 있어 명확하게 됨과 동시에 부분은 전체 속에서 바라볼 수 있게 된다.

이리하여 개념의 운동은 직접성과 매개성 양자의 통일로서의 전체성이라는 형식을 갖추게 되는데, 이 형식이 바로 변증법이라 불려지는 것이다. 그리고 개별적인 여러 규정이 그 자신 독립적인 것으로서는 부정되면서도 전체적인 것 속에서 보존되는 것을 지양(Aufheben)이라고 한다(『엔찌클로패디』 236~243절).

개념의 발전과 역사적 제형태

"개념의 발전에 있어 갖가지 규정은 한편으로는 그 자신 하나의 개념이며 다른 한편으로는 개념은 본질적으로 이념으로서 존재하기 때문에 이들 여러 규정은 현존재의 형식으로 존재한다"(32절). 여기에서 학에 있어서의 개념의 논리적 발전과 현존하는 여러 형태에 있어서의 개념의 역사적 발전의 상호 대응이 말해질 수 있다.

개념의 발전에 있어서의 갖가지 규정은 논리학에서는 범주(category)로서 전개되고 법철학에서는 추상법, 도덕성, 가족, 시민사회, 국가로서 전개된다. 이들은 현존하는 것으로서 실현된 자유의 개념의 발전을 가리킨다. 그런데 "사변적인 의미에서는 한 개념의 현존하는 방식과 그 개념의 규정된 존재방식은 동일한 것이다." 그러나 이것이 곧 "이념의 학적인 발전"의 순서가 "시간적인 발전"의 순서라는 것을 의미하지는 않는다(위의 절). 학에 있어서는 참된 것을 하나의 성과라는 형식으로 보고자 하며 이념의 발전은 가장 추상적인 개념에서 출발하여 가장 구체적인 존재방식에로 향하게 된다. 이 스스로를 규정하여가는 이념의 학적인 발전은 개념에 내재하는 변증법적인 논리적 필연성에 따라 진행하며 그 어떤 다른 요인에 의해서도 방해받지 않는다.

그러나 역사적 현실에 있어서는 우리는 항상 많든 적든 이미 발전하여 실현되어 있는 제형태의 공존(共存)을 보게 된다. 재산, 계약, 가족 등 제제도는 어떠한 시대에도 실존한다. 역사의 발전 속에서 변하는 것은 이들이 갖는 존재방식일 뿐이다. 그리고 역사의 발전은 인류의 자유에 대한 인식이 심화되고 실존하는 것에 대한 불만 속에서 실존하는 것이 가진 모순이 자각되고 이성적인 사유가 그의 실현을 방해하는 세력 및 제도에 대해 승리를 거두는 방식으로 진행한다. 여기에서 개념의 학적인 발전은 역사의 이해에 실마리를 부여한다 하더라도 실제로 일어나는 사건의 전개와 기계적으로 일치하는 것은 아니다. “시간의 순서”로 볼 때 소유가 가족보다 앞서 현존했다라고 말할 수 는 없다. 그러나 헤겔이 여기에서 소유를 가족보다 앞서 논한 것은 “개념의 순서”에 따라서이다. “우리의 진행은 갖가지 추상적인 형식이 그들 독자적으로 존재하지 않으며 참된 제형식이 아니라는 것을 보여주며 가는 진행이다”(위의 절 보론).

구 분

여기에서 법철학이 현존하는 법의 개념의 발전을 이 발전의 논리적 형식에 따라 서술하고 있음이 명확해진다. 이리하여 헤겔은 내용을 다음과 같이 구분하고 있다.

A. 추상법(das abstrakte Recht)
B. 도덕성(die Moralität)
C. 인륜(die Sittlichkeit)
  a. 가족(die Familie)

b. 시민사회(die bürgerliche Gesellschaft)

c. 국가(der Staat)

헤겔에 의하면 이것은 "즉자대자적으로 자유로운 의지의 이념의 발전단계 순서"(33절)이다. 이것이 직접성과 매개성, 양자의 통일로서의 전체성이라는 개념의 제계기에 따른 발전임은 말할 필요도 없다.

직접성으로 존재하는 의지는 외부로부터의 모든 제약을 배제하고 한없이 자기 자신과 관계하는 의지이다. 내가 그것을 욕구하기 때문에 나는 그것을 욕구한다는 형태로 정식화되는 의지라 말할 수 있다. 추상법은 이 개별적인 내용을 가진 의지의 자유를 만인이 가지고 있다는 형식적인 보편성에 입각하여 권리를 자기의 내용으로 하는 것이다. 추상법에 있어서는 인간은 권리의 담당자로서 인격이며 그 의지의 현존재는 이 의지에 의해 소유된 물건이다. 이리하여 추상법은 자유의 실현이지만 아직 여기에서는 개별성과 보편성의 종합은 직접적인 것이며 물건과 그 소유를 둘러싸고 이루어진 것에 지나지 않는다.

이에 대하여 반성이라는 매개성을 통하여 존재하는 의지가 도덕이다. 왜냐하면 여기에서 의지는 개별적인 자의이면서도 현존하는 바깥세계에 대하여 자신의 내면에서 자각된 보편적인 선의 실현을 목적하는 주체적인 의지로서 자기 안에 개별성과 보편성의 구별을 부여하고 그 총화를 자각적으로 행하는 것이기 때문이다. 그러나 세계 속에 즉자적으로 존재하는 보편적인 것과의 연관을 떠나서는 이 도덕적인 의지의 보편적인 목적인 선(善)도 외적인 현존재를 얻을 수 없다. 때문에 추상법과 마찬가지로 도덕성도 추상적인 보편성에 그치게 된다.

거기에서 전자의 객관성의 계기와 후자의 주관성의 계기를 한층 종합적으로 통일한, 즉 변증법적으로 지양한 곳에서 구체적인 보편으로서의 인륜이 성립한다. 이것은 전체성으로 존재하는 의지의 존재방식이라고 말해도 좋다. 인륜은 가족, 시민사회, 국가로부터 성립한다. 인륜은 어느 것이나 개별성과 보편성의 종합인데, 가족에서는 보편성이 주(主)고 개별성이 보편성에 의지하는 대 반하여, 시민사회에서는 개별성이 주이고 보편성은 각 개인들 상호의 관계로서 성립하고 있다. 그리고 국가는 가족에 있어서의 실체적인 통일이 시민사회에 있어서의 독립된 개인이 가진 주체적 자유를 통하여 자각적 통일로 고양되는 것으로서 인륜의 최고의 실현태이다.

이 추상법에서 출발하는 헤겔 법철학의 구분은 인간을 당장은 권리의 담당자로서 승인하는 것에서 출발하여 그것으로부터 모든 법규범을 합리적으로 이끌어내는 홉스 이래의 근대 자연법의 전통을 살리고 있다고 말해도 좋다. 또한 추상법에 이어 도덕성을 자리매긴 것도 국가는 단지 개인의 생명 및 재산의 보호를 목족할 뿐만 아니라 주체적인 의지의 권리를 승인하지 않으면 안 된다는 프랑스의 '인권선언'에서도 볼 수 있는 근대 국가관에의 헤겔의 귀의를 보여 주는 것이다.

그런데 이 추상법도 도덕성도 추상적인 계기라 하고 각 개인의 자기의식을 꿰뚫음과 동시에 현존하는 세계로 되었던 자유의 개념으로서 인륜의 이념을 설명한 것은 플라톤 및 아리스토텔레스의고대적 전통을 근대의 주체성의 원리에 끌어들여 다시 살릴 것을 목적했던 헤겔의 독자적인 구상이다. 이것은 칸트가 『인륜의 형이상학』을 이야기하면서 여기에서의 추상법과 도덕성의 구분에 대응하는 논법과 덕론(德論)을 전개하는 데 그칠 뿐 헤겔이 말하는 인륜의 이념에 대해서 말하지 않았다는 점에서도 살필 수 있다. 여기에서 우리는 헤겔의 법철학이 어떻게 근대를 근거로 하면서도 근대를 뛰어넘는 높은 위치에 서 있는가를 알게 된다.

제1부 추 상 법

上妻 精

헤 겔이 살던 집

제1부 추상법

● 추상법의 규정과 인간성

자신의 이성과 보편성을 자각하는 자유의지도 그 직접성에 있어서는 개별적이고 배타적인 의지로서 등장한다. 이것은 내가 그것을 욕구하기 때문에 나는 그것을 욕구한다는 형태로 정식화되는 의지이다. 이 의지가 누구나 이를 가지고 있다는 형식적인 보편성으로 취급될 때 이 의지는 인격 또는 인격성이다. 인격성은 자유의 이념이지만 단 구체적인 전개에 이르지 않은 직접성으로 존재하는, 따라서 추상적인 상태에 머물러 있는 자유의 이념이다. 자유의 현존재는 법이다. 그리고 추상적인 자유의 현존재는 추상법이다. 추상법은 개별적인 인격의 의지의 자유로서의 권리를 그 내용으로 하는데, 이는 자유 실현의 최초의 형태이다(34절~35절).

여기에서 인격성은 추상법의 기초를 이루는 것으로서 일반적으로 권리능력을 함축한다. 사람은 인격성을 침해당해서는 안 된다. "하나의 인격이려면 타인을 모두 인격으로서 존중해야 한다"가 추상법의 근본원칙이다(36절). 추상법이 문제로 삼는 것은 자유로운 인간으로서의 내가 다른 사람들과 함께 가지고 있는 나의 추상적인 권리이며, 나로서의 내가 타인들로부터 나를 구별하는 나의 갖가지 욕구, 요구, 취향, 관심 능력 등 의지의 특수성은 인격성 속에 포함되지 않는다(37절). 그리고 나는 인격으로서 권리를 갖지만 이 권리의 행사는 나에게 강제되어 있는 게 아니라, 단지 허락되어 있을 뿐이다. 허락되지 않은 것은 금지된다. 여기에서 추상법의 규정은 금지를 밑바탕으로 하는 허가 내지 권리 능력일 뿐이다. 추상법은 일상생활에 적극적으로 간섭하지는 않는다(38절). 의지의 인격성은 자연에 대하여 하나의 주체적인 것으로서 대립한다. 인격성은 눈앞에서 발견되는 자연을 자기 것으로 정립함에 의해 최초로 자기의 실재성을 부여받으려 하는 능동적인 것이다(39절). 개별적인 인격의 의지를 받아들인 것, 그것을 물건이라 부르며 인격만이 물건을 갖는다. 또한 모든 개인은 인격이다. 그렇기 때문에 인격권을 특수하게 가부장이라는 신분의 권리로 생각하고 자식과 노예를 가부장의 물건으로 생각했던 로마법의 규정은 비윤리적인 규정이라 말하지 않으면 안 된다(40절 주).

여기에서 헤겔이 말하는 추상법은 일반적으로 사법에 해당하는 것이라 생각해도 좋다. 이것을 추상법이라 하는 것은, 이미 분명해졌듯이, 여기에서는 인간을 형식적인 권리의 담당자로서의 인격이라는 형태만 다루어 연령, 출생, 능력, 재산의 유무(有無) 등 개인으로서 갖는 일체의 특수성이 고려되지 않기 때문이다. 더구나 여기에서는 이러한 인격과 물건의 관계만이 문제가 되고, 설사 인간과 인간의 관계가 고려된다 하더라도 물건을 매개로 한 인격과 인격의 관계에 지나지 않으며 따라서 이러한 관계가 성립하는 공간인 공동체의 존재방식은 사상되기 마련이다. 바로 그렇기 때문에 추상법은 가장 빈곤한 자유의 실현형식이라 말할 수 있다. 그러나 종자(種子)가 종자인 한, 열매가 아니지만 종자가 없으면 열매도 없듯이 여기에서 보여지는 인격과 물건의 관계가 보다 구체적인 사회관계를 전제로 하고 있다는 것도 확실하지만, 이 추상법 속에서 정립된 인격과 물건의 관계는 또한 자유의 모든 실체적이고 정신적인 질서의 제약이기도 하다. 구체적으로 헤겔의 추상법은 근대 시민사회를 기초지우는 법적 관계를 다루는 것이다. 여기에서 헤겔은 역사적인 로마법에서는 가부장이라는 특권적인 인간의 자격이었던 인격의 개념을 모든 사람의 자격으로까지 확대하고 있다(209절 참조). 로마법의 용어를 살리면서 헤겔은 그 내용을 해체하고 새로운 내용을 담고 있다. 여기에서 우리는 만인의 자유가 법의 기반으로서 자각되기에 이른 역사적 현실 위에 서 있는 헤겔의 자세를 발견한다.

◎ 추상법의 구분

이리하여 추상법은 자유가 직접적인 방법으로 자신에 부여한 바의 외적인 현존재로서 헤겔에 의하면 세 가지 형식으로 현상하게 된다. (a)자기의 것으로서의 소유, (b)계약, (c)불법과 범죄이다. 논리학에서 헤겔은 가장 직접적이고 무규정적인 존재의 개념에서 출발하여 점점 내용이 풍부한 개념으로 올라가는데, 법철학의 전개도 추상적인 것으로부터 구체적인 것으로의 방향을 더듬어 간다. 그리고 이 세 개의 형식을 따르는 추상법의 전개도 예외는 아니다.

(a)소유에 있어서 의지는 자연적인 객체와의 직접적인 관계에 있다. 그리고 소유 속에 자신을 외화하는 의지의 자유는 개인으로서 인격이 갖는

추상적인 의지 일반의 자유에 지나지 않는다. 여기에서는 인격 상호간의 구별 및 관계는 사상되어 있다. 그러나 소유는 인격상호가 서로 인정했을 때 비로소 지속된다. 이 소유가 전제로 하는 상호 승인의 관계를 나타내는 것이 계약이다.

(b)계약 속에 외화되어 있는 것은, 서로를 소유자로서 승인하는 인격 사이에 성립하는 공통의지이다. 그러나 계약은 당사자간의 이해 관심의 일치에 뿌리를 두고 있는 것으로서 여기에서 보여지는 공통의지는 아직 직접 공동생활을 유지하는 이성적이며 보편적인 의지는 아니다. 그리고 인격으로 하여금 그 보편적인 의지를 자각케 하는 것은 그가 행한 불법과 범죄이다.

(c)불법과 범죄 속에 외화되어 있는 것은 보편적인 의지에 대한 개인의 특수한 의지의 대립으로 성립하는 의지의 자유이다. 여기에서는 의지가 자체적으로 가지고 있는 보편적인 측면과 개별적인 의지로서 갖고 있는 특수한 측면이 두 개의 의지로서 서로 구별되고 대립하게 된다. 그리고 이것은 욕구하기 때문에 욕구한다는 직접성에 머물러 있는 의지의 자유를, 이러한 의지는 누구나 가지고 있다는 점에서 보편적인 권리로서 다루는 추상법의 형식적이며 더 나아가 추상적인 면을 폭로하는 것에 지나지 않는다. 왜냐하면 불법과 범죄에 대한 형벌 속에서 보여지는 의지는 계약 속에서 자의적으로 정립되었던 공통의지보다도 더 높은 실체적이며 보편적이 의지이기 때문이다. 그리고 여기에서 서로 구별되는 보편성과 개별성의 종합은 주체적인 의지의 내면에서 자각적으로 수행되게 된다. 여기에서 추상법은 도덕성으로 이행한다.

칸트는 『인륜의 형이상학』에서 사법을 "물권법"과 "인격권법"(人格權法) 그리고 "물적 형태의 인격권법"으로 구분했다(『법론』 제1부 제2장). "물권법"이란 어떤 물건을 내가 사적으로 점유하고 사용하는 권리이며 이 권리에 관한 법률이다. 인격권법이란 타인의 의지를 나의 의지에 의해 어떤 일정한 행위로 규정할 수 있는 권리, 구체적으로는 계약을 맺어 타인이 소유한 물건을 자기의 것으로 할 수 있는 권리 및 이 권리에 관한 법률이다. "물적형태의 인격권법"이란 가족관계에 있어서 남편이 아내에 대하여, 부모가 자식에 대하여, 가족이 노예에 대해 갖는 권리 내지 이 권리에 관한 법률이다. 그러나 이러한 칸트의 구분은 옳지 않다. 여기에서 인격적인 권리라고 해도 그것은 본질적으로는 타인이 소유한 물건에 대한 권리에 지나지 않으며 더구나 이 구분은 아내 및 자식, 노예를 물건으로 취급하는 오류를 범하고 있기 때문이다(40절 주).

1. 자기의 것으로서의 소유

◎ 인격과 물건

"인격이 이념으로서 존재하기 위해서는 어떤 외적인 자기 자유의 영역을 자신에게 부여하지 않으면 안 된다"(41절). 인격은 물건 속에 자기 의지를 주입시킴으로써 비로소 자기의 자유를 외부를 향해 주장할 수 있다. 소유는 자유의 현실화 과정에 있어서 자유가 최초로 획득한 실재성이다. 그리고 여기에 소유의 이성적인 본성이 있다(위의 절 및 보론). 말하자면 인격의 의지를 받아들임으로써 물건은 그의 것이 된다. 자연은 자신이 어떠한 것인가를 알지 못한다. 자연은 그 자신에 대해서 외적이다. 그뿐만 아니라 그 자신 고유한 가치를 갖지 못하고 그 가치를 의지로부터 수취(受取)한다는 점에서, 자연은 또한 자유의지에 대하여 대타적인 것이다. 이 인격의 의지를 받아들여 자신의 실체로 하는 바에 지각의 대상인 단순한 물(物)과 물건의 차이가 있다. 그렇기 때문에 물건은 법률적인 관계 속에 있는 것이다(42절).

인격은 인격 그 자신이 자연적인 현존재임과 동시에 자신의 외계(外界)로서 자연적인 현존재를 가지고 있다. 따라서 인격에 있어 그 자신이 가지고 있는 생명 및 육체, 천부의 재능 그리고 외적인 자연적 대상이 직접적인 물건이다. 이들 직접적인 물건에 대하여, 의지에 의해 매개되어진 물건으로서 인격이 스스로의 제능력을 사용하여 만들어낸 소산(所産)도 물건이다. 생명, 육체, 그리고 제능력은 그 자체로서는 인격과 분리될 수 없지만 그것의 외화로서의 소산은 직접성과 외면성의 규정 아래 실존할 수 있다. 이러는 한 이들 소산은 외적인 자연의 여러 물건과 같이 법률상의 계약 및 매매의 대상이 될 수 있다(67절 참조). 즉 인격은 아니라 하여도 인격의 지배 아래 둘 수 있는 것은 물건이 될 수 있다는 것이다. 따라서 태양 및 성진(星辰)은 물건이 될 수 없다. 인격이 물건이 될 수 없는 한, 타인 및 자식을 물건으로 취급할 수 없음은 당연하다(43절).

◎ 의지의 관념론

이리하여 헤겔에 의하면 소유는 무엇보다도 인격과 물건과의 관계이다. 그리고 소유를 개별적인 인격의 자유로운 의지의 외화로 본 헤겔의 파악의 밑바탕에는 물(物)의 세계에 대하여 정신의 우위를 주장하는 '의지의 관념론'이 있다고 말해도 좋다. 자유로운 의지만이 무한하고 절대적인 것이며, 외면성으로서의 물건은 어떠한 지기목적도 갖지 않은 상대적인 것에 지나지 않는다. 이러는 한, 인격은 어떤 물건 속에도 자신의 실체적인 목적으로서 가지고 있다. "이것이 인간이 일체의 물건을 절대적인 자기의 것으로 할 수 있는 권리이다"(44절). "자기의 것으로 한다는 것은 본질적으로 물건에 대한 나의 의지의 우위를 명시하는 것이다. ……자유로운 의지는 갖가지 물건을 있는 그대로의 형태로 즉자대자적인 것이라고는 생각할 수 없다는 관념론이다”(앞의 절 및 보론).

이 ‘의지의 관념론’은 유한성으로 존재하는 개별적인 물을 직접 절대적인 것으로 보는 경험론 및 실재론, 더 나아가 물자체는 정신에 의해 파악될 수 없다는 칸트의 비판적인 관념론에 대하여 헤겔의 절대적 관념론의 입장의 일면을 바르게 보여주는 것이다. 마르크스는 여기에서의 헤겔의 입장을 토지의 자유로운 사적 소유라는 “극히 근대적인 산물”을 전제로 하면서 이것을 “일정한 사회적 관계”로서가 아니라 단지 “인간의 자연에 대한 한 관계”로 보는 데 그친 것으로서 “우스꽝스럽기 그지없다”고 비판하고 있다(『자본론』 제3권 제37장). 이 마르크스의 헤겔 비판은 추상법이라는 극히 한정된 범위 안에서의 헤겔의 소유에 대한 취급 방법을 소유에 대한 헤겔의 전(全)이해로서 전면화하는 경향이 없지 않으나, 이런 한에서는 옳다고도 할 수 있다.

◎ 점유와 소유

점유란 어떤 것을 나의 지배력 아래 두는 것을 말한다. 점유에 의해 충족된 것은 내가 어떤 것을 나의 자연적인 욕구, 충동, 자의로부터 나의 것으로 하려는 관심이다. 여기에서는 욕구가 먼저고 나의 것으로 한다는 것은 이를 위한 수단에 지나지 않는다. 그러나 점유에 있어서 자유의지로서의 나는 자신에 대하여 대상적인 것이 되며 또한 이것에 의해 비로소 현실적인 의지가 된다. 이러한 관심으로부터라면 어떤 것을 나의 것으로 한다는 것은 자유를 현존재화하는 것이고 그것은 수단이 아니라 자유의지에 있어서는 목적 그 자체이다. 여기에 점유와 구별되는 소유가 말해지는 까닭이 있다. 소유는 점유의 진리이다. 그리고 점유가 소유로 되기 위해서는 점유가 합법적으로 행해져 인격적 자유의 총체라고 말할 수 있는 사회전체로부터 승인받지 않으면 안 된다. 그것은 점유취득을 통해서 행하여진다(45절, 혹은 51절 이하 참조).

◎ 사적 소유의 필연성

"인격적인 의지이고, 따라서 개별자의 의지인 나의 의지는 자기의 것으로서의 소유에 있어 나에 대하여 객관적으로 되기 때문에 소유는 사적 소유라는 성격을 얻는다"(46절). 자연은 나의 의지를 받아들임으로써 주인 없는 물건이 아닌 나의 소유가 된다. 로크는 사적 소유를 노동으로부터 기초지웠다(『시민정부론』). 루소는 사유재산을 기술의 발전으로부터 기초지웠다(『인간불평등기원론』). 그러나 헤겔은 개별적인 의지의 배타성으로부터 사적 소유의 필연성을 기초지웠던 것이다. 여기에서 헤겔은 공기나 물 등 그 본성상 개별적으로 점유되기 어려운 자연적 제요소를 제외하고는 개별적으로 점유될 수 있는 것의 공동소유에 대해서 부정적인 입장에 섰다. 국가가 사적 소유를 폐지하고 인격으로부터 이 권리능력을 박탈하는 것은 불법이다. 이런 견지에서 헤겔은 플라톤의 국가의 이념을 비판한다(46절 주).

그러나 여기에서도 우리는 이 헤겔의 사적 소유의 취급이 어디까지나 인격과 물건이라는 추상법의 테두리 안에서의 취급임에 주의를 기울이지 않으면 안 된다. 역시 문제는 사회관계 안에서 논해지지 않으면 안 된다. 여기에서는 개별적인 의지의 배타성의 계기가 전면화되어 있지만 헤겔은 결코 여기에서 예상되는 것처럼 원자론적인 세계관을 가지고 있는 사람은 아니다. 여기에서도 이미 헤겔은 법인의 소유권 및 가산(家産)의 분할을 금지하는 가족적 신탁증여(信託贈與)에 의한 소유를 추상법의 입장으로부터는 인정하지 않고 있으면서도 그렇다고 전면적인 폐지를 주장한 것이 아니라 이것을 기초지우는 권리를 "국가라는 이성적인 유기체"에 유보했던 것이다(위의 절 주). 사실 그는 장자상속(長子相續)을, 국가에 봉사하는 보편적 신분에 대해서는 그 신분의 안정을 보장해야 한다는 "정치적 관점"으로부터 승인하고 있다(306절 보론 참고). 우리는 시민사회 및 국가를 논하기에 이르러 여기에서 배타적인 존재방식으로 등장하고 있는 인격성을 넘어서기 위해 사적 소유에 간섭하는 사회생활의 보다 높은 원리에 대해 말하고 있는 헤겔을 발견하게 된다.*

◎ 생명과 육체에 대한 권리

나의 생명 및 육체도 나의 것이다. 그렇기 때문에 "인격으로서의 나는

* 소유를 지칭하는 독일어는 Das Eigentum이다. 일반적으로 재산이라고도 번역된다. 그러나 이 독일어는 어원에 "자기의 것"이라는 의미를 가지고 있다. 또한 재산이라는 개념은 인간과 인간 사이의 사회적 관계를 전제로 한 개념이다. 헤겔에 있어 추상법이 인격과 물건이라는 테두리 안에서 전개되고 있는 한, 여기에서는 재산이라고 번역하면 안 될 것이다. 또한 Das Eigentum과 비슷한 독일어에 Das Vermögen이 있다. 원래는 힘, 능력을 의미하는 말이다. 즉 가치를 창출하는 가능성과 연관하여 물건을 가리키는 말이다. 이는 재산으로도 번역되는데 자산(資産)이라고 번역하는 게 더 적당할 것이다(170절 이하, 199절 이하 등을 참조).

다른 물건과 마찬가지로 동시에 나의 정신과 육체를, 이것들을 갖는 것이 나의 의지인 한에서 갖는다"(47절). 여기에서 각 개인은 자기의 생명 그리고 자기의 인격을 완전히 유지할 권리를 갖는다. 동물도 분명히 자기를 점유하고 있다. 즉 그들의 영혼이 그들의 육체를 점유하고 있다. 그러나 그들은 그것을 의식하지 못한다. 따라서 동물은 자기의 생명에 대해 어떠한 권리도 가지고 있지 않다(앞의 절 및 보론). 육체가 직접적인 현존재인 한, 정신에는 어울리지 않는다. 그러나 육체가 정신의 기관(器官)이 되고 의지를 관철하는 활기 있는 수단이 되었을 때에는 육체는 자유롭고 정신적인 나와 떨어질 수 없는 부분이 된다. 여기에서 "타인으로부터 나의 육체에 가해지는 폭력은 나에게 가해지는 폭력이다"는 결론에 이른다(48절 주).

◎ 재산의 평등

구체적인 인간은 개인으로서 각기 다른 욕구와 목적을 가지며 또한 능력 및 기회에 있어서도 다르다. 점유는 단지 점유로서는 개개인의 이러한 특수성에 의존한다(45절 참고). 그러나 이러한 특수성을 사상해 버린 추상법의 테두리 안에서는 "내가 무엇을 또는 어떤 것을 점유하는가는 하나의 법적 우연이다"(49절). 토지의 분배에 있어서의 평등을 필두로 자산의 분배에 있어서 평등의 요구는 예부터 여러 번 시도되어 왔다. 독일 역사를 훑어 보아도 모라비아파 및 재세례파(再洗禮派)에 의한 운동이 있다. 그러나 이러한 요구는 인간적 자연 및 외적 자연이 갖는 특수성에 눈을 감고 추상적인 동일성만을 고수하는 "공허하고 표면적인 오성의 분별"이다(49절 주). "세상사람들이 재산의 분배에 관하여 도입했다고 생각하는 평등은, 자산이란 근면에 의존해 있기 때문에 어차피 짧은 기간 안에 붕괴되고 말 것이다. 그런데 실행되지 않는 것은 또한 실행되어져서는 안 된다. 인간은 원래 평등하다. 그러나 그것은 인격으로서의 평등, 다시 말하여 그들의 점유의 원천에 관한 평등에 지나지 않는다(45절 및 보론).

이런 한 헤겔은 재산의 불평등을 시인하고 있다고 말할 수 있다. 그리고 이 불평등의 원인을 헤겔이 인간적 자연 및 외적인 자연의 특수성에 귀속시켰을 때, 그는 인간에 의한 인간의 수탈이라는 사회적 관계를 간과하고 있다고 말할 수 있다. 그러나 여기에서도 우리는 헤겔이 무조건 재산의 불평등을 옹호하고 있는 것은 아니라는 점에 주의를 기울이지 않으면 안 된다. 여기에서도 헤겔은 점유와 생계(生計)를 구별하고, 모든 사람이 각각의 욕구에 의거하여 생계를 꾸려나갈 수 있도록 하는 것은 한편으로는 "도덕적인 원망(願望)"임과 동시에 한편으로는 "시민사회에 속하는" 문제임을 이미 단정하고 있다(45절 주). 바꿔 말하면 여기에서 헤겔은 특수성까지 규제할 수 없는 추상법의 한계를 드러내면서, 이런 한에서의 재산의 불평등은 인간이 받아들이지 않을 수 없는 현실로서 승인되어야 함을 말함과 동시에 이 규제를 다른 제도에 맡기고 있다.

◎ 점유취득(占有取得)

소유는 인격성의 현존재이다. 이를 위해서는 어떤 것을 나의 것으로 하겠다는 나의 내면적인 표상과 의지만으로는 불충분하고 누구의 눈으로도 확실하게 인정될 수 있는 형태로 나의 의지를 물건 위에 각인(刻印)하지 않으면 안 된다. 이것이 점유취득이다. 따라서 점유취득이 가능한 물건은 주인 없는 물건에 국한된다. 왜냐하면 주인 없는 물건이 아니라면 나의 의지를 그 물건 위에 투입하는 것이 가능하지 않기 때문이다(51절).

물건은 최초로 점유취득한 사람에게 속한다는 것이 마치 권리의 적극적인 원리인양 말해지곤 했다(칸트 『인륜의 형이상학』 법론 1부). 그러나 이러한 표현은 오해를 불러일으킨다. 왜냐하면 최초로 점유취득한 자는 그가 그 최초의 사람이기 때문에 정당한 소유자인 것이 아니라 그가 물건에 자유로운 의지를 투입하기 때문이다. 대개 그는 다른 사람이 그의 뒤에 옴으로 해서 비로소 최초의 사람이 될 수 있는 것이며 시간적인 규정은 우연적인 것에 지나지 않는다(50절).

소유에 있어서 인간의 권리는 완전한 것이며 사람이 점유취득하는 것은 물건의 전체이다. 피히테는 『자연법의 기초』(1796년)에서 토지 그것은 소유의 대상이 될 수 없으며 그렇기 때문에 토지의 일부에 대해서 갖는 농민의 권리는 거기에서 수확물을 거두는 권리에 한정된다고 주장했다. 따라서 농민은 수확을 거두는 데 방해가 되는 타인의 활동을 배제할 권리를 가지고 있지만 방해가 되지 않는 한 타인이 그 토지를 이용하는 것을 방해할 권리는 가지고 있지 않다고 말하고 있다(19절 A). 이러한 피히테의 이론은 점유취득된 물건을 질료와 형식으로 구분하고, 형식을 부여했다고 해서 질료까지 나의 것이라고 할 수는 없다는 것이다. 그러나 이러한 구별은 표상 속에서는 성립할 수 있을지 몰라도 실제로는 하나의 궤변이다.

형식 없는 질료도, 질료없는 형식도 있을 수 없기 때문이다. 점유취득하려고 하는 나의 의지는 물건의 전체에 향해 있으며 내가 물건에 부여한 형식은 물건이 나의 것이라는 것을 다른 사람에게 보여주는 표시이며 질료도 나의 의지 밖에 존재하는 것은 아니다(52절, 주 및 보론).

◎ 소유의 제규정과 판단식

소유는 물건에 대한 의지의 관계 속에서 훨씬 상세한 제규정을 가지고 있다. (a)직접적인 점유취득, (b)사용, (c)양도가 그것이다. 여기에서 헤겔은 "이상은 각각의 물건에 관한 의지의 긍정판단, 부정판단, 그리고 무한판단이다"라고 말하고 있다(53절). 이미 우리는 헤겔이 법철학은 논리학을 전제로 하고 있다고 말하고 있음을 보았다(서문, 2절, 7절, 31절). 여기에서 우리는 하나의 구체적인 표상을 본다.

이 세 개의 판단식은 헤겔의 판단론에 있어 모두 현존재의 판단에 속한다. 헤겔은 칸트에 준하여 질적판단이라고도 한다. 긍정판단과 부정판단은 잘 알려져 있으므로 설명을 요하지 않을 것이다. "장미는 붉다"라든가 "장미는 붉지 않다"에서 보여지는 것처럼 개개의 사물이 주어이고 여기에 보편적인 성질이 술어로서 긍정적으로나 부정적으로 부가된 판단이다. 그러나 무한판단에 대해서는 설명이 필요하다. 이것은 엄밀하게는 긍정적인 무한판단과 부정적인 무한판단으로 나뉘어진다. 긍정적인 무한판단이란 "장미는 장미이다"와 같이 주어와 술어가 동일하여 주어와 술어가 한없이 긍정적인 관계에 있는 판단이다. 따라서 이것은 동일 판단과 같다. 이에 대하여 부정적인 무한판단이란 단순한 부정판단과는 다르게 술어가 전범위에 걸쳐 부정되어 주어와 술어 사이에 어떠한 긍정적인 관계도 억지로라도 밀고 들어갈 여지가 없는 판단이다. 예를 들면 "장미는 붉지 않다"라는 부정적인 판단에 있어서는, 붉다는 특수한 색은 부정되더라도 장미가 어떤 색인가를 가지고 있다는 사실은 긍정되고 있다. 즉 붉은 색이 속하는 색 일반은 부정되지 않는다. 이에 대하여 "장미는 코끼리가 아니다"라는 판단에서는 주어와 술어는 부정에 있어서 무한이다. 결국 한 편은 단지 다른 편의 규정성을 포함하고 있지 않을뿐더러 또한 그 보편적인 영역을 포함하는 것도 아닌 것이다(『논리학』 개념론)

그런데 (a)직접적인 점유취득에서는, 의지는 소유 속에서 그 자신을 구현한다. 의지는 "이 물건은 나이다"라는 형태로 자신의 현존재를 하나의 긍정적인 것으로서의 물건으로 갖는다. 따라서 직접적인 점유취득은 긍정판단이다. 그러나 물건이 특수한 것에 지나지 않는 한 의지는 물건 속에서 완전하게 자기를 실현시키는 것이 불가능하다. 의지는 활동적인 것으로서 보편적인 것이기 때문이다. 여기에서 의지는 물건의 부정으로 향한다.

(b)사용은 물건의 고유한 존재방식을 부정하고 물건을 자신의 요구에 종속시킨다. 즉 자기에게 봉사하는 수단으로 삼는다. 그러나 이 부정은 의지가 물건을 자신에게 일치시키기 위해서 행하는 것으로 그 밑바탕에는 아직 물건과 의지 사이에 긍정적인 관계가 존재하고 있다. 따라서 사용은 부정판단이다. 물건에 대한 부정이 완전하지 않는 한, 의지는 사용에 있어서도 아직 자신을 충분히 실현시킬 수 없다.

(c) 양도는 의지가 물건에 투입했던 자신을 다시 물건으로부터 끌어내

어 물건을 자신으로부터 방기(放棄)하는 것이다. 여기에서 "의지는 의지이다"라는 형태로 의지는 물건으로부터 자기 자신 속으로 귀환한다. 다른 한편 물건과 의지 사이에는 이미 어떠한 의미에서도 긍정적인 관계는 존재하지 않는다. 따라서 양도는 무한판단이다. 여기에서 이 직접적인 점유취득으로부터 사용 그리고 양도에로의 의지의 발전을 일관하는 것은 물건에 대한 의지의 우위를 말하는 <의지의 관념론>임은 말할 필요도 없다.

◎ 점유취득의 제형태

"점유취득은 직접적인 육체적 획득이고 정식화이기도 하며 그리고 단순한 표시이기도 하다"(54절).

(1)육체적 획득이란 물건을 손으로 쥐어 물건 위에 버티고 앉는 것을 말한다. 이 육체적 획득은 누구의 눈에도 명백한 점유이며 따라서 점유로서는 가장 완벽한 방법이기는 하지만 이것이 가장 한정된 것임은 말할 필요도 없다. 왜냐하면 그것은 단지 주관적 · 일방적인 것에 지나지 않으며 대상의 범위로 말하더라도 육체적으로 처리할 수 있는 성질 및 분량에만 한정되어 있기 때문이다(55절).

(2)나는 물건에 일정한 형식을 부여하고 그럼으로써 나의 의지를 보다 알맞은 방법으로 물건 위에 각인할 수 있다. 이것에 의해 내가 신체적으로 현재하지 않는다 하더라도 물건은 계속해서 나의 것이다. 정식화는 그것이 향한 대상의 종류, 또는 주관의 목적이 각기 다름에 의해 구체적으로는 여러 가지 형태를 취한다. 돌과 나무의 가공 이외에도 토지의 경작,

식물의 재배, 동물의 사육, 더 나아가 공기나 물 등의 이용을 위한 준비 공부, 다른 소재에 영향을 주기 위한 소재의 이용 등이 여기에 속한다(56절). 인간도 그의 직접적인 현존재로 말한다면 하나의 자연적인 것이며 인간의 개념에 있어서는 외적인 것이다. 그러는 한, 인간이 자신의 육체와 정신을 도야하여 자신의 본질이 자유임을 자각하고 이 자각을 토대로 행위한다는 것은 자신을 정식화하는 것으로서 이 점유취득에 속한다고 말할 수 있다. 그리고 그것은 바로 인간이 개념으로 존재하는 그것을 현실성으로 정립하는 까닭이다(57절).

(3)물건에 표시를 함으로써 그 물건을 소유한다는 것은 세 가지 점유취득의 형태 가운데에서 대상의 범위로 보거나 그것이 보여주는 의미로 보거나 가장 애매한 것이다(58절). 그러나 이것은 점유취득 가운데 가장 완벽한 방법이다. 왜냐하면 이것은 앞의 두 가지가 잠재적으로 전제하고 있는 원리를 현재화하기 때문이다. “내가 어떤 물건을 붙잡든지 형상화하든지 할 때도 궁극의 의미는 마찬가지로 표시이며 더 나아가 타인에 대하여 타인을 배제하고 내가 나의 의지를 그 물건 속에 투입시켰다는 것을 보여주는 표시이기”때문이다(57절 보론).

◎ 노예제

인간은 인격으로서 자유롭고 이성적인 존재이다. 그러나 이것은 개념에 있어서이다. 개념은 현실성과 결합하여 이념이 된다. 인간의 개념을 이념으로 고양하는 것은 인간이 그 자신에 대해서 해한 정식화를 통해서이다

(57절). 이렇게 헤겔이 말했을 때 거기에는 한편으로는 인간은 태어나면서부터 자유롭다고 본 루소 등에 대한 비판이 포함되어 있다. 그것은 인간의 개념 그것을 그 직접성의 형태로 참되다고 보는 일면적인 사고방식에 지나지 않기 때문이다. 그러나 다른 한편으로는 노예제에 대한 비판을 포함하고 있다. 헤겔에 의하면 노예제를 정당화하는 어떠한 이론도 모두 인간의 개념과 현존재를 구별하지 않고 인간을 총체적으로 자연적인 존재로 보는 것이기 때문이다.

그런데 여기에서 주의해야 할 것은 다음의 헤겔의 말이다. "인간은 절대적으로 자유롭다는 면을 우리가 고집한다면 그럼으로써 우리는 노예제를 탄핵하게 된다. 그러나 누가 노예인가는 그 자신의 의지에 달려 있는 것이다. 그것은 어떤 민족이 억압당하고 있을 때 그것이 그 민족의 의지에 달려 있음과 같다. 따라서 그들을 노예로 만들거나 혹은 억압하는 자들만이 불법이 아니라 노예 및 피억압자 자신도 불법인 것이다"(59절 보론). 여기에서는 자유는 신 또는 국왕 등 타자로부터 부여받는 것이 아니라 인간이 자기가 살아가는 세계에 작용을 가하여 이를 통해 스스로를 정식화해 나감으로써 스스로의 힘으로 획득하는 것이라는 헤겔의 생각이 아주 명확하게 보여지고 있다. 그리고 추상법은 이러한 인간의 활동을 권리로서 보증하는 것으로 파악되고 있는 것이다.

◎ 물건의 사용

점유도 물건을 나의 것으로 하는 것이기 때문에 거기에는 물건에 대한 의지의 긍정적인 관계뿐만 아니라 부정적인 관계가 잠재적으로 포함되어 있다. 이제 물건은 욕망에 봉사하는 수단으로서만 존재하게 되기 때문이다. 물건의 사용이란 구체적인 행위로 드러난다. "사용이란 물건을 변화시키고 (본래의 형태를) 망쳐 소비함으로써 나의 욕구를 실현하는 것"이기 때문이다. 물건을 나의 욕구에 종속시킨다는 것은 물건에 대한 나의 우위성을 보여주는 것이다. 여기에서 "사용은 소유의 실재적인 면, 곧 현실성이다"라고 말할 수 있다(59절).

단 사용의 개념은 직접적인 이용의 개념보다 더 넓은 것이다. 직접적인 획득이라는 점에서 물건의 이용은 그 자체로서는 점유취득에 지나지 않으며 자연적 욕구의 직접적인 만족을 목적하는 것에 그침에 반하여, 사용은 미래를 예상하여 지속적인 욕구에 뿌리박고 있기 때문이다(60절).

사용이 소유의 현실성일 때 "물건의 전(全)사용은 나의 권리에 속할 경우 나는 그 물건의 소유자이다"(61절). 소유의 권리가 사용의 권리 전부를 포함하지 않을 때 그것은 불완전한 소유이다. 물건의 사용으로부터 완전히 배제된 인간에게 소유가 귀속된다고 한다면 그의 공허한 권리는 모순이다. 그것은 "인격성의 광기"라고 불려져도 좋은 것이다. 그러나 사용의 전범위가 소유라 하여도 사용이 제한된 권리는 사람을 소유자로 만들지 못한다. 소유는 보편적인 것이기 때문이다. 소유자의 의지는 당연히 물건 속에 있고 나의 사용은 그의 의지에 의해 한정되어 있는 것이다(62절).

◎ 소유의 자유

사용의 전범위에 대한 권리와는 다른 그 외의 소유권을 추상적이며 공허한 권리라고 비판하는 헤겔의 생각은 그의 소유 개념이 아주 근대적인 것임을 그대로 말해준다. 헤겔 사유의 반(反)봉건성은 여기에서 그가 직접적 소유와 유용적 소유를 구별하고 영구차지권(永久借地權)을 참된 소유 개념에 적합하지 않은 것으로 비판했던 점에서 분명하게 드러난다.

말할 것도 없이 이때 헤겔의 의견은 토지를 빌려 경작하는 사용자의 편이 참된 소유자라는 것이다. 여기에서 영주와 차지인(借地人)과의 관계는 실제로는 한 사람의 거짓된 주인과 한 사람의 소유자와의 관계에 지나지 않으며 영주의 직접적인 소유는 그것이 그에게 수익을 가져다 주었을 때에만 소유로서 인정됨에 불과하다고 말한다. 그리고 헤겔은 여기에서 보여지는 한 사람의 거짓된 주인과 한사람의 소유자 사이의 서로 대립하는 관계가 두 사람의 소유자의 공동관계로 이행하는 곳에서 봉건적인 소유로부터 근대적인 소유에로의 소유의 존재방식의 발전을 발견한 것이다. "기독교에 의해 인격의 자유가 개화(開花)하기 시작하고 어쨌든 인류의 작은 부분에서나마 보편적 원리가 된 이래 꼭 1500년이 되었다. 그러나 자기의 것으로서의 소유의 자유가 여기저기에서 원리로서 승인되기에 이른 것은 오늘날이라 말할 수 있다"(62절 주). 이렇게 말했을 때 헤겔은 프랑스 혁명 및 프로이센 개혁을 염두에 두고 있었던 것이다.

◎ 물건의 가치

어떤 물건의 사용은 어떤 특정한 욕구를 충족시키기 위해서 행해지는 것이지만, 이 관계 자체가 보편적인 방법인 유용성으로 표상된다면, 물건이 다른 물건으로부터 자신을 구별하는 것으로서 가지고 있는 독특한 질적인 규정은 사상되고 유용성에 있어서만 다른 물건과 비교되어져, 여러 가지 물건의 상호 차이는 양적인 구별로 변하게 된다. "물건의 이러한 보편성이 가치이다." 여기에서 특정 물건은 단지 가치를 표상하는 표시로 된다. 물건의 가치는 얼마나 인간의 요구를 충족시킬 수 있는가에 의해 결정된다. 모든 욕구가 욕구일반으로서 상호 비교될 수 있는 한에서 물건은 상호 비교될 수 있으며 같은 정도의 욕구 충족을 가져오는 것은 같은 가치를 갖게 된다. 그리고 가치 그것은 물건을 비교하는 추상적 · 개념적인 척도이지만, 현실적으로 발견되는 경험적인 척도는 가격이며 거기에서는 화폐가 모든 물건을 대표하는 것이 된다(63절 및 보론).

헤겔과 같은 시대의 영국 고전경제학자 스미스와 리카아도는 재화의 가치를 사용가치와 교환가치로 구별하고 가격을 형성하는 가치는 교환가치이며 그것은 재화에 투하된 노동량에 의해 정해진다고 생각했다. 이 구별에 의거할 때 여기에서 헤겔이 말하는 가치의 개념은 사용가치의 보편성을 토대로 성립하는 것이라고 말해도 좋다. 그러나 헤겔은 이 고전경제학에 있어서의 가치의 구분을 따르고 있지 않다. 헤겔의 가치관은 기본적으로 가치를 수요에 의해 결정된다고 생각했던 아리스토텔레스 이래의 가치론의 전통에 서 있다고 말할 수 있다(『니코마코스 윤리학』 5권 5장). 헤겔도 확실히 노동에 가치를 창출하는 기능을 인정하고는 있지만 아직 노동시간으로 가치를 규정하지는 않고 있다(『인륜의 체계』 참조). 그러나 이러한 문제를 남기고 있다 하더라도 가치의 개념은 헤겔의 추상법의 제문제의 전개에 있어 중요한 역할을 담당하고 있다.

◎ 시 효(時效)

여러 차례 서술했듯이 물건이 나의 소유가 되는 것은 내가 물건 속에 나의 의지를 투입하는 한에서 그러하다. 따라서 오랜 기간에 걸쳐 물건의 점유 및 사용을 지속할 수가 없을 때에는 물건은 잠재적으로 소유자의 손을 떠나 주인 없는 물건이 되었다고 간주된다. 사람은 시효에 의해 물건을 상실하기도 하고 획득하기도 한다. 시효가 완성되는 데 필요한 기간은 실정법에 의해 정해지며 따라서 자의적인 것이지만 어쨌든 이전의 소유자의 의지가 완전히 물건을 떠났다고 보기에 충분한 기간이지 않으면 안 된다. 그리고 소유가 의지의 외적인 현존재이며 시간의 질서에 속하는 것인 한, 이 시효의 원리는 자의적인 것이 아니라 이성적이다.

헤겔은 이 원리를 일찍이 사람들의 국민적 기념물, 저작가의 가족이 작품에 대해서 갖는 권리, 현재 어떤 의미도 가지고 있지 않은 목적을 위해서 없애버렸던 빈터 등에 적용했다. 원래 소유자의 의지가 사라졌을 때 그 물건은 주인 없는 물건이 되며 그리하여 일찍이 공공물이었던 것이 사적 점유물로 혹은 그 반대로도 될 수 있는 것이다(64절 및 보론).

◎ 소유의 방기(放棄)

시효에 의한 소유의 방기는 명확하지 않은 긴 시간을 요하는 소유의 방법이지만, 이에 반하여 명확한 행위에 토대를 둔 방기가 있다. 즉 나는 나의 의지에 따라 물건으로부터 나의 의지를 끌어냄으로써 나의 소유를 의도적으로 나의 밖에 방기하는 자유를 갖는다. 나의 의지에 따라 나의 소유물을 주인 없는 물건으로서 나의 주위로부터 없애버리든지 또는 타인에게 양도하여 타인의 점유로 위임하는 것이 가능하다(65절).

그리고 얼핏 역설적이지만 소유의 방기는 소유의 가장 완성된 형태이다. 왜냐하면 타인이 물건은 점유하거나 사용할 수는 있어도 이것을 다른 개인에게 양도할 수는 없다. 방기할 수 있다는 것은 물건이 완전히 나의 소유이기 때문이다. 바꾸어 말하면 소유를 방기한다라는 부정적인 의지를 물건 속에 투입함으로써 나는 물건을 완전히 소유하는 것이다(65절 보).

그런데 방기할 수 있는 것은 그 본성상 나에 있어 외면적인 물건에만 한정된다. 나의 가장 고유한 인격과 나의 자기의식의 보편적인 본질을 이루는 그러한 것, 다시 말해 나의 의지 및 지적(知的) 능력, 그리고 생명 및 육체 또는 나의 양심과 관련되는 나의 종교 및 윤리 등은 밖으로 방기할 수 없는 것이며 마찬가지로 또한 그것들에 대한 권리도 시효와는 무관하다(66절). 노예제 및 농노제, 또는 자기의 것을 소유하는 것을 불가능하게 하거나 부자유스럽게 하는 것은 이러한 인간으로서의 권리를 침해하는 것이다. 또한 미신에 빠지거나 스스로 무엇을 해야 하는가를 결정하지 못하고, 강도나 살인 등을 청부(請負)하는 것 등은 자신의 이성, 도덕, 종교를 타인에게 양도하는 것이다(위의 절 주). 이러한 경우 어떠한 동의(同意)도 무효이며 누구라도 이 계약을 취소할 수 있다(위의 절 보론).

단 나의 특별한 신체적·정신적 능력에 대하여 나는 시간상 제약된 사용과 이것에 의한 제산물(諸産物)을 타인에게 양도하고 매각하는 것은 가능하다. 나의 인격, 그리고 내가 가진 능력 그것은 양적으로 제한된 제능력의 사용 및 그것의 제산물에 의해서는 모두 퍼내버릴 수 없는 보편적인 것으로서 당연히 이것들과는 구별되며 나의 손 안에 남아 있기 때문이다. 그렇기 때문에 인간은 자기 전체를 외부로 양도할 수는 없다(67절 및 주). 여기에서 노예가 아무리 높은 정신적 노동에 종사하고 또한 일용(日庸) 노동이 아무리 고되다 하더라도 노예와 일용노동자 사이에는 근본적인 차이가 있다. 노예제를 변호하는 자는 권리 그것이야말로 모든 덕과 행복의 원천임을 보지 못하는 자이다(앞의 절 보론).

◎ 정신적 생산물의 양도와 표절의 문제

그런데 예술작품, 학술연구, 기술발명 등 정신활동의 소산의 양도에 있어서는, 양도되는 것은 무엇이며 양도될 수 없는 것은 무엇인가를 확실히 하는 것이 가장 중요하다. 왜냐하면 물건으로서 그 소산을 획득한 사람은 직접적으로는 일개 생산물의 사용과 가치를 점유하는 것이지만 동시에 이것을 견본으로 같은 물건을 재생산하는 보편적인 방식까지를 점유하게 되기 때문이다.

단 미술작품의 경우는 그 재료 등은 쉽게 모방할 수 있다 하더라도 이것을 형상화하는 힘은 모방하기 어렵다고 할 수 있다. 모방할 수 있다면 이것은 이미 모방가 자신의 힘이다. 그러나 저자 및 기계의 경우는 다르다. 책을 복사한다든지 같은 기계를 만들어내기는 쉽다. 저작가 및 발명

가는 당연히 이러한 물건을 여러 개 만들어내는 보편적인 방식의 소유자임은 확실하다. 그러나 한 권의 책, 한 대의 기계를 양도함으로써 그들은 간접적으로 이 보편적인 방식까지 손에서 떠나는 결과를 초래할 수도 있는 것이다. 자신의 개별적인 욕구를 충족시키기 위하여 어떤 물건을 사용한다는 것과 재생산함에 의해 부를 만들어내는 원천으로서 어떤 물건을 사용한다는 것은 전혀 다른 과정이다. 이때 재생산하는 권리는 물건의 소유와 결코 분리될 수 없는 것으로서 최초의 저작가 내지 발명가의 손 아래 보존되지 않으면 안 된다. 이는 저작권 및 특허권이 법률에 의해 보증되지 않으면 안 되는 까닭이다. 그리고 이것은 또한 국가에 있어 예술 그리고 상공업을 발전시키기 위해 없어서는 안 되는 일이라고도 말할 수 있다.

그러나 그렇다 하더라도 정신의 산물은 다른 사람들에 의해 파악되어져 그들의 표상, 기억, 사유 속에 존재함으로써 자신의 것이 될 수 없는 운명을 피할 수는 없다. 그리고 이것은 학문 및 사상이 전파 및 발전을 꾀하는 한, 오히려 환영해야 할 것이라고 말할 수 있다. 그러나 그것에 대수롭지 않은 수정 및 변경을 가하여 고의로 자기의 것이라고 주장하는 것도 용이하다. 거기에서 어디까지가 재생산이며 새로운 생산인가에 대하여 명확한 선을 긋는다는 것은 아주 곤란하다. 저작에 관계된 표절이 자주 문제가 되는 것은 이 때문이다. 그리고 이 문제에 대해서 법률은 아주 제한된 범위의 역할을 담당하는데 그치며, 최종적으로는 명예의 문제가 되지 않을 수 없다(68절~69절).

◎ 자 살

인간은 자살할 수 있지만 다른 동물들은 자살을 하지 못한다. 이러한 한, 자살은 인간이 자유의지의 주체임을 최고로 증명하는 것이라 말할 수 있다(47절 주).

그러나 자살이 정당한 행동인가 하는 문제는 이것과는 전혀 다른 문제이다. 일반적으로 생명은 양도할 수 없는 것이다. 그것은 나의 인격에 대해서 외면적인 것이 아니라 인격성의 직접적인 표현이기 때문이다. 거기에서 "나는 생명을 버릴 아무런 권리도 가지고 있지 않다"고 말해지지 않으면 안 된다. 단 국가라는 "인륜적 이념"만이 인간의 생명에 대한 권리를 갖고 있을 뿐이다. 왜냐하면 이러한 이념은 직접적·개별적인 인격성을 지탱하는 현실적인 힘이며 이것의 우위에 서 있는 것이기 때문이다. 이러한 인륜적인 이념을 위해 목숨을 버리는 경우를 제외한 여타 생명의 방기는 모든 불행과 역경에 맞서 나갈 수 없는 자신의 약함에 그 책임이 있으며 자신의 전존재를 희생시키는 생으로부터의 도피에 지나지 않는다. 헤라클레스의 분신자살도 결코 영웅적인 행위가 아니다(70절 및 보론).

◎ 소유로부터 계약으로의 이행

자신의 것으로서의 소유의 제관계는 기본적으로 자신의 욕구를 충족시키려고 하는 인간과 물건 사이에 성립한다. 이 욕구가 아직 직접성 · 자연성을 탈각(脫却)하지 못하는 한, 소유는 자의에 근거하고 있다.

그런데 소유는 외면적인 물건으로서 하나의 현존재인 한, 소유하는 주체 외에 타인에 대하여도 존재한다는 측면을 면하지 못한다. 이때 소유가 자의에 근거하는 한, 폭력으로 자기의 것을 탈취하려고 하는 타인에 대해서는 자신도 폭력으로 대항하는 외에 다른 방도는 존재하지 않는다.

그러나 인간은 자신이 소유하는 것을 재산으로서 지속적으로 보유(保有)할 것을 의지한다. 그리고 이것은 인간이 서로 각자 소유하는 물건을 각 개인의 의지를 대상화시킨 현존재로서 승인함에 의해 비로소 가능하다. 소유의 제관계가 지속적으로 존속할 때 이미 소유의 제관계는 이들 상호 승인의 관계에 의해 조건지워진다고 말할 수 있다. 양도는 이것을 분명하게 보여주고 있다. 이때 물건은 오직 나의 동의를 통해서만 타인에게 이행하고 마찬가지로 타인의 동의를 통해서만 그 타인의 소유로 되기 때문이다.

이 소유의 제관계 속에 이미 잠재적으로 작용하고 있는 상호 승인의 관계를 현재화하는 것이 다름 아닌 계약이다. 여기에서 의지는 물건과의 관계로부터 다른 의지와의 관계로 향한다. "이 매개, 즉 소유를 이미 단지 어떤 물건과 나의 주체적인 의지만을 매개하여 갖는 경우가 아니라 어떤 다른 의지를 매개하는, 따라서 하나의 공통의 의지를 토대로 갖는 그러한 매개가 계약의 영역을 이룬다"(71절).

2. 계 약

◎ 계약의 개념

계약은 계약을 하는 당사자가 서로를 인격 및 소유자로서 서로 승인할 것을 전제로 한다. 그리고 소유의 처리에 관하여 당사자 서로가 갖가지 이해관계 속에 서 있으면서도 일정한 합의에 도달하는 곳에서 계약은 성립한다. 여기에서 계약은 다음의 세 계기로 특징 지워진다. 첫 번째, 계약은 자의 즉 개별적인 소유자의 의지에서 출발한다. 두 번째, 계약에 의해 실존하게 되는 동일한 의지는 단시 쌍방에 의해 정립된 따라서 공통적인 의지일 뿐, 자체적으로 존재함과 동시에 자각된 것으로 존재하는 보편적인 의지는 아니다. 세 번째, 쌍방의 단순한 자의에 따르는 것으로서, 계약의 대상은 어떤 개별적 · 외면적인 물건에 국한된다.

여기에서 칸트와 같이 계약의 개념 아래 결혼을 포섭하는 것은 허용되지 않는다(『인륜의 형이상학』 법론 제12장 3절). 또한 사회계약설과 같이 국가의 본성을 계약관계로 보는 것도 배척하지 않으면 안 된다. 가족 및 국가라는 인륜적 관계에 있어서는 관계의 맺고 끊음이 나의 자의에 달려 있는 것이 아니며 그러한 관계는 계약보다 훨씬 구체적인 것이기 때문이다. 이들 인륜적 관계를 지탱하는 공동의지는 계약에 있어 의지의 통일처럼 자의의 우연한 일치가 아니라 보다 보편적이며, 오히려 후자의 실체를 이루는 것이다(72절~75절).

계약은 한편으로 물건으로부터 손을 떼려는 의지와 다른 한편으로 물건을 수취하려는 의지 사이의 동의로 성립되는 것이지만, 본래의 계약은 당사자 쌍방이 함께 손을 뗌과 동시에 수취하는 것을 의지하는 곳에서 성립하는 교환계약이다. 이에 반하여 한편이 내놓고 다른 한편이 수취하는 증여계약은 불완전한 것이라 말할 수 있다. 교환계약은 실질적인 계약이며 증여계약은 형식적인 계약이다(76절).

◎ 법외적(法外的) 손해

헤겔이 증여계약을 비본래적인 계약으로, 교환계약을 본래적인 계약으로 보았을 때, 거기에는 계약은 단순히 당사자 서로가 승인했다고 해서 옳은 것이 아니며, 당사자가 서로에 대해서 부담하는 급부가 등가치(等價値)가 아닌 그러한 계약은 본래적인 것이 아니라는 생각이 가로놓여 있다. 그리고 이러한 헤겔의 생각은 유스티니아누스 대제에 의한 로마법에서 받아들였던 '법외적 손해'(Laesio enormis)의 규정을 옹호하고 있음을 단적으로 보여준다. 그것은 시장가격의 절반가치 이하로 매각했을 때는 산 사람이 값을 완전히 지불하지 않은 한, 판 사람에게 매매계약을 해제할 권리를 인정하는 것이다. 이 규정을 헤겔은 단지 매매를 규제하는 고유의 규정으로서가 아니라, 물건의 이동이 있다 하더라도 소유자는 양(量)적 가치에 있어 재산에 하등의 상실을 입어서는 안 된다는 계약의 개념으로부터 당연히 귀결되는 것으로서 보고 있다.

더욱이 계약의 유효성은 당사자 상호 의지의 형식적인 일치만으로 충분한 것인가 아니면 교환된 물건의 가치의 동등성이 필수요건인가 하는 이 문제는 옛날부터 항상 제기되는 문제였다. 사실 이 '법외적 손해'의 규정은 로마법으로부터 중세 카논법을 거쳐 17세기 자연법으로 계승되었다. 예를 들면 그로티우스 및 푸펜도르프도 자연법 원칙의 실증법으로의 실현으로서 이 규정을 지키고 있다. 그러나 18세기에 들어와 경제적 발전을 저해하는 것으로서 이것을 기피하는 경향이 일어났다. 볼프 및 토마지우스의 자연법은 이러한 경향을 분명하게 보여주고 있다. 헤겔 시대, 새로운 민법전의 제정을 호소한 티보는 이 자연법의 전통에 서서 '법외적 손해'의 규정을 판 사람 뿐만 아니라 산 사람에게도 적용해야 하며 더 나아가 매매계약 이외에도 확대시켜야 한다고 주장하여 사비니와 격렬하게 대립했다. 사비니는 티보의 주장을 로마법의 해당규정에 대한 부당한 확대해석이라고 비판함과 동시에 계약시 당사자의 자율을 어디까지나 계약의 기초로 주장하고 있다. 헤겔은 여기에서도 치보의 편에 서 있다(77절).

◎ 계약과 약정(約定)

흔히 계약의 물건은 서로 동시에 교환된다. 그러나 동시에 교환이 이루어지지 않는 경우도 많다. 이때에는 점유와 소유의 구별을 근거로 모든 계약은 언제부터 효력을 갖는가라는 문제가 발생한다. 갑이 을과 합의했을 때에 계약이 발효되는가 또는 을이 자신의 급부를 이행할 때까지 갑이

기다려야 하는가 하는 문제이다.

그런데 계약의 본질은 당사자가 합의하여 공통의 의지를 형성하는 것에 있다. 이때, 즉 합의가 이루어졌을 때 소유권이 갑으로부터 을에게로 이전하게 된다고 말해서는 안 된다. 더구나 물건을 잠시 갑이 점유하게 되었다고 말할 수는 있어도 벌써 갑이 소유한 것은 아니다. 갑은 자신의 의지를 물건으로부터 끌어냈던 것이며, 다른 개인에 속하는 것으로서 물건을 승인하지 않으면 안 된다. 이렇듯 계약과 계약의 이행이 시간적으로 떨어져 있을 때 합의는 약정이라는 형태를 취한다. 약정은 계약의 실체이며 의지의 측면을 이룬다. 약속은 미래의 이도의 표현이며 변경도 있을 수 있는 주관적 의지의 표현이다. 그러나 계약은 현실적인 행위이며 계약에 서명하는 그 시점에서 사람은 물건의 소유를 타인에게 방기하는 것이다(77절~79절).

약정(Stipulation)이란, 로마법에 있어서 문답계약으로, 합의된 여러 가지 점에 대하여 보증인 참가 아래 당사자 서로가 문답의 형태로 승인하는 것으로 성립한다. 즉 약속을 원하는 사람이 "당신은 서약합니까?" 라고 물으면 약속을 승낙하는 사람이 "나는 서약합니다"라고 대답함으로써 성립하는 것으로, 따라서 본래는 약속을 원하는 사람의 채권취득에 중점이 있고 이런 의미에서 편무적(片務的) 계약 안에 들어가는 것이다 헤겔은 이 개념을 보편화하여 넓게 계약에 있어서 합의의 결정을 의식적(儀式的)·상징적으로 표현하는 것을 의미하는 것으로서 사용하고 있다. 이로써 언어표상 뿐만 아니라 악수, 흥정을 끝내고 서로 손을 치는 것 등 여러 가지 손짓도 여기에서는 약정이다.

계약은 그 자체로서 유효한 것이지 한편의 의지 또는 다른 한편의 의지의 이행에 의해 비로소 유효하게 되는 것이 아니라는 헤겔의 의견은 실제로 물건이 인도됨으로써 비로소 물건이 소유된다는 칸트, 그리고 상대편이 급부를 개시함으로써 비로소 약정을 지킬 의무가 나에게도 생긴다는 피히테의 의견에 대한 비판을 포함하고 있다. 이러한 헤겔의 의견은 당시의 <프로이센 일반국법전>의 생각과도 다른 것으로, "프랑스 민법전"의 생각에 합치되는 것이다.

◎ 계약의 구분

헤겔은 전체적으로는 칸트가 『인륜의 형이상학』 법론에서 전개하고 있는 구분에 준거하고 있으면서도 칸트의 구분은 역시 경험적인 입장에서 벗어나지 못하고 있다고 비판하고, 지금까지 더듬어 왔던 "계약의 본성 안에 있는 갖가지 구별", 즉 형식적 계약과 실질적 계약, 소유 혹은 점유와 사용, 가치와 물건 등의 구별을 토대로 계약을 구분하고 있다. 여기에서는 이것을 한번 정리해 보는 것도 좋을 것이다.

A. 증여계약

1. 물건의 증여계약 - 물건을 그 총체성에 있어 증여하는 것에 대한 것을 다룬다.

2. 물건의 대여 - 물건의 일부분 또는 그 물건의 제한된 향수와 사용을

증여하는 것에 대한 것을 다룬다. 이것으로는 가옥 등 대체(代替) 불가능한 특수한 물건의 대여에 관한 사용대여(commodatum)와 화폐 등 그 자체로 보편적인 물건인 것 내지는 특수한 물건이면서도 기름이나 곡물과 같이 대체가능한 물건으로서 보편적인 물건으로 볼 수 있는 것, 즉 가치에 있어 물건을 대여하는 소비대여(mutuum)의 경우가 있는데 그 어느 쪽이든 무임(無賃)의 대여라고는 말할 수 없다

3. 용역의 증여 일반 - 무상으로 소유물의 단순한 보관을 인수하는 것 등.

B. 교환계약

1. 교 환

a. 일반적으로 물건의 교환 — 어떤 특수한 물건과 어떤 특수한 물건과의 교환

b. 매매 — 특수한 물건과 화폐의 교환

2. 임 대

a. 특수한 물건의 임대 - 본래의 임대

b. 보편적 물건의 임대 - 이자부 대여를 위시하여 빌려주고 세를 받는 소비대여 및 사용대여가 여기에 속한다.

3. 고용계약 - 청부계약 및 노동계약 등

c. 저당에 의한 계약의 완벽화 - 계약과 그 이행이 시간적으로 떨어져 있는 경우, 미래의 실현은 저당에 의해 선취(先取)된다. 담보 및 보증인은 저당의 특수한 제형식에 지나지 않는다(80절).

3. 불 법

◎ 불법의 개념

헤겔의 논리학에 있어서 본질은 결코 현상의 배후나 피안에 존재하는 것이 아니라 자기를 현존재 속에 외화하는 것이다. 그러나 현상함에 있어 본질은 비본질적인 것, 우연적인 것과 관련을 맺게 된다. 현상은 구체적 경험적 세계에 속하기 때문이다. 그렇기 때문에 현상은 어느 정도는 본질을 드러내지만 어느 정도는 본질과 일치하지 않는다. 그리고 본질을 가지고 있지 않는 것은 이미 현상이 아니라 가상(假象)이다. 이때 보편적인 의지가 자체적인 법으로서 법의 본질이라면 계약은 법의 현상이다. 계약에 있어서 공통의 의지가 형성된다고는 하지만 그러나 계약이 기본적으로 당사자의 이해관계의 일치에서 체결되는 것이라면, 이 의지는 동시에 특수한 의지이며 따라서 계약에 있어 형성된 공통의 의지가 자체적으로 존재하는 법, 다시 말하여 보편적인 의지와 일치하는가 어떤가는 완전히 우연적인 것에 속하기 마련이다. 그리고 이 자체적으로 존재하는 법, 즉 보편적인 의지와 일치하지 않을 뿐 아니라 이를 부정하는 것이 불법이다. 불법에 있어 법의 현상은 법의 가상으로 변한다. 이리하여 계약에 있어 특수한 의지와 보편적인 의지의 일치가 내적인 필연성에 의한 것이 아니라 전혀 우연적인 것일 때, 그 속에는 계약으로부터 불법으로의 이행의 논리적 필연성이 있다. 불법에로의 이행이 계약의 파기 속에서가 아니라 계약의 개념 그 자체 속에서 발견되고 있다는 것은 헤겔의 변증법적인 사물인식의 방식을 바르게 보여주는 것이다. 헤겔에 있어 계약의 파기로서의 불법은 불법의 제 3단계 즉 강제와 범죄에서 비로소 언급되고 있으며 불법의 제 1단계에서는 아니다.

그런데 불법을 범하는 특수한 의지는 불법을 자신의 현존재로서, 다시 말하여 자체적으로 존재하는 법과 일치하지 않음에도 불구하고 그것을 자신의 권리로서 주장하는 것이다. 가상이 본질에 뿌리박고 있지 않을 때, 그것은 비현실적이라고는 말하여지지 않으면 안 된다. 그리하여 그것이 자기를 현실적인 것으로 주장할 때에는 그것은 부정되지 않으면 안 되는 것이다. 가상의 부정을 통하여 본질과 현상과의 통일이 실현된다. 이로써 통일이 현실성으로 된다. "현실성이란 본질과 현존재의 통일이 직접적인 것으로 되는 것이기 때문이다"(『소논리학』 142절). 불법은 자체적으로 존재하는 법의 부정이지만 이 불법의 부정, 즉 부정의 부정을 통하여 자체적으로 존재하는 법은 현실성을 획득하는 것이다. 구체적으로 말하면 형법을 동반하여 비로소 추상법은 효력을 갖는 것이다(81절~82절).

불법은 (a)불법을 범할 의도가 없는 불법 내지 시민적 불법과 (b)사기 그리고 (c)범죄로 구별된다(83절).

◎ 불법을 범할 의도가 없는 불법(시민적 불법)

자체적으로 존재하는 법과 계약의 일치가 갖는 우연성은 다수의 사람이 여러 가지 계약을 권리근거로 하여 동일한 물건의 소유를 둘러싸고 서로 충돌하는 곳에서 보여진다. 여기에서 생기는 불법이 <불법을 범할 의도가 없는 불법> 내지 시민적 불법이다.

즉 소유는 인격의 측면에서도 또한 물건의 측면에서도 개별적이며 배타적인 것이다. 결국 하나의 물건은 한 개인에게만 귀속된다. 거기에서 동일한 물건을 둘러싸고 권리의 충돌이 발생할 때, 많은 법률적 근거에 있어서 어떤 하나는 정당하게 되고 다른 하나는 법의 가상으로서 배제되지 않으면 안 된다. 여기에서 배제된 권리를 주장했던 당사자는 결과적으로 권리가 없는 물건에 권리를 주장했다는 불법을 범하게 된다. 그러나 원래는 이때 법의 가상으로서 배제된 권리도 이를 주장했던 당사자에게는 정당한 권리로서 현상하는 것이며 그는 자기가 자체적으로 법이라고 생각하는 바 어떤 근거를 밑바탕으로 자기의 권리를 변호했던 것이다.

여기에서 이 시민적 불법에 있어서는 법의 가상은 즉자적으로 즉 객관적으로 존재할 뿐이며 당사자의 주관에 대해서 대자적으로 존재하는 것은 아니다. 침해당한 것은 타인의 특수한 의지일 뿐이고 타인의 권리만이 부정된 것이며 보편적인 의지인 법 그 자체는 승인된다. 이러한 이 불법은 "나의 것"이라는 술어 가운데 특수한 것만이 부정되는 바 단적으로 부정판단의 구조를 갖고 있다고 말할 수 있다. 이미 앞에서 살펴보았던 것처럼 부정판단은 술어를 그것이 속해 있는 유(類)에 있어 부정하는 것이 아닌 까닭이다.

이 시민적 권리의 충돌에 있어서는 하나의 물건을 누구의 소유에 포섭하느냐라는 것이 문제되는 데 불과하다. 이것은 민사소송의 영역을 이룬다. 그리고 시민적 불법은 범의가 없는 불법으로서 죄가 가장 가벼운 불법이다. 여기에서 형벌을 과할 필요가 없다(84절~86절).

◎ 사 기

사적인 자유에 근거한 계약이 자체적으로 존재하는 법의 질서와 대립하는 것은 특히 물건의 가치 및 소유권에 관한 계약의 내용이 물건의 참된 가치 및 소유권과 합치되지 않는 경우에도 발생할 수 있다. 이러한 경우의 불법이 사기이다.

사기에 있어서는 속임을 당한 측은 자신에게 정당한 것이 행해지고 있다고 굳게 믿고 있다. 그 증거에 납득하여 계약하는 것이다. 이러한 한, 사기에 있어서는 시민적 불법과는 달리 특수한 의지는 침해되지 않고 고려되는 반면 오히려 보편적인 의지가 의식적으로 부정되고 있다. 사기를 행하는 자는 외면적으로는 보편적인 법을 존중하는 척하고 있지만 스스로는 법의 가상을 세우고 있다. 따라서 시민적 불법에 있어서는 자체적인 법의 견지로부터 당사자가 주장하는 법이 불법으로 되고 가상으로 되는 것이지만, 사기에 있어서는 속이는 나는 법이 가상임은 이미 알고 있으며 즉 나에 대하여 대자화되어 있다. 속임을 당하는 측은 이 법의 가상을 현실적인 법으로서 받아들인 것이다.

이때 사기는 헤겔에 의하면 긍정적인 무한판단이다. 긍정적인 무한판단이란 이미 살펴보았듯이 "장미는 장미이다"라는 주어와 술어가 동일한 것으로서 한없는 긍정적인 관계에 있는 판단이다. 일체의 내용을 빼버리고 주어와 술어의 형식적인 관계만을 표명하는 이 판단은 실질적인 의미를 갖고 있지 않는 피상적 판단에 불과하다. 헤겔은 사기에 근거한 계약이 피상적 계약에 지나지 않는다라는 사실로부터 이 판단의 형식에 합치된다고 생각했을 것이다(87절~89절).

◎ 강제와 범죄

세 번째 불법은 강압적인 힘에 의한 강제를 동반하는 범죄이다. 시민적 불법에서는 개인의 특수한 의지만이 부정되고 법 그 자체는 존중되었다. 사기에 있어서는 특수한 의지는 고려되고 있고 보편적인 법이 부정되었다. 이들에 대하여 개인의 특수한 의지와 보편적인 법 쌍방이 동시에 침해되는 경우가 범죄이며 본래적인 불법이다.

범죄도 이것을 행위자가 자기의 권리로서 공공연하게 주장하는 한, 모든 불법과 마찬가지로 법의 가상이다. 그러나 강도 등에 있어서는 불법을 범하는 자는 자신의 행위를 참된 법의 형식 아래 감추고 있는 것은 아니다. 자신의 행위를 상대방이 정당한 것으로 인정하지 않으리라는 것을 환히 알고서 행위하는 것이다. 이런 의미에서 범죄는 불법 그 자체이며 그것이 불법이라는 것은 자타가 공히 알고 있는 것이다. 강제적인 힘을 행사하여 공공연하게 법 그 자체를 대신하여 불법을 관철시켜 나가려고 하는 범죄의 논리적 구조는 시민적 불법과는 다르게 단순한 부정판단이 아니라 부정적인 무한판단이다. 이미 보았듯이 술어가 전범위에 걸쳐 부정되어 주어와 술어 사이에 어떠한 긍정적인 관계도 끼어들 여지가 없는 판단이 부정적인 무한판단이다. 범죄에 있어서는 시민적 불법과 같이 특정의 물건에 대한 타인의 특수한 권리가 부정됨에 그치지 않고 타인의 권리 일반, 보편적인 법 그 자체가 부정되고 있다. 이렇기 때문에 부정적인 무한판단의 객관적인 예로 말해지는 것이다.

범죄는 피해자에 있어서는 강력이고 강제이다. 원래 현실적으로 강제되는 것은 육체이고 생명이며 재산이다. 자유의지 그 자체는 강제될 수 없다. 강제되기를 스스로 바란다는 것은 자유의지에 있어서 자기모순이기 때문이다. 그러나 육체 및 생명, 재산도 자유의지가 그것을 투입한 현존재이며 자유의지의 외적인 표현이다. 이런 한에서 범죄는 자유의지를 가진 이성적인 존재인 인간의 존엄을 범하는 것이다.

그런데 범죄도 그 자신의 자유의지의 외적인 표현이다. 그러나 타인의 자유의지의 현존재를 억지로 부정하려 하는 것이기 때문에 이 강제는 개념에 있어 자기모순이며 자기 파괴적인 것이라 말해도 좋다. 그리고 범죄 속에 포함되어 있는 이 내적 모순은 동시에 바로 이 모순의 해결에의 길을 보여주게 된다. 즉 강제는 강제에 의해 다시 폐기되는 것이다. 이 제2의 강제가 공권력이라는 강력에 의해 범죄에 부과되는 형벌이다. 형벌의 범죄에의 적용을 통하여 법의 현실성은 회복되고 범죄의 공허성이 폭로되는 것이다(90절~95절).

◎ 헤겔의 형벌이론

범죄가 법의 부정이라면 형벌은 부정의 부정이다. 법은 자기의 부정으로부터 자기에게 복귀함으로써 현실적으로 타당한 것으로서 자기를 주장하게 된다. 바꾸어 말하면 사법은 욕구하는 것을 자기 손 안에 넣고 싶다라는 자의가 모든 인간에 보편적인 것인 한에서 이를 권리로서 승인하는 것이기 때문에 불법과 뒤엉킬 여지가 항상 남겨져 있다. 그리고 이 권리를 침해하려고 하는 강력에 대하여 사법은 그 자체로서는 무력하다. 여기에서 사법은 강력에 대해서는 강력을 동반하는 형법과 결부되어서야 비로소 실효를 갖는다고 말할 수 있다. 형벌이 없이는 권리는 존속하지 않는다. 형벌이 없이는 불법이 법으로서 그대로 통하게 된다. 형벌에 의해 범죄가 무효가 되는 바 거기에서 권리 내지 법의 현실성이 분명하게 되는 것이다. 이런 의미에서 "추상적인 권리 내지 법은 강제적인 권리 내지 법이다"(94절).

그러나 형벌의 목적은 단지 법의 권위의 회복에만 있는 것은 아니다. 그 위에 하나의 유력한 기능은 범죄자의 권리의 회복이다. 보편 의지와 모순에 빠졌던 범죄자의 특수한 의지는 보편적인 의지와의 화해를 구한다. 이것이 형벌을 통하여 수행되는 것이다. 바꾸어 말하면 범죄자에게 형벌을 가한다는 것은 범죄자를 책임을 받아들일 수 있는 자유로운 존재로서 승인하는 것이다. 범죄자에 대해 형벌을 과하지 않는다는 것은 불법을 법으로서 그대로 인정함을 의미할 뿐 아니라 범죄자를 책임능력이 없는 동물이나 광인처럼 취급하는 것이다. 여기에서 범죄자가 자유의지를 가진 이성적인 존재인 한 "형벌은 그의 권리이고 정의이다"(100절). 범죄자는 형벌을 자기의 자유에 대한 제한으로 보지만 그러나 그가 받는 형벌은 또다른 강력이 아니라 작용에 대한 반작용으로서 자기 행위의 결과에 지나지 않으며 그리고 이러한 형태로 형벌의 필연성을 승인하고 이를 자발적으로 받아들이는 곳에 범죄자가 자유로운 이성적인 존재로서 자기의 권리를 회복하는 이유가 있다.

여기에서 헤겔의 형법론의 특색이 명확해진다. 첫째로 형벌을 단지 일정한 조건 아래 정당한 것으로 보는 데 그치지 않고 범죄라는 부정적인 것을 부정하여 법의 현실성을 보여주는 것으로서 논리적으로 그 필연성을 기초지우고 있다는 것, 그리고 둘째로 범죄자를 자유로운 이성적 존재로서 취급하고 이런 한에서 형벌을 받는 것을 범죄자의 권리라고 본다는 것, 일반적으로 형벌을 악에 대한 하나의 선으로서 보는 게 아니라 이성적인 것으로서 그 의의를 받아들인다는 점에 그 특색이 있다고 말할 수 있다. 헤겔은 이러한 입장으로부터 당시의 지배적인 형벌이론과 비판적으로 대결하고 있다(94절~100절).

◎ 공리주의 형벌이론 비판

A. 포이에르바하*는 형벌을 계고(戒告)에 근거지우려 한다. 그러나 형벌에 의한 위혁(威嚇)으로 범죄를 방지하려 한다는 것은 "지팡이를 치켜들고 개를 쫓는 것"과 비슷한 것으로 자유로운 존재로서의 인간에 대한 바른 방법이라 할 수 없다. 올바른 행위는 그 행위가 올바른 행위이기 때문에 실행되어야 하며 이러한 인식을 토대로 행위하는 것이 자유로운 인

* A. Feuerbach는 L. 포이에르바하의 아버지. 법률가. —역주.

간에게 어울리는 것이지 형벌이 무서워 바른 행위를 한다는 것은 진실로 자유로운 행위가 아니다. 포이에르바하의 이론은 바른 행위를 타율에 근거지우려는 것이다(99절 보론).

또한 베카리아도 사회계약 속에 자기의 범죄에 대하여 형벌을 받겠다는 동의가 포함되어져 있다고 하더라도 자신이 살해되어도 좋다는 동의까지 포함되어져 있다라고는 생각할 수 없다는 논리로부터 일체의 사형을 부적법(不適法)한 것이라고 말하고, 교육에 의한 범죄의 방지를 권장했다. 칸트는 어떤 인간이 형벌을 받는다는 것은 그가 형벌에 동의하기 때문이 아니라 그가 어떤 처벌을 받을 만한 행위를 의지했기 때문이라고 말하고 베카리아의 주장은 궤변이며 법의 곡해라고 비판했다(『인륜의 형이상학』 법론 제2부). 형벌이 범죄자의 권리인 한 자신이 받을 처벌에 동의를 요구하는 것은 옳은 것이며 따라서 칸트는 잘못 생각하고 있다. 그러나 이 동의의 성립을 사회계약 안에서 찾고 있는 한, 베카리아는 옳지 않다. 국가는 사회계약을 토대로 한 존재가 아니기 때문이다. 그리고 범죄자는 처벌에의 동의를 그 행위에 있어 이미 부여하고 있는 것으로 보아야 하기 때문이다(100절 주).

베카리아 및 포이에르바하의 형벌이론은 형벌의 의미를 범죄자를 교육함과 동시에 일반에 경고를 주어 범죄를 예방하는 효용에서 찾는 것으로서 대체로 계몽적 · 공리주의적인 형벌이론이라고 말해진다. 헤겔의 비판은 본래 형벌에 있어 교육적 배려 및 예방의 관점이 전혀 불필요하다는 것은 아니다. 헤겔에 의하면 교육적인 배려 및 예방의 견지는 구체적인 형벌의 방식 및 형량에 처했을 때의 문제이며 이것은 형벌 그것이 그 자체로서 정당하다는 전제 위에 성립하는 것이어야 한다는 것이다. 이를 간과하고 형벌 속에서 헛되이 효용을 추구하는 것은 형벌의 본질과 현상을 전도시킨 피상적인 견해라 하겠다(99절 주).

또한 국가에 대하여 사형의 권리를 인정하지 않은 베카리아를 비판했던 것도 그 밑바탕으로부터 그가 사형을 적극적으로 찬성했기 때문은 아니다. 이것은 사형의 폐지를 주장한 베카리아의 노력이 그후 여러나라에 사형에 대하여 신중한 태도를 낳는 효과를 가져왔다고 지적하여 베카리아의 노력을 헤겔이 평가했다는 점에서 분명히 나타난다(100절 보).

◎ 응보주의의 형벌주의 비판

범죄를 폐기한다는 것은 권리의 침해, 즉 범죄자의 특수한 의지의 현존재를 침해하는 것인 한, 형벌은 보복이라고 말할 수 있다. 그러나 "눈에는 눈, 이에는 이"라는 동해보복(同害報復)의 원리에 입각한 응보주의의 형벌이론은 형벌의 본질을 꿰뚫지 못하고 있다. 형벌은 단순한 복수는 아니기 때문이다.

첫째로 복수라는 것은 주관적 의지, 특히 피해자의 주관적 의지에 입각한 행위이지만 형법은 법이라는 보편적으로 객관적인 의지의 행위이다. 법관은 개인적으로는 범죄에 대하여 어떠한 감정을 가지고 있든 법에 따라 재판한다. 이와 결부되어 둘째로 형벌은 공적인 권위의 행위이다. 이에 반하여 보복은 법적으로 권위를 구성하는 인간의 행위가 아니다. 권위는 복수자에 속해 있지 않다. 그리고 셋째로 동기이다. 복수는 권리의 침해에 대한 분노의 감정에 의해 유발되지만 형벌은 범죄의 무효화를 통해 자기를 회복함으로써 자기를 유효한 것으로서 실현하는 바, 법의 화해 작용 이외의 어느 것도 아니다. 넷째로 설욕에서 전형적으로 나타나는 것처럼 복수는 그 자신 하나의 새로운 권리에의 침해로서 재차 복수를 초래한다. 복수는 정도를 알지 못하며 설사 알고 있다 하더라도 그것은 어디까지나 주관적 · 우연적인 것에 불과하다. 복수자에게는 부정불법 일반으로서만 나타난다. 따라서 복수를 할 때 정도를 넘어서는 경우는 많으며 이것이 또한 새로운 부정불법을 초래하는 것이다 형벌에 있어서도 때때로 석방된 범죄자가 검찰관 및 법관에게 사적인 원한을 품고 복수를 꾀하는 경우가 현실적으로 일어날 수 있다. 그러나 형벌이 어디까지나 개인으로서의 개인에 의한 행위가 아닌 한, 이러한 복수를 동반하는 결함은 원리적으로는 형벌에는 속하지 않는다. 여기에서 헤겔은 형벌이 정당한가 어떤가는 복수가 정당한가 어떤가와 전혀 다른 문제임에도 이러한 혼한이 때때로 형벌을 그 자체가 비이성적인 것으로 보는 견해를 낳게 된다고 말하고 있다[이때 헤겔은 클라인의 『형법의 원칙』(1706년)의 주장을 염두에 두고 있다].

헤겔의 형벌이론은 결코 이른바 응보주의에 입각해 있지 않다. 이런 의미에서 칸트와 헤겔 사이에는 하나의 선이 그어지는 것이다. 그리고 이것은 헤겔이 형벌을 일종의 보복이라고 말할 때, 범죄와 형벌 사이의 동등성을 어떻게 생각하고 있는가를 보면 한층 명백하게 될 것이다(101절~102절 및 주, 보론 그리고 220절 참고).

◎ 형벌의 질과 양

형벌이 그 자체로 정당하다는 것은 범죄의 본성 그것으로부터 도출된다. 그런데 범죄의 직접적인 대상은 육체, 생명, 재산이며 자유의지의 외적인 현존재이다. 현존한다는 것은 그 존재방식으로 말하면 양과 질의 규정을 가지고 있다는 것이다. 거기에선 범죄는 이 객관적인 규정에 의해 구별되게 된다.

즉 범죄는 그것에 의해 침해당한 것이 현존재의 전범위에 미치는가 그 일부분에 그치는가에 따라 양적인 규정으로 구별된다. 살인, 노예제, 종교강제 등은 현존재의 전범위에 미치는 범죄이다. 또한 강도와 절도의 구분은 범죄의 질적인 구별이다. 말할 것도 없이 강도에 있어서는 재산만이 아니라 인격에도 강제가 가해지는 것이며 인격으로서의 내가 침해되고 있는 것이다. 또한 공공의 안전을 위협하는 범죄는 단순한 사인(私人)에 대한 범죄와는 질적으로 다른 범죄이다(96절, 주).

그런데 각각의 범죄에 대하여 형벌의 종류 및 정도를 구체적으로 결정하는 것은 법철학의 과제가 아니라 실증법학의 과제이다(96절 보론).

법철학의 과제는 형벌결정에 있어 보편적인 원리를 제시하는 것에 있다. 그리고 그것은 형벌이 범죄를 무효화하여 법의 현실성을 회복하는 것에 본래의 의미를 갖고 있다는 형벌의 개념 그것으로부터 도출되지 않으면 안 된다. 거기에서 범죄가 현존재로서 일정한 양적 · 질적 범위를 가질 때 형벌도 현존재로서 동등한 범위를 갖지 않으면 안 되는 것이다. 이런 한에서 형벌은 확실히 보복이다. 그러나 형벌의 개념에 근거한 이 보복의 동일성은 침해라는 특수한 상태에 있어서의 동등성이 아니라 침해의 가치적인 측면에서의 동등성이지 않으면 안 된다. 여기에서 칸트를 포함하여 응보주의의 형벌이론에 입각한 "눈에는 눈, 이에는 이"라는 동해보복(同害報復)의 원리, 즉 이러한 실질적인 동등성의 원리를 범죄와 형벌의 관계에 적용하려는 것은 이론적으로도 실천적으로도 불합리한 것이다. 이러한 입장은 유한한 사물에 있어서는 완전히 같은 것은 존재하지 않는다는 유한한 사물의 본성에 대한 무지로부터 나오는 것이기 때문이다. 유한한 사물을 서로 비교할 수 있는 척도가 있다면 그것은 사물의 보편적인 성질인 가치이지 않으면 안 된다(101절).

우리는 이미 헤겔이 소유 및 계약의 문제를 취급할 때에도 가치의 개념을 가지고 출발하고 있음을 보았다. 그는 이 가치의 개념을 사법뿐만이 아니라 형벌의 이론에 있어서도 적용하고 있는 것이다. 범죄에 대한 민사소송에 있어서 가치의 개념이 유효한 역할을 담당하고 있음은 말할 나위 없다. 범죄에 의해 자산에 손해가 생기고 더구나 이 손해가 원상으로 복귀될 수 없을 만큼 파괴적인 경우에는 이러한 손해는 손해를 입은 물건의 가치에 따라 보상되지 않으면 안 된다(98절). 그리고 헤겔에 의하면, 절도 및 강도와 같은 범죄에 대한 금고형(禁錮刑) 및 벌금형에 대해서도 마찬가지로 가치의 개념이 적용되지 않으면 안 된다고 말하고 있다. 왜냐하면 이들 범죄와 형벌은 각각이 가진 특수한 상태에 있어서는 결코 동등하지 않으며 단지 그 내적 가치, 다시 말하여 각각이 외적 현존재에 있어 인격의 침해라는 특질에서만 비교될 수 있기 때문이다.

본래 범죄와 형벌 사이의 가치의 동등성이라 할 때 이것을 실질적인 동등성과 같이 절대적인 의미에서 규정하는 것은 불가능하며 이 원리를 형벌을 규정함에 있어 끊임없이 지향해야 할 요청에 지나지 않는다. 그리고 구체적인 형벌을 규정함에 있어 가능한 한 이 동등성의 원리에 접근하려 하는 것은 오성의 과제라고 말해도 좋다. 다만 어떤 형법학자(여기에서도 헤겔은 클라인의 『형법의 원칙』)는 형벌을 허가되지 않은 행위에 또 하나의 자의적인 해악을 주는 것이라고 보았다. 그러나 헤겔에 의하면 어떤 범죄에 대하여 어떤 형벌을 규정한다는 것은 결코 이와같이 자의적인 일이 아닌 것이다(101절).

◎ 사형의 문제

이와 같이 헤겔은 범죄와 형벌 사이에 각각의 특수한 상태에 근거한 실질적인 동등성을 설정하는 것은 불가능하다고 말하고 가치의 동등성의 원리를 세웠다. 그러나 여기에 단지 하나만의 예외는 인정하고 있다. 그것은 살인죄의 경우이다. 생명은 현존재의 전범위이며 생명은 어떠한 가치에 의해서도 치환(置換)될 수 없는 것이다. 거기에서 살인죄에 대한 형벌로서는 오직 살인자의 생명을 빼앗는 것, 즉 사형밖에는 있을 수 없다고 보는 것이다. 이것이, 사형폐지를 부르짖었던 베카리아의 노력을 평가함에 있어 표명했던, 사형이 극형인 한 국가는 이것에 신중히 대처하지 않으면 안 된다라는 헤겔의 의견과 모순되지 않음은 말할 필요도 없다(101절 보론).

◎ 추상법으부터 도덕성에로의 이행

추상법으로부터 도덕성에로의 이행은 헤겔의 논리학과의 관계에서 말하면 존재로부터 본질에로의 이행에 해당한다. 즉 추상법은 욕구하기 때문에 욕구한다라는 직접성의 형태로 어떤 의지의 자유를 만인이 가지고 있다는 전제 아래 인격의 권리를 그 내용으로 하지만, 이 의지가 가진 직접성을 탈각해 가는 곳에서 도덕성의 입장이 생기게 된다.

도덕성은 단지 직접적으로 외면성 속에 자신의 자유의 현존재를 갖음에 그치지 않고 자신 속에서 보편적인 것을 자각하여 이에 따라 자기 자유의 실현을 자각적으로 지향하는 의지의 입장이다. 그리고 이 이행은 이미 여기까지의 운동 속에서 진행되고 있었다라고 말할 수 있다. 왜냐하면 불법과 형벌에서 추상법은 자신이 강제적인 법이라는 것을 분명히 했지만 이것은 자신의 한계를 폭로하고, 이것이 외면적인 물건에 관계하는 한 자기를 충족시키는 것으로서 내면적인 주체성을 지시하고 있다고 말하여도 좋기 때문이다.

이미 불법에서 자체적으로 보편적인 의지에 대하여 자기를 주장하는 개별적인 의지로서 대자적인 의지가 등장하고 있다. 단 여기에서는 이 의지는 범죄자의 의지로서 존재한다. 그리고 형벌은 이 대자적으로 존재할 뿐인 개별적인 의지에 대하여 계약에서 보여진 공통의지보다 더 높은 보편적인 것, 타인을 인격으로서 존경하고 계약을 지킨다는 추상법의 정의보다 더 높은 정의의 존재를 뼈저리게 느끼게 했던 것이다. 거기에는 이 개별적인 의지로 하여금 보편적인 것을 의지할 것을 촉구하는 요구가 잠재되어 있다고 할 수 있다. 형벌을 가하는 것은 법을 회복하는 것이지만 그 정당성은 추상법의 경지가 자체적으로 존재하는 이성적인 의지의 현존재라는 점에 그 근거를 두고 있다. 형벌은 그것을 부정하는 범죄의 부정을 통하여 이 이성적인 의지를 개별적인 의지에게 나타내 보여줌으로써 도덕성으로의 이행을 동기지우고 있는 것이다.

제2부 도덕성

小林靖昌

헤겔 기념우표

제2부 도덕성

● 도덕성의 규정과 주체성

◎ 헤겔의 도덕성과의 대결

헤겔은 도덕성에 대하여 시종 양면가치적인 태도를 취하고 있다. 이것은 먼저 헤겔의 사상형성에 있어 고대의 폴리스적인 인륜과 근대 시민적 도덕성 사이의 우선관계가 시기에 따라 상호 변전했음을 의미하고 있다. 그리고 최종적으로는 그의 이른바 현대의 **인륜**(성)의 입장에 대하여 도덕성이 한편으로는 불가결의 계기라는 것, 그러나 다른 한편으로는 추상법과 나란히 단지 하나의 계기에 지나지 않음을 의미한다. 이러한 관계에 있어서 『법철학』 제2부 「도덕성」에서는, 도덕성의 적극적인 의의, 다시 말하여 인륜(윤리)의 성립에 있어서 결코 없어서는 안 될 인륜의 필요조건으로서의 도덕성의 의의와 그의 한계, 즉 그것과의 대결을 통하여 그것을 뛰어넘지 않고서는 인륜에 이를 수 없다는 도덕성의 한계가 고찰되고 있다.

그런데 도덕성은 근대 독일 특히 칸트의 윤리 사상을 특징지우는 근본개념이다. 즉 도덕성이라는 “행위의 모든 윤리적 가치의 본질을 이루는 것은 **도덕법칙이 직접적으로 의지를 규정한다** 라는 사실에 근거하고 있다"(칸트 『실천이성비판』 제1부). 그리고 행위가 단지 **의무에 어긋나지 않을** 뿐 아니라 **의무로부터**, 따라서 **법칙을 위해** 행해질 때 비로소 도덕성 내지 참된 도덕적 가치는 성립한다. 이에 대하여 단지 의무에만 어긋나지 않음에 불과한 행위는 적법성(適法性)을 포함하고 있을 뿐 아직 도덕적일 수는 없다.

그런데 헤겔도 칸트의 이 구별을 그대로 따라 논리를 전개하고 있는데 이것은 『법철학』의 구성상에도 반영되고 있다. 즉 제1부 「추상법」과 제2부 「도덕성」은 칸트의 적법성과 도덕성에, 따라서 또한 『인륜의 형이상학』의 「법론」과 「덕론」(德論)에 대응하고 있다. 단 이 대응도 구성의 형식상일 뿐 내용적으로 꼭 일치하고 있다는 의미는 아니다.

그런데 헤겔이 문제삼았던 인륜의 계기로서의 도덕성은 이상의 연관에 있어 확실히 칸트의 그것을 답습하고 있지만 그것에 한정되어 있지는 않다. 오히려 헤겔은 사상사의 보다 광범위한 시가그로부터 도덕성을 서양근대가 획득했던 고유의 입장으로서 새롭게 파악하고 칸트의 그것을 일면적으로 순수화된 한 유형으로서 위치지우고 있다고 생각된다. 예를 들면 헤겔은 이미 예나시대에 근대 특유의 입장을 **북방의 원리** 또는 **프로테스탄티즘의 원리**로서 파악하고 있다. 이것은 즉자적으로는 종교개혁에 의해, 대자적으로는 독일의 반성철학에 의해 획득된 **세계정신의 위대한 형식**이며 보다 일반적으로는 **주체성**으로 파악되고 있다. 그리고 이 견해는 『법철학』에 그대로 계승되고 있다.

◎ 주체성의 개념과 권리

「추상법」이 자체적(즉자적)으로 무한한 의지의 입장이라고 한다면 「도덕성」은 한층 자각적(대자적)으로 무한한 의지의 입장이다. 바꾸어 말하면 추상법이 자유의 자체적(잠재적) 담당자로서의 법적 인격의 입장임에 대하여 도덕성은 더 나아가 자유의 자각적(현재적顯在的) 담당자로서의 **주체**의 입장이다(105절). 따라서 보편적인 의지로서의 의지의 개념은 주체로서의 개인의 특수한 의지 속에 현존하게 된다. 여기에서 추상법을 지지하는 하나의 조건이 명확하게 된다. 추상법이 자유의지의 외적인 현존재라면 도덕성은 자유의지의 내적인 현존재라고 말할 수 있다(자유의지는 양자의 통일을 통하여 현실성으로 실현하게 된다. 그러나 이것은 인륜의 입장이다). 추상법에서 자유의지는 아직 직접성 및 자의성을 면하지 못했지만 이제 자유의지는 자기 속에서 보편적인 것(도덕법칙)을 자각하고 이에 입각하여 자기의 실현을 지향한다. "그럼으로써 자유에 있어서는 어떤 보다 높은 **지반**이 규정되었던 것이다. (자유라는) 이념 아래에는 이제 **실존**적 측면 내지 자유의 실재적 계기, 즉 의지의 **주체성**이 있는 것이다. 주체적인 의지일 때만 자유 혹은 **자체적으로** 존재하는 의지는 현실적일 수 있다"(106절). "따라서 도덕성이라는 제 2의 영역은 전체적으로 자유 개념의 실재적 측면을 제시하고 있는 것이다"(106절 주).

이렇듯 주체성의 개념은 도덕성의 본질적인 규정이며 한편으로는 ①자체적으로도 자각적으로도 무한한 의지의 자기 규정성임과 동시에 다른 한편으로는 ②자유로운 개인에 있어서의 자각적인 현존재를 제시하고 있다.

그리고 여기에 도덕적 내지 주체적 의지의 권리가 있는 것이다. 추상법에 있어 인격은 물건에 대한 권리를 가졌다. 그러나 도덕성에 있어 인간은 주체로서 자기 행위의 내용을 스스로 규정하고 자기가 의지했던 바에 대해서만 책임을 질 권리를 가지고 있다. "의지는 이 권리에 따라 어떤 것이 **의지 자신의 것**일 때에 한해서만 …… 그것을 승인한다"(107절). 그런데 주체적 의지가 개인의 직접적 · 우연적인 자의로서 보편적인 의지로부터 분리되어 있는 한, 그것은 추상적이며 형식적이다. '그러나 주체성은 단지 형식적일 뿐만 아니라 의지가 무한히 자기규정하는 움직임이라는 의지의 **형식면**을 이루고 있다.' 그러나 이 형식면은 이것이 곧바로 개인의 의지로 나타날 경우에는 의지의 개념과 동일하지 않다. 도덕성에 있어서 주체는 어떠해야 하는 자기와 현재하는 자기가 긴장과 상위(相違) 속에 있으며 양자의 통일을 무한한 과제로서 자기에서 부과하고 있는 것이다. 따라서 아직 "도덕성의 입장은…… 당위 내지 요청의 입장이다"(108절). 이러한 맥락에서 볼 때 헤겔에 있어 도덕성은 인륜에 있어 결코 없어서는 안 될 계기임과 동시에 아직 그것에로 나아가는 과정에 불과한 것이다.

◎ 도덕적 행위의 일반적 규정

말하자면 자유의 현실태로서의 주체성의 개념에 있어 자유의 현존재와 의지의 규정성은 동일하다. 즉 주체적 의지는 양자를 자각적으로 구별함과 동시에 동일한 것으로서 정립한다. 이것이 도덕적 행위이다. 거기에서 헤겔은 행위를 구성하는 세 가지의 주요 계기를 들고 있다(109절). 즉 (1)

내용으로서의 의지의 특수화 (2)내용의 객체화로서의 활동 (3)의지(내용)의 자기동일로서의 목적이 그것이다.

(1)먼저 행위의 제 1 요인은 의지의 주체적 자기규정(자기결정 또는 자율)이다. 헤겔은 이것을 더 나아가 '의지의 의지자신의 특수화' '의지가 자기 자신에게 부여한 내용'이라 부르고 있다. 그러나 이 내용은 의지의 자기 제한이며 무엇이라도 의지할 수 있다는 의지의 무규정성에 대한 **최초의 부정**이다. 그러나 이 부정은 무제한적인 것이 아니라 **한정된 부정**(『정신현상학』)이며 또한 단순한 **주체적** 규정에 지나지 않기 때문에 **부정의 형식적 한계**이기도 하다. 더 나아가 이 형식적 한계는 의지 자신에 있어서는 "자기에 대하 무한의 반성"으로서 존재하지만 그러나 이 계기만으로는 현실적인 행위에로 나아갈 수 없다(109절 〔α〕).

(2)거기에서 이 제한을 타파하기 위하여 행위의 제2의 요인은 "이 (자기규정의) 내용을 주체성으로부터 객체성 일반에로, 다시 말하여 **직접적 현존재**에로 이행시키는 활동"이다. 이의 수행은 주체에 의해 내적으로 정립되었던 목적을 실현하는 과정이며, 통상적으로는 이 외적인 활동과정만을 행위 그것으로 보지만 그것은 행위의 한 계기에 지나지 않는다(위의 절 β).

(3)따라서 제3의요인은 (1)과 (2)의 대립에 있어서의 의지의 자기동일이며 그것은 양자의 동일이고, 계속되는 내용으로서의 **목적**이다(앞의 절 γ).

헤겔에 따르면 이상에서 요약 · 설명했던 것처럼 세 개의 주요 계기 내지 요인으로부터 행위는 일반적으로 행위로서 성립한다.

◎ 도덕적 행위의 내용규정

이상과 같은 도덕적 행위의 일반적 규정에 입각하여 헤겔은 그 위에 도덕성의 입장으로부터 보여졌던 행위에 고유의 내용규정을 전개한다.

(a)**도덕적** 행위를 특징지우는 제 1의 내용규정은 행위의 "내용이 나에 있어 **나의 것**으로서 규정되어 있다"(110절)는 것이다. 더욱이 앞서 보았던 행위의 세 가지 계기 내지 단계를 일관하여 행위는 나의 주체성에 의한 것으로서 자각되지 않으면 안 된다. 즉 제1의 규정은 "도덕적 행위는 나의 주체적 의지에 근거한 것이다"라는 것이다.

(b)제2의 내용규정은 행위의 내용이 어떤 형태로 특수한 것을 포함하고 있다 하더라도 그것은 보편적인 의지의 내용으로서 "자체적으로 존재하는 의지에 어긋나지 않는다"혹은 "**개념의 객체성**을 가지고 있다"라는 것이다(111절). 그러나 헤겔에 의하면 "이것은 요청에 지나지 않으며, ……개념과 어긋날 가능성을 포함하고 있다." 요약하면 제 2의 내용규정은 "도덕적 행위는 보편적 의지에 입각한 것이다." 그리고 행위가 이 규정에 합치하는가 아닌가에 따라 선악의 구별이 생긴다.

(c)제3의 내용규정에 관하여 헤겔은 다음과 같이 서술하고 있다. "나는 나의 목적의 수행에 있어…… 이 주체성을…… 이 나의 개인적인 그것으로서는 철회한다. 그러나 그렇게 나와 동일한 (그러나 나에 있어서) 외적인 주체성은 타인의 의지이다. ……따라서 나의 목적의 수행은 나의 의지와 타인의 의지와의 이 동일성을 내포하고 있다. —즉 이 수행은 타인의 의지에의 적극적인 관계를 가지고 있다"(112절). 이러한 관계에 있어 제 3의 내용규정은 '도덕적 행위는 타인의 의지에 적극적으로 관계하고 있다'

는 것이다. 여기에서 헤겔은 수행된 목적의 객체성과 이 객체성 속에 보존되어 있는 주체성이 각각의 세 가지 의의 내지 계기를 함축하고 있다고 주장한다. 즉 먼저 객체성은 "α) 직접적 현존재라는 **외적인 것**과 β) **개념**에 어긋나지 않는 것, 그리고 γ) **보편적** 주체성이라는 것"을 포함하고 있다. 또한 주체성은 " α)객체적 목적이 나의 목적이다"라는 것, β)객체성의 그것과 일치한다는 α)β)의 계기를 포함하고 있다(앞의 절 주). 헤겔은 γ)에 있어 이미 **상호주체성**의 개념을 파악하고 있는 것이다. 그리고 더 나아가 그것을 객체성의 한 조건으로 보고 있는 것이다.

이상의 고찰을 거쳐 헤겔은 "**주체적 내지 보편적인 것**으로서의 의지의 표명이 행위(Handlung)이다"라고 서술하고 있다. 즉 헤겔에 있어 엄밀한 의미에서의 행위는 도덕적 행위가 되는 것이다. 따라서 행위는 앞의 행위의 세 가지의 일반적 규정 위에 지금 더한 세 가지 요건을 만족시키지 않으면 안 된다. 그것을 헤겔은 다시 정리하여 (도덕적) 행위의 내용규정을 "α) 내가 그 행위의 외면성을 나의 것으로 인지하는 것, β) 당위로서의 개념에 대한 본질적 관계라는 것, γ) 타인의 의지에 대한 본질적 관계라는 것"으로 하고 있다(113절). 이에 대하여 추상법에 있어서의 의지표명은 자유의 개념에 대한 명확한 관계도 타인의 의지에 대한 적극적인 내용도 가지고 있지 않기 때문에 엄밀한 의미에서의 행위이라고 할 수 없게 된다. "법의 명령은 그것의 근본규정에 따르면 단지 금지에 불과하다"(앞의 절 주). 이에 대해 도덕의 명령은 타인의 의지에 대한 적극적인 내용을 포함하고 있다.

◎「도덕성」의 구분

그런데 이상과 같이 도덕적 행위의 일반적 규정과 내용규정을 전개해온 헤겔은 마지막으로 도덕적 의지의 권리가 포함하고 있는 세 가지 측면 내지 계기를 들고 그것들을 다음에 전개되는 세 장의 구성 원리로서 삼고 있다(114절).

먼저 제 1의 측면은 "행위의 내용 일반이 나의 것이며 그리하여 행위는 주체적 의지의 의도(Vorsatz)이다"라는 행위의 추상적 권리이며 소위 행위의 개별적 계기이다.

다음 제 2의 측면은 행위의 특수한 계기이다. 이것은 한편으로는 ①행위를 나에게 가치있는 것으로 하는 **기도**(Absicht)이며, 다른 한편으로는 ②"나의 특수한 주체적 현존재가 품고 있는 나의 **특수한** 목적"으로서의 복지(Wohl)이다.

마지막으로 제 3의 측면은 행위의 보편적 · 객체적 계기이다. 이것을 헤겔은 의지의 절대적 목적으로서의 **선**(善)으로 파악하고 있는데 그러나 도덕성이라는 이 반성의 영역에 있어서는 "한편으로는 악(惡), 한편으로는 양심이라는 **주체적** 보편성의 대립을 동반하고 있다"는 것이다.

1. 의도와 죄책(罪責 ; Schuld)

◎ 의도와 죄책의 필연적 관계

먼저 헤겔은 사람이 의도적으로 행한 행위의 결과에 대해서 죄책을 가지고 있다는 것에 대해 다음과 같이 서술하고 있다. "행위의 직접태에 있어 주체적 의지가 유한적이라는 것은 직접적으로는 의지가 자신의 행위에 관련하여 **전제된** 외적 대상을 다양한 여러 사정과 함께 가지고 있기 때문이다. **소행**은 이 당면한 현존재에 영향을 미치는 것이며, 의지는, 일반적으로는 이 변화한 현존재 안에 **나의 것**이라는 추상적인 목적어가 포함되어져 있는 한, 그것에 대한 죄책을 지고 있는 것이다"(115절).

여기에서 행위에 관련하여 전제된 외적 대상이란 행위의 직접적인 목적과 그것의 실현에 필요한 개개의 구체적 수단이 될 것이다. 그런데 행위는 항상 주어진 그때그때의 특수한 상황 아래서 행하여지지 않으면 안 되기 때문에, 이 상황을 구성하고 있는 여러 가지 사정을 각각의 요인으로서 분석하고 그들의 상관적 관계 속에서 가장 적절하다고 생각되는 구체적인 수단을 선택하여 목적의 실현을 꾀하지 않으면 안 된다. 이 경우 상황을 구성하는 여러 사정은 무한히 많다 하더라도 인간이 현실에서 인식할 수 있는 요인은 극히 제한된 유한한 것 밖에는 있을 수 없으므로 상황

판단은 불완전한 것일 수밖에 없다. 따라서 상황에 대처할 수 있는 유효한 수단의 선택도 완전할 수는 없다. 여기에서 행위에 있어서의 인간의 의지 및 지(知)의 유한성이 필연적으로 생겨나는 것이다. 또한 유한성 때문에 행위의 결과는 의지가 예상했던 것과 동일하다고는 할 수 없다. 즉 예상되었던 결과로서의 목적이 완전히 실현된다고는 할 수 없으며, 오히려 이들 제결과는 내가 스스로 의도했던 — 미리 설정했던 — 행위에 의해 야기된 것이기 때문에 그리고 적어도 그 요인의 일단을 담당했기 때문에 나는 그것에 대하여 죄책을 지지 않을 수 없는 것이다.

◎ 죄책과 책임

그러나 그럼에도 불구하고 죄책을 가진 모든 결과 전체가 나의 책임으로 귀속되고 나의 탓으로 돌려지는 것은 아니다. 그것에 관하여 헤겔은 그 위에 다음과 같은 설명을 덧붙이고 있다. "나의 의도 안에 있었던 것은 나의 책임으로 돌려지는데, 범죄의 경우에는 특히 그것이 문제가 된다. 그러나 죄책 안에는 여전히 내가 어떤 것을 했는가 안했는가라는 완전히 외적인 판정 밖에는 없으며 따라서 내가 어떤 것에 대하여 죄책이 있다고 해서 역시 그것이 나의 탓으로 돌려질 수 있는 것은 아니다"(115절 보론).

즉 헤겔에 의하면 "어떤 것에 대하여 죄책이 있다"(Schuld an et. sein)는 것과 "어떤 것이 어떤 사람의 책임에 귀속한다"(et. jm. zugerechnet werden)는 것은 전혀 다른 일이다. 말하자면 전자는 후자보다도 범위가 넓으며 따라서 전자는 어떤 경우에는 후자일 수 있지만 모든 경우가 그렇다라고는 말할 수 없다.

거기에서 헤겔은 이렇게 무한정한 광의의 죄책으로부터 자기의 책임으로 귀속된다라는 협의의 죄책을 구별하기 위하여 이와 관련하여 의지의 권리를 다음과 같이 한정한다. "의지의 권리는 자신의 소행에 대해서 다음의 것만을, 즉 의지가 자기의 목적을 위한 소행의 제전제에 대하여 알고 있고 바로 그렇기 때문에 자신의 의도 안에 있었던 것만을 자신의 행위로서 승인한 것, 그리고 단지 이에 대해서만 죄책을 진다"(117절).

◎ 귀책근거(歸責根據)로서의 의도

이 설명 가운데 광의의 죄책으로부터 구별되는 협의의 죄책이 제시되어 있다. 후자는 의지의 권리 범위 안에 있기 때문에 당연히 의지의 책임에 귀속되게 된다. 거기에서 헤겔은 그 위에 "소행은 단지 **의지의 죄책**일 때만 그의 책임으로 귀속된다"라고 서술하고 이를 동시에 **지**(知)**의 권리**로서도 파악하고 있다. 왜냐하면 의지의 권리는 스스로 의지한 행위의 제전제, 따라서 행위의 현실의 제사정에 대해서 알고 있는 것 이에는 미치지 않고 또한 그 범위에 한정되기 때문이다. 그러나 다른 한편으로는 의지의 권리가 미치는 범위 내에 있는 죄책은 모두 의지가 자기에게 귀속되는 책임으로서 스스로 부담하지 않으면 안 된다. 이러한 의지의 권리의 수비범위(권한)는 이상의 경위를 거쳐 동시에 의무의 범위로도 된다. 그렇기 때문에 보다 명확한 의미엣 죄책은 여기에서는 책무(責務)라는 의의도 갖게 된다.

이어 헤겔은 행위가 외적으로 야기했던 제결과들 속에서 행위의 목적을 현실화하는 예상되었던 제결과와 행위의 목적을 떠나 예상되지 않았던 방향으로 전개된 제결과를 구별하고, 전자만을 행위에 본질적으로 귀속되는, 소위 본래적 결과로 간주하고 후자를 행위에 소원한 비본래적인 결과로 보고 있다. 그리고 "첫 번째 결과들만을 **책임에 귀속시키는 것**이 의지의 권리인 것이다. 왜냐하면 첫 번째의 결과만이 의지의 의도 속에 있기 때문이다"(118절)라고 서술하고 있다. 요컨대 헤겔은 행위의 제결과에 대한 죄책을 동시에 책임으로서 귀속시키는 근거, 즉 귀책근거를 무엇보다도 먼저 의도에서 구하고 있는 것이다.

◎ 심정윤리와 결과윤리의 일면성

그런데 현대의 윤리학에 있어 행위에 관한 극단적으로 대립되는 두 가지 입장이 문제가 되고 있다. 그것은 동기주의와 결과주의 내지는 심정윤리와 결과윤리이다. 헤겔은 이 문제를(아직 이러한 용어로 표현하고 있지 않지만) 행위에 있어 두 가지 원칙의 문제로서 파악하고 다음과 같이 논평하고 있다. "'행위에 있어 결과를 경시(무시)하는' 원칙과 '행위를 그 결과로서 평가하고 결과를 무엇이 옳고 선한가를 판단하는 기준으로 삼는' 다른 원칙—이들 양원칙은 둘다 똑같이 추상적 오성(의 산물)이다"(118절 주).

여기에서 첫 번째 원칙은 행위 동기의 선·악 내지 순(純)·불순을 행위의 선·악을 결정하는 규정으로 삼는 심정 윤리에 속하고, 두 번째 원칙은 말할 것도 없이 결과윤리의 입장에 속한다. 헤겔에 있어서 심정윤리와 결과윤리는 그 어느 쪽도 그 자신만으로 참된 윤리의 입장일 수 없으며 양자도 단지 참된 윤리를 구성하는 계기 내지 필요조건으로서의 의의를 갖는 데 지나지 않는다. 그런 의미에서 그 어느 쪽의 입장도 오성에 의해 추상된 윤리의 각각 다른 일면에 지나지 않는다. 그러나 일면적이라 하더라도 오성은 윤리에 있어 불가결한 계기를 분석적으로 구별하여 파악하고 있으며 그런 한에서 어떠한 입장도 각기 정당한 존립근거를 가지고 있는 것이다. 그러나 각각으로는 참되다 할지라도 행위의 결과에 관한 실태의 일면만을 파악하고 더욱이 그것만을 이 실태의 전체라고 주장하는 점에 결과윤리 및 심정윤리의 오류 내지 불완전성이 있는 것이다. 그런데 양입장의 존립근거를 도덕적 행위를 구성하는 여러 가지 불가결한 주요계기로서 총합적으로 파악한다면 거기에서 참된 윤리의 입장이 성립한다고 말할 수 있을 것이다. 사실 헤겔은 이러한 입장을 인륜의 입장으로서 파악하고 있다. 여기에서 윤리학 속에서 이미 거주권을 얻고 있는 막스 베버의 술어를 사용하면 이 입장은 '책임윤리'의 입장으로서 바꿔 파악할 수 있다. 단 베버 자신은 이 말을 반드시 일의적으로만 사용하고 있지는 않고 어떤 경우에는 심정윤리에 대립되는 것으로서 결과윤리의 의미로 사용하고 있기도 하지만, 그러나 최종적으로는 결국 양논리를 총합적으로 지양하여 생성된 입장에서 파악하려고 하고 있다(『직업으로서의 정치』). 이러한 과정에서 헤겔의 인륜은 뛰어난 의미의 책임윤리의 입장이라고 말할 수 있다.

◎ 의도로부터 기도(企圖)에로

그런데 여기에서 심정윤리와 결과윤리를 행위의 의도와 결과에 입각하여 바꾸어 파악해 보면, 심정윤리란 의도만을 중시하여 결과를 무시하는 입장이고 이에 대하여 결과윤리란 결과만을 중시하여 의도를 무시하는 입장이라고 말할 수 있다. 그런데 '의도와 죄책'은 행위의 결과 내지 죄책 가운데 의도 속에 있었던 것만을 행위자의 책임에 귀속시킨다는 입장이기 때문에 기본적으로는 심정윤리의 입장이다. 그러나 이 입장이 일면적인 이유를 헤겔은 다음과 같이 설명한다. "**유한한 것의 필연성**이 포함하고 있는 모순의 전개는 현존재에 있어서는 바로 필연성으로부터 우연성에로의 전환이며 또한 그 반대로의 전환이다. 따라서 행위란 이 측면에 따른다면 **이 법칙에 자신을 위탁하는 것이다.**—여기에 범죄자의 행위가 나쁜 결과를 적게 얻을수록 범죄자에게는 유리하게 되고, 또한 마찬가지로 선한 행위가 어떠한 결과도 혹은 기대만큼의 결과도 얻지 못한 것을 감내하지 않을 수 없는 이유가 있으며, 또한 범죄로부터 생겨난 결과가 보다 완전하게 전개되는 한, 범죄에게는 이 결과가 부담이 되는 이유가 있는 것이다"(118절 주).

여기에서는 결과윤리의 입장이 계기로서 개입하여 오지 않을 수 없는 이유가 나타나 있다. 즉 헤겔은 이 입장이 기대게 되는 근거를 행위적 상황에 있어서의 필연성으로부터 우연성에로의 또는 우연성으로부터 필연성에로라는, 소위 눈에 보이지 않는 법칙에서 구하고 있다. 이 보이지 않는 법칙은 옛날부터 운명으로서, 또한 종교와 관련되어서는 섭리로서 그리고 헤겔의 역사철학에 있어서는 '이성의 간계'로서 파악되어져 왔다. 유형으로서의 순수한 결과윤리는 이 경우 이 보이지 않는 법칙에 전면적으로 자신을 위탁하는 데서 성립한다. 헤겔은 선한 의지에도 불구하고 발생한 악한 결과를 전면적으로 받아들이는 일종의 숭고한 형태로 이 전형을 고대 그리스의 비극에서 보여지는 것과 같은 '**영웅적인** 자기의식'(예를 들면 오이디푸스) 속에서 구하고 있다. 이러한 고정된 입장으로서의 결과윤리는 단순한 외적인 **소행**과 의도에 기초한 **행위**와의 구별에 대한 반성에까지는 아직 도달하여 있지 않다. 따라서 결과윤리는 도덕적 행위를 본래적으로 논하는 참된 윤리의 입장이라고는 할 수 없다. 그러나 의도의 입장은 기본적으로는 결과주의의 입장이 아니라 심정윤리의 입장인 것이다. 왜냐하면 그것은 의지 및 지(知)의 권리에 기초하여 여러 결과 중에서 의도 가운데 있었던 것만을 책임으로서 귀속시키는 입장이기 때문이다.

헤겔은 의도에 관계되는 이 입장 속에서 이미 기도에로의 이행 내지 발전을 보고 있다. 즉 의도된 각각의 행위가 내포하고 있는 그 보편적 본성을 앎으로써 의도는 기도에로 전개되는 것이다. 그런데 헤겔에 있어서 "문제는 여기에서는 개별적인 것이 아니라……, 특수한 행위의 보편적 본성에 관계한 전체적인 것이다. 의도로부터 기도에로의 이행은 이제 내가 단지 나의 개별적인 행위만이 아니라 그것과 관련되어 있는 보편적인 것을 알아야 한다는 것이다. 이렇게 하여 나타난 것으로서 보편적인 것이 나에 의해 의욕되었던 것, 다시 말해서 나의 **기도**이다"(118절 보론).

2. 기도(企圖)와 복지(福祉)

◎ 행위와 기도

그런데 헤겔에 의하면, 행위는 외적으로는 무수한 개별상(個別相)으로 분할될 수 있는 다양한 연관이다. 의도는 직접적으로는 이러한 행위의 개별상에 관계하고 있다고 말할 수 있다. 그러나 "개별적인 것의 진리는 보편적인 것이다." 즉 부분의 어떠한 것이든 전체와의 연관에 의해서 비로소 참되게 파악될 수 있으며 부분의 개별적인 의의도 전체의 보편적 의의에 의해 비로소 완전하게 이해될 수 있다. 이것은 개인의 행위에 관해서도 마찬가지다. 그런데 헤겔은 "행위의 규정성은 자각적으로는 어떤 외적인 개별상에로라는 고립화된 내용이 아니라 다양한 연관을 그 속에 포함하고 있는 보편적인 내용이다. 의도가 **사고하는 자**로부터 나온 것이라면 단지 개별상만으로가 아니라 본질적으로 그의 보편적인 측면도 포함하고 있는 것이다"라고 서술하고 그러는 한에서 의도는 이미 기도라고 생각하고 있다(119절).

◎ 기도의 헤겔적 어의(語義)

계속해서 헤겔은 '기도'라는 말을 어원적으로 고찰한다. "**기도**는 어원적으로는 **추상**을 함축하고 있다. 다시 말해서 한편으로는 **보편성**의 형식을, 또 한편으로는 구체적인 상황의 **특수한** 측면을 끌어낸다는 것을 함축하고 있다"(119절 주)고 지적한다. 그런데 추상은 어원적으로는 라틴어 abstraho(제거하다, 골라내다, 딴데로 돌리다)에서 유래하며 기본적으로는 '보편적인 것. 필연적인 것 본질적인 것을 획득하기 위하여 특수한 것, 우연적인 것, 비본질적인 것으로부터 (눈을) 돌리는 것'을 의미하고 있다. 다른 한편 기도(Absicht)는 absehen이라는 동사로부터 왔으며 이것은 '멀리서 바라보다' '간파하다' 더 나아가서는 '도외시하다'라는 의미를 가지고 있기 때문에, 헤겔이 지적하는 대로 "기도는 추상을 함축하고 있다"는 게 된다. 그런 이상 기도는 전체를 멀리서 바라보고 본질을 간파하고 그것을 방해하는 우연적인 사실을 도외시하는 것도 함축하고 있다. 따라서 기도는 각각의 목적을 단지 의도하는 것만이 아니라 그것을 포괄적안 연관 속에 위치지워 그것을 현실에, 더 나아가 사실과 상황에 응하여 보다 완전하게 실현하기 위한 계획으로서의 기획(企劃)도 함축하게 된다. 이러한 의미에서도 Absicht는 적어도 헤겔적 맥락 속에서는 의도보다는 기도로 번역하는 편이, 그리고 Vorsatz를 이것에 대하여 의도라고 번역하는 편이 적절할 것이다.

◎ 기도의 권리와 귀책근거

그렇다면 헤겔이 이렇게 단순한 의도로부터 기도를 왜 구별했을까? 그것은 행위가 의미있는 행위로서 성립하는 것은 행위가 직접적으로 관계하는 현실의 한 단면에서가 아니라 그것이 현실의 부분으로서 이미 잠재적으로 함축하고 있는 현실의 전체적 연관에서이기 때문이다. 그리고 이 외적으로 객관적인 전체적 연관 속에서 그 행위가 어떠한 성질의 행위인가라는 헤겔의 소위 '**보편적** 목적어'가 부여되는 것이다. 이것을 헤겔은 방화를 예로 들어 "당장에는 단지 현실의 개별적인 한 점에 접촉되는 데 지나지 않는다……. 그러나 이 점의 보편적 본성은 그 확대를 함축하고 있다"고 서술하고 있다. 이러한 사실의 필연적 진척을 헤겔은 '개별적인 것과 보편적인 것의 논리적 본성'으로 파악하고 이것을 인식하지 못한 '주관적 반성'은 이 본성과 본질적으로 관계없는 '갖가지 개별상과 결과에로의 분열'에 빠지지 않을 수 없다는 것을 지적하고 있다. 헤겔에 있어서는 행위를 함에 있어 기도가 그 논리적 본성을 인식하는 것은 필요조건인 것이다. 또한 물론 이것을 인식할 수 있는 것이 사유하는 자로서의 인간의 조건이며 또한 인책능력(引責能力)의 증거인 것이다(119절 주).

그러나 행위는 기도 안에 있었던 것과는 다른 결과도 취할 수 있다. 기도는 의도보다는 한층 포괄적이고 광범위한 행위연관을 근거로 하고 있음에도 불구하고 이미 고찰했던 우연으로부터 필연에로의 혹은 그 역으로의 전환이라는 법칙 내지 운명에 내맡겨져 있다. 따라서 기도했던 만큼의 결과도 얻지 못할 경우도 있고 거꾸로 기도했던 이상으로 생각지도 않았던 방향으로 전개되는 경우도 있을 것이다. 이 점에 있어서는 기도는 의도와 전혀 다르지 않은 것같이도 생각되지만, 헤겔은 기도에 더욱더 그 이상의 역할 내지 과제를 부여하려고 하고 있다. 즉 헤겔은 '기도는 행위가 기도

했던 이외의 결과도 취할 수 있다라는 것을 그 자신의 요인으로서 고려해야 한다'라고 요구하고 있는 것처럼 풀이된다. 왜냐하면 헤겔은 다음과 같이 서술하고 있기 때문이다. "'손으로부터 팽개쳐진 돌은 악마의 것이다'라는 고사는 멋들어지게 말한 그대로 맞아떨어진다. 나는 행위함으로써 불운에 자기 자신을 내맡기는 것이다.—따라서 불운은 나에 대하여 어떤 권리를 가지고 있으며 또한 나 자신의 의욕의 하나의 현존재인 것이다"(119절 보론).

그런데 헤겔은 기도 고유의 권리를 문제로서 상정하고 다음과 같이 설명한다 "**기도의 권리**는 행위의 **보편적** 질이 단지 **자체적으로** 존재하는 게 아니라 행위자에 의해 **인식되고** 그럼으로써 이미 그의 주체적 의지 안에 있었다라는 것이다"(120절). 예를 들면 가옥에 불을 붙여 완전히 태워버리는 소행에 있어서 ①그럴지도 모르고 꺼지지 않은 담배꽁초를 던져서 버린 경우와 ②어린아이나 정신이상자가 명백하게도 의도적으로 그러했을 경우와 그리고 ③정상인이 그 결과를 예상하고 그렇게 했을 경우는 비록 각각 가옥이 불타 없어졌다는 행위의 보편적 질은 자체적으로 같다 할지라도 그 의미와 본질은 다른 것이다. 기도의 권리가 완전하게 성립하는 것은(방화범이라는 부정적negative인 연관에 있어서이지만) ③의 경우뿐이다. 그러나 ① ②의 경우도 책임을 면하게 되는 것은 아니다. 이것을 설명한 것이 앞서 있었던 인용문이다. 이 경위에 있어서 ①의 경우도 ③에 있어서만큼 완전하게는 아니라 하더라도 가옥이 불타 없어질 가능성은 예상될 수 있는 것이며 그렇기 때문에 부주의에 의한 과실의 책임을 면할 수 없게 된다. 이에 대하여 ②의 경우는 사정이 다르다. "왜냐하면 (유아, 백치,

광인 등의) 그러한 결정적인 상태만이 사유와 자유의지의 성격을 폐기하고 행위자를 하나의 생각하는 자이며 의지라는 명예에 따라 취급되지 않을 것이 허용되기 때문이다"(앞의 주). 이상의 연관에 있어 **기도의 권리**는 곧 **귀책근거**이며 윤리학적으로는 **책임윤리의 필수조건**이다. 헤겔은 또한 기도의 권리를 반대편으로부터, 말을 바꾸어 '행위의 **객체성**의 권리'로서 파악하고 그것을 "(행위의 보편적 성질)이 생각하는 자로서의 주체에 의해 (객체적으로) 인식되고 의욕되었던 것으로서 주장되는 것"으로 규정하고 있다.

◎ 기도의 목적으로서의 복지

계속해서 헤겔은 행위의 보편적인 질을 구체적으로 수행하고 실현하는 행위자의 특수성의 계기 내지 기도의 특수한 제목적을 문제로 삼는다. "행위의 보편적 질은 보편성의 **단순한 형식**으로 환원되었던 행위의 다양한 **내용일반**이다. 그러나 주체는 자기내에로 반성되었던, 그렇기 때문에 객체적 특수성에 대립했던 특수한 것으로서, 자신의 목적 안에 행위를 규정하는 정신(=동인)인 자기 자신의 특수한 내용을 가지고 있다. 이 행위자의 **특수성**의 계기가 행위 속에 내포되어 있으며 또한 수행되고 있다는 사실에 의해 행위의 보다 구체적인 규정에 있어 **주체적 자유**가 성립하고 있는 것이며, 행위 속에서 자신의 **만족**을 발견한다라는 **주체**의 **권리**가 성립하고 있는 것이다"(121절).

행위는 먼저 그의 보편적 질에 의해 어떠한 성질 내지 종류의 행위인가가 명백하게 되지만 그것은 아직까지도 형식적 규정이며, 그것만으로는 행위는 아직 추상적이다. 행위는 기도에 있어서의 특수한 목적에 의해 수행됨으로써 비로소 구체적으로 현실화하게 된다. 즉 여기에서는 행위자의 특수성의 계기가 주제가 되고 있는 것이다. 이 계기에 따라 행위를 구체적으로 규정함으로써 행위자는 주체적 자유를 획득하는 것이다. 또한 그럼으로써 행위에 있어 자기의 기도가 실현된다라는 만족을 발견하는 주체의 권리, 다시 말하여 특수성의 권리를 향유하는 것이다.

그런데 기도에 있어서의 목적의 특수한 구체적인 내용에 의해 행위는 '주체적 **가치**', '나의 **이익**'을 획득한다. 그리고 이 목적은 유한한인 것임으로 해서 그것 이상의 목적 내지 기도에 있어서의 수단이 되고 이 목적 — 수단의 계열은 무한하게 전개된다. 이러한 맥락에서 헤겔은 복지를 다음과 같이 정의한다. "이 내용의 만족이 그 특수한 제규정에 있어서의 **복지** 내지 **행복**이며 전반적으로는 유한성의 제목적 일반이다"(123절). 즉 기도에 있어서의 특수한 제목적은 복지라는 보편적인 명칭으로 포섭되고 총괄되는 것이다. 바꾸어 말하면 유한한 제목적 사이의 무한한 목적 — 수단 계열의 그 끝에 행복이라는 궁극의 목표가 존재하는 것이다(복지Wohl는 여기에서는 행복Glückseligkeit의 일반을 의미하고 있으며 자기 및 타인의 그것은 말할 것도 없고 더 나아가 사회 · 국가의 평안, 번영도 의미하고 있다).

◎ 특수성의 권리

그런데 이상과의 맥락에서 헤겔은 다음으로 개인의 특수성의 권리를 문제삼고 있다. 여기에서는 먼저 칸트의 소위 덕(德)과 행복의 이원론, 그의 해결로서의 단순한 요청에 지나지 않는 최고선(最高善)의 사상, 자기의 주체적 만족을 덕의 영역으로부터 배제하는 엄숙주의(嚴肅主義) 등이 비판되고, 이에 대하여 개인의 주체적 만족이라는 특수성의 권리의 복권(復權)이 추구된다.

그러나 그렇다고 해서 헤겔이 특수성의 권리를 그대로 보편성과 관계지워 전면적으로 긍정하려고 하지는 않았다. 헤겔에 있어서 특수성은 아직도 개념의 계기인 것이며 "특수성이란 개별성과 보편성 사이의 상호관계이다(『철학입문』, 보다 상세하게는 『논리학』 제2부 「개념론」 제3장 「추론」 참조). 따라서 이 연관을 떠나서 고립적으로 주장되었던 특수성은 이미 그 고유의 권리를 상실하여 악(惡)에로 전락하지 않을 수 없다. 그것에 대하여 헤겔은 주체의 본질이 그의 일련의 행위에 의해 결정됨을 강조하고 있다. "주체란 무엇인가? 그것은 그의 제행위의 계열이다. 이 계열이 무가치한 제계열의 산물이면 의욕의 주체성도 또한 완전히 마찬가지로 무가치한 주체성이다. 그에 대해서 그의 행위의 계열이 실체적인 본성에 속하는 것이라면 개인의 내적의지도 또한 그러한 것이다"(124절). 여기에서는 행위의 객체적 목적과 행위자의 주체적 만족은 하나로서 결합된다. 즉 개인은 객체적 목적(보편적인 것)의 실현을 통하여 더 나아가 그 속에서 자기의 주체적 만족(특수성의 권리)을 발견하는 것이다.

다음으로 헤겔은 특수성의 권리의 역사적 의의를 고찰한다. "자기의 만족을 발견한다라는 주체의 **특수성**의 권리, 혹은 같은 것이지만 **주체적 자유**의 권리는 **고대**와 **현대**를 구분짓는 전환점 및 중심점이다. 이 권리는 기독교 안에서 언표된 이래로 갖가지 형태를 거쳐 세계의 어떤 새로운 형태의 보편적 · 현실적 원리가 되어왔던 것이다"(앞의 절 주).

여기에서 파악되고 있는 특수성의 권리는 이미 프로테스탄티즘의 원리, 내적(內的)인 것의 원리, 주체성의 원리로서 명시되었던 것이며 근대가 비로소 획득하여 현대에 계승하여왔던 것이다. 그것을 헤겔은 여기에서 '세계의 어떤 새로운 형태의 보편적·현실적 원리'라고 표현하고 개인의 특수성이라는 관점으로부터 재파악했던 것이다. 이 원리는 현대에 있어서는 한편으로는 기본적 인권으로서, 더 나아가 단순히 형식적인 법적 권리로서 뿐만 아니라 현실의 여러 상황에서 각개인이 구체적으로 가지고 있는 실질적인 생활권으로서 파악될 수 있다.

거듭 헤겔에 따르면, 특수성의 각각의 내용을 이루고 있는 사랑이라든가 양심, 시민사회 및 정치체제에 있어서의 모든 권리, 더 나아가서는 예술·학문·철학 등 제활동은 각기 보편적인 것을 지향하는데, 그것들은 각개인의 그때마다의 고유한 주체적 참여 없이는 구체적으로 드러날 수 없으며 또한 각개인은 각각 일회적인 그것들에의 특수적 참여 없이는 **현실**에 **진실**로 존재할 수 없다. 이러한 맥락에서 특수성의 권리는 현대어로 말하면 실존의 권리로서의 의의도 가지고 있다고 말할 수 있다. 또한 이 의의를 획득하지 않고서는 단순한 아욕(我慾) 내지 공리(功利)의 원리에 빠지고 만다. 칸트는 특수성의 권리를 확실히 일탈된 형태로 파악하고 그리하여 이에 대립하는 것으로서 자기의 도덕성의 입장을 제시한 것이다.

그런데 헤겔은 다음과 같이도 서술하고 있다. "그런데 이 특수성의 권리는 물론 대립의 한 계기이며 그리고 적어도 처음에는 보편적인 것으로부터 완전히 구별되어진 그러한 것이다. 그러나 추상적 반성은 이 계기를 보편적인 것에 대한 구별과 대립 속에 고집함으로써 <도덕성이 자기의 만족에 대한 적대적인 싸움으로서만 영속한다>라는 그러한 도덕성에 대한 견해를 만들어내는 것이다"(앞의 주). 그리고 헤겔은 이러한 칸트의 도덕성의 입장을 쉴러의 말을 빌려 "의무가 명하는 것을 혐오감을 가지고 행할 것"을 요구하는 것으로 파악하고 있다. 또한 나아가 헤겔은 같은 추상적 오성으로부터 생기는 것으로서, 특수성의 계기가 관여하고 있다는 이유로 "모든 위대한 업적 및 개인을 왜소화하고 품위를 떨어뜨리려 하는 역사에 대한 심리학적 견해"를 들고 있다. 이 입장은 특수성의 계기 없이는 현실에 구체적인 행동은 전혀 행해질 수 없음에도 불구하고 처음부터 이 측면을 "무엇인가 그 자체 나쁜 것"으로 가차없이 꾸짖고 있다. 이것을 헤겔은 또한 "심리학적 종(從)의 견해"로서 특징지우고 "이러한 견해에 있어서는 어떠한 영웅도 존재하지 않는다. 왜냐하면 영웅이 영웅이 아니어서가 아니라 종이 종일 수밖에 없기 때문이다"라는 말을 인용하고 있다(위의 주).

헤겔에 있어 위대한 것을 실제로 수행하지 않는 단순한 그것에의 의욕은 아무런 의미가 없다. 즉 "단순한 의욕의 월계관은 한번도 푸르러지지 않는 고엽에 지나지 않다"(앞의 절 보론).

◎ 복지와 법(보편적 권리)

그런데 다음으로 헤겔은 특수성의 권리가 자기의 복지만이 아니라 타인의 복지에도 관계되어 있음을 문제삼는다. "처음에는 이 특수성 그것으로 정립되었던 이 계기는 **또한 타인의 복지**이기도 하다.—완전한 전적으로 공허한 규정에 있어서는 **만인의** 복지이다. **많은 다른** 특수자의 권리일반은 그 경우 또한 주체성의 본질적인 목적 및 권리이기도 하다"(125절). 타인의 복지 내지 행복은 칸트에 있어서는 '동시에 의무이기도 한 목적'으로서 **법의 의무**와 구별되는 **덕의 의무**이다. 그러나 헤겔은 이상의 덕의 의무에 대한 법의 의무의 적극적인 의의를 다시 문제삼고 양자의 조화 속에서 인륜 즉 참된 윤리의 입장을 구한다.

즉 헤겔은 자기의 복지이든 타인의 복지이든 또한 그것이 도덕성의 입장으로부터 기도된 것이든 그 어떠한 경우에도 법 내지 그것에 기초한 권리를 무시해서는 안 된다는 것, 즉 사적인 복지가 공적인 권리(법)에 종속됨을 강조한다. "나의 특수성도 타인의 특수성도 내가 하나의 자유로운 자인 한에 있어서만 일반적으로 하나의 권리임에 지나지 않는다. 따라서 그 특수성은 그것의 이 실체적 기초(법)에 모순되어 주장될 수는 없다. 그리고 나의 복지의 기도는 타인의 그것과 마찬가지로(어떠한 경우이든, 특히 도덕적 기도라고 불리워진다 해도) **불법적인 행위**를 정당화할 수는 없는 것이다"(126절).

또한 헤겔은 지금까지 복지를 고찰해왔던 입장이 개인의 형식적 권리(추상법) 및 특수한 복지(도덕성)의 그 것이었다라는 점에 주의를 기하고 이에 대하여 "소위 **보편적 최선**(最善), 국가의 **번영**, 즉 현실적 · 구체적 정신의 권리는 완전히 다른 영역이다"라고 주장한다. 그리고 더 나아가 "사적 권리를 사적 복지와 마찬가지로 국가의 보편적인 것에 대립하는 **즉자 · 대자적인 것으로서** 타당화시키는 것은 추상의 중대한 실수의 하나이다"라는 것을 새삼 지적하고 있다(126절 주). 요컨대 헤겔은 사적 권리도 사적 복지도 이른바 전(全)공동체의 번영이라는 공공의 복지에 대해 종속적이라는 사실을 강조하고 있다.

◎ 긴급권(緊急權)의 문제

그러나 다음으로 헤겔은 이른바 보편적 최선의 최저조건으로서의 각 개인의 생존권의 문제를 제시한다. 그것은 개인의 복지의 최후의 거점으로서 생명의 위급을 당하여 다른 제권리에 대하여 우선적으로 주장되어야 하는 '긴급권'으로서 상정된다(127절). 더 나아가 헤겔은 이 긴급권으로부터 파생되는, 채권자가 채무자의 당면한(신분에 상응한) 생계에 필요한 것을 남겨놓는다는 '자력한도(資力限度)의 은혜(恩惠)'를 도출해내고 있다(127절 주). 그러나 이들 사례는 언뜻 보기에 불법적인 행위를 법의 정신에 기초하여 인정하는 예외인 것이나, 일반적으로는 심정적(心情的)으로 도덕적이라는 이유에서 불법적인 행위를 정당화하는 것은 허락되지 않는다.

이러한 생명의 긴급의 문제를 통해 분명해지는 것은 개인의 사적인 복지도 사적인 권리도 유한적이며 우연적이라는 것이다. 그리고 특수한 복지와 권리는 이미 그것들의 개념규정으로부터도 일면적이며 관념적인 것이다. 그러나 개인의 포괄적인 기도에서 특수성의 권리로서 발휘되었던 주체성은 자각적으로 자유의 실질적인 현존재임과 동시에 '자체적으로는 의지의 자기에의 무한한 관계로' 자유의 형식적인 보편성이기도 하다. 따라서 '기도와 복지'에서의 보편성과 특수성의 양계기는 그 진실태에 있어서는 동일한 것이지만 여기에서는 아직 상호 '**상대적** 관계' 속에 있기 때문에, 성취되어야 할 보편적인 것으로서의 선으로 스스로를 규정하는 무한한 주체성으로서의 **양심**과는 분열하게 된다(128절).

3. 선과 양심

◎ 선의 이념

먼저 헤겔 자신에 있어서 선이란 어떤 것인가를 검토하여 보자. "**선**은 의지의 **개념과 특수한 의지의** 통일로서의 이념이다", "추상적인 권리도, 복지도, 지(知)의 주체성도 외적인 현존재의 우연성도, 그것 자체만으로 자립했던 것으로서" 존재하는 게 아니라, "이 이념 속에 포함되어져 있고 또한 보전되어져 있는 것이다" 즉 선이란 주체적으로는 "**실현된 자유**"이며 실체적으로는 "**세계의 절대적 궁극목적**"이다(129절).

이렇듯 헤겔 자신에 있어서 선은 이미 논리적 연관에 있어 궁극 최고의 단계이며 따라서 인륜의 단계에서는 이념으로서 파악되고 있다. 그러나 선은 역시 자체적(가능적)으로 그것임에 불과하며 여기 도덕성의 단계에 있어서는 당위로서 요청됨에 그치는 것이다. 그렇기 때문에 의지의 개념으로서의 보편적 의지와 각 개인의 특수한 의지는 아직 통일되어 있지 못하고, 권리(법, 정의)와 복지는 각각 독립적으로 파악되며 양자는 현실에서는 분리되어 서로 대립하고 있다. 즉 자유는 아직 실현되지 않았으며 세계의 절대적인 궁극목적은 여전히 달성되지 않았다. 아니 영원히 달성될 수 없다. 헤겔은 이러한 추상적인 선의 개념을 인륜에 있어서의 구체적으로 보편적인 선의 이념으로써 비판한다. "선이란 추상적으로 옳은 것이 아니라 그 내실이 권리를 이룸과 동시에 복지도 이루는 바의 그 어떤 내용이 풍부한 것이다"(앞의 절 보론).

그런데 권리도 복지도 이러한 선의 구체적이고 보편적인 연관 속에서 그것을 구성하는 한 계기로서만 타당성을 가질 뿐 이 전체적 연관을 떠나서는 전혀 타당성을 가질 수 없다. 이러한 맥락에서 헤겔은 "복지는 권리가 없이는 선이 될 수 없고 완전히 마찬가지로 권리는 복지 없이는 선이 아니다"(정의의 실천은 세계의 멸망을 초래하지 않는다. 130절)라고 서술하고 있다. 즉 선은 권리와 복지를 통일하고 서로를 연관지움과 동시에 그럼으로써 그 자신 충실한 내용을 획득하고 구체적으로 실존하게 된다. 바꾸어 말하면, 실체로서 아직 추상적인 선은 각 개인의 복지를 구하는 특수성의 권리를 충족시킴으로써 비로소 구체적으로 주체화되는 것이다. 또한 특수성의 권리의 충족은 선의 주체화에 참여하는 과정으로서 비로소 그 타당한 의의를 발견해내는 것이다.

◎ 선과 주체적 의지

헤겔은 다음으로 선과 주체적 의지의 관계를 고찰하고 선이 주체적 의지에 있어서도 본질적인 것이며 또한 주체적 의지도 자기의 통찰과 기도에 있어서 선에 어긋나지 않는 한에서 가치와 존경을 가질 수 있다고 주장한다(131절). 그러나 도덕성의 입장에 있어서는 칸트의 최고선에서 보여졌던 바와 같이, 여전히 추상적인 선의 개념이 파악되고 있는 데 불과하다. 따라서 선과 주체적 의지는 분리되어 한편으로는 주체적 의지가 선을 당위로서, 다른 한편으로는 선이 주체적 의지 속에서만 현실화에의 매개를 갖는다는 단순한 요청의 관계에 그치고 있다. 그러나 헤겔의 선의 이념은 단순한 요청의 입장이 아니다. "선은 특수한 의지의 진리이다. 그러나…… 의지가 처음부터 선은 아니다. 그것이 현실적으로 (선으로) 존재하는 것은 오직 그것의 노동을 통해서일 뿐이다(앞의 절 보론). 아니 그것에 관계없이 바로 그렇기 때문에 특수한 의지는 스스로의 노력에 의해 현실에서 선을 이룰 수 있는 것이다. 그런데 도덕성의 입장에 있어서의 주체적 의지를 떠난 선 그것은 비현실적인 추상 이외의 아무것도 아니다.

거기에서 헤겔은 재차 주체적 의지의 권리를 선과의 연관 속에서 다루고 있다(132절). 요약하면, 선한 의지가 자신의 행위가 선하다는 것을 통찰한다는 것은 행위의 귀책 근거인 것이다. 헤겔에 있어서 선은 인식 가능한 것이며 이것에 의해 선한 의지는 선할 것을 욕구할 수 있는, 즉 본래적으로 의지할 수 있는 것이다. 사유는 선의지를 막기는커녕 오히려 그 전제인 것이다. 사유가 그대로 선의지는 아니다 하더라도 사유 없이는 선의지는 있을 수 없다. 바로 이것이 헤겔의 인륜사상의 기초이다.

그러나 주체의 권리는 객체성의 권리에 의해 끊임없이 뒷받침되지 않으면 안 된다. 이렇게 말하는 것도 통찰은 동시에 형식적인 규정이기 때문에 참된 것이 될 수도 또한 단순한 사념 및 오류가 될 수도 있으며 따라서 그것은 동시에 객체적 사실에 의해 실증되지 않으면 안 되기 때문이다. 더구나 개인이 통찰의 권리를 가지고 있다는, 즉 그 자신 도덕성의 입장에 있어서는 가 개인의 특수한 주체적 교양에 속해 있기 때문에, 역시 그것은 객체성에 의해 뒷받침되지 않으면 안 된다. 그러나 그럼에도 불구하고 이성적 사유와 자율에 근거한 주체적 의지의 권리를 스스로 추구하고 충족하려 노력한다는 것은 그 자신 고귀한 것이고 인간으로서의 존엄의 조건이며 객체성의 권리를 침해하는 것은 아니다. 거기에서 헤겔은 현실에서 선한 행위를 하기 위해서는 주체의 권리와 객체성의 권리가 합치되지 않으면 안 된다고 생각한다. 그것을 위해서는 전자가 후자를 승인하지 않으면 안 된다. "이러한 현실에 있어서 행위하려고 의지하는 자는 확실히 그것에 의해 현실의 제법칙에 복종하고 객체성의 권리를 승인하지 않으면 안 된다"(앞의 절 주)

요컨대 개인의 특수성의 권리로서의 주체의 권리는 보편적으로 타당한 객체성의 권리와 일치하고 그것을 침해하지 않는 한에서 요구되고 충족되는 것이며, 또한 그런 한에서 선은 현실에서 구체적으로 성취되는 것이다.

◎ 의무의 형식적 규정

그런데 헤겔 자신의 선의 이념에 따르면, 이미 봤던 것처럼 선과 주체적 의지는 대립관계가 아니라 친화(親和) 관계에 있는 것이다. 그러나 도덕성의 입장에 있어서는 양자는 대립관계에 있으며, 그렇기 때문에 의무는 단순한 형식적 규정이 되어 버린다라고 생각한 헤겔은 다음과 같이 서술하고 있다. "특수성은 선으로부터 구별되며 주체적 의지에 귀속하기 때문에 선은 최초에는 단지 보편·추상적 본질성(의무)라는 규정만을 가지고 있다. 이러한 의무의 규정 때문에 의무는 의무를 위해서 행해지지 않으면 안 된다"(133절).

그런데 헤겔 자신에 있어서 행위와 의무는 앞에서의 선과 주체적 의지의 친화적 관계에 있어서 일체(一體)이다. 즉 행위는 의무의 구체적 수행이며 의무는 행위의 특수한 수행에 의해 비로소 현실에서 성취된다. 그러나 헤겔이 칸트의 윤리학 속에서 그 전형을 찾았던 도덕성의 입장에 있어서는 행위와 의무는 서로 화해되지 않는 대립관계에 있다. 행위는 그 자신을 위해서 특수한 내용과 한정된 목적을 요구하지만 의무라는 추상개념은 이러한 것을 조금도 포함하고 있지 않기 때문에 '의무란 무엇인가?'라는 물음이 생긴다. 이 규정에 있어서는 당장은 아직 옳은 것을 행하려는 것과 복지……를 배려하는 것 이외의 어떠한 것도 현존하지 않는다"(134절). 즉 여기에서는 의무의 추상적 · 형식적 규정 밖에는 규정되어 있지 않다. 따라서 여기에서는 어떠한 행위가 현실적으로 올바른 행위이고 복지에 기여하는 행위인가는 제시되어질 수 없다. 여기에 단순한 도덕적인 의무론의 한계와 공허함이 있는 것이다.

거기에서 헤겔은 이러한 의무론을 정착시켰던 칸트의 윤리학을 재검토하고 비판한다. 먼저 헤겔은 칸트 철학의 사상사적 의의를 평가한다.—"의지의 인식은 칸트 철학에 의해 비로소 그 견고한 기초와 출발점을 의지의 무한한 자율이라는 사상을 통하여 획득했다." 그리고 칸트 윤리학의 위대함을 칭찬한다.—"의지의 순수한 무제약적 자기규정을 의무의 근원으로서 강조하는 것은 마찬가지로 본질적인 것이다." 그러나 헤겔은 이 칸트의 업적을 답습하는 데 그치지 않고 그것의 윤리학상의 한계와 결정적인 결함을 지적한다.—"그뿐 아니라 더 나아가 인륜의 개념에로 이행하지 않는 단순한 도덕적 관점의 고정화는 이것이 획득했던 것을 공허한 형식주의로 끌어내리고 도덕학을 의무를 위한 의무에 대한 교설(教說)로 끌어내리는 것이다." 거기에서 헤겔은 "이러한 입장으로부터는 어떠한 내재적 의무론도 가능하지 않다"라고 결론짓는다(135절 주). 이 헤겔 자신에 있어서의 참된 의무론은 뒤에 제3부 '인륜'에서 윤리적 의무론으로서 전개된다.

요컨대 선이라든가 의무라든가 하는 개념들은 현실에서 구체적으로 실현되었을 때 비로소 의미를 갖는 개념이다. 따라서 "순수한 무한의 자기규정"이라든가 "의무를 위한 의무"라는 도덕성의 규정은 선 내지 의무의 현실적 성립에 있어 필요불가결한 조건이라 하더라도 아직 동시에 충분조건이라고 말할 수는 없다. 이런 의미에서 도덕성은 윤리의 존립에 있어 중요한 계기이며 무시할 수 없는 단계이지만 그러나 그 자체로는 또한 윤리의 참된 입장이 될 수는 없다. 그리고 사실 여기에 헤겔이 도덕성에 대하여 긍정적임과 동시에 부정적인 입장을, 다시 말하여 양면가치적인 태도를 취하지 않을 수 없었던 이유가 있다.

◎ 참된 양심과 형식적 양심

그런데 헤겔은 선의 본래적 이념과 그것의 근대에 있어서의 일탈된 형태, 즉 도덕성에 있어서의 단순한 추상적 보편성으로서의 선의 개념을 구별하고 있다. 다음에 헤겔은 이 근대의 추상적 보편성으로서의 선의 개념에 있어 탈락되어버린 특수성의 계기를 다른 한편으로는 근대의 형식적 양심으로 파악한다. 즉 도덕성의 입장에 있어서는 주체성의 절대적 자기 확신으로서의 양심이 객관적 · 보편적이지만 추상적인 선의 개념과 대립하고 있다. 그러나 이러한 양심은 헤겔에 있어 참된 양심이 아니라 이하 비판의 대상이 되는 형식적 양심에 지나지 않는다.

거기에서 헤겔은 이러한 비판을 하기에 앞서 그 기초가 되는 자기에 대하여 참된 양심을 다음과 같이 정의한다. "참된 양심이란 자체적으로도 자각적으로도 선한 것을 의지하는 심정이다"(137절). 이에 대하여 도덕성의 양심은 구체적 내용에는 관계없이 순수의지의 활동의 형식적 측면에 불과하다. 이렇듯 단순한 형식적 양심은 객관적인 내용이 빠져 있으며 개인의 무한한 자기 확신에 지나지 않는다. 결국 주관적인 자기의 절대적 정당화 이외의 어느 것도 아니다. 확실히 "무엇이 옳으며 의무인가를 자체적으로 또는 자기 자신으로부터 알고 그렇게 선으로서 알고 있는 것 외에는 어떠한 것도 승인하지 않는다"라는 것은 참된 양심에 있어 불가결한 계기이다. 그러나 그것은 앞의 정의에 있어서의 자각적으로 선한 것을 의지하는 심정일 수는 있어도 아직 동시에 자체적으로도 선한 것을 의지하는 심정은 아니다. 거기에는 주관적인 지(知)를 그대로 객관적인 사실로 해버리는 착오가 잠재해 있다. 그러나 참된 양심은 주관적인 지에 있어서만 선한 게 아니라 객관적인 사실(혹은 그것에 대한 공동지* 共同知)에 있어서도 선한 것을 의지하는 심정이다. 헤겔은 이러한 양심이 신성불가침이라는 것을 주장한다. "양심은 주체적 지와 자체적으로도 자각적으로도 존재하는 것의 통일로서, 그것을 침해하는 것은 성역을 모독하는 것과 같다"

---

* Ge-Wissen은 원래 공동적으로, 전체적으로, 자각적으로 아는 것을 의미하며 헤겔은 참된 양심에 이 의미를 포함시키고 있다.

(앞의 절 주). 그러나 이 직후에 또한 다음과 같이 말하고 있다. "어떤 특정한 개인의 양심이 이 양심의 이념에 어긋나지 않는가, 개인이 선하다고 본 것이 현실에서도 선한가 어떤가, 이것은 선해야 하는 어떤 것의 내용으로부터만 인식되는 것이다" 즉 개인에 있어서의 절대적 자기 확신으로서의 양심이 그대로 성역으로서의 양심일 수는 없는 것이다. 그런데 헤겔이 여기 '도덕성'의 단계에서 '인륜'에서만 가능한 참된 양심을 미리 제시했던 것은 "단지 형식적인 양심만이 고찰되는 여기에서 마치 참된 양심이 서술되고 있는게 아닐까 하는 가능한 오해를 제거하기 위해서일 뿐 다른 의도는 없다"(앞의 주)고 한다.

◎ 양심의 자유와 악(惡)

도덕성은 주체성으로서는 무엇이 선인가를 스스로 내용적으로 규정하는 판단력이며 어떠해야 하는 선을 실현하는 힘이다. 그런 한에서 그것은 자유의 내적인 혼이다. 그러나 단순한 추상적 자기규정 · 순수한 자기확신으로서는 권리 · 의무에 관한 모든 현실적 규정을 모두 무시해 버리고 더 나아가서는 자기의 욕망을 절대적으로 정당화시킬 수도 있기 때문에, 그런 한에서는 악에로의 원동력이기도 하다. 이러한 연관에 대해서 헤겔은 다음과 같이 서술하고 있다. "자기의식은 자기 밖에 있는 타당한 모든 규정을 무효화시키고 또는 의지가 순수하게 내면적인 것이라는 점에서 자체적으로도 자각적으로도 보편적인 것을 원리로 하는 가능성과 완전히 마찬가지로 보편적인 것이 아니라 자기의 특수성을 원리로 하여 그것을 행위에 의해 실현하는 (악이며) 자의이기도 하다(139절).

헤겔은 이러한 소위 선악의 기로에 선 자유의 자기의식을 양심으로서 파악하고 있는 것이다. 바꾸어 말하면 양심의 자유는 선의 근거임과 동시에 악의 근거도 된다. 헤겔에 의하면 "악 일반의 근원은…… 의지의 자연성으로부터 탈출하여 그것에 대해 내면적이려 하는 자유의 필연성 속에 존재한다"(앞의 절 주). 즉 자유의, 그렇기 때문에 선과 악의 가능성은 의지의 자연성과 내면성의 대립에서 생기는 것이다. 자기 의지의 자연성을 대상적으로 파악하고 그것에 대립하려는 의지의 내면성을 갖는 곳에서 다른 동물에 대한 인간의 특성, 즉 자기의식의 권리가 있는 것이다. 그리고 이것을 자각적으로 더 나아가 시대정신으로서 확립했던 것이 근대의 특징인 것이다.

그러나 의지의 내면성이 그대로 선한 원리는 아니다. 그것은 주체적인 선의 원리일 수도 있지만 동시에 악의 근원이기도 하다. 형식적인 양심의 비판에 이르러 헤겔은 그것을 강조하고 있다. 근대가 자각했던 자아가 자기의 특수성을 보편성에 대립하는 것으로서 고정해 버린다면, 이 대립에 있어서의 무한의 반성으로서의 주체성은 단순한 개별자의 자의가 되어버리는 것이다. 그러나 "개별적인 주체 그것은 바로 그렇기 때문에 악의 죄책을 짊어지는"(앞의 절 주) 것이다.

요컨대 양심의 자유는 선악 선택의 자유이다. 내가 악한 경우, 그것을 행하고, 의욕하고, 결의했던 것은 타자가 아닌 바로 나이기 때문에 그것은 나의 책임인 것이다. 이것도 양심이라는 절대적 주체성은 강제되어질 수 없기 때문이다. 인간의 본래의 도덕적 책임이 문제되는 것은 바로 이 때문이다. 그런데 근대의 주체성은 그것을 명확하게 의식하지 못하고 이 선택의 자유에 있어서 자기가 항상 옳다는 것에 대한 절대적인 확신을 포함하고 있다. 여기에 형식적인 양심의 착오와 방만(倣慢)이 숨겨져 있는 것이다.

◎ 참되지 않은 양심의 제형태

거기에서 헤겔은 다음에 당시 지배적이었던 이 주체성(형식적 양심)의 주요형태를 비판적으로 고찰하려고 한다. 그것을 먼저 헤겔은 "자기를 절대적인 것으로 주장하는 주체성"(140절)으로 파악하고 그 위에 "그럼으로써 악이 선으로, 선이 악으로 전도하는, 악의 이 최후의 가장 조잡한 형식, 의식이 자기를 이 힘으로서, 그렇기 때문에 자기를 절대적으로 아는 형식은 도덕적 관점에 있어 주체성의 최고의 정점이다"(앞의 절 주)라고까지 서술하고 있다. 그리고 이 형식을 자기의 원리로서 주장했던 당시의 프리스에 의해 대표되는 철학을, 스스로 철학의 이름을 사칭할 뿐 아니라 악으로 선을 사칭하기조차 하는 천박한 사상으로서 호되게 비판했다. 그리고 이러한 사상으로서의 주체성, 즉 형식적 양심의 주요형태를, 역사상의 현상형태를 모델로 하여 이하 (1)~(6)의 여섯 가지의 단계로 분류하여 검토하고 비판한다(앞의 주).

(1)양심의 가책의 결여

헤겔은 첫 번째로 위선을 들고 있는데, 이에 앞서 소위 '가책을 느끼지 않는 양심'을 검토할 필요를 인정하여, 따라서 이것이 형식적 양심의 제1의 형태가 된다. 먼저 헤겔은 위선 속에서 세 가지의 계기 즉 ①참으로 보편적인 것을 아는 것, ②이 보편적인 것을 거역하고 특수한 것을 의욕하는 것, 그리고 ③양자를 비교함으로써 의욕하는 의식 자신에 있어 그 특수한 의욕이 악으로서 규정되는 것이 포함되어 있다는 것을 지적한다. 그리고 이들 규정이 "양심에 가책을 느끼지 않고 행위하는 것"이라는 악을 성립시키는 조건을 표현하는 것이라는 것을 보여준다.

그런데 헤겔은 "행위는 그것이 양심에 가책을 느끼면서 하는 한에서만 악인가 아닌가"라는 것을 문제삼는다. 그것도 17세기에 이 문제를 둘러싸고 예수회와 장세니즘 사이에 격렬한 논쟁이 벌어졌기 때문이다. 전자는 이 물음에 긍정하고 후자는 부정했다. 파스칼은 후자에 속하여 익명의 서간집 『쁘로벵씨알르』에서 전자를 반박했으며 헤겔도 그의 「네 번째 편지」로부터의 인용과 그것에 대한 평론에서 파스칼의 주장에 찬성을 표하고 있다. 즉 예수회의 신부들이 "현실의 은총으로 신이 우리에게 악을 알게 하지 않는 한, 우리는 죄를 범했다 하더라도 책임을 지지 않는다"라고 주장하고 '행위는 그것이 양심의 가책을 느낀다라는 의식 없이 행해진 경우에는 악이라 할 수 없다'라는 견해를 취한 데 대하여, 파스칼은 예수 그리스도 자신의 견해(죄인에는 두 가지 종류, 즉 알면서 죄를 범한 자와 알지 못하고 죄를 범하는 자가 있는데, 정도의 차는 있다 하더라도 누구나 마땅히 처벌되어야 한다)에 의거하여 반박했던 것인데, 헤겔도 또한 그것에 찬동하고 있는 것이다.

더 나아가 헤겔은 파스칼이 같은 편지 속에서 지적하고 있는 『니코마코스 윤리학』에서의 아리스토텔레스의 견해를 검토한다. 아리스토텔레스는 행위자가 부지(不知 : ούκ είδωσ)인가 무지(無知 : άϒνοϖν)인가를 구별하고 "어떠한 악인도 어떤 것을 하고 어떤 것을 해서는 안 되는지를 인식하지 못한다. 그리고 사실 이 결여가 사람을 부정(不正)하게 하고 또한 일반적으로 악하게 하는 것이다. 선악 선택의 무지(無知) 때문에 행위는 비(非)자유의지적으로 되는(자기의 책임으로 귀속되지 않는) 게 아니라 다만 사악하게 될 뿐이다"(Arist. aaOb 28~32의 헤겔 역)라고 서술하고 있다. 헤겔은 파스칼과 함께 이 아리스토텔레스의 견해를 옹호하려고 한다. 왜냐하면 예수회의 입장에서는 행위에 있어 인간의 자유와 책임이 부정되고 있기 때문이다.

현실의 은총이란 소위 중세의 객관주의의 잔재이며 근대 주체성의 권리는 이를 부정함으로써 비로소 획득된 것이다. 헤겔이 파스칼과 함께 이 현실의 은총을 반박했던 것은 이러한 근대의 획득된 주체성의 입장을 옹호하기 때문이다. 그러나 주체성의 원리에는 이성의 자유와 함께 근본적으로 악의 자유도 내재해 있는 것이며 바로 여기에서부터 행위에 대한 개인의 책임이 불가피하게 생기는 것이다. 여기에서의 헤겔에 의하면, 이것이 일차적으로 중요한 것이며 이에 대해서는 악한 행위를 할 때에 양심의 가책을 느끼는 것은 이것에서 유래하는 결과 내지 그 인식근거인 것이며, 근대의 주체성을 옹호하는 관점에 의하면, 이차적인, 보다 경험적인 것에 관련된 현상인 것이다. 그러나 이상의 경위에서 양심의 가책의 결여는 양심을 증명하는 것이 아니라 오히려 양심 그것의 결여를 의미하는 것이다.

(2)위 선

헤겔에 의하면 위에서 고찰했던 "양심에 가책을 느끼면서 행위하는 것" 또한 위선은 아니다. 위선이 성립하기 위해서는 그것에 역시 "먼저 타인에 대하여 악한 것을 선하다고 주장하고 일반적으로 밖을 향해 자기를 선하고 양심적이며 호의적 등등으로 그럴싸하게 보이는 것"이라는 허위의 규정이 더해지지 않으면 안 된다. 따라서 이러한 규정과 함께 양심에 가책을 느끼지 않으면서 행위하는 것"이 위선이다. 헤겔에 있어 참된 양심이 「인륜」에서는 실직성으로서 파악되었음을 고찰해 볼 때, 위선이라는 주체성의 제 2의 입장은 더 나아가 양심과 정반대의 입장이라고 말할 수 있을 것이다.

(3)개연주의(蓋然主義)

다음으로 헤겔은 악을 선으로 전화하는 주체성의 다른 형태를 고찰한다. 그것은 악한 행위를 함에 있어 그것이 다른 면으로는 선한 행위이기도 하다는 이유를 생각해내어 그것에서 '악에 대한 정당화'를 발견해내려는 입장이다. 그러한 형태에 속하는 것으로서 먼저 개연주의가 있는데 이것이 형식적 양심의 제 3의 형태로서 고찰된다.

여기에서도 헤겔은 파스칼의 『쁘로벵씨알르』(다섯 번째 편지)를 따라 개연주의를 다음과 같이 설명한다. "의식이 그것을 위해 조금이라도 바른 이유를 찾아낼 수 있는 행위는…… 허용된다는 것, 그것에 관한 양심이 분명히 있었을 것이라는 것을 그것은 원리로 하고 있다." 단 이 경우 이러한 이유 및 권위는 단지 개연성을 부여함에 지나지 않는다라는 유보가 부가된다. 왜냐하면 바른 이유란 그러한 성질밖에 될 수 없으며 그것과 함께 다른 바른 이유도 있을 수 있다는 사정을 허용하지 않으면 안 되기 때문이다. 그러나 이러한 방법에서는 선악을 판단하는 기준은 일의 객관성이 아니라 단순한 주체성이 되어버리고 말 것이다. 그러나 이것이 공공연하게 원리로서 표명되지 않고 어떤 특정한 이유라는 객관성의 흔적 같은 것을 결정요인으로 말하는 체하기 때문에 "개연주의는 그러한 위선의 또 한 형태"인 것이다.

그런데 반(反)종교개혁은 그것 자신 하나의 근대적 현상이지만 그의 주요한 담당자였던 예수회에서는 선악의 판단 내지 양심은 양심이 없는 학자(Kasuist)라는 소수의 주체에 위임되고 더구나 그것이 객관적인 기준인 것처럼 다른 모든 신자에게 강제되며 혹은 그들의 요구와 기호에 응하여 주어졌던 것이기 때문에 거기에는 분명히 기만과 위선이 있음을 부정할 수 없을 것이다(中村雄二郎역 『파스칼 전집』 II, 인문서원, 「쁘로벵씨알르」 참고.) 이러한 역사적인 정신현상을 헤겔은 형식적 양심의 제 3 형태로 유형화하여 구조적으로 파악했던 것이다.

(4)추상적인 선의지(善意志)

다음에 헤겔은 형식적 양심의 제4단계를 칸트적인 선의지(善意志)의 입장에서 파악한다. 칸트는 무제한 선(善)으로 간주할 수 있는 것은 오직 선의지뿐이라고 생각하였다. 이 입장을 헤겔은 "선의지는 의지가 선(善)을 의욕(意欲)하는 것으로 성립한다"는 입장으로 파악하고 더 나아가 "행위가 선(善)이기 위해서는…… 추상적인 선(善)을 의욕하는 것으로 충분하다"라고 해석한다. 그러나 추상적인 선(善)은 어떠한 것도 규정하지 않는다.

계속해서 헤겔은 이 입장을 선(善)의 개연주의(蓋然主義)와 비교함으로써 특징짓게 된다. 그때 비교의 기준이 되는 것은 칸트의 규정적 판단력의 형식이다. 곧 "주어져 있는 보편 아래에 특수를 포섭한다"는 형식에서, 보편으로서 선(善)을 결정하는 것이 개연주의(蓋然主義)에 있어서는 양심례 학자이거나 신부(神父)의 권위임에 대하여, 선의지(善意志)의 입장에서는 각 개인의 주체에 의해서 결정된다. 그리고 이 연관에 있어서 선(善)의 주체적 규정은 더 나아가 착한 기도(企圖)로서 포착된다. 그러나 기도(企圖)가 현실적으로 선한 것의 내용은 규정되어져 있지 않기 때문에 더 나아가 **본질적**인 것이라든가 **적극적**인 것을 요구하게 되지만 이 경우 '선한'과 '본질적'과 '적극적'이란 같은 의미이고 단순한 추상적 규정에 지나지 않는다.

한편 헤겔에 의하면 선(善)과 똑같이 악(惡)도 추상적 · 무내용적이다. 그러나 이 입장에서는 추상적인 선(善)도 악(惡)도 각자 주체성에 의해서 그 규정이나 내용이 주어지게 되는 것이기 때문에 그것들 아래에는 모든 임의의 기도(企圖) 및 행위가 포함될 수 있는 것이다. 따라서 "자선(慈善)을 베풀기 위해 훔치고…… 자기 감정을 만족시키기 위한 증오(憎惡)나 복수에 의한 살해는…… 선한 행위가 되는 것이다." 물론 여기에서 헤겔이 비판의 대상으로 하고 있는 것은 칸트 자신의 입장이라기보다는 "선의지만이 무제한적으로 선이다"라는 명제로부터도 또한 도출해낼 수 있는, 그리고 당시 실제로 주장되고 있던 이른바 심정윤리(心情倫理)의 입장이다.

그런데 헤겔은 이 입장을 다름아닌 일반적 관점으로부터 추구한다. "이 입장에서는 또한 <목적은 수단을 신성하게 한다>라는 악평의 명제가 포함되어 있다"는 것이다. 그러나 이 명제에서 범죄적인 행위도 그것을 위해서는 허용하게 되는 "신성한 목적"이란, "무엇이 선이고 또 무엇이 보다 선인가에 대한 주체적인 사념에 불과하다"는 것이다. 그렇지만 이 범죄적인 수단도 신성시하는 성스러운 목적으로서의 주체적이 사념은 보편적으로 타당한 선·악, 정(正)·부정에 관한 모든 규정을 폐기하고 그것을 개인의 감정이나 자의(恣意)에 위임하는 것이다.

(5)신념에 의한 정당화

그런데 헤겔이 파악하는 형식적 양심의 다섯 번째 현상 형태는 "어떤 것을 올바르다고 간주하는 신념"이다. 그리고 이 신념이라는 주체성의 형태가 "행위의 인륜적 본성"을 규정하는 것이다. 앞의 단계에서의 선의지는 아직 구체적 내용을 갖추고 있지 않았음에 대하여 신념의 원리는 선이라는 규정 아래로의 행위의 포섭이 주체의 권한에 속한다라는 상세한 의미를 포함하고 있다."

따라서 개연주의(蓋然主義)에서 고수되고 선의지에서 요청되었던 "인륜적 객체성의 가상"이 여기에서는 완전히 제거되고 있다. 곧 이 입장에 있어서는, 행위자는 행위에 관여한 자기의 기도(企圖)와 동기가 선했다는 것을 반성하는 것에 의해서 행위를 선한 것으로 만들 수 있다. 바꾸어 말하면 선이라는 신념에 의해서 행위는 선으로 되는 것이다. 이 신념을 헤겔은 신앙으로 바꾸어 말하지만 그것은 "그리스도가 객체적 진리에 대립하는 신앙을 요구하는 것과 같은 의미에서"가 아닌 "신념에의 충실"이라는 의미에서의 주체적 신앙에 불과하다.

그러나 이러한 선악의 기준이 되는 신념에도 "오류의 가능성"이 있을 수 있다. 거기에서 우선 이와같은 오류에 휩쓸리지 않기 위한 절대적인 법칙의 전제가 필요하게 된다. 원래 이러한 법칙은 역사적·사회적으로 인정되었던 권위에 의해서 증명되는 것이지만 이 신념의 입장에서는 그러한 보편적인 권위가 개인의 개별적인 확신의 권위에 의해 대치된다. 왜냐하면 행위하는 것은 법칙이 아니라 현실의 인간이기 때문이다. 그러나 그렇다고는 하나 역시 다소의 이성과 양심을 가진 사람이라면 자기의 신념을 프리스주의자와 같이 강인하게 밀고 나아갈 수는 없고 자신의 신념이 오류일지도 모른다는 반성을 할 것이다. 다만 그 경우에도 "범죄나 악일반은 오류이다"는 논법에서 개인의 과실은 그의 신념의 오류이다라는 가장 사소한 것으로 환원되어 버리는 것이다. 곧 자기의 고살이나 범죄의 결과에 대한 책임을 묻는 것이 아니라 주체적인 오류로 문제가 바뀌어져 버리는 것이다.

이상으로써 구체적인 내용을 직접적으로 파악하는 것처럼 생각되었던 신념의 입장도 결국은 오류라는 사소한 것으로 바뀌어버림으로써 신념에 바탕을 둔 최고의 가치, 곧 선 그것이 공허한 오성의 추상물에 그치지 않을 수 없는 것이다.

그뿐만 아니라 이 입장에서는 더 나아가 다음과 같은 부당한 결과조차 생기게 된다. 곧 타인이 스스로의 신념을 바탕으로 나의 행위를 범죄라고 간주하여 그것이 올바른 것이 되고, 이에 대하여 나의 입장은 그 결과에 전혀 관여하지 않는데도 "자유와 명예의 입장으로부터 부자유와 불명예의 관계로 전락해 버린다"는 것이다. 보다 구체적으로 말하면 형식적 양심의 제 5단계(근대시민사회의 측면)에 있어서는 예를 들면 사회적 유력자 내지 단체의 잘못된 신념에 의해서 사회적 약자 내지 개인이 부당한 죄에 빠뜨려지게 되는 경우가 왕왕 발생하는 것이고(예를 들면 드레퓌스사건), 이러한 사태의 발생 이유를 헤겔은 사상적으로 분석하고 비판하는 것이다.

(6)낭만주의적 풍자(Ironie)

헤겔이 마지막으로 파악하는 형식적 양심의 여섯 번째 형태는 낭만주의적 풍자이다. 이 근대의 풍자는 프리드리히 폰 쉴레겔에 의하여 명확하게 되었던 독일 낭만주의를 특징짓는 주요한 개념이다. 헤겔은 이것을 "최후로 이 주체성이 자기를 완전히 파악하고 표명하는 최고의 형식은 플라톤으로부터 유래한 풍자라는 이름으로 불려져왔던 형태이다"라고 표현한다. 그러나 이름만 플라톤에게서 이어받은 것에 불과하다. 거기에서 헤겔은 근대의 풍자에 대하여 고대의 풍자가 어떠했던가를 설명한다. "플라톤은 풍자라는 명칭을 소크라테스의 방법으로 사용했던 것이고 소크라테스의 이 방법을 개인적인 담화에서 교양이 없는 또 소피스트적인 의식의 공상에 대항하여 진리나 정의라는 이념을 옹호하기 위해서 사용했지만 그가 풍자적으로 취급했던 것은 다만 그러한 의식일 뿐 이념은 아니었다."

헤겔에 의하면 소크라테스나 플라톤이 사용한 풍자라는 개념은 대화의 태도에만 관계할 뿐이다. 곧 대화의 상대에 대하여 소크라테스가 취한 바와 같은 일종의 독특한 산파술이 풍자에 지나지 않는다. 소크라테스에 있어서 풍자는 진리나 정의라는 이념을 옹호하기 위해 사용되었던 것이고, 이 목적의 성취에 있어서 유효한 한에서 풍자는 풍자로서 의의가 있는 것이며 그런 한에 있어서 또한 하나의 변증법('사상의 본질적 운동')일 수 있었던 것이다. 플라톤은 바로 이와같은 변증법으로서 풍자를 그의 대화편(對話篇)에서 보이는 바와 같이 묘사했던 것이다.

계속해서 헤겔은 고대 풍자에 대하여 근대 풍자를 "자기를 궁극적인 것으로 파악하는 주체성의 정점"으로서 파악한다. 이 근대 풍자는 이념 그것의 무한성을 부정하고 그것에 대신하여 자기의 주체적인 신념이라는 유한적인 것을 가지고 더 나아가 그것을 객관적으로도 타당한 보편적인 것으로 바꾸어 놓아버리는 것이다. 더 나아가 근대 풍자는 그것에 의해 객체성 그것을 부정하기 때문에 또한 악 그것이기도 하다. 또 이 입장은 "주체적 성실"로서 종래 시인되어왔다 해도, 요컨대 그 원리는 '악한 자의'에 지나지 않는 것이다(140절의 각서). 단 이 입장에 있어서는 "일이 우선하는 것이 아니라 자아가 우선하는 것이고, 또한 자아는 법칙과 일을 지배하는 주인이다"는 것이다. 그리고 주인은 이 낭만주의적 풍자에서 "최고의 것을 몰락시켜" "나만을 향유하는" 것이다.

요컨대 주체성의 이 최고의 형태는 법·의무·법칙 등의 모든 윤리적 내용을 무가치한 것으로 하는 허무이고 "그것 자신 완전히 보편적인 악"이며 다른 한편 또 주체적인 자기를 절대적인 것으로 하는 자만이기도 하다. 더구나 헤겔에 의하면 "이 절대적인 우쭐감은 고독한 자기예찬에 그치지 않고 결사(結社)도 형성할 수 있"는 것이다. 곧 그것은 서로서로 양심적이고 순수하다는 것을 확인하고 스스로 위로하는 "아름다운 영혼들"의 행동력이 없는 독선적이며 내향적인 서클에 불과하다.

이렇게 하여 형식적 양심의 여섯 번째 형태인 낭만주의적 풍자는 다섯 번째의 독자적인 신념의 형태와는 대조적으로 근대의 주체성(헤겔이 파악하는 인륜을 구현하는 특수성의 계기로서의 진실태로부터)을 일탈한 현상 형태인 것이다.

◎ 도덕성과 인륜과의 관계

그런데 이상으로 근대에 있어서 참되지 않은 양심의 제형태를 헤겔적 입장에서 고찰하였지만, 여기에서는 헤겔 자신에 의한 참된 양심의 정의를 한번 상기해보자. "참된 양심이란 자체적(객체적)으로도 자각적(주체적)으로도 선한 것을 의욕하는 심정이다." 이 심정을 헤겔 자신 인륜적 심정이라고 바꾸어 말하고 있는 것처럼, 헤겔에 있어서 참된 양심은 인륜의 입장에서 비로소 우리 것으로 될 수 있는 것이다. 그렇지만 도덕성의 입장에 있어서는 "자체적으로 선한 것"과 "자각적으로 선한 것"이 구별되어 각각 독립된 것으로 고정됨으로써, 전자는 단지 보편적·객체적인 추상적 선으로서, 후자는 단지 개별적·주체적인 추상적·형식적 양심으로서 파악되는 것이다. 따라서 도덕성에 있어서의 선은 참된 선의 이념으로부터, 또 형식적 양심은 참된 양심으로부터 일탈하여 참되지 않은 현상 형태를 취하지 않을 수 없게 되었다. 그러나 양자는 분열되어 있더라도, 그 각각은 동일한 도덕성의 계기이고 그런 한에 있어서는 즉자적으로 동일하다. 거기에서 "선과 주체적 의지(양심)의 구체적인 동일성, 결국 양자의 진리가 인륜이다"(141절)는 것이 된다. 이러한 연관에서 도덕성은 인륜의 전단계(前段階)이고 그것에 의해서 인륜에로 이행함으로써만 선과 양심은 각각 구체적 보편으로서 서로 침투하는 것이다. 결국 인륜이야말로(법에 있어서도, 도덕성에 있어서도, 또 양자의 통일에 있어서도) 참된 입장이고 또 참된 양심이 개개인에 있어서 구체적으로 체현(體現)되는 경지이기도 하다.

그러나 헤겔에 있어서 「법」, 「도덕성」으로부터 「인륜」에로의 이행이 필연적임을 이해하기 위해서는, 헤겔이 이상과 같이 행했던 근대 주체성의 적극적 평가와 함께 단순한 형식적 주체성으로서 그것의 일탈형태의 비판을 고찰 · 검토하는 것이 불가결하다. 또 그것은 더 나아가 주체성의 원리가 지배하고 있는 한에서 근대의 연장인 현대, 그 현대에 있어서의 여러 가지 자유의 현상 혹은 그 병리를 해명하고 스스로 주체적으로 향유 혹은 극복하기 위해서도 극히 중요하다고 생각된다.

이상과 같은 연관으로부터 헤겔의 "인륜은 현실적으로 살아 있는 이념이다"(앞의 절의 각서)라는 말은 극히 의미심장하다. 왜냐하면 이 명제는 곧 단순한 정의가 아니라 우리가 현실의 생활에 있어서 (스스로) 경험적으로 이 이념을 실증하여 가는 것을 촉구하고 있기 때문이다. 그리고 헤겔이 제3부 「인륜」의 머리 부분에서 제시하고 있는 인륜이란 "살아 있는 선으로서의 자유의 이념이다"(142절)라는 말은 이러한 실천적 연관에서 비로소 참되게 이해되어 우리 것으로 될 수 있는 것이다.

● 정신철학에 있어서 도덕성의 의의

법철학이 헤겔 철학체계에 있어서 정신철학 속의 객관적 정신에 대응하고 있다는 것은 주지의 사실이지만, 헤겔철학 속에서 규정된 도덕성이 그대로 객관적 정신이라고 말할 수 있는지 어떤지는 문제가 된다. 이미 살펴본 바와 같이, 도덕성은 주체성이고 더 나아가 칸트적 연관에서는 객체성에 대립하는 주체성이기도 하다. 이러한 연관에 있어서는 도덕성은 차라리 주관적 정신이고 특히 『엔찌클로패디』의 「정신철학」에서 주관적 정신의 최후 단계(심리학, 정신)인 실천적 정신 내지 자유스러운 정신이다. 그것은 이성적 의지로서 자체적으로는 절대정신의 이념이다. 그러나 그것은 역시 추상적인 것에 불과하고 구체적이기 위해서는 현실성을 획득하지 않으면 안 된다. 그리고 현실성을 획득한 자유 이념의 현존재는 객관적 정신 바로 그것이다. 따라서 객관적 정신 속에 위치지워진 도덕성은 현존재를 구비한 주체성이고 자유 이념의 구체적 담당자였으며, 바꾸어 말하면 객관적으로도 존재하는 주관적 정신 혹은 동시에 주관적으로도 존재하는 객관적 정신이다. 이러한 것으로서 도덕성은 이른바 객관적 정신(법 및 가족 · 시민사회 · 국가)에 생명의 숨결을 불어넣어 줄 수 있는 것이다. 또 이것에 의해서 도덕성 자신 단순한 추상적인 자기규정인 것을 멈추고 생생한 인륜 조직에 뿌리박음으로써 그때마다 구체적인 에토스로서 움직이는 것이고, 그리하여 개개인의 내부 변혁과 사회의 외부 개혁을 촉구하는 원인이 되는 것이다.

이상과 같이 도덕성은 주관적 정신과 객관적 정신을 그것 자신 (그것으로 또 그것 자신에 의해서) 통일하고 침투시키는 것이지만, 그러나 그것에 멈추는 것은 아니다. 도덕성은 역시 그 위에 객관적 정신을 절대적 정신에로 관계지워 그것과 동시에 절대적 정신이 객관적 정신내로 구현되어 가는 것이다. 이것은 이미 『정신현상학』에서 「도덕성」을 「인륜」과 「교양」(Bildung)의 뒤에 두고, 양심에 있어서 「종교」에로 이행하는 것에서도 찾아볼 수 있다. 그러나 이것이 보다 자각되고 구체적으로 전개되고 있는 곳은 바로 『법철학』에서이다. 예를 들면 그 일단을 보여주는 것으로서 서문의 「프로테스탄티즘 고유의 원리」, 도덕성에 있어서 「참된 양심」, 「주체적 자유의 권리」 등에서 서술되고 있다. 요컨대 법이나 가족 · 시민사회 · 국가 및 그것들에 있어서 제제도와 제활동이란 주체적 자유에 의해서 생기게 되고, 의의와 가치를 부여받음에 의해서 또 그것에 의해서만 절대 정신의 그때마다의 일회적인 영현(映現)일 수 있는 것이다. 더 나아가 절대적 정신으로서 예술 · 종교 · 철학(제과학은 이 경우 학문의 일환으로서 철학으로 포섭된다)은 객관적 정신으로서 인륜적 세계에 있어서야말로 구체적으로 전개되는 것이고, 이 경위에 있어서 도덕성은 이 절대적 정신의 전개를 각자 개인에서 진실로, 또 개개의 인륜적 연관에서 현실적으로 촉구하는 원동력이 되는 것이다. 그런데 이 절대적 정신의 영현(映現) 및 전개는 각 개인의 특수성의 권리에 의한 감득(感得)과 활동(노동)에 있어서만 현실화하는 것이며 또한 특수성의 권리는 절대적 정신 내지 보편적 의지의 영현 및 전개에로라는 현실에 참여하지 않고는 그 자신 악에로의 전락을 피하기 어려운 것이다. 여기에서 양심의 문제와 도덕성의 양면가치가 개재하는 것이다. 그리고 이것은 또 다른 한편에서 '절대정신에의 주체적 관계로서 신앙·제작·사유(연구)에도 특수성의 권리 내지 주체적 자유로서의 도덕성 및 양심이 필요하다'라는 인식을 환기하는 것처럼 생각된다.

제3부 인 륜(人倫)

高柳良治

헤 겔

제3부 인 륜

인륜의 규정

『법철학』 제3부는 가족, 시민사회, 국가라는 제목을 붙인 3개의 장으로 이루어지는데, 헤겔은 이들 인륜적 공동체를 전개시키기에 앞서서 먼저 인륜이라는 규정에 관하여 일반적인 설명을 부연하고 있다. 인륜이란 단적으로 말해서 주체적 의지와 객체적인 법 또는 법칙(다시 말하면 보편적 의지)과의 통일을 뜻한다. 헤겔은 이 인륜을 도덕성의 입장에서의 추상적인 선이 바야흐로 개개인의 자기의식 속에서 현실성을 획득하고 있는 상태로서, 혹은 자기의식에 입각하여 보면 자기의식이 인륜적 공동체를 스스로의 기초와 목적으로 받들고 있는 상태로 묘사한다. 이러한 의미에서 "인륜이란 살아 있는 선으로서 자유의 이념이다"(142절).

◎ 인륜의 구조

다음으로 헤겔은 인륜의 일반적인 구조를 두 가지 측면에서 펼쳐 보이고 있다. 첫째로, 인륜의 객체적 계기와 주체적 계기 사이의 관계가 객체적인 측면에서는 실체와 우연성 사이의 관계로 설명된다. 곧, 헤겔은 추상적인 선에 대신하여 나타나는 객체적 인륜적인 것이 주체성을 개재시킨 구체적인 실체이고 주관적인 의견이나 제멋대로의 의향(Belieben)을 뛰어넘어 존재하는 것으로서, 견고한 내용을 갖추고 있다고 이야기한다(144절). 여기에서 견고한 내용이란 즉자대자적으로 존재하는 법과 기구라고 말하여진다. 요컨대 공동체를 지배하고 있는 법칙이나 법률이고, 또한 가족, 시민사회, 국가인데, 이것들은 인륜적 위력으로서 개개인의 생활을 지배하고 개개인을 자신의 우연성으로 나타낸다. 오로지 객체적 인륜만이 지속적인 힘, 위력이고, 개개인의 생활은 이 위력에 의하여 지배된다"(145절 보론). 둘째로, 인륜의 주체적 계기와 객체적 계기 사이의 관계가 그 주체적인 측면에 입각하면 주체와 대상 사이의 관계로 설명된다. 다시 말하면 인륜적 실체와 그것이 지닌 갖가지 법칙 및 권력은 한편으로는 주체에 대하여 대상(Gegenstan), 곧 주체와 맞서게 되지만(146절), 다른 한편 그것들은 주체에 있어서 볼 때 결코 주체 자신이 아닌 것, "소원한 것"만은 아니다. 오히려 그것들은 주체 자신의 본질, 주체가 거기에서 스스로의 자기 감정을 지닐 만큼의 본질이다(147절). 이러한 측면으로부터 뒤에 보는 바와 같이 가족, 시민사회, 국가에 있어서의 각 심정(사랑, 실직성, 애국심)* 이 이야기된다. 인륜이란 위의 두 가지 측면, 요컨대 조직이나 제도와 심정과의 통일태이다.

결국 헤겔은 여기에서 가족, 시민사회, 국가라는 인륜적 공동체와 개인의 관계를 제각기의 측면에서 고찰하고 있다고 볼 수 있다. 헤겔이 조감하는 공동체는 개인에 대하여 강한 지배력을 가지며, 개인을 우연성으로

---

* 心情(Gesinnung) ; 동기 및 목적 관념을 선택하고 결정하는 의지의 지속적인 방향.— 역주.

삼고 있다. 그러한 공동체를 개인의 입장에서 볼 경우에는 정말로 소원한 대상인 듯이 느껴질 수도 있지만 실은 개인을 살리우는 개인의 '본바탕'(Element)이라고 할만하다. 인간을 공동적 존재로서, 따라서 개인을 단순한 부분으로서가 아니라 전체의 지절(肢節)로 파악하는 헤겔의 인간관이 잘 드러나 있다고 하겠다. 다만 여기에서 유의하여야 할 점은 헤겔이 실체를 우연성의 총체로 생각하고 있다는 사실이다. 곧 개인이 존재하지 않게 되면 전체뿐만 아니라 그에 따라 인륜도 붕괴되지 않을 수 없다. 헤겔의 논지는 과연 전체론(holism)이긴 하지만 결코 전체주의(totalitarianism)는 아닌 것이다. 이 점은 『법철학』을 검토해감에 따라서 점차 뚜렷이 밝혀지게 되어갈 것이다.

그리고 헤겔에 의하면 제1부 「추상법」에서의 주제는 인격, 제2부 「도덕성」에서의 주체, 그리고 제3부 「인륜」 가운데 가족에서는 가족원, 시민사회에서는 대체로 (부르주아로서의) 시민 (독일어로는 Bürger)이고 정치적 국가에서는 공민(시뚜아엥, Citoyen)이다. 부르주아 및 시뚜아엥이라는 말에 관하여는 『예나실재철학』에 다음과 같은 한 구절이 실려 있다. 곧, "한 사람이 자신과 자기 가족을 위하여 마음을 쓰고 노동하며, 계약을 체결하는 등 행위하는 동시에, 보편적인 것을 위하여도 움직이며 이 보편적인 것을 목적으로 한다. 앞의 측면에서 보면 그는 부르주아이고, 뒤의 측면에서 보면 시뚜아엥(공민)이다." 헤겔은 사람들이 순전히 부르주아인 데에 그치지 않고, 부르주아이면서 동시에 시뚜아엥으로 존재하는 양식을 추구한다. 그리고 그는 그러한 존재양식이 근대국가에서는 가능하다고 생각하였던 듯하다. 더욱이 뒤에서 살피는 시민사회론 가운데 욕구의 체계에 있어서의 주제는 일반적으로 인간(Mensch)이라고 부르는 바인 표상에 있어서의 구체적 존재자라고 이야기된다(190절 주).

◎ 의무와 덕

그런데 인륜적 공동체의 법칙과 권력이란 실체적인 규정들이기 때문에 개인에게는 그의 의지를 구속하는 의무이고, 개인은 그 규정들에 대하여, 자기 자신의 실체적인 것에 대한 관계에 서게 된다(148절). 하지만 구속하는 의무가 제한으로서 나타나는 경우는 의지의 첫 번째 단계인 순수 무규정적인 의지나, 아니면 두 번째 단계인 자연적 의지 및 반성적 의지에 대하여서만이다. 의지의 세 번째 단계인 즉자대자적인 의지에 이르면 개인은 오히려 의무에 의하여 자기 자신의 해방을 성취한다. 곧, "의무는 자유의 제한이 아니라 자유의 추상적 관념의 제한, 요컨대 부자유의 제한일 따름이다. 이리하여 의무란 본질에의 도달이며, 긍정적 자유의 획득이다"(149절 보론). 이는 헤겔다운 공동체적 개인관에서 당연히 도출되는 의무관이라고 하겠다.

아울러 헤겔은 덕에 관하여 이야기한다. 인륜적인 것이 자연에 의하여 규정되고 있는 개인적 성격에 반영될 때, 그것을 덕이라고 부른다. 그리고 덕은 개인이 소속하는 관계들의 갖가지 의무에 대한 개인의 단순소박한 적합성만을 가리키는 한에서는 실직성(實直性 : Rechtsschaffenheit)이라고 부른다. 덕을 갖추고 있다, 유덕하다 함은 도덕적 입장에서 잘 나타나는 "무언가 특수한 것이 되고자 하는 병적인 열망"과는 관계가 없으며 개인이 "그가 놓여져 있는 상태에서 그에게 지시되고, 설명되고, 알려져 있는 무엇"을 다해내는 것일 따름이다(150절 주).

◎ 제2의 자연으로서의 습관－루소 비판

그러나 인륜적인 것이 개개인의 현실생활과 단순 소박하게 동일화되고 있는 경우에는 그들 개개인의 일반적인 행위양식, 곧 습관으로 나타난다(습관의 원어는 Sitte, 인륜의 원어는 Sittlichkeit이다). 그리고 습관이란 제1의 자연적인 의지에 갈음하여 세워진 이른바 제 2의 자연으로서 정신적인 것이다. 또한 그러한 이유에서 "하나의 세계로 살고 현존하는 정신"이다(151절). 인륜적인 것은 이리하여 정신으로 존재하게 된다. 마치 자연에는 자연법칙이 존재하듯이, 습관은 자유의 정신에 속하는 법칙이다. 여기에서 헤겔은 교육학에 관하여 언급하는데, 교육학이란 인간을 인륜적이게끔 하는 기술일 뿐이라고 한다. 다시 말하면 교육학은 "인간의 제1의 자연을 제2의 정신적 자연으로 변하게 하고, 이리하여 이 정신적인 것이 인간 속에서 습관이 되는 길을 가리킨다"(위의 절 보론).

인륜적인 것이 습관으로 나타남에 따라서 인륜적 실체성은 자기 자신의 권리를 획득하고, 나아가 이 권리도 널리 타당성을 갖기에 이른다. 요컨대 이 윤리적 실체성에서는 개인의 아집이나, 이 실체성에 반대할 듯한 개인 고유의 양심은 소실되고 만다(152절). 왜냐하면 인륜적 성격을 지닌 자는 자신이 보편적인 것에 의하여 살게 되고 움직여진다는 사실을 알고 있기 때문이다. 그리고 개인은 인륜적인 현실세계에 소속함으로써 비로소 자기 자신의 본질, 자기 자신의 내적 보편성을 현실로 소유하게 된다.

이러한 고찰을 하고 있는 헤겔에게는 교육소설 『에밀』에서 보이는 루소의 실험이 참으로 쓸데없는 것으로 생각되었다. "인간을 현재의 일상생활로부터 멀리 떼어 시골에서 도야 · 육성시키고자 하는 교육학상의 시도가 실패로 끝난 이유는 인간으로 하여금 세간(Welt)의 법칙을 어기게 하는 따위의 짓거리가 제대로 되어갈 리가 없기 때문이다"(153절 보론). 헤겔의 비판이 루소의 참뜻을 올바로 파악하고 있느냐 여부는 논외로 치더라도, 헤겔이 인륜적인 것—곧 가족이나 시민사회, 혹은 국가가 갖는 (개인에 대한) 구속력을 루소보다 훨씬 더 강력한 것으로 생각하고 있는 점만은 확실하다고 보겠다. 그리고 개인의 자유는 그러한 인륜적인 것 속에서 사는 데에서야말로 존재한다고 생각되고 있다. "좋은 국가의 공민이 됨으로써 비로소 개인은 자기 자신의 권리를 얻는다"(p.175면 이하 참조).

◎ 사회계약설 비판

나아가 헤겔은 "특수성이란 인륜적인 것이 외면적으로 나타나는 방식이다"(154절)라고 이야기하고, 인륜적 공동체에서는 권리와 의무가 하나로 귀착하는 점(155절)에 관하여 말한 다음, 사회계약설에 대한 비판을 시도하고 있다. 헤겔에 의하면, 인륜적인 것, 즉 정신은, 도덕적 입장에서의 선과 같이 추상적이지 않으며, 오히려 강조된 의미에서 현실적이다. 그리고 오직 두 가지 시점에서만 이러한 인륜적인 것을 다룰 수가 있다. 곧, 헤겔 자신처럼 실체성(전체)을 기점으로 하여 생각하든가, 아니면 홉스,

로크, 루소 등의 사회계약이론에서처럼 원자론(atomism)적인 방법을 택하여 개별성(개인)을 출발점으로 삼고 거기에서 전체를 구성해나가든가 하는 것이다. 그러나 이 후자의 시점에 의하면은 하나의 합성물에 이르게 될 뿐이고, 구체적인 전체, 정신을 파악할 수 없다. "정신은 개별적인 것이 아니라, 개별적인 것과 보편적인 것의 통일이다"(156절 보론). 전체를 기점으로 하여 개인을 어디까지나 전체의 부분으로 파악하는 헤겔의 독자적인 이해방법이 여기에서 잘 드러나 있다고 하겠다(이 점에 관해서는 『소논리학』163절 보유, 175절 보유 등도 참조할 것).

◎ 구분—인륜의 세 가지 존재양식

헤겔에 의하면, 정신은 자기 자신을 객체화하는 움직임이고, 자기 자신의 여러 계기(곧, 개별성, 특수성, 보편성)를 통하여 운동한다. 정신은 다음과 같이 전개된다. 먼저, 개별성과 보편성이 감정에 의하여 직접적으로 통일되고 있는 상태가 가족이다. 따라서 가족은 직접적, 혹은 자연적인 인륜적 정신이라고 불리운다. 다음에 이 통일이 반성이나 오성에 의하여 특수성과 보편성으로 분열된 상태, 다시 말하면 가족적 통일이 상실된 상태가 시민사회이다. 시민사회는 뒤에서 보듯이 제각기 독립한 개개인이 형식적 보편성으로 결합하고 있는 상태이고, 상관적인 상대자의 입장이라고도 불린다. 마지막으로 이성에 의하여 참된 자유가 실현된 상태로서의 국가이다. 국가에서는 특수성과 보편성이 참된 통일을 획득하고, 진실로 유기적인 결합을 달성하고 있다고 한다(157절).

일찍이 헤겔은, "인격과 다른 인격과의 공동은 본질적으로 개인의 참다운 자유를 제한하지 아니하며 오히려 그 자유를 확대시키는 것일 수밖에 없다. 최고의 공동은 최고의 자유이다" (『피히테와 셸링의 철학체계의 차이』)라고 썼다. 여기에서 엿보이는 공동=자유라는 사고방식은 헤겔의 근본적인 인간관, 나아가 사회관을 구성하고 있다. 이 관점에서 보면 앞서의 가족, 시민사회, 국가라는 인륜의 세 가지 존재양식은 자유와 공동이 서로 관계하는 작용의 세 가지 존재양식이라고 할 수 있겠다. 이와 관련하여 S. 아비네리는 인륜의 세 가지 존재양식을 인간관계의 세 가지 양식으로 파악하고 각각을 특수한 애타주의(가족), 보편적 이기주의(시민사회), 보편적 애타주의(국가)라고 특징짓고 있다(『ヘーゲルの近代國家論』 第7章).

여하튼 헤겔은 위와 같은 구분을 통하여 인간의 사회생활, 공동생활을 가족, 시민사회, 국가라는 세 가지 국면으로 정리하고, 각 국면의 본질적 성격을 뚜렷하게 함과 아울러 독자적인 인간관을 바탕으로 일정한 가치를 부여한다.

1. 가 족

◎ 사랑의 개념

헤겔은 가족의 본질을 사랑에서 찾는다. "가족은 정신의 직접적인 실체성으로서 정신이 스스로 느끼는 통일, 곧 사랑을 자기 자신의 규정으로 하고 있다"(158절). 그 때문에 개인은 가족의 단계에서는 개체성의 자기의식을 이와 같은 통일 안에서 가지게 됨으로써 한낱 독립된 인격으로서가 아니라 가족의 구성원으로서 존재한다.

사랑이란 대체로 나와 타자가 하나라는 의식이다. 따라서 사랑하는 상태에서 나는 나만으로 고립해 있지 아니하며, 나만의 고립존재를 내버리고 타자와의 통일을 알게 됨으로써 나의 자기의식을 획득한다. 이것이 바로 헤겔이 말하는 사랑이다. 그러나 사랑은 감정이다. 다시 말하면 「자연적인 형식에 있어서의 인륜」이다. 그렇기 때문에 사랑은 국가의 단계에서는 이미 존재하지 않는다(다만 애국심에 관하여는 p.240 참조). 국가에서는 통일이 법률로서 의식되고, 그 내용은 이성적이어야만 하기 때문이다(158절 보론). 이 점에서 가족과 국가의 서로 다른 일면을 찾아볼 수 있겠다. 이렇게 이야기하고 나서 헤겔은 가족을 세 가지 측면으로부터 고찰해나간다. 곧, a.가족의 직접적 개념인 혼인의 형태에 있어서, b.가족의 외면적 현존재인 소유와 자산 및 그 보전에 있어서, c.자식의 교육과 가족의 해체에 있어서 등이다(160절).

◎ 혼인에 의한 통일

가족관계는 혼인에 의하여 성립한다 하겠다. 혼인은 먼저 인류를 존속시키기 위한 자연적 생명활동이라는 계기를 포함하고 있다. 아울러 혼인은 이러한 생명활동 속에서만 존재하는 자연적 양성(兩性)의 통일을 정신적인 사랑에로, 자기의식적인 사랑에로 전화시킨다. 헤겔은 무엇보다도 혼인의 이러한 측면에 주목한다(161절). 혼인은 "본질적으로 하나의 인륜적 관계"이다. 따라서 혼인을 순전히 성적 관계로 고찰하는 자연법적인 사고방식, 혹은 단지 양성의 시민적 계약으로 이해하는 칸트식의 사고방식, 더욱이 혼인의 본질을 오로지 사랑에서만 구하는 낭만주의적인 사고방식은 헤겔이 보기에는 그 어느 쪽도 일면적인 혼인관에 지나지 않는다. 혼인은 "보다 정확하게 말하면 법적으로 인륜적인 사랑이다라는 형태로 규정되어야 한다"(위의 절 보론).

그런데 혼인에 의한 통일은 자연적이고 개별적인 인격성의 관점에서 보면 하나의 자기제한이다. 그러나 이 관계에 들어선 두 인격은 혼인의 통일 안에서 그들의 실체적 자기의식을 획득한다. 바로 이러한 이유에서 이 통일은 그들의 해방이다(162절). 자기제한으로부터 해방에로라고 하는 헤겔의 혼인관에 유의할 필요가 있다. 앞에서 본 헤겔의 근본적 인간관, 사회관을 이루는 공동=자유라는 사고방식이 여기에서도 뚜렷이 간파되기 때문이다. 그리고 헤겔에 의하면, 이러한 통일에서 자연적 충동은 충족되자마자 곧바로 소실되는 자연적 계기의 양상으로 실추되고, 아울러 (요컨대 자연적 충동은 결코 부정되지는 않는다) 정신적인 유대가 스스로의 권리를 얻음으로써 실체적인 것으로, 따라서 정열의 우연성이나 제멋대로 즐길(Belieben) 따름인 우연성을 뛰어넘은 것으로서 똑똑히 그 모습을 드러낸다(163절).

◎ 혼인의 해소

혼인에 의한 통일을 해방이라고 보는 헤겔은 혼인의 해소를 어떻게 받아들일까. 그는 혼인을 "그 자체로서는 해소되기 어려운 것"으로 이해하지만 이혼을 부정하는 입장은 아니다. "혼인에는 감정의 계기가 포함되어 있는 탓으로 혼인은 절대적이지 못하고 동요하는 것이며, 해소될 가능성을 포함하고 있다"(163절 보론). 그러나 입법은 이 해소가능성을 극히 곤란하게끔 하고, 제멋대로의 의향에 대하여는 인륜의 법을 굳게 지켜야 하도록 한다(이 점에 관하여는 176절도 참조). 더욱이 혼인이 정식으로 체결되기 위해서는 혼인이라는 인륜적 유대를 맺는 당사자의 동의를 의식적으로 선언하는 일고, 가족 및 지방자치단체의 승인이 필요하다고 보는 입장에서, 헤겔은 쉴레겔* 등에게서 찾아 볼 수 있는(의식을 개입시키면 도리어 사

* Fridrich von Schlegel(1772~1829). 그는 시인으로 자전적 소설인 『루친데』인 『루친데』(*Lucinde*, 1799, Berlin) 속에서 주관의 절대적 자유론을 당시 혼인제도에 대한 논박의 형태로 전개하였다. 그는 자유연애야말로 인간의 감성적 본질과 정신적 본질을 동시에 실현시킨다고 주장하였는데 이 작품은 세인의 지탄을 받았고 낭만주의자들 중에서도 오직

랑은 가치를 잃어버린다는 류의) 낭만주의적 자유연애관을 비판한다(164절 보론).

◎ 남성과 여성

그런데 헤겔에 의하면 남성은 대자적으로 존재하는 인격적 독립성과 자유로운 보편성(학문이나 국가)을 알고 의지하는 운동의 두 가지로 자기 자신을 분할하는 존재이고, 여성은 실체적인 것을 구체적 개별성과 감정의 형식으로 알고 의지하는 존재이다. 따라서 "남성은 대외관계에서 왕성하게 활약하는 것, 여성은 수동적이고 주관적인 것이다"(166절). 또한 그는 "남성과 여성의 차이는 동물과 식물의 차이이다"라고도 한다(166절 보론). 이러한 한 헤겔의 남성—여성관은 루터주의의 가족관을 반영하고 있으며 오늘날의 안목에서 볼 때는 지극히 평범하다. 그러나 어쨌든 그에 의하면, 가족의 인륜적 실체성은 이처럼 그 성격을 달리하는 양성에게 맡겨짐에 의하여 자기 자신의 생명성을 주체적 통일로서 획득한다(165절).

혼인은 본질적으로 일부일처제(Monogamie)일 수밖에 없다. 왜냐하면 혼인관계에 들어가는 것은 "인격성이라는 직접적, 배타적 개별성"이기 때문이다(167절). 혼인은 또한 양성의 한없이 고유한 인격성의 자유로운 헌신으로부터 생기는 것이며 서로 다른 가족, 본래부터 다른 인격성의 해후이어야만 한다(168절). 혈족간의 혼인은 혼인의 개념에 반할뿐더러 진실한 자연적 감정에도 반한다. 헤겔은 이 점을 다음과 같이 풀이하고 있다.

쉴라이어마허만이 그를 변호하였다.

"결합하여야 하는 것은 그 이전에 각기 별개의 것이지 않으면 안 된다. 생식력도 정신력과 마찬가지로 그 힘을 재생산하는 바탕인 대립이 크면 클수록 그만큼 생식력도 크다"(168절 보론). 과연 변증법의 철학자다운 발언이라고 할 만하다.

◎ 가족의 자산

인격이 소유에서 그 외면적 실재성을 갖는 점에 관하여는 이미 제 1부 「추상법」에서 지적하였던 바이다. 그런데 보편적으로 영속적인 인격으로서의 가족에 있어서는 지속적이고 확실한 점유, 곧 자산이 필요해진다(170절). 이 자산은 공동소유이므로 가족성원 중 그 누구도 특별한 소유는 누릴 수 없지만, 모든 성원이 이 공유제에 대한 권리만은 가지고 있다. 다만 밖에 나가서 소득을 벌어들이고 가족자산을 분배하며 관리하는 임무는 가장인 부(夫)에게 귀속된다(171절).

혼인에 의하여 새 가족이 구성된다. 헤겔은 이 새 가족이 자신을 배출한 양가(兩家)에 대하여 그 자신만으로 독립해 있다고 생각한다. 새 가족과 그 양가와의 결합은 자연적 혈연관계에 바탕을 두고 있는데 반하여 새 가족은 이미 보아왔듯이 인륜적 사랑을 기초로 하고 있다. 그러므로 개인의 소유는 그의 혼인관계와 본질적으로 연결되어 있고, 그의 가계(家係)나 가(家)와는 혼인관계보다 한결 더 먼 연계를 가지는 데 불과하다(172절). 헤겔의 이러한 결론에서도 그의 가족론이 근대적인 핵가족을 전제로 하고 있다는 사실을 깨달을 수 있겠다. "각각의 새 가족이야말로 혈연관계라는 보다 폭넓은 연계에 비하여 한층 본질적인 것이고, 부부와 자식이야말로 …… 가족 본래의 핵심을 이룬다. 따라서 개개인의 자산관계는 보다 넓은 혈연관계에 대해서 보다도 혼인관계와 더욱 본질적인 연관을 갖지 않으면 안 된다"(172절 보론).

◎ 자식 — 혼인의 통일의 현존재

그런데 혼인의 통일은 자식에게 있어서 통일 그 자체로서 그 자신만으로 독립하여 존재하는 형태로 뚜렷이 나타나고, 자식은 두 주체가 자신들의 사랑으로서, 자신들의 실체적 현존재로서 사랑하는 대상으로 된다(173절). 부부 사이에서는 사랑의 관계도 아직 객체적이지는 못하다. 왜냐하면 그 사랑의 감정은 실체적 통일이긴 하지만 이 통일은 아직 대상성을 지니지 못하기 때문이다. 부모는 이러한 대상성을 자신들의 자식에 있어서 비로소 획득하고 자식에 있어서 자신들의 합일을 눈앞에 가지는 것이다. 앞서 본 자산과 비교하여 말하면, 통일은 자산에서는 외면적 물건이라는 형태를 띠는 데 불과하지만, 자식에서는 정신적인 것이라는 형태를 띤다. 이 정신적인 것에서 부모는 서로 사랑한다(위의 절 보론).

자식은 즉자적으로 자유로운 존재이고, 그 생명은 오로지 이 자유의 직접적 현존재일 따름이다. 따라서 자식은 다른 사람에게도, 부모에게도 물건으로 소속되지는 아니한다(175절). 헤겔은 로마의 자식이 아버지에 대하여 노예관계에 놓여 있었던 점은 로마의 입법사상 최대의 오점을 찍는 제도들 가운데 하나라고 거듭 비판한다.

◎ 헤겔의 적극적 교육관

헤겔에 의하면, 자식을 교육하는 데에는 두 가지 사명이 있다. 첫째로는 가족관계에서 본 경우에 적극적인 의의를 지니는 사명으로서, 인륜적 성격을 직접적으로 또한 대립을 포함하지 않은 감정의 형태로 자식의 내부에 완성시키는 일. 둘째로는 가족의 입장에서 볼 경우 부정적인 의의를 지닌 사명으로서, 자식으로 하여금 그들의 타고난 상태인 자연적 직접성에서 빠져나감으로써 독립한 자유로운 인격성에로 드높여지고, 이리하여 가족의 자연적 통일로부터 탈각해나가는 능력을 획득하게끔 하는 일이다(175절). 이 가족론에서 문제되는 부분은 주로 첫 번째 사명인데(두 번째 사명은 주로 시민사회에 속한다고 생각된다) 이것은 한편 훈육(zucht)이라고도 일컬어진다.

교육의 첫 번째 사명, 곧 인륜적 성격의 형성이라는 문제는 다른 측면에서 "아직 자연적 본성에 사로잡혀 있는 자유를 응징하고, 보편적인 것을 자식의 의식과 의지 속으로 불러일으키는 것"(174절)이라고도 표현된다. 이러한 헤겔의 교육관에는 인간이란 자기를 형성해나가지 않으면 안 되는 존재라고 이해하는 사고방식이 강하게 흐르고 있다. 그에 의하면, 인간은 태어나면서부터 마땅히 그러하여야 할 모습을 갖추고 있지는 못하며, 노력을 통하여 그 모습을 쟁취해 나가야만 한다. 이러한 견해에 비춰볼 때, 예컨대 18세기 독일의 계몽주의 교육가 J. B. 바스도우(J.B. Basedow)의 "유희를 통한 교육법"*은 스스로 아직 불완전하다고 느끼고 있는 자식을 도리어 그 불완전함에서 만족시키고자 애쓰는 교육관이라 하여 다소 심한 비판을 받게 된다. 또한 이러한 헤겔의 견해는 이를테면 "자식의 발랄한 마음, 모방정신, 그것만으로도 충분하다"고 쓰고, "일생에서 이렇게까지 충실한 때도 다시 없으리라"(『에밀』 제2편)고 썼던 루소의 자식관과도 참으로 대조적이다. 루소는 어른보다 자식쪽이, 그리고 —덧붙여 말하면— 근대인보다 고대인쪽이 자연인, 즉 선에 가깝다고 생각하였다. 그런데 헤겔은 교육이 자식의 내부에 "어른이 되고 싶은 동경"(174절 보론)을 불러일으키는 일이야말로 교육다운 교육이라고 본다. 헤겔은 자연적인 것을 극복하고 인륜적인 것, 정신적인 것에로 참여하는 문제를 끊임없이 추구하는 것이다. 이러한 헤겔의 교육관=인간관은 뒤에서 살필 노동관에서도 전개되고 있으며, 직업단체론이나 국회론에서도 엿볼 수 있다.

◎ 가족의 해체와 유언할 권리

가족의 해체에는 이혼에 의한 경우(167절) 외에, 인륜적 해체와 자연적 해체가 있다. 인륜적 해체란 성년에 이른 자식이 법적 인격으로 승인됨에 따라서 자기 자신의 자유로운 소유를 가지는 자격이 있다고 인정받음과 동시에, 다른 한편 자기 자신의 가족을 창설할 자격이 있다고 간주되는 경우이다(177절). 자연적 해체란 부모, 특히 아버지의 죽음에 의한 것인데,

* 「유희를 통한 교육법」은 범애주의(Philanthropinismus)의 아버지인 바스도우가 루소의 에밀로부터 영향을 받아서 제창하였던 독일계몽기의 교육법이다. 그의 주장내용은 유희를 특히 지진아의 교육에 이용하자는 것이었다. 그는 이를 위해 철자, 낱말, 사물의 이름을 기억시키기 위한 철자유희, 기억유희, 이름대기유희 등을 공부하였다.

이 경우에는 자산의 상속을 가져오고(178절), 그에 따라 유언할 권리의 문제가 생긴다.

헤겔은 이야기한다. "고인의 단순한 직접적 자의만으로는 유언할 권리의 원리로 삼을 수가 없다. 그 자의가 가족의 실체적 권리와 대립하는 경우에는 더욱 그러하다. ……이러한 자의는 그 자체만으로는 가족의 권리보다 더 존중되어야 할 그 무엇도 포함하고 있지 못하다. 도리어 가족의 권리가 그 자의보다 더 존중되지 않으면 안된다(180절). 결국 헤겔은 유언할 권리를 승인하되, 그 권리가 어떠한 인륜적 관계를 훼손시킬까 우려하여 가족의 기본관계를 훼손시키지 않게끔 극도로 제한해서 행사되는 범위 내에서만 그 권리를 허용하고자 한다. 가족관계가 실제로 존재하는 이상, 유언에 의하여 그 존재를 무효화하는 일은 비인륜적이기 때문이다.

그렇지만 로마의 법률에서는 고인의 자의가 상속에 있어서 주요원리로 규정되었었다. 바로 이 점에서 로마법의 가혹성과 비윤리성의 일면이 엿보인다. 그 법에 따르면 자식은 심지어 아버지에 의해서조차 팔려질 수 있었는데, 그 경우 노예상태로부터 세 번 해방되어야 비로소 절대적인 부권에서 벗어나서 자유로운 몸이 되었다. 그리고 그렇게 자유로와진 경우에도 유언에 의한 지정이 없는 한 상속은 받지 못하였다. 처(妻)도 이와 마찬가지로 그녀 가족의 자산을 상속받는 데에서 제외되었다* —어쨌든,

* 고대로마에서는 혼인에 의하여 처(Frau)가 부권(夫權, manus)에 귀속되는 경우가 많았다. 부가 처에 대한 지배권을 취득하려면 토지, 노예 등의 소유권 취득의 경우와 마찬가지로 ① 특정한 방식을 이행하든가(피아르공제식, 공매), ② 법정기간 동안 계속 처를 점유할 필요가 있었다(사용취득). 처는 이러한 방식을 통한 혼인에 의하여 부권 곧 소유권에 속한 노예와 다름없게 되며 부가의 가족성원이 되고, 가장의 딸의 위치를 취득하였다. 그러나 부권에의 귀속이 혼인의 요건은 아니었으므로

가족의 유지와 영예를 위해서, 아들로 하여금 상속을 받게 하려고 딸을 제외시킨다든지, 장남 때문에 나머지 자식들을 제외시킨다든지, 혹은 자식들 사이에 일반적인 불평등 분배를 개입시킨다든지 하는 상속권제도는 소유의 자유라는 원리를 침해하는 것일 뿐 아니라 다른 한편 원래 승인될 만한 하등의 권리도 갖지 못한 자의에 바탕을 둔 것이다. 다시 말하면 그러한 제도는 이 가족을 보전하기보다는 오히려 이 가계 혹은 가(家)를 보전한다는 생각에 바탕을 두고 있다. "자산의 자유와 상속권의 평등에 의하여 비로소 인륜적 형성태가 보전되고, 모든 가족도 이와 반대되는 원리에 의해서보다도 오히려 같은 원리에 의해서야말로 보전된다"(앞의 절).

헤겔은 다시 유언에 관하여 다음과 같이 솔직하게 이야기하고 있다. "일반적으로 유언장에는 무언가 꺼림칙하고 불쾌한 것이 결부되어 있다. 왜냐하면 나는 그 유언장에서 내가 좋아하는 사람들이 누구인가를 공표하기 때문이다"(앞의 절 보론). 상속인으로 지정받기 위하여 비열한 언행도 감수하도록 강요되는 경우가 생길 수 있다는 이야기이다. 이러한 솔직한 표명에서 이성의 철학자 헤겔의 진면목이 생생하게 드러나 있다고 하겠다.

◎ 가족에서 시민사회로의 이행

이제까지 살펴보았듯이, 헤겔은 가족을 무엇보다도 인륜적 관계로 파악

부권에 귀속하지 않는 합법적인 처(Gattin)도 존재하였다. 이 경우 처는 여전히 생가의 가족관계에 남아 있고 부의 가족성원은 아니기 때문에 단순한 기혼부인으로서 matrona라고 불렀다. 이에 대해 전자의 경우 처가 가장의 처이면 가모(家母)로서 mater familias라고 불렀다.

하고 있다. 바꿔 말하면, 공동=자유라는 인륜의 원리의(직접적 혹은 자연적인) 첫 단계를 이루는 것으로 파악한다. 가족은 사랑을 기초로 하고, 두 인격의 통일을 내용으로 하며, 자산 및 자식에 있어서 이 통일의 실체적 현존재를 갖는다. 이리하여 헤겔이 그려내는 가족상은 루터주의를 바탕으로 한 가부장적인 가족관이 잔존해 있긴 하지만, "두 인격의 자유로운 동의"(162절)를 객관적인 출발점으로 하고, 부부와 자식을 가족 "본래의 핵심"(172절 보론)으로 설정하는 점에서 헤겔에 대한 상투적 고정관념을 염두에 두고 접하면 깜짝 놀랄 만큼 근대적인 핵가족이다.

가족은 자식이 성장함에 따라서 자연적으로 분할되고, 또한 본질적으로는 인격성의 원리에 의하여 수많은 가족으로 갈라져간다. 이리하여 각 가족은 대체로 독립한 구체적 인격으로서 거동하며, 서로 외면적으로 상호관계를 맺는다. 그리고 여기에서 모든 가족이 서로 관계를 맺는 마당으로서의 시민사회가 성립한다. 논리의 전개에 입각하여 말하면, 가족의 통일에서는 아직도 하나로 동여매어져 있었던 인륜적 이념의 두 계기, 곧 개별성과 보편성이 제각기 독립된 실재성을 획득함을 뜻한다. 이 의미에서 시민사회를 차별(Differenz)의 단계라고도 부른다(181절). 더욱이 헤겔은 가족의 시민사회로의 이행을 "현실로 뚜렷이 나타난 형태에서는" 바꿔 말하면 역사적 사실로서는 가족의 한 민족이나 한 국가로의 평온한 확대로서, 혹은 위압적인 권력에 의하거나 욕구를 충족시키려는 자발적인 결합에 의한 분산된 여러 가지 가족공동체의 결집으로서 마음속에 그리고 있다(위의 절 주).

2. 시민사회

◎ 시민사회의 두 가지 원리

헤겔은 『시민사회론』 첫머리에 다음과 같이 쓰고 있다.

"특수한 인격으로서 자신이 자신에게 있어 목적인 바의 구체적 인격은 여러 가지 욕구의 덩어리이고 또한 자연필연성과 자의와의 혼합이지만 시민사회를 이루는 한 쪽의 원리이다.—그렇지만, 특수한 인격은 본질적으로 다른 사람의 이와 똑같은 특수성과 관련하고 있다. 따라서 어떠한 특수한 인격도 다른 특수한 인격을 통하여, 그리고 그와 동시에 완전한 보편성의 형성이라고 하는 다른 한 쪽의 원리에 의하여 매개됨으로써 비로소 자기 자신을 관철하고 만족을 얻는다"(182절).

헤겔에 의하면 시민사회를 구성하는 요인은 자립적인 개개인이고, 이 개인의 구체적인 내용을 이루는 것은 여러 가지 욕구이다. 개인의 목적은 오로지 자기 욕구의 충족이고, 그에게 그밖에 모든 것은 무(無)이다. 이러한 연유로 시민사회는 특수성을 첫 번째 원리로 한다. 그렇지만 시민사회에 보편성의 원리가 결여되어 있는 것은 아니다. 왜냐하면 각 개인은 타자와의 관계망에 끼어들지 않으면 자기 욕구조차도 충족시킬 수가 없기 때문이다. 아니, 도리어 각 개인은 사회적 연관을 통하여, 또한 그와 더불어 경제적 법칙이나 법률적 권리들이라고 하는 "보편성의 형식인 다른 한쪽의 원리"에 의하여 매개되고 제약됨으로써만이 비로소 자기의 욕구를 실현시킬 수 있다. 이리하여 시민사회는 욕구의 충족을 목표로 하는 개개인의 "전면적인 상호의존성의 체계"(183절)로 나타난다.

◎ 인륜의 상실태

그러나 헤겔에 의하면, 문제는 이 두 가지 원리가 시민사회에서는 제각기 자립하여 있고 "인륜적 동일성"(186절)을 이룰 수 없다는 점에 있다. "이 분열태에서는 이념이 특수성과 보편성의 두 계기에 각각 독자적인 현존재를 부여한다"(184절). 특히 특수성은 모든 면에서 해방되어 자기 자신의 여러 가지 욕구, 우연적 자의, 주관적 애호를 자유분방하게 만족시키려 한다. 그 결과 시민사회는 "방탕한 향락과 비참한 빈곤의 광경을 드러내고 아울러 필연적 욕구나 우연적 욕구 어느 쪽에도 공통되는 자연적 인륜적인 퇴폐의 광경을 드러내는"(185절) 형국이 된다. 이러한 의미에서 시민사회를 인륜의 상실태라고 부른다. 시민사회를 괴롭히는 가장 큰 문제인 빈곤문제는 뒤에서 자세하게 이야기될 것이다(p.196 이하 참조).

다시 앞서 본 특수성의 자립적 발전에 관하여 이야기해 보면, 그 발전은 고대국가들에 있어서 갑자기 밀어닥쳐온 습속의 퇴폐와 국가 멸망의 궁극원인을 나타났던 계기였다. 대체로 "원시적인 자연적 직관"에 바탕을 두고 존재하였던 이들 고대국가는 이러한 직관의 분열과 자기의식의 무한한 자기내(內)반성을 버텨낼 수 없었다. 왜냐하면 고대국가들이 지닌 아직 단순한 원리에는 참으로 무한한 힘이 결여되어 있었기 때문이다. 마찬가지로, 이상적인 미(美)와 진리의 측면에서 실체적 인륜을 그려냈던 플라톤의 『국가』도 역시 이 자립적 특수성의 원리에 대하여는 사적 소유의 금지라든가 신분의 자유로운 선택의 금지라는 형태로 무익한 저항을 시도한데 불과할 따름이었다. 자립적 특수성의 원리, 바꿔 말하면 "개개인이 자기 자신의 내부에서 무한한 자립적 인격성이라는 원리, 곧 주체적 자유의 원리"는 내면적으로는 기독교에서 출현하고, 외면적인, 따라서 추상적 보편성과 결부된 형태로는 로마세계에서 비로소 나타났었다(위의 절 주).

◎ 필연성의 원리와 교양

시민사회에서는 특수성의 원리와 보편성의 원리는 인륜적 동일성을 이룰 수 없다. 바로 그 때문에 이 두 원리의 통일은 자유가 아니라 필연성으로 존재한다. 다시 말하면 특수한 것이 스스로를 보편성의 형식에로 고양시키지 않을 수 없고, 이 보편성의 형식에서 자기 자신의 존립을 찾아야만 한다는 필연성으로 존재한다(186절). 이리하여 시민사회의 제 3의 원리는 필연성이 된다.

그러나 두 원리의 통일이 자유가 아니라 필연적이라는 사실은 교양을 가능케 하는 조건이기도 하다. 시민사회의 개개인은 과연 자기 자신의 이익을 목적으로 하는 사적(私的) 인격이다. 따라서 그들에게는 보편적인 것(여기에서는 경제적 법칙이나 법률적인 관계들)은 수단에 지나지 않는다. 그렇지만 그들의 목적은 보편적인 것에 의하여 매개되어 있기 때문에 그들의 목적이 달성될 수 있음은 그들 자신이 스스로의 지(知)와 의지 및 행동을 보편적인 방식으로 규정하고, 자기 자신을 이 보편적인 연관의 일환이게끔 하는 한에 있어서이다. 이리하여 헤겔은 시민사회의 구성원이 영위하는 여러 가지 활동을—뒤에서 이야기하는 바와 같이, 특히 그들의 노동을, 교양, 곧 그들의 특수성 속의 주관성을 도야하는 과정으로, 게다가 보다 넓은 의미에서는 자기를 의식하지 못하는 수동적인 상태와 지식이나 의지의 미숙상태를 극복하는 과정으로서 높이 평가하게 된다. "교양이란 절대적인 의미에서는 해방이고, 보다 큰 해방을 지향하는 노동이다. 다시 말하면, 그것은 이미 인륜이 직접적 자연적 실체를 넘어 정신적임과 동시에 보편성의 형태로 고양된 무한히 주체적인 실체성에 이르기 위한 절대적인 통과점이다"(187절 주).

시민사회는 한편으로는 향락과 빈곤의 광경, 그리고 그 모두에 공통된 자연적 인륜적 퇴폐의 광경을 드러내기도 하지만, 다른 한편으로는 이처럼 그 구성원의 교양을 가능하게끔 한다. 근대국가는 이러한 의미에서도, 도저히 시민사회 없이는 성립할 수 없다는 사실을 충분히 이해할 수 있겠다. 더욱이 이러한 특수한 교양관 = 문화관을 전개하는 과정에서, 헤겔은 자연 상태를 무구하다고 보고, 그에 따라 문화를 순전히 외면적인 것, 자연에 비해 도리어 타락이라고 보는 루소의 문화관에 대하여도, 또한 오로지 생활의 향락만을 추구하는 공리주의적 문화관에 대하여도 엄격한 비판을 가하고 있다.

◎ 시민사회의 세 가지 계기

시민사회는 세 가지의 계기를 포함하고 있다. 곧 A. 각자의 노동을 통하여 각 개인의 욕구를 매개하고, 각 개인을 만족시키는 것, 말하자면 욕구의 체계, B. 욕구의 체계에 포함되어 있는 인격권이나 소유권과 같은 보편적인 것을 사법작용에 의하여 보호하는 것, 그리고 C. 위 두 체계 안에 잔존하는 우연성에 대하여 밀 배려하는 것, 그리고 폴리짜이(Polizei ; 복지행정—역주)와 직업단체를 통하여 특수한 이익을 하나의 공동적 이익으로 배려하고 관리하는 것 등이다(188절).

◎ 욕구의 체계와 경제학

시민사회에서 특수성은 먼저 주관적인 욕구의 형태로 나타난다. 이 욕구는 다른 사람들의 소유물이요, 생산물인 외물(外物)이라는 수단을 통하여, 또한 욕구와 만족을 매개하는 노동을 통하여 만족된다. 이처럼 욕구의 만족을 위해서 각 개인은 다른 사람의 욕구 및 자유로운 자의와 관계하여야만 한다. 바로 그러한 관계 속에서 보편성이 대두되어간다. 이 보편성, 바꿔 말하면 경제법칙을 인식하는 작업이야말로 "근대를 지반으로 하여 근대에 들어와서 성립한 학(學)의 하나"인 '국가경제학'(Staat Ökonomie ; 국민경제학—역주)이다(189절 주). 이 국가 경제학은 얼핏 아무런 맥락도 없는 것처럼 보이는 무한히 많은 우연적인 사건에 관한 여러가지 법칙을 찾아내는 작업이므로, "사상의 영예를 이룩하는 학"이다. 헤겔은 이러한 국가 경제학자로서 아담 스미스, 세이(J.B. Say), 리카아도의 이름을 열거하고 있다.

헤겔은 욕구의 체계, 요컨대 시민사회의 경제적 측면에 관한 논의를 a. 욕구의 양식과 만족방식, b. 노동의 양식, c. 자산으로 나누어 전개한다.

◎ 욕구의 양식과 만족방식

먼저 a를 살펴보자. 동물의 욕구는 제한되어 있고, 그 욕구를 만족시키는 수단이나 방법의 범위도 똑같이 제한되어 있지만, 인간은 "여러가지 구별을 파악하는 오성"(190절 보론)에 의하여 그러한 의존상태를 극복해 나간다. 결국 인간은 그의 욕구와, 따라서 그 욕구를 만족시키는 수단 · 방법을 무한히 다양화시키고, 아울러 개개의 구체적 욕구도 그 욕구와 그것을 만족시키는 수단 · 방법을 여러 가지 부분과 측면으로 무한히 분할하고 구별지워간다. 바꿔 말하면, 구체적 욕구를 추상화하여 가는 것이다. 우리의 일상생활에서 "아무리 편리한 물건도 다시 불편함을 나타내고, 이러한 불편의 발견은 끝이 없다"(191절 보론)는 사실을 상기해 보면 이 추상화과정은 쉽게 이해될 수 있겠다.

그런데 욕구와 그것을 만족시키는 수단은 상호의존관계에 놓여진 "다른 사람에 대한 존재"로 된다. 나는 나의 욕구를 만족시키는 수단을 다른 사람으로부터 획득하고, 그러기 위해서는 타인의 욕구를 만족시키기 위한 수단을 만들어내야만 하기 때문이다. 그러므로 나는 상품생산자로서 승인을 받아야만 한다. 이렇게 승인되고 있다고 하는 의미에서의 보편성이 추상화된 욕구와 만족의 수단 방법을 구체적인 욕구와 만족의 수단 방법이

도록 하는 계기가 된다(192절).

이와같이 사회화된 욕구에는 직접적 · 자연적 욕구와 정신적 욕구가 결합되어 있다. 헤겔에 의하면 뒤의 정신적 욕구가 보편적인 것의 중점을 이루기 때문에 이러한 사회적 계기 속에는 자연적 필연성으로부터의 해방이라는 측면이 존재한다. 요컨대, 사회적 연관이 복잡해지거나, 사회적 생산력이 상승됨에 따라서, 인간은 점차 자연적 필연성으로부터 해방되고, 그 자연적 필연성 대신에 "자기 자신의 의견, 더구나 사회일반의 보편적인 의견, 곧 인간이 스스로 만들어낸 데 지나지 않는 필연성"(194절)에 좇아서 행동하게 된다. 그러나 반면, 특수성이 욕구의 기초적인 내용을 이루고 있는 이상, 자연적 필연성으로부터의 해방은 형식적이다. 그리고 욕구, 수단, 향락을 끝없이 다양화하고 종별화하는 사회적 경향은 한이 없다(이는 오늘날 산업사회에서 사는 우리가 통감하고 있는 그대로이다). 그리고 이러한 사회적 경향이 막바지에 이르면 한편으로는 사치가, 그러나 다른 한편으로는 의존과 궁핍이 함께 무한히 증대하게 된다(195절).

헤겔은 상품생산자가 각자 자기의 욕구를 만족시키기 위하여 분업과 교환을 매개로 복잡하게 뒤얽히는 상태를 이처럼 그려낸 것이다. 거듭 말하면, 인간은 오성을 갖추고 있기 때문에 욕구와 욕구만족을 위한 수단방법을 끝없이 다양화시키고 추상화해간다. 이를테면 욕구만족의 수단은 이러한 진행과정에서 생활필수품으로부터 편리품으로, 편리품에서 다시 사치품으로 이행하여 간다. 그리고 그 결과 자립적인 상품생산자가 빈부의 양극으로 분해되고 말 따름이다. 이 문제는 나중에 빈곤문제로 다시 한번 이야기된다(p.196 이하 참조).

◎ 노동의 추상화와 기계 문제

다음으로 b. 노동의 양식을 살펴보자. 헤겔은 여기에서 앞서 본 a 항에서 문제가 되었던 욕구의 추상화에 대응하는 노동의 추상화 문제를 다루고 있다고 볼 수 있겠다. "특수화된 욕구를 만족시키기에 적합한 똑같이 특수화된 수단을 제작하고 획득하는 매개작용이 노동이다. 노동은 자연으로부터 직접 주어진 재료를, 욕구만족의 다양한 목적을 위해서 아주 다종다양한 과정을 통하여 종별화한다"(196절). 이 노동은 수단에 대하여는 가치와 합목적성을 부여하고, 노동하는 사람에게는 교양, 특히 실천적 교양을 가능하도록 만들어준다. 인간의 관심을 불러일으키는 규정과 대상이 다종다양하다는 점으로부터 이론적 교양(예컨대 복잡하게 뒤엉킨 보편적 연관을 파악하는 능력)이 발전하는데, 실천적 교양(예컨대 자신의 행동을 재료의 본성, 또한 특히 다른 사람의 자의에 좇아서 제어하는 습관)의 획득은 노동을 통하여 비로소 가능하다. 실천적 교양의 의의를 강조하는 헤겔은 물건을 본연의 형태대로 만들어내는 숙련공의 노동을 염두에 두었던 듯하다.

이어서 헤겔은 노동의 추상화라는 사실에 눈길을 모은다. "노동에 있어서 보편적이고 객관적인 측면은 추상화하는 과정에 있다"(198절). 노동의 추상화는 노동의 분할, 곧 분업을 낳는다. 그리고 개개인의 노동은 분업을 통하여 단순화되고 또한 그렇게 단순화됨으로써 그의 기능은 더욱 증대하며, 그에 따라 생산량도 더욱 증대한다. 그런데 노동의 추상화는 욕구충족을 위한 인간의 의존관계와 상호관계를 완전한 필연성으로 만든다.

아니 그뿐만 아니라, 노동을 점차 기계적으로 만들어 드디어는 기계를 등장시킨다. "생산활동의 추상화는 노동활동을 다시 점차 기계적으로 만들고, 이리하여 마침내 인간을 노동활동으로부터 해제하여서 기계가 인간을 대신할 수 있게끔 한다"(위의 절). 헤겔 초기의 초고들, 이를테면 예나시대의 『인륜의 체계』나 『예나실재철학』 등에 나타난 분업—기계론과 모두어 볼 때, 헤겔은 위 압축된 한 문장 속에서 기계에 의한 ① 노동자체의 기계화=몰정신화, ② 숙련노동자를 내몰음=실업과, 아울러 ③ 단순노동으로부터의 해방이라는 세 가지 문제를 생각하고 있는 것 같다. 헤겔은 인간노동에 끼친 기계의 영향을 매우 심각하게 받아들이고 있지만, 그렇다고 해서 결코 기계 그 자체를 부정하지는 않는다. 분업 및 기계에 대한 헤겔의 평가는 양면가치적(Ambivalenz)인 요소가 얽혀있다고 말할 수 있겠다.

◎ 헤겔의 노동관

여기에서 헤겔의 노동관, 인간관을 홉스의 견해와 비교해보자. 홉스의 사회이론에서는 인간이 수동적으로 파악되어 있다고 한다. 요컨대, 홉스는 생산력의 시점을 취하지 않고, 인간을 자연이 부여해주는 생활자료를 받아들일 뿐인 존재로 본다. 거기에서 "만인의 만인에 대한 투쟁"이라는 명제, 그리고 또한 절대적인 국가주권에 의한 그 투쟁 상태의 억제라는 명제가 나온다(水田洋, 『近代人の 形成』 後編 第二章). 헤겔의 인간관은 이 점에서 특히 적극적이다. 인간은 자연에서 비로소 활동을 시작하고 자연으로부터 받는 생활자료를 획득하는 존재만은 아니다. 인간은 자연을 변용해나간다. 더구나 변용해가는 과정에서 인간은 자기 자신을 바꿔나간다. 헤겔이 말하는 교양이란 바로 그러한 변용과정이다. 인간을 주체적 · 실천적으로 파악하는 입장은 포이에르바하를 포함한 유물론자들 뿐만 아니라 오히려(추상적이긴 하지만) 관념론자들도 취할 수 있다는 마르크스의 평가는 이 점을 잘 간파하고 있다(『포이에르바하에 관한 테제』).

더욱이 이제까지 검토해오는 과정에서 헤겔이 노동의 긍정적 측면, 곧 자기실현으로서의 노동이라는 측면을 조감하고 있을 뿐만 아니라—이 점에서는 확실히 『경제철학초고』(제3초고)에 나타난 마르크스의 지적에 반하는데—노동의 부정적 측면=소외도 고찰하고 있다는 사실을 깨닫게 된다. 그렇지만 헤겔의 노동관은 주로 『인륜의 체계』나 『예나실재철학』에서 전개되고 있고, 『법철학』에서는 비교적 간단히 언급되어 있다. 마르크스가 이들 초기의 논고를 알았더라면 헤겔의 노동관에 관하여 좀도 다른 평가를 내렸을는지도 모른다.

◎ 보편적 자산

끝으로 c항의 자산을 검토해 보자. 욕구의 만족이나 그 만족을 위한 노동도 앞서 보았듯이 의존적, 상호적이기 때문에 시민사회에서는 "각개인은 자신을 위하여 취득하고, 생산하고, 향수하면서, 바로 그 행위를 통해서 다른 사람들이 향수할 수 있도록 생산하고 취득하게 된다"(199절). 그리고 헤겔은 "만인의 의존관계라는 전면적인 균형 속에서 존재하는 이 필연성" 혹은 『엔찌클로패디』의 「정신철학」에 나타난 표현에 의하면 보다 간단히 "사회적 연관" "만족이 모든 사람들의 노동에 의하여 매개되고 있는 상태"(148절)를 보편적 자산(Vermögen)이라고 부른다. 이것은 아담 스미스의 『국부론』(제1편 제2장)에 나타난 "공동재산"(common-wealth)의 개념과 연결되는 견해라고 할 수 있겠는데, 그렇게 보면 보편적 자산은 사회전체의 생산물을 뜻하게 된다. 다만 헤겔의 경우에는 좀더 넓은 생산력이나 경제조직까지 포함하고 있다고 보겠다. 개인은 교양과 기능에 의하여 이 자산 및 그 분배에 참여하고 자신의 생계를 보장하는 가능성을 부여받는다. 그러나 이 보편적 자산의 분배에 참여할 가능성, 곧 개인의 특수한 자산은 그가 지닌 기초재산(자본)과 기능에 따라 제약되기 때문에 헤겔이 보는 바와 같이 시민사회에서의 개개인의 자산(과 기능)의 불평등은 불가피하다(200절).

◎ 세 형태의 신분

이제 상호적인 생산과 교환에 있어 욕구충족을 위한 다종다양한 수단과 그 운동은 그들 수단 및 운동내용에 내재하는 일반적인 공통성에 의하여 여러 집단들로 구분된다. 이리하여 욕구, 수단, 노동, 그리고 욕구를 만족시키는 방식이나 방법, 또한 이론적 및 실천적 교양의 "특수한 체계들"이 형성된다. 이것이 바로 신분(stand)이다(201절). 신분은 보편적 자산과 개인의 특수한 자산의 중간에 형성되는 "욕구의 특수한 영역들"(207절)이다.

신분은 그 개념에 따라서 실체적 혹은 직접적 신분, 반성적 · 형식적 신분, 보편적 신분으로 규정된다(202절). 첫 번째 신분은 토지귀족과 농민으로 구성되는 농업신분인데, 이를 실체적 직접적 신분이라고 이야기하는 이유는 이 신분의 노동과 소득이 토지나 계절 등의 자연적인 요소에 결부되어 있고, 이 점에서 가족관계와 신뢰에 바탕을 둔 직접적 인륜의 실체적 심정을 보전하고 있기 때문이다(203절). 두 번째 신분은 바로 상공업신분인데, 이를 반성적 혹은 형식적 신분이라고 부르는 이유는 이 신분이 자연적 산물의 가공형성(형식의 부여)을 자신의 업으로 하고, 생계의 수단으로 노동, 반성, 오성에 의지하고 있기 때문이다. 이 상공업신분은 나아가 수공업신분, 공업신분(자본가뿐 아니라 공업노동자를 포함한다), 상업신분으로 구별된다(204절). 그리고 마지막 신분은 관리 및 군인신분이고, 이를 보편적 신분이라고 부르는 이유는 이 신분이 "사회상태의 보편적 이익"을 자신의 업으로 하기 때문이다(205절).

개인이 이들 신분 가운데 어디에 속하는가에는 기질이나 혈통, 환경이 영향을 미친다. "그러나 궁극의 본질적인 결정을 내리는 것은 주관적 의견이나 특수한 자의이다"(206절). 헤겔의 신분은 중세의 그것처럼 세습적·구속적인 것은 결코 아니며, 자유로운 선택이 인정되고 있는 터라서 오히려 직업이라고 부를 만한 것이다. 개념에 따라서 생기는 신분의 구별이 이와같이 주체적 특수성의 원리에 의하여 매개되고 있다는 점, 이 점을 헤겔은 동양과 서양, 또한 고대세계와 근대세계를 구분하는 매우 중요한 특징으로 보고 있다. 주체적 특수성의 원리를 승인하지 않았던 플라톤의 『국가』나 인도의 카스트제도와 근대국가의 차이가 여기에서도 강조된다(위의 절 주).

◎ 헤겔의 신분론

헤겔에 의하면 개인은 신분에 소속함으로써 현실성을 획득하고, 이때 욕구의 체계에 있어서의 인륜적 심정은 앞서 본 실직성(p.167 참조)과 "신분상의 긍지"이다. 신분상의 긍지란 자신의 결정으로 자신의 활동과 근면 및 기능을 통하여 신분에 소속하고, 보편적인 것과 연관을 맺으며, 이리하여 자기의 표상 및 타인의 표상에 있어서 승인되고 있는 상태를 뜻한다(207절). 이에 대하여 "신분에 속하지 않는 인간은 단순한 사적 인격이고, 현실적 보편 속에서 그의 위치를 차지하지 못한다"(위의 절 보론).

『법철학』의 신분론은 절대적 신분(귀족), 상대적 신분(시민), 실체적 신분(농민)의 세 가지로 구성되는 『인륜의 체계』의 신분론에 비하면 훨씬 근대적이다. 그것은 앞서 보았듯이 각 개인의 생계와 노동의 존재양식에 따라서 구별되는 직업군이라고도 할 수 있겠다. 그러나 만일 헤겔의 신분론을 그러한 직업군으로 본다면, 과연 각 개인은 신분에 소속됨으로써(헤겔이 기대하는 정도로) 집단에 대한 소속의식으로 충만되고 보편적인 것에 대한 관심을 몸에 익힐 수 있게 될까. 이 점에 관한 헤겔의 이야기는 그다지 설득력이 없다. 그는 신분의 통합적 기능에 대하여 다소 지나치게 큰 기대를 걸고 있는지도 모른다.

근대사회의 3대 계급이라 하면 아담 스미스나 마르크스, 누구에게도 자본가, 지주, 노동자이다. 그리고 계급은 어떠한 생산수단을 소유하는가 혹은 그렇지 못한가에 따라서 규정된다. 계급간의 관계는, 아담 스미스는 기본적으로 조화로, 마르크스는 적대관계로 파악하고 있기는 하지만, 계급에 대한 소속은 두 사람 모두 일치하여 주관적인 의향과는 관계없이 객관적으로 결정된다고 생각하고 있다. 그런데 헤겔의 경우, 신분에 대한 소속을 결정하는 요인은 주관적 의견이나 특수한 자의라고 하며, 게다가 그는 신분에 대하여 통합적 기능을 크게 기대하고 있다. 이 점에서 경제학자 스미스, 마르크스의 계급론과 대비되는 철학자 헤겔의 신분론의 특색을 찾아볼 수 있겠다.

◎ 사법작용

욕구도 노동도 모두 상호의존적이기 때문에 거기에는 어떻게 해서든지 지켜야만 하는 상관적인 규칙(Rule)이 성립한다. 이 상관적인 것을 반성하여 보면, 거기에서 먼저 무한한 인격성이 인식된다. 그런데 시민사회의 구성원은 오성이 발달되어 있기 때문에 오성에 의하여 이러한 인격권에 현존재를 부여할 수가 있다. 요컨대, 무엇보다도 무한한 인격성=인격권이 시민사회의 구성원에게 자각된다. 바꿔 말하면 교양에 의하여, 모든 사람이 보편적 인격이라는 점에서는 동일하다는 사실을 자각하는 것이다. 그리고 헤겔의 경우 인격권의 승인은 소유권을 승인하는 일이기 때문에 여기에서 시민사회의 법률적인 측면을 그 자체로서 문제삼아볼 필요가 생긴다. 이리하여 시민사회는 첫째로, 특수성의 원리에 대응하여 욕구의 체계, 곧 경제사회라고 하면 둘째로, 보편성의 원리에 대응하여 인격이나 소유의 권리(Recht)를 보호하는(pflegen)활동=사법작용(Rechtspflegen)을 전개시키는 법률사회이다.

그리고 보편적 인격이라는 사고방식은 시민사회에 이르러 비로소 성립하고, 경제활동에서 배양된 교양에 의하여 형성된다. 이 점에서도 시민사회의 간과될 수 없는 존재이유가 있다. "인간이 인간으로 보이는 까닭은 그가 인간이기 때문이고, 그가 유태교도, 구교도, 신교도, 독일인, 이탈리아인 등등이기 때문은 아니다. 사상이 개입된 이러한 의식은 무한히 중요하다"(209절 주).

◎ 법률로서의 법

헤겔은 사법활동을 a.법률로서의 법, b.법률의 현존재, c.재판이라는 세 가지 항목으로 나누어 서술하고 있다. 먼저 a항을 다루어 보기로 한다. 헤겔에 의하면, 즉자적으로 법인 것(앞서 살펴본 상관적인 규칙)이 그 객관적 현존재로 정립되면, 곧 사상에 의하여 의식에 대하여 규정되고, 효력을 가진 것으로 주지되면 법률이 된다. 이 법률을 실정법이라고도 부른다(211절).

법률이라고는 하나 헤겔이 생각하고 있는 법률은 성문법이고, 관습법이나 불문법에 대하여 그는 매우 비판적인 입장을 취한다. 그 이유는 관습법은 성문법에 비해 무규정적이고 보편성이 결여되어 있을 뿐 아니라, 관습법에 관한 지식이 소수의 사람들, 특히 법률가의 우연적 소유물로 되는 경우가 많기 때문이다. 헤겔은 관습법이 생활 속에 융합되어 있는 바에서 장점을 지녔다고 여기는 역사법학파의 견해에 대하여 "한 국민의 현행법률은 성문화되고 수집되어 있는 상태라고 하여 그 국민의 관습으로서의 성격을 잃어버리는 것은 아니다"(위의 절 주)라고 반론한다. 또한 영국법의 일부를 이루는 불문법에 대하여 헤겔은 불문법에서는 결국 법관들이 입법자로서의 역할도 맡게 되고 그럼으로 해서 법률의 보편성이 훼손된다는 점에서 비판한다. 헤겔에 의하면 체계화하는 작업, 보편적인 것에로의 고양이야말로 "현대의 무한한 갈망"(위의 절 보론)이다.

이렇게 해서 정립된 법률은 여러 가지 소재에 적용됨으로써 그 소재들과 관계할 수 있게 된다. 그러면 그 소재의 범위는 어떻게 한정하여야 할까. 헤겔에 의하면 그 범위는 시민사회에서의 소유나 계약의 여러 가지 관계와 종류, 심정이나 사랑 또는 신뢰에 바탕을 둔 인륜적 관계들 등인데, 이 경우 "도덕적 측면이나 도덕적 명령은 오로지 의지의 가장 고유한 주체성 및 특수성과 관계되는 터이라서 실체적인 입법의 대상이 될 수 없다"(213절)는 점을 기억하여야만 한다. 혼인, 사랑, 종교 국가와 같은 관계들에서는 그 본질상 외면성을 띨 수 있는 측면만이 입법의 대상이 될 수 있겠다. 예컨대 성실이나 정직과 같은 개인의 내면적인 사항에는 입법이 간섭하여서는 안 된다. 헤겔이 청년시절에 썼던 「독일헌법론」에서 이미 "외적인 사항에 관한 외면적 결합"이 근대국가의 원리라고 이야기되고 있는 사실을 상기해보아야겠다(특론 제5절).

◎ 법률의 현존재

위 a항이 이른바 법률에 관한 일반론을 전개한 것이라면, b항의 법률의 현존재란, 실존하기에 이른 법률이 사회에서 구체적으로 어떠한 기능을 해내는가라는 점을 문제로 다룬다. 먼저 제시되는 문제점은 법전 편찬의 필요성이다. 법률에 대한 의무를 시민에게 부과시키기 위하여는 자기의식의 권리의 면에서 볼 때, 법률이 사회일반에 공시되어 있을 것을 요건으로 한다. 참주(僭主) 디오니시오스가 그랬던 것처럼* 법률을 시민 누구도 읽지 못할 만큼 높은 곳에 내걸어 놓는다든지, 복잡한 학술자료나 외국어 속에 법률을 매몰시켜서 전문가를 빼고는 아무도 법률에 근접할 수 없도록 한다든지 하는 처사는 부정(不正)이다. 이에 반해 유스티니아누스 황제가 하였던 바와 같이** "비록 형식을 갖추지 못한 집록에 지나지 않는다 하더라도 국민에게 법을 내려준 지배자, 더구나 그 법률을 정립된 확고부동한 법전의 형식을 갖춰서 준 지배자"(215절 주)는 국민의 가장 큰 은인이라 할 만하다.

여기에서도 헤겔은 법률에 관한 지식을 자기들의 독점물로 생각하는 법률가에 대하여 강한 불신감을 표명하고 있다. 다음에 드는 한 구절은 헤겔이 지닌 법률에 관한 민주적인 감각을 잘 나타내 주는 것으로서 음미해 볼 만하다.

---

* 시라쿠사(Siracusa)의 독재자 디오니시오스 1세(B.C. 431~367)는 법률을 새로 제정하면 한 장의 널빤지에 이 법률을 써 넣어서 장대 끝에 높이 걸어놓고는 법률의 공포라 이름하였다. 국민들은 이 장대 끝을 올려다보고 자신들을 못살게 구는 법률이 또 제정되었다고 추측하였을 뿐, 그 내용을 알지 못하였다고 한다. 그리고 로마의 칼리귤라황제(12~41)도 그와 마찬가지였다고 한다.

** 동로마제국의 황제 Justinianus 1세. 법학자 트리보니아누스를 주축으로 하여 『로마법대전』을 편찬하였는데 이것은 근대시민법의 정립에 결정적인 영향을 끼쳤다.

"법률에 관하여 특수한 지식을 갖고 있는 법률가 신분은 곧잘 이 법률을 자기들의 독점물로 착각하고, 전문가가 못되면 쓸데없이 지껄이지도 말라고 한다. …… 그러나 누구라도 자기에게 신발이 맞는지 어떤지를 알기 위하여 구두 제조공이 될 필요는 없듯이 사회 일반의 관심대상인 사항에 관한 지식을 갖기 위해서 전문가 부류에 낄 필요 따위는 전혀 없다"(위의 절 보론).

이어서 헤겔은 법전에 대하여 절대적인 완전성을 요구해 마지 않는 독일적 병폐(216절)라든가, 소유나 계약에 관한 형식적 절차의 필요성에 관하여 이야기한다. 그러나 보다 중요한 부분은 시민사회에 있어서 범죄의 의의변화에 관한 그의 견해라고 하겠다.

소유와 인격성은 시민사회에 오면 법률상 승인되고 타당성을 지니게 되므로 범죄는 이미 개별적 인격의 침해일 뿐만 아니라, "내적으로 하나의 견고하고 강력한 현존재를 지니면서 드러나는 보편적인 사항에의 침해"(218절)로 된다. 따라서 사회에 대한 행위의 위험성을 평가하는 시각이 생기고, 이 시각에서 범죄를 더 한층 중대시하게 된다. 그런데 사회가 안정되어 있을 때면 범죄에 의한 침해의 중대성은 경시되고, 오히려 범죄를 더욱 관대히 처벌하게 된다. 그러므로 엄격한 형법은 거꾸로 사회가 내면적으로 불안정하다는 사실을 나타내게 된다. "형법전은 특히 그 시대와 그 시대 시민사회의 상태에 다라 좌우된다"(앞의 절 주). 헤겔은 근대사회에서 법률이 점아 이성적인 것으로 변모해 나가고, 형법의 가혹성은 점차 감소되어 가는 것으로 전망하였다고 생각된다.

◎ 재판의 의의-보복에서 형벌로

c 항의 재판에 눈을 옮겨보면, 헤겔은 먼저 재판의 정의를 내리고 있다. 재판이란 이해관계에 얽매인 주관적 감정을 떠나서 "특수한 사건에 있어 법을 인식하고 실현하는 것"(219절)이다. 법률과 재판이 존재하지 않는 상태에서 형벌은 복수의 형식을 취하지만(102절 보), 법률이 지배하고 재판제도가 확립되어 있는 상태에서는 침해당한 당사자를 대신하여 침해받은 보편자가 등장하고 이 보편자가 범죄의 추적과 처벌업무를 넘겨 받는다. 이리하여 범죄의 추적과 처벌은 그때까지의 주관적인 보복성을 넘어서서 "권리의 자기 자신과의 진실한 화해, 곧 형벌"로 변화한다(220절).

나아가 헤겔은 소송절차나 간이재판 혹은 조정(調停)에 관하여 이야기하는데, 여기에서 빠뜨릴 수 없는 것은 재판의 공개 및 배심재판의 의의에 관한 그의 견해이다.

◎ 재판의 공개

헤겔에 의하면 법률의 공시를 요구하는 것이 자기의식의 권리에 포함되어 있듯이, 법률이 특수한 사건에서 실현되어나가는 과정을 알 가능성도 마찬가지로 그 권리에 포함되어 있다. 다시 말하면 시민은 소송행위나 법률상의 근거 등이 전개되는 과정을 알 수 있어야만 한다. 왜냐하면 사건은 그것이 갖는 특수한 내용면에서 보면 기실 소송당사자들이 이익과 관계되는 데 지나지 않지만, 이 이익에 포함되어 있는 권리에 대한 판정은 만인의 이익과 관계되기 때문이다(224절 보론). 일찍이 우월감이 많은 군주들은 자신이 법의 수호자라고 자처하고 세인은 법을 숙지하여서는 안 된다고 생각하였었다. 그러나 법에 있어서 필요한 것은 법률에 대한 시민의 신뢰이다. 재판의 공개도 확실히 이러한 측면에서 요구된다.

◎ 배심재판과 주체적 자기의식의 권리

헤겔에 의하면 재판은 두 가지 면, 곧 사건의 성질을 그 사건의 직접적 개별성이라는 점에서 인식하는 일과, 사건을 법률 아래로 포섭하여 법을 회복하는 일을 포함하고 있다(225절). 일반적으로 전자는 사실인정, 후자는 판결이라고 부른다. 판결은 보편적 신분에 속하는 법관의 직무이다. 사실인정, 이를테면 계약이 존재하였는가 여부, 침해행위가 이루어졌는지의 여부, 또한 진짜 범인은 누구인가 등의 인식은 "교양 있는 인간"이면 누구라도 할 수 있는 인식이다(227절). 더구나 이 교양 있는 사람들이 사실인정을 맡아봄에 의하여 소송당사자들의 주체적 자기의식의 권리가 만족된다. 그 이유는 위 권리가 만족되기 위해서라면 무엇보다도 당사자가 판정자의 주관성을 신뢰하여야만 하는데, 이 신뢰는 당사자가 판정자와 그 특수성, 신분 등을 같이 하는 데에 바탕을 두고 생기기 때문이다(228절). 요컨대 배심재판에 의하여 "유죄냐 무죄냐의 판결은 범인이 마음속으로 생각하고 있는 내용을 말로 표현한 것이 아니면 안 된다"(227절 보론)는 요구가 만족된다. 재판의 공개도, 배심재판도 주체적 자기의식의 권리를 지키기 위한 매우 중요한 수단이다. 헤겔은 여기에서도 법률전문가들에 대하여 강한 불신감을 나타내면서 다음과 같이 이야기한다.

“시민사회의 구성원이 몸으로, 곧 발로 걸어 법정에 출두할 권리는 가지고 있다 해도, 정신적으로, 곧 자기 자신의 지적 활동을 지닌 채 출석하여서는 안 된다고 하면 출석하지 않는 것과 진배없고, 그들이 손에 넣은 권리도 어디까지나 그들에게는 외면적인 운명에 지나지 않는다”(228절 주).

배심재판은 역사상 영국에서 특히 발달되어 왔는데, 인권을 보장하고 재판을 민주적으로 운영하기 위한 제도로서 중요한 의의를 담당해 왔다. 그러나 『법철학』이 출판된 1821년을 전후한 독일에서는 겨우 두 서너 국가에서 도입하기 시작한 데 불과하였고, “1848년의 정치적 운동”을 겪고나서야 비로소 배심재판제도가 일반적으로 받아들여지게 되었다고 한다. 헤겔의 배심재판론은 그의 시야가 독일의 현실을 뛰어넘고 있었다는 점의 한 실증이 된다고 하겠다.

◎ 폴리짜이

욕구의 체계에서는 개개인의 생계와 복지가 가능성으로 존재할 뿐이고, 반드시 실현된다고는 할 수 없다. 요컨대 그 실현은 개인의 여러 가지 조건(자의나 자연적 특수성)에 의하여 제약되고 아울러 욕구의 체계 그 자체에 의해서도 제약되고 있다. 더구나 이제까지 살펴본 사법작용은 인격과 소유의 침해를 보상하여 주는 데 그친다. 그 점에서 헤겔은 인격과 소유의 안전이 성취되고, 또한 개개인의 생계와 복지의 보장, 곧 특수한 복지가 권리로서 보호되고 실현되어야 할 필요가 있다고 본다(230절). 바꿔 말하면, "특수한 이익을 하나의 공동이익으로 배려하고 관리하는 일"(188절)이 필요하게 된다. 그리고 이 작업을 위한 위로부터의 대응책이 폴리짜이(Polizei ; 복지행정—역주)이고 아래로부터의 대응책이 직업단체이다.

폴리짜이라는 말은 흔히 경찰을 의미하지만 18세기에는 좀더 넓은 의미로 씌어졌는데 오늘날의 내정(內政)이라든가 국가행정이라고 할 만한 활동까지도 포함하였다. 더욱 엄밀히 말하면 이 말은 17, 8세기에 있어서의 탈정치화한 사회와 정치적 국가의 "관리를 중개한 매개체"라는 의미를 지닌다.* 헤겔이 이러한 넓은 의미로 이 말을 사용하고 있음은 본문의 서술상 명백하다 하겠다. 결국 헤겔이 말하는 폴리짜이는 경찰활동이라기보다도 오히려 경제정책이나 사회정책을 수행하여 복지실현을 도모하는 내정활동의 의미를 내포하고 있다. 그렇다면 폴리짜이 활동의 주체는 무엇일까. 헤겔은 폴리짜이권을 사법권과 마찬가지로 국가의 통치권에 소속시키기 때문에(287절), 그 주체는 궁극적으로 국가이다. 다만 이 폴리짜이 활동이 무엇보다도 시민의 자유로운 사회적 경제적인 여러 활동과 관련되어 있는 터이라서 헤겔은 이 활동을 국가론의 일환으로 설명하지는 않고, 시민사회의 영역에 속하는 것으로 다루었던 듯 싶다.

헤겔은 폴리짜이가 잡고 씨름하여야 할 여러 가지 문제를 열거하고 있다. 예컨대 ①욕구충족을 위한 수단의 조달·교환·검사 등에 관한 일반적인 업무나, 공익사업을 감독하고 배려하는 일(235절), ②일상적으로 사용되는 상품에 관하여 공중의 속지 않을 권리를 옹호하고, 상품검사를 관리

* M. Riedel, *Studien zu Hegel's Rechsphilosophie,* 1969(황태연 역, 『헤겔의 사회철학』 한울, 1983) 제5장—역주

하는 일(236절), ③개인이 사회구성원이 될 능력에 관련된 교육을 감독하는 문제(239절), ④낭비로써 자기나 자기가족의 생계를 파괴하는 사람들을 후견하는 문제(240절) 등이다.

◎ 부의 축적과 천민의 출현

이들 문제를 논한 다음 헤겔은 드디어 빈곤문제를 제시한다. 이 빈곤문제야말로 폴리짜이론의 핵심을 이룰 뿐 아니라 헤겔의 시민사회론에서 가장 주목받아온 이론 중의 하나이다.

헤겔은 먼저 "시민사회가 순조로운 활동상태에 있을 경우, 시민사회는 그 자신의 내부에서 인구와 산업의 발전도상에 놓인다"(234절)고 이야기한다. 왜냐하면 인간의 모든 욕구를 통하여 인간의 관계망이 보편화됨에 따라서, 또한 욕구충족의 수단을 제작 조달하는 방법이 보편화됨에 따라서 부의 축적이 증대하기 때문이다(부의 축적에 대한 설명치곤 너무 간단하지만 헤겔은 『법철학』에서 이 설명 이상의 자세한 이야기는 전개하지 않는다. 그의 견해를 자세하게 더듬어보기 위해서는 초기 논고나 최근 간행된 『法哲學資料集』을 참조하여야 한다). 그러나 이 현상은 일면적이고, 다른 한편으로는 특수한 노동의 개별화와 피제약성이 증대하는 동시에 이러한 노동에 결박된 계급(klasse)의 예속과 궁핍이 증대된다. 헤겔은 여기에서 사회의 소수 사람에 대한 부의 집중과 일반대중의 궁핍화는 밀접하게 관련되어 있다는 사실— 아니 오히려 불가분의 관련에 놓인다는 점을 간파하고 있다. 그런데 대중이 주어진 시민사회 속에서 저절로 결정되어가는 일정한 생계규모의 수준

이하로 영락하고, 권리감정, 준법정신 및 자신의 활동과 노동으로 생활을 유지한다는 자존심을 잃어버리는 상태에 이르면 그들은 천민(Pöbel)이 된다. 그리고 천민의 출현은 소수자에 대한 부의 집중을 더욱 용이하게 한다(244절).

헤겔에 의하면 빈민구제는 결국 불가능하다. 그 이유는 빈민구제의 부담이 부유한 계급에 부과되면 빈민들의 생계는 노동에 의하여 매개되지 않고서는 보장되나 그 결과, "시민사회를 구성하는 개개인의 자립심과 자존심의 원리"를 손상시키게 되고, 거꾸로 빈민들에게 노동할 기회를 제공하고 그들의 생계를 노동을 통하여 매개하면 사회는 생산과잉과 소비 부족에 빠져들 수밖에 없기 때문이다. "여기에서 시민사회는 부의 과잉에도 불구하고 충분히 부유하지 못하다고 하는 현상, 곧 빈곤의 과잉과 천민의 출현을 방지하기에 족한 만큼의 고유자산을 갖추고 있지는 못하다는 점이 폭로된다"(245절).

◎ 시민사회의 변증법

이리하여 시민사회는 "그 자신의 변증법에 내몰려서"(246절) 해외로 진출하게 된다. 요컨대 다른 국민 내부에 상품구매자를 찾게 되고 동시에 생계를 위한 자산을 추구하는 무역활동으로, 나아가 식민지 건설(248절)에로 내몰린다. 그러나 헤겔은 이들 현상도 결국 문제의 참된 해결이 되지 못한다고 생각한 듯하다. 왜냐하면 영국이나 스페인의 식민지 역사가 보여주는 바와 같이 식민지가 언제까지나 식민지로 머물러 있을 것을 기대할 수 없기 때문이다. 헤겔은 "식민지의 해방 자체가 모국에 대한 최대의 이익이라는 사실은, 마치 노예해방이 주인에게 가장 큰 이익임이 증명되는 것과 마찬가지로 증명된다"(위의 절 보론)고 의미심장한 이야기를 하고 있다.

헤겔은 산업혁명이 진행중이었고 이미 러다이트운동 등이 일어나고 있었던 영국을 표본으로 하여 빈곤문제를 전개한다(245절 주 참조). 헤겔이 파악한 것은 기실 빈부의 양극분해라는 사실일 뿐, 자본과 임노동의 대항관계라고 말하기는 어렵다. 그에게는 아직 자본이라든가 임노동과 같은 뚜렷한 개념규정이 없다고 볼 수 있겠다. 또한 헤겔이 말하는 빈민에 대하여 마르크스가 뒷날 프롤레타리아트에게 부여하였던 새로운 사회형성의 역사적 역할을 기대하기도 어렵다. 헤겔에게 문제가 된 것은 어디까지나 빈민의 구제이다. 그러나 독일의 낙후된 사회현실을 염두에 두고 보면 헤겔의 현실적인 안목은 경탄할 만하다. "1820년을 전후하여 근대산업사회가 처한 난국과 19세기 유럽사가 나아갈 진로를 이만큼 깊이 파악하였던 사람도 드물다"(S. Avineri, 앞의 책 7장)고 이야기되는 이유도 여기에 있다.

◎ 직업단체

폴리짜이의 사명은 특수한 이익을 공동이익의 하나로 배려하고 관리하는 데 있었지만, 그러한 행정은 어디까지나 "외적인 질서 및 대책으로서" 수행되었다. 그런데 헤겔에 의하면 특수성 자신, 곧 시민자신의 활동 가운데에서도 그와 똑같은 사명이 추구되는데, 그 사명을 실현하는 것이 직업단체이다. 직업단체는 본질적으로 특수한 것을 지향하는 상공업신분에게 특유한 것이다(249절~ 250절).

시민사회의 노동조직은 그 특수성에 따라서 여러 갈래의 부문으로 나뉜다. 그리고 이 각 부분의 공통된 이익을 수호하기 위하여 동아리 관계로서의 조합의 형태로 직업단체가 결성되고, 시민사회 구성원은 각자 특수한 기능에 따라 그 조합의 구성원이 된다(251절). 이렇게 해서 결성된 직업단체는 공권력(통치권)의 감독 아래 단체 자신의 이익을 배려하고 구성원을 자격제에 근거하여 일정 수만을 채용하며 또한 구성원을 위하여 '제2의 가족' 역할을 넘겨받을 권리를 갖는다(252절). 이것이 헤겔이 말하는 직업단체의 줄거리다.

직업단체의 이점은 무엇일까. 직업단체에서는 ①능력에 부응하여 생계가 보장되므로 가족은 견고한 기반을 갖게 되고, ②능력과 생계보장 모두가 승인 받는 상태로 된다. 그 때문에 직업단체의 구성원은 자기가 어떠한 인물이라는 점을 구성원이라는 사실을 떠나 달리 나타내야 될 필요가 없다(253절). 게다가 ③빈곤(빈자)이 받는 원조는 우연적이지도 않을 뿐더러, 부당하게 자존심을 손상시키지도 않는다. 부(부자)도 마찬가지로 동아리에 대한 그의 의무이기 때문에 존대를 받거나 질투의 대상이 되는 경우는 사라진다(위의 절 주). ④더욱이 직업단체는 뒤에서 보듯이 하원의 대의원을 선출하는 경우의 기반이 되기도 한다. 직업단체를 기반으로 하여 공무에 능통한 사람들이 의회에 내보내어질 것이 기대된다. 이러한 의미에서 직업단체는 정치적 훈련의 마당이기도 하다.

◎ 국가의 인륜적 근본

헤겔이 직업단체에 거는 기대는 참으로 크다. 직업단체가 존재한다 해서 자신의 생계를 자신이 책임져야 한다는 원칙이 달라지는 것은 아니지만, 직업단체에서는 상호부조가 마음껏 발휘되기 때문에 각 개인은 원자(atom)와 같은 미약한 존재가 아니며, 유기적으로 결합할 수 있다. 비록 제한된 범위에서이긴 하지만 특수성과 보편성, 개인과 전체의 통합이 가능케 된다고 한다. 그리고 직업단체에 있어서의 통합은 국가적 통합을 위해서도 커다란 의의를 지니다. 가족이 국가 인륜의 첫 번째 근본이라고 한다면, 직업단체는 인륜의 그 두 번째 근본, 곧 시민사회에 뿌리를 내린 근본이다(255절). 헤겔은 근대국가가 시민에게 부여하지 못하는 보편적인 것에의 관여를 직업단체가 부여할 수 있게 되리라고 기대하는 듯하다. 덧붙여 말하면, 원자(atom)적 상황을 소집단에 의하여 극복하려는 시도는 과거에도 종종 있어왔는데 헤겔의 직업단체론도 이 계열에 속하는 일례—그것도 선구적인 일례라고 볼 수 있겠다. 헤겔이 말하는 직업단체의 정신을 오늘날의 서독에서 나타나는 "공동결정"의 정신에 가깝다고 이해하는 견해도 있다.

직업단체의 목적은 제한된 유한한 것이고, 국가의 감독을 받아야만 한다는 점에서 헤겔은 시민사회로부터 국가로 이야기를 옮긴다.

◎ 헤겔의 시민사회론

헤겔은 아담 스미스의 사회상, 곧 자립적인 각 개인이 분업과 교환을 매개로 형성하는 사회관계라는 사회상을 기초삼고 그 위에 폴리짜이와 직업단체라는 전통제도에 새로운 의의를 부여하여 독자적인 시민사회상을 구축하고 있다. 헤겔이 때로는 외적 국가라든가 오성국가라고 부르고 있듯이(183절), 그 시민사회상은 하나의 구체적인 생활권을 뚜렷하게 이루고 있다. 시민사회는 빈곤문제로 상징되는 바와 같은 모순을 잉태하고 있다. 그렇지만 우리가 보아왔듯이, 시민사회는 동시에 많은 긍정적인 측면들을 갖추고 있다. 다시 말하면 시민사회는 인간의 욕구와 그 충족수단을 증대시키고 생산력을 높이며, 교양을 가능케 함과 아울러 개인의 권리를 옹호한다. 그리고 무엇보다도 시민의 "자립심과 자존심의 원리"야말로 시민사회가 갖는 속성이다. 헤겔은 시민사회에서는 특수성과 보편성의 참된 통일이 끝내 실현될 수 없다고 생각하였지만, 그러나 시민사회가 결여된 근대국가는 있을 수 가 없다. 시민사회는 특수성과 보편성의 참된 결합을 실현하기 위하여 불가결한 기반이다. 더욱이 공동성=자유라는 인륜의 원리와의 관계에서 보면, 시민사회란 시민의 주체적 자유가 선행되고, 이 자유의 연관 속에서 공동성이 부각되어 가는 관계라고 할 수 있겠다.

3. 국 가

◎ 인륜적 이념의 현실성

인륜의 세 가지 존재양식 중 마지막 것이 국가이다. 인륜적 이념의 두 계기, 곧 보편성과 개별성이 직접적 · 자연적 통일을 이루고 있었던 단계를 가족이라고 불렀지만, 이 통일은 이윽고 양극분열을 일으키게 되고, 보편성이 특수성 속에서 그저 영현할 따름인 단계로 옮겨가는데, 이 단계를 시민사회라고 일컬었다. 그러나 바야흐로 두 계기의 즉자적 통일(가족)과 대자적 분열(시민사회)을 거친 참된(즉자대자적인) 통일이 실현되기에 이른다. 이것이 국가이다. 이러한 의미에서 "국가는 인륜적 이념의 현실성이다"(257절).

헤겔은 국가론의 도입부분에서 먼저 국가와 시민사회의 혼동을 경고한다. 만일 국가의 사명이(예컨대 폴리짜이라든가, 로크가 이야기하였듯이) 소유와 인격의 안전 및 보호에 있다고 하게 되면, 개인의 이익만이 그 자신들이 합일하는 궁극적인 목적이라는 이야기가 되고, 국가의 성원이 되는 여부는 개인 마음대로 결정하는 결과가 되고 만다. 하지만 헤겔에 의하면 소유와 인격의 안전 및 보호는 시민사회의 사명이고, 국가와 개인의 관계는 그것과는 전혀 별개이다. "국가는 객관적 정신이므로 개인은 국가의 일원일 때에만이 그 자신 객관성, 진리성, 인륜성을 지닌다. 합일 그 자체가 그 자신 개개인의 참된 내용이고 목적이며, 개개인의 사명은 보편적인 생활을 영위하는 데 있다"(258절 주).

합일 그 자체, 바꿔 말하면 연대와 공동성이 인간의 본질로 파악되고 있음인데, 그렇다고 해서 개인이 자기 자신의 주체성, 자주성을 모조리 내버리고 전체 속으로 매몰됨을 뜻하지는 않는다. 각 개인이 자기 자신의 주체성, 자립성을 최대한으로 추구하면서도, 동시에 보편적인 것, 공공적인 것을 향한 관심을 한껏 키우고, 그 관심을 충분히 의식한 생활을 영위하는 것.—이것이 헤겔의 뜻한 바라 하겠다. 그가 말하는 합일이란 변증법적인 합일에 그치지 않고, 각 부분이 "최대의 긴장과 대립을 허용할 뿐만 아니라, 그 상태를 요구하기까지 하는"(카씨러 『국가의 신화』 제17장) 합일이다. 게다가 그는 근대국가가 복잡한 매개구조를 갖추고 있으므로 그러한 생활을 가능케 하여 주리라고 보는 견해에 입각해 있는 듯한데, 이 점은 점차 뚜렷하게 드러나게 될 것이다.

◎ 루소 및 할러 비판

헤겔은 독자적인 국가관에 입각하여 다시 한 번 루소 및 루드비히 폰 할러의 국가론을 비판한다. 주지하는 바와 같이 루소는 국가의 원리로서 사회충동이나 신적 권위를 내세웠던 것이 아니라 일반의지를 상정하였다. 이 점은 루소의 공적이다. 그러나 그는 이 일반의지(헤겔에서는 보편적 의지)를 개별적인 의지로부터 형성되는 공통적인 것으로 파악한 데 불과하다. 그 때문에 국가에 있어서 개개인의 합일은 계약을 기초로 하게 되고 (사회 계약설), 개개인의 자의나 의견 또는 동의를 바탕으로 하게 되고 만다. 그리고 이러한 추상적인 생각이 현실정치에 적용되었을 때 프랑스혁명의 공포정치라는 결과를 빚어내었다. 다시 말하면 그 공포정치는 혁명가들이 현존하는 모든 것, 주어진 모든 것을 전복하여 “오로지 제 마음대로 이성적이라고 착각한 것만을 새로운 체제의 토대로 삼고자 하였던”(258절 주) 데에서 비롯되었다. 헤겔은 루소가 단순히 공통적인 것과는 다른 것으로서의 참된 보편적 의지를 파악할 수 없었다고 보고, 그 점에서 공포정치의 사상적 근원을 찾고 있는 것이다.

루소의 사회이론이 지닌 혁명적 성격을 엄준히 비판한 헤겔은 할러의 가산국가론에 그 화살을 돌려 철저하게 논박한다. 할러의 ‘힘이 있는 자쪽이 지배하고, 지배하여야만 하며, 영원히 지배하리라는 것이야말로 신의 영구불멸한 질서이다’라고 생각하였는데, 그의 견해에 따르면 정치적 지배의 근거는 우연적·자연적 폭력이 된다. 바꿔 말하면 ‘모든 법률, 입법, 요컨대 정식으로 또한 법률적으로 규정된 모든 권리에 대한 마음 밑바닥으로부터 일어나는 증오’야말로 할러이론의 본질이다. 할러의 봉건적 반동적인 이론에 대한 헤겔의 비판에는 확실히 준엄한 일면이 있다. 그렇게 된 까닭은 루소의 이론은 분명히 사상에 바탕을 두고 있지만, 할러의 이론에는 털끝만치의 사상도 없다는 점에 있다. 할러의 이론은 “사유와 이성적인 것으로부터 떨어져나가고, 법률에 대한 존경도 잃어버려서……어리석고 터무니없는 말을 신의 말씀으로 착각하고 있을” 뿐이다.

◎ 국가의 이념과 그 전개

헤겔은 『법철학』의 대상이 여러 가지 특수한 국가나 제도가 아니라 어디까지나 국가의 이념이라는 점을 강조하고 있는데 이 점은 매우 중요하다. 그 이유는 헤겔의 국가론이 당시의 프로이센과 곧바로 동일시되는 경우가 많기 때문이다. 그에 의하면 이 국가의 이념은 다음과 같은 세 단계를 거쳐 스스로를 전개시켜간다. 곧 먼저 A. 개체적국가, 다시 말하면 체제나 헌법, 아니면 국내공법으로, 이어서 B. 개개의 국가와 다른 국가들과의 관계, 곧 국제공법으로, 마지막으로 C. 세계사 속에서 자신의 현실성을 나타내는 정신으로서이다(259절). 이 가운데 A의 국내공법이 『법철학』의 국가론 중 주요부분을 이루고 있음은 물론이다. 그리고 이 A는 나아가 Ⅰ. 그 자체 국내체재, 및 Ⅱ. 대외주권으로 구분된다.

먼저 A부터 보아 나가기로 하는데, 헤겔은 Ⅰ의 국내체제를 논하기에 앞서서 몇가지 일반론을 전개하고 있으므로 먼저 그것을 살펴보기로 한다.

◎ 근대국가의 본질

헤겔은 "국가란 구체적 자유의 현실성이다"라고 이야기하고 나서, 이 구체적 자유라는 표현에 관하여 다음과 같이 주를 달고 있다. 곧 구체적 자유란, ①인격적 개별성과 그의 특수한 여러 이익이 한껏 발전하여 그것들의 권리가 그 자체로서(가족 및 시민사회의 체계에서) 승인되는 동시에 ②

그것들이 한편에서는 자기 자신을 통하여 보편적인 것의 이익으로 변하고, ③다른 한편으론 스스로 이 보편적인 것을 승인하며, 더욱이 그것을 자신의 실체적 정신으로서 승인함으로써 자신의 궁극목적인 이 보편적인 것을 위하여 운동하는 것이라고 말한다(260절).

먼저 ①에 있어서 인격적 개별성과 그의 특수한 여러 이익이 한껏 발전하고 또한 승인되지 않으면 안 된다고 한다. 헤겔에 의하면 이 점은 아시아 전제국가나 고대국가와 근대국가를 가르는 차이점이다. 전자에 있어서는 특수성과 보편성이 그다지 분화되지 못하여 특수성은 보편성 속으로 삼켜지고 만다. 다음 ②인데, 여기에서는 각 개인의 사적 이익의 자유로운 추구가 사회전체의 이익과 직결된다는 아담 스미스식의 조화적 세계관이 표방되고 있다고 할 수 있겠다. 그리고 ③에서 각 개인이 스스로 보편적인 것(공동체, 전체)을 자기 자신의 실체적 정신으로서, 요컨대 자기 자신을 살리우는 지반으로 승인하고, 그것을 위하여 운동한다는 생각이 모색된다. "근대의 분절되어 있으며 동시에 진실로 조직된 국가"(위의 절 보)에서는 이러한 구체적 자유의 세 가지 측면을 충족시킬 수가 있고 실제로 충족되고 있기도 하다. 이것이 헤겔이 생각하였던 바인 듯하다. 개인의 인격과 이익이 최대한 존중되고, 아울러 그 개인도 보편적인 것을 충분히 의식하여 그 보편적인 것을 위해서 움직이는 상태, 말하자면 부르주아이면서 동시에 시뚜아엥이라는 상태, 그러한 개인과 전체와의 결합이야말로 헤겔이 추구하였던 문제였다고 생각된다.

그러므로 국가는 가족이나 시민사회에 대하여 어느 한편 외면적 필연성이고, 그들 위에 서 있는 보다 높은 위력이기도 하지만(헤겔의 국가론을 논할 때면 종종 이 측면을 강조하여 왔다) 다른 한편 국가는 그것들의 내재적 목적으로 파악된다. 요컨대 헤겔이 "국가는…… 가족과 시민사회가 그 안에서 발전되고 있는 한에 있어서만 생명을 지닌다"(263절 보)라고 이야기하는 측면이 있음을 결코 간과하여서는 아니 된다.

◎ 애국심이란 무엇인가

보편성과 특수성, 혹은 달리 표현하면 "이성의 법칙과 특수한 자유의 법칙"(265절 보)의 통일에 있어서 혼인제도, 사법제도, 직업단체와 같은 여러 가지 제도가 중요한 의의를 갖는다는 점은 이미 시민사회론에서 보아왔던 터이다. 헤겔은 국가론에서도 이들 각 제도는 "국가에 대한 개개인의 신뢰와 심정의 토대이며 공공의 자유의 받침대"(265절)라고 이야기하면서 그 의의를 강조하고 있다. 그런데 가족에 있어서의 사랑, 시민사회에 있어서의 실직성에 대응하는 정치적 심정을 일반적으로 애국심이라 부른다. 헤겔에 의하면 이 애국심도 "국가 안에 존립하고 있는 여러 가지 제도", 요컨대 국가의 유기적 조직(이 문제는 나중에 이야기된다)의 성과에 지나지 않는다. 인륜이란 객체적 실체성(제도)과 주체적 실체성(심정)과의 통일태인 것이다.

헤겔이 내린 애국심의 규정은 독특하다. "애국심이라고 하면 종종 오로지 비정상적인 헌신이나 행위로 나가도록 몰아대는 기분으로 이해된다. 그러나 애국심은 본질적으로 평상적인 상태나 생활관계에서 공동체를 실체적 기초 및 목적으로 이해하는 습성이 길들어진 심정이다"(268절 주).

분골쇄신하는 비상시의 혈투도 이러한 심정을 바탕으로 할 때 비로소 생긴다. 헤겔이 말하는 애국심에는 "슈타인과 그 동지들이 개혁 일로의 프로이센 국가조직에 불어넣었던 사상"이 반영되어 있다고 한다(로젠쯔바이크 『헤겔과 국가』 제11장). 더욱이 헤겔은 애국심과 관련하여(시민이 밤길을 안전하게 거닐 수 있고, 게다가 그 안전함이 각별히 기이한 현상이라고도 여겨지지 않는 아주 일상적인 장면에서야말로 나타나는) 시민의 질서감각을 언급하고 있다. 요컨대 사람들은 보통 국가는 권력에 의하여서만 그 결합상태를 보전한다고 생각하지만, 진실로 이 결합을 유지시키는 것은 "만인이 갖고 있는 질서에 대한 근본감정"(268절 보)일 뿐이라고 한다. 헤겔 국가론의 인륜적 성격을 생각할 경우 주목할 만한 가치가 있는 구절이다.

◎ 국가와 종교 – 종교개혁의 의의

헤겔은 국가가 "자기도야(Bilbung)을 위한 교양(Buldung)의 형식을 거친 존재로서 자기 자신을 알고, 의지(意志)하는 정신"(270절)이라는 점을 지적한 다음, 국가와 종교의 관계에 관하여 이야기를 상세하게 전개시킨다. 이 문제 자체가 오랜 기간에 걸친 복잡한 과거를 지니고 있는 만큼, 헤겔의 설명도 상당히 복잡하게 얽히게 된다.

종교는 절대적 진리를 내용으로 하고 있으며, 이 진리를 직관, 감정, 표상의 형식으로 파악하고자 한다. 그리고 종교는 절대자에 대한 관계이기 때문에 종교에는 어떠한 현상변화에서도, 또한 우리가 현실적인 목적이나 이익, 또는 소유물을 잃어버릴 경우에도 불변한 존재의 의식, 최고의 자유와 만족의 의식을 부여하여 주는 면이 있다. 따라서 종교는 국가를 포함한 모든 인륜적인 것의 기초이다. 그렇지만 종교는 한편으론 어디까지나 기초에 지나지 않는다. 이에 반해 국가는 현세에 입각한 정신이고 스스로를 현실의 형태와 하나의 세계조직에로 전개시키는 현재하는 정신이다. 국가의 내용은 감정이나 신앙의 형식에 머무른다고 할 수 없다. 국가의 내용은 뚜렷한 사상에 속하고 그에 따라 오로지 이성에 의하여 파악될 따름이기 때문이다.

헤겔은 국가가 종교에 바탕을 두고 있음을 인정하면서도, 전체적으로는 양자의 분리를 강조한다. 그의 입장은 국가와 교회의 일체성을 최고의 원리로 이해하는 낭만주의자들을 비판할 때에 아주 명료해진다. 그에 의하면 그러한 일체성은 동양의 전제정치가 지니는 특징이고, 국가는 종교개혁을 통하여 교회로부터 분리됨으로써만이 자각적인 이성적 상태와 인륜태에 도달할 수 있었다고 한다. "이 분리는 교회에 있어서는 교회 자신의 자유와 이성적 상태를 위하여 그리고 사상에 있어서는 사상의 자유와 이성적 자유를 위하여 생겨날 수 있었던 가장 큰 행복이다"(위의 절 주).

나아가 헤겔은 국가에 대하여 직접 부담하는 의무(예컨대 병역의 의무)를 종교상 승인하지 않으려 하는 교단 예컨대 퀘이커파나 재세례파에게 국가가 관용책을 취하고 있다고 설명하고, 이러한 관용정책에서야말로 국가의 참된 강도(强度)가 발휘되리라고 본다. 또한 그는 1819년에 있었던 반유태주의운동* 을 준엄히 비판하면서 유태인의 시민권을 승인하여야 한다고

* 유태인 해방은 나폴레옹의 정복 전쟁을 통하여 프랑스 밖의 나라에서도 실현되고, 프로이센에서는 1811년 이래 유태인에게 시민권이 부여되고 있었다—역주.

역설하기도 한다. "유태인 배척의 주장은 자신으로서는 더할 나위 없이 올바른 주장이라고 착각하지만 경험상으로도 그 주장이 더없이 어리석은 것임을 실증하였다." 이들 견해는 종래 간과되는 경우가 많았던 만큼 헤겔의 국가론을 정당하게 평가하기 위하여 그 만큼 중요한 의의를 지닌다.

◎ 국가의 제권력

헤겔에 의하면 앞서 본 정치적 심정, 애국심은 국가의 유기적 조직(Organismus)이 지닌 여러 가지 측면으로부터 자신의 특정한 내용을 얻는다(269절). 그리고 이 유기적 조직은 정치적 체제 혹은 정치적 국가라고도 일컬어진다. 앞서 들은 A의 Ⅰ, 국내체제 그 자체는 이 정치적 체제, 정치적 국가의 서술에 해당된다.—덧붙여 말하면 헤겔이 국가를 이야기하는 경우는 이 정치적 국가를 뜻하는 때가 있고, 가족, 시민사회를 내포하는 전체를 뜻할 때도 있으므로 유의할 필요가 있다.

그런데 헤겔은 "체제가 이성적인 것은, 국가가 자신의 활동을 개념의 본성에 따라서 자기의 내부에서 구별하여 규정하는 한에 있어서이고, 더욱이 국가가 이들 권력들로 하여금 제각기 그 자신의 내부에 있어서 총체성이게끔 국가 자신의 활동을 구별하고 규정하는 한에 있어서이다"(272절)라고 이야기하고 나서 정치적 국가는 다음의 세 권력으로 구분된다고 한다. 곧 a.보편적인 것을 규정하고 확립하는 권력.—입법권, b.특수한 영역들과 개별적인 사건을 보편적인 것 아래로 포섭하는 권력.—통치권, c.최종의지결정으로서의 주체성의 권력.—군주권이다(273절). 헤겔은 ①3권의 구분은 개념의 세 계기(보편성, 특수성, 개별성)에 따라 이뤄져야 한다는 점, ②이렇게 구분된 3권은 다른 권력의 계기를 서로 자기의 내부에 포함함으로써 제각기 '총체성'을 형성하여야 한다는 점, 나아가 ③이들 3권이 서로 적대시하고 대항하는 관계가 아니라 '하나의 개체적 전체'를 이루어야 한다는 점을 강조하고 있다.

◎ 삼권분립론의 비판

특히 헤겔은 마지막 문제점을 역설한다. 몽테스키외나 칸트에게서 나타나는 3권 분립의 형태는 과연 '공공의 자유'를 보장할 수 있는 중요한 원리이긴 하다. 그러나 이 원리를 추상적으로 포착하면 모든 권력은 절대적 자립성을 지니고 있다는 식으로 규정하거나 권력관계가 상호 제한적으로 잘못 이해되거나 한다. 하지만 적개심이나 대항을 통하여 얻어지는 균형은 결코 생동하는 통일은 아니다. 상호제한기능이 통합기능을 감쇄시키지 않는, 참으로 유기적인 상호의존이야말로 헤겔이 추구하였던 바라 하겠다. 그에 의하면 집행권과 입법권이 자립하여 서로 대항하였던 대사건이 프랑스혁명이었다(272절 주). 더욱이 헤겔은 국가체제에 관한 몽테스키외의 '깊은 통찰력'을 여기에서도 칭찬하고 있지만, 그가 이해하고 있는 군주제는 국내공법관계가 개인과 직업단체의 사적 소유물이나 특전으로 확립되어 있는 형태의 봉건군주제였다고 본다(273절 주).

그런데 헤겔은 이러한 국가체제는 그 국민의 자기의식의 상태 및 형성에 의하여 결정된다고 생각한다. 거꾸로 말하면 "어떠한 국민도 자신에게 상응하고 자신에게 부합된 체제를 가지고 있다"(274절 주)는 것이다. 그래서 나폴레옹이 스페인 국민에게 주었던 것처럼 한 국가체제를 밖에서 부여한다 해도 성공하기는 어렵다. 국가체제는 수세기에 걸친 노작이고, 일정한 국민의 내부에서 형성되어온 이성적인 의식이다. 우리는 헤겔이 "변경은 그 국가체제에 적합한 방식으로만 이루어질 수 있다"(273절 주)고 이야기하고 있음에서, 그가 체제의 변경을 원칙적으로 부정하고 있지는 않지만 체제의 급격한 변화나 혁명에는 반대하고 있다는 점을 쉽사리 미뤄 볼 수 있겠다.

◎ 군주권의 규정

헤겔에 의하면 구별된 각 권력은 군주권에서 개체적 통일로 총괄된다. 따라서 군주권은 전체, 곧 "입헌군주제의 정점이요 기점이다"(273절). 그런 까닭에 먼저 군주권이 전개되어야 하겠는데, 이미 앞서 보았듯이 군주권 자신이 총체성의 세 가지 계기를 스스로 내포하고 있다. 헤겔은 이 계기들을 다음과 같이 설명한다.

①헌법 및 법률의 보편성, ②특수한 것을 보편적인 원리에 연관시키는 심의(審議), ③자기규정으로서의 최종결정의 계기. 이 가운데 마지막 계기인 절대적 · 자기규정 작용이야말로 군주권을 다른 권력들로부터 구별하는 원리이기 때문에, 먼저 이 계기가 이야기되는데(275절) 이에 앞서 헤겔은 국가주권에 관하여 말한다.

먼저 그는 정치적 국가의 근본규정은 "이 국가의 모든 계기의 관념성으로서 실체적 통일이다"(276절)라고 말한다. 그 뜻은 국가의 모든 계기, 요컨대 여러 가지 권력이나 직무 혹은 활동이 그 자체로서는 자립적 · 고정적이지 않으며, 어디까지나 전체의 목적에 의하여 규정되고 전체의 목적에 의존하고 있다는 점, 그것들이 단일한 자기로서의 국가의 통일 가운데에 궁극의 뿌리를 두고 있다는 점을 가리킨다. 그리고 이 규정이 국가의 주권을 구성한다. "주권이란 모든 특수한 권한의 관념성이다"(278절 주)라는 말도 같은 뜻이다.

이러한 마당에서 관념성이라는 일반적 사상에 지나지 않는 주권이 현실로 나타나는 것은 "오로지 자기 자신을 확신하고 있는 주체성으로서만", "의지의 추상적인, 그 추상성의 한도 내에서 다른 어떤 것에도 근거를 두지 않는 자기규정으로서만"이다. 그리고 이 국가주권의 주체성, 혹은 국가의지의 자기규정에 의하여 국가는 개체성을 획득한다. 그렇지만 헤겔에 따르면 "주체성은 그 참된 본연에서는 오직 주체로만 존재하고, 인격성은 단지 인격으로만 존재한다"고 하는데, 여기에서 군주가 도출된다(279절). —요컨대 국가는 선전포고라든가 조약의 체결과 같은 형태로 의지를 표명한다. 그런데 의지를 갖는 것은 주체이고 인격이다. 그 때문에 국가도 인격성을 지니게 되고, 또한 헤겔에 의하면 국가의 이 인격성을 대표하는 존재가 군주라고 한다. 주권을 지니는 것은 군주가 아니고 어디까지나 국가이지만, 국가주권은 군주의 존재를 필요로 한다. 이것이 주체성의 규정이다. 다음으로 자연의 규정에 의하여 세습군주제가 도출된다. "국가의지의 이 궁극의 자기는 추상적인 존재양식에 있어서는 단일하고, 따라서 직접적인 개별성이다. 그러므로 이 개념 그 자체 속에는 자연성의 규정이 포함되어 있다"(280절). 의지의 순수한 자기 규정은 자신 외의 다른 어떠한 것에 의해서도 매개되지 아니하며, 이성으로는 다스릴 수 없는 것이기 때문에 자연적인 것이라고 부를 수밖에 없다고 한다. 이리하여 군주는 '자연적 출생'을 통하여 그 지위에 오르게 된다.

◎ '짐이 의지한다'—형식적 결정의 정점

이러한 헤겔의 이야기는 정치적 국가의 최종 정점이 군주라는 한 개인에게, 결국에는 자연에 맡겨진다는 점을 의미한다. 이 점은 『인륜의 체계』에서도 거의 마찬가지이다. 이 논문에서는 절대적 신분(귀족) 상대적 신분(시민), 실체적 신분(농민)이라는 세 신분 사이의 관계를 조정하고 전체의 유기적 통일을 유지하는 직무를 절대적 통치하고 부른다. 그리고 그 절대적 통치는 절대적 신분에게 소속되면서도 여전히 그것을 벗어나 있는 사람들, 곧 "말하자면 현실적 존재를 제쳐두고 단적으로 이념적인 것에서 살고 있는 사람들," 예컨대 장노와 사제에게 위탁된다. 왜냐하면 그들은 "개체를 보편적인 것 속에 거두어 들이고 있는 듯한" 죽음=자연의 아주 가까이에 존재함으로써 어떠한 특수이해에도 사로잡히지 않고 각 신분사이의 이해를 절대적으로 조종할 수 있을 터이기 때문이다. 헤겔은 『인륜의 체계』에서도 "인륜은 그 영역으로부터 자연이라는 무의식적인 것에로 도망하여서는 안 된다"고 쓰고 있다. 마찬가지로 『법철학』의 군주도 사회적 존재로서가 아니라 자연적 존재로서, 사회의 모든 특수한 것으로부터 초연할 수 있다.

헤겔의 이 이야기는 『법철학』 가운데에서도 특히 혹독한 비판을 받아왔다. 이를테면 마르크스는 "국가의 최고정점에는 이성이 아니라 그 대신 순전히 물리적 자연이 마치 자기차지인 양 행동하고 있다"(『헤겔 國法論批判』)고 말한다. 마르쿠제는, "자유는 냉혹하고 비정한 자연의 필연성과 같은 꼴이 되어버리고, 이성은 결국 출생이라는 우연사에 귀착된다"(H. Marcuse, *Reason and Revolution*, The Political Philosophy, 『이성과 혁명』, 김현일 역, 제6장. 중원문화 2008년)고 이야기한다. 자연으로부터의 도약(take off)을 하나의 주제로 하는 헤겔의 사회철학이 여기에 와서 다시 자연으로 되돌아가는 점은 확실히 이론상의 문제를 내포하고 있다고 하겠다.

그렇지만 헤겔은 다른 한편으로 마치 이상의 논리적 전개를 뒤엎기라도 하듯이 다음과 같이 이야기하기도 한다. 곧, "군주는 심의의 구체적 내용에 구속되며, 헌법이 확정되면 군주로서는 주로 서명하는 일 외에 할 일이 없다"(279절 보). "확고한 질서를 갖춘 군주제에 있어서는 객관적인 측면은 마땅히 법률에만 귀속하고, 군주는 단지 이 법률에 주체적인 "짐이 의지한다"를 덧붙이기만 하면 족한 것이다"(280절 보). 헤겔은 또한, 군주는 '형식적 결정의 정점'에 지나지 않는다고도 이야기한다. 이러한 부분도 간과하여서는 안 되겠다. 이러한 만큼 그가 묘사하는 군주는 국가의 통일의 상징에 불과할 따름이다. 그리고 이 보유(보론 유고)에서 나타나는 헤겔의 의견이 그의 진의이고, 본문은 1820년 당시 헤겔이 처하였던 특이한 상황을 반영하는 것이라고도 짐작해볼 수 있겠다.

◎ 군주의 존엄성

한편 헤겔에 의하면 의지의 절대 무규정(근거)적인 자기라는 계기와 그렇기 때문에 또한 똑같이 근거를 갖지 않는 그 자기의 현존재라는 계기와의 통일이 군주의 존엄성을 이룬다. 그리고 이 통일에 의하여 국가의 현실적 통일이 확보되고, 아울러 국가는 왕위를 둘러싼 당파 사이의 투쟁을 면케 된다(281절). 더욱이 헤겔은 여기에서 신성로마제국이나 폴란드왕국에서 그 실례를 찾아볼 수 있는 선거왕국(=선거군주국, 큐르라이히)을 "모든 제도 가운데 최악의 것"이라고 부른다. 선거왕국에서는 선거인의 특수한 의지가 최종결정자가 되고, 국가체제는 일종의 선거협정으로 되고 말기 때문이다.

군주권에 포함되어 있는 다른 두 가지 계기에 관하여 언급해 두기로 한다. 첫 번째 계기(p.208의 ②)는 특수한 것을 보편적인 원리에 연관시키는 것이었는데, 이 계기가 현실로 나타난 존재가 최고심의기관과 그 기관에 속한 개인들이다. 이 직무에 취임하는 개인의 선임과 해임은 군주권에 속한다(283절). 또한 군주권의 세 번째 계기(p.207의 ①)는 보편적인 것과 관계된다. 이 보편적인 것은 주관적인 점에서 보면 군주의 양심 안에 있고, 객관적인 점에서 보면 국가체제 전체와 여러 가지 법률 안에 있다. 그리고 이러한 만큼 군주권은 다른 계기들을 전제로 하지만, 그것은 다른 계기들이 제각기 군주권을 전제하고 있음과 똑같다(285절). 여기에서도 헤겔은 국가 권력들의 유기적 관계를 강조한다. 이 관계에서는 부분(Teil)이 아닌 지절(Glied)이 서로 관계하며 더욱이 각 지절이 자신을 살림으로써 다른 것을 보전하고, 또한 다른 것을 보전하는 일이 자신을 살리는 길이다(286절 주). 그리고 끝으로, "국가를 입헌 군주제로 성숙시킨 것은 실체적 이념이 무한한 형식을 획득한 근대세계의 업적이다"(273절)라고 보는 그의 생각이 군주권 항목 전체에 깔려 흐르고 있다는 점을 부언해 두고자 한다.

◎ 통치권의 규정—전체정신과 국가정신

통치권은 특수한 영역들과 개별적인 사건을 보편적인 것 아래로 포섭하는 권력이다. 통치권에는 사법권과 폴리짜이권이 포함되는데(287절), 이미 앞에서 보았듯이 이 권한들은 시민의 자유로운 활동과 밀접한 관계를 지니기 때문에 헤겔은 이를 시민사회의 사법작용 및 폴리짜이 활동으로서 미리 설명해 두고 있다. 따라서 통치권의 전개는 군주권, 입법권의 경우에 비해 지극히 간단하다.

헤겔은 지방자치단체나 직업단체 혹은 신분단체와 같은 여러 단체(그는 이를 중간집단 ; Kreis이라고도 부른다)의 우두머리를 선출하는 데에는 이해관계인에 의한 보통선거와, 위로부터의 추인 및 임명의 혼합방식이 적당하다고 이야기한 다음, 다시 이들 단체의 의의를 논하고 있다. "시민사회는 만인의 만인에 대한 개인이해의 싸움터이다"(289절 주). 그러나 특수한 영역의 권한이 승인됨으로써 생기는 단체정신은 특수한 목적들을 보호하는 수단을 국가 안에서 가짐으로 인하여 그 자신 속에서 단체정신인 동시에 국가정신으로 전화한다. 그리고 여기에는 시민이 갖는 애국심의 비밀, 곧 시민이 국가를 자기 자신의 실체로 인식하는 일면이 있다. "단체정신에는 특수한 것을 보편적인 것 안에 뿌리를 내리게 하는 운동이 직접 포함되어 있다. 그러한 한에서 단체정신에는 시민이 심정으로 가지는 국가의 깊이와 강도가 존재한다"(위의 주).

대혁명을 통하여 창시되고 나폴레옹이 완성하였던 프랑스의 중앙 집권 제도에 따르면, 기실 통치의 능률은 최대한 발휘될른지도 모른다. 그러나 프랑스에는 직업단체와 자치단체가, 다시 말하면 특수한 이익과 보편적 이익이 일치되는 영역으로서의 중간집단이 결여되어 있다(290절 보). 헤겔은 「독일헌법론」 이래 일관하여 이 점을 프랑스 통치의 가장 큰 문제점으로 보고 있다. 시민사회에 수많은 집단이 존재함은 통치를 위해 불리한 요인이 결코 아니다. 오히려 이러한 각 단체, 공동체(Gemeinde)에서야말로 '국가의 본래적 강도'가 존재한다고 할 만하다. 그리고 이들 단체의 이익은 정부에 의해서 충분히 존중되어야만 한다.

◎ 각 집단의 중층적 구조

이어서 헤겔은 ①통치의 직무에 있어서 분업, 곧 관청의 조직화 문제(290절), ②각 개인의 통치의 직무에 대한 임명은 능력주의에 따라야 하는 점(291절), ③이 임명권은 군주에게 귀속되어야 하는 점(292절), ④공무원이 지켜야 할 의무(294절) 등에 관하여 이야기한다. 관리 및 관료제도에 관한 이들 논의에는 눈에 띄게 새로운 내용은 없다. 다만, 다음과 같은 헤겔의 말은 주목할 만하다. "국가와 피치자를 관청과 그 관리측에서 생기는 권력 남용으로부터 지키려는 목적은 한편으론 관청 및 관리의 위계

제와 책임제에서 직접 보장되고, 다른 한편으론 지방자치단체와 직업단체의 권한이 승인되고 있는 상태에서 보장된다"(295절). 그 이유는 이들 각 단체의 권한이 승인됨으로써, 관리에게 위임된 권력 속에 주관적 자의가 섞여들어가지 못하도록 저지되고 개개의 언동에까지 눈이 닿지 않는 위로부터의 감독을 아래로부터 보완하기 때문이다. 여기에서도 마찬가지로 통치에 있어서의 각 단체의 의의가 강조되고 있다. 헤겔이 관리와 관료제도에 대하여 큰 기대를 걸고 있음은 확실하다. 그가 관리에 간하여 국가의 당면한 중대사에 종사하는 가운데 "보편적인 관심과 견해 및 직무의 습관이 생긴다"(296절)라고 이야기하고 있는 것은 관리에 대하여 아주 소박한 신뢰를 갖고 있기 때문이라 하겠다. 그러나 그는 결코 관료주의자는 아니다. 관리의 권력을 제한하고 조정하는 문제에도 큰 관심을 품고 있는 터이기 때문이다. 상대적으로 자립적인 여러 가지 단체가 중앙권력과 균형을 유지하는 상태의 분화한 사회구조야말로 그가 지향하였던 바라고 생각된다.

헤겔의 국가론에서 개인과 국가권력의 중심점과는 결코 직접 결부되지는 않는다. 그 양자 사이에 신분, 직업단체 나아가서는 의회와 같은 허다한 집단이 존재하고, 매개기능을 해낸다고 이해되어 있다(303절 주, 308절 주 등을 참조). 이 점은 자립적 개개인에서 직접 국가주권의 구성을 논하는 홉스나, 로크 혹은 루소의 국가론과 뚜렷이 차이나는 점이다. 이를테면 루소는 일반의지가 충분히 표명되기 위해서는 국가 안에 부분사회가 존재하지 않고 각 시민이 자기 자신의 의견만을 말하는 것이 필수적이라고 하였다(『사회계약론』 제2편 제3장). 이러한 각 집단의 중층적 구조에 주목하게 되면 헤겔의 국가론을 다원주의적인 관점에서 특징지우는 것도 결코 불가능하지는 않다.

끝으로, 헤겔이 관리의 언행과 교양에 관해서도 이야기하고 있는 점을 언급해 두고자 한다. 그는 그 언행 등이 법률과 정부의 결정이 개개의 사항과 맞닿는 접속점이고 법률결정이 실제 사회에서 시행될 경우의 거점이라고 본다. 따라서 그것은 시민이 정부에 만족하고 신뢰하느냐 못하느냐 여부가 갈라지는 최초의 지점이다. 그 이유는 "감정이나 심정은 실시양식과 방법을, 실시되는 것의 내용 그 자체와 마찬가지로 동등하게 중요시하기 쉬운 측면이 있기"(295절 주) 때문이다. 여기에서도 헤겔의 관찰은 시민생활의 감정적 측면에까지 미치고 있고, 더욱이 참으로 적확한 지적을 하고 있다. 관리는 자신의 언행과 교양에 충분한 주의를 기울이지 않으면 안 된다. 헤겔으 이 관리신분을 군주와 민중의 중간에 위치하는 중간신분(Mittelstand)으로 파악하고, 이 신분이 갖는 "교양 있는 지성과 합법적인 의식"(297절)이 국가의 안정을 위하여 지극히 중요하다고 본다. 이에 부언하면, 헤겔의 부친은 뷔템베르크공국의 재무관이었던 터라서 관리는 헤겔 자신의 출신계층이었다.

◎ 입법권의 규정

헤겔에 의하면, 입법권의 대상은 계속 개정을 통하여 규정될 필요가 있는 범위내에서의 법률과, 내용상 완전히 보편적인 국내적 요건들, 두 가지인데(298절), 개인과의 관계에서 보면 다시 다음 두 가지 측면으로 자세히 규정된다. 첫째로 국가의 덕택으로 개개인이 향수하는 것, 여기에는 사적권리와 관계된 법률일반과, 지방자치단체 및 직업단체의 여러 권리, 그리고 완전히 보편적인 대책들, 나아가 간접적으로는 국가체제나 헌법 전체가 포함된다. 둘째로, 개개인이 국가에 대한 의무로서 이행하여야 하는 것, 요컨대 조세이다. 이것은 '보편적 가치로서의 화폐'로 환원되어 지불됨으로써 공평과 평등이 유지된다. 옛날에는 개인이 소유하는 구체적인 물건이 징수되고, 개인은 그 기능에 따라서 각각의 노역에 소집되었다. 그런데 오늘날의 국가는 필요한 물품을 사들인다(299절 보).

한편 총체로서의 입법권에는 ①최고 결정을 장악하는 군주의 계기, ②심의하는 계기로서의 통치권의 계기, ③의회라는 요소 등이 포함되어 있다(300절). 마지막의 의회라는 요소의 사명은 "주체적 · 형식적 자유의 계기를, 다시 말하면 다수자의 견해와 사상이라는 경험적 보편성으로의 공중의 의식을 의회에 나타내는 사명"이다(301절). 요컨대 의회의 사명은 입법이라는 본래의 기능에서가 아니라, 시민의 견해나 사상이 표명되는 현장으로 파악되고 있다.

앞의 인용문 속의 '다수자'(Die Vielen)라는 말과 관련지어서 헤겔은 '국민'(Volk)이라는 말에 독특한 주석을 덧붙인다. 곧 이 국민이라는 말로써 국가성원의 어떤 특수한 부분을 표현하는 경우에 이 말은 "자신이 바라는 것이 무엇인지 모르는 부분"의 뜻이라고 한다. 즉자대자적으로 존재하는 의지가 바라는 것, 이성이 바라는 것을 안다고 함은 깊은 인식과 통찰의 결실이고, 국민의, 그리하여 국민으로부터 나오는 대의원이 반드시 알고 있는 바는 아니다. 이 점에서 보면 국가의 최고관리 쪽이 한층 깊고 포괄적인 통찰을 갖추고 있는데, 그들은 의회가 있어도 끊임없이 최선의 것을 이루는 데는 의회나 다름없음은 물론, 의회가 없더라도 최선의 것을 이룰 수 있다. 그렇다면 의회의 업무는 무엇일까. 이를테면 의원들이 고관의 눈에 닿지 않는 곳에 있는 관리들의 행태를 꿰뚫어본다는 식의 '일종의 부수적인 통찰'을 하는 점에 있다(301절 주). 헤겔은 통치권을 서술함에 있어서는 오히려 관리의 독주를 억제하는 여러 단체의 의의에 주목하고 있는 데 비하여 여기에서는 최고관리의 깊고 포괄적인 통찰을 강조하고 있다.

◎ 매개기관으로서의 의회—의회와 신분

의회가 매개기관으로 파악되는 경우에는 정부 일반과, 특수한 각 영역 및 개개인으로 해체된 국민, 요컨대 시민사회와의 중간에 위치한다. 따라서 의회에는 특수한 영역들 및 개개인의 이익에 대한 감수성과 심정뿐만 아니라 국가, 그리고 정부의 감수성과 심정을 지닐 것이 요구된다. 이와 동시에 의회는 통치권과 협동하여 군주권과 시민사회를 매개한다(302절).

의회는 시민사회의 신분편성을 기초로 하여 그의 매개기능을 해낸다. 그렇지만 시민사회는 세 가지 신분 가운데 보편적 신분은 통치권을 담당하고 원래 보편적인 것을 활동의 목적으로 하고 있으므로, 여기에서 문제되는 것은 두 가지 사적 신분, 곧 농업신분과 상공업신분이다. 먼저 농업신분에 관하여 살펴본다. 이 농지소유자 신분은 교양있는 부분인 토지귀족과 농민으로 구별되는데(306절 보), 의회와 관계되는 신분은 전자이다.

①의회가 경험적 보편성의 입장을 취한다고 규정할 경우 이 의회와 군주권을 매개하는 중간항이 현실로 뚜렷이 나타나지 않으면 안 되는데, 앞의 교양있는 부분이 이 중간항으로 현존한다. 다시 말하면 이 교양 있는 부분은 상원을 구성하고, 군주권과 의회를 의회의 입장에서 매개한다(304절). ②이 부분이 중간항으로 선택되는 이유는 그 신분층이 가족생활과 토지소유를 토대로 하고 있고, 특수성이라는 점에서는 자기 자신의 의지를 가지고 있으며 아울러 장자상속제라고 하는 자연규정을 군주와 공유하고 있기 때문이다(305절). ③이 부분은 선거에 의하지 않고 출생을 통하여 의회에 들어간다(307절).

다음으로 상공업 신분을 살펴본다. ①이 신분은 지방자치단체나 직업단체 등 시민사회의 여러 단체를 기반으로 하여 대의원선출을 행하고, 이 선출된 대의원을 통하여서만 의회에 들어가서 하원을 구성한다(308절). ②공무에 능통한 개개인이 신뢰를 바탕으로 하여 대의원으로 결정된다는 점, 또한 그들이 그들 단체의 특수한 이익을 고집함이 없이 보편적 이익을 관철한다는 점이 바람직하다(309절). ③시민사회의 각 부문은 대표를 내세울 권리를 평등하게 지닌다. 대의원은 개개인의 대표자, 다수의 무리 중의 대표자가 아니라, 사회의 본질적인 각 영역의 대표자이고, 그 영역의 커다란 이익의 대표자이어야만 한다(311절 주). 헤겔은 대의원을 선출하기 위한 선거를 부정하지는 않지만 적극적인 의의를 인정하지도 않는다.

헤겔의 의회론에는 이처럼 근대적인 내용과 전근대적인 내용이 한데 섞여 있는데 그가 그려내는 의회는 전체적으로 근대적인 대의제 의회로서의 일면보다도 시민사회의 각 신분을 대표하는 신분제 의회로서의 일면을 뚜렷하게 지니고 있다고 하겠다.

◎ 의회의 공개

의회의 사명이 주체적·형식적 계기의 나타냄 및 매개기관이라는 두 가지 시점에서 설명되어 있는데, 나아가 헤겔은 여기에서 의회에서의 토론과 공개에 관하여 논한다. 이 문제도 주체적·형식적 계기의 나타냄과 관련된다. 왜냐하면 의회의 공개를 통하여 "누구나 아는 계기"가 확장되기 때문이다(314절). 헤겔은 다음과 같이 역설한다. "공개된 의회는 시민을 도야하는 데 특히 효과적인 대연극이고, 국민은 이 토론에 접함으로써 비로소 자신들의 이익의 참된 측면을 가장 많이 알게끔 된다. ……공개가 이루어지고 있는 국민에게는 국가의 문제에 관하여 의회가 존재하지 않는다든가 혹은 존재하여도 공개되지 않는 따위의 나라와는 전혀 다른 활기가 나타난다"(315절 보).

참으로 맞는 말이긴 하지만 앞에서 보편적인 것을 규정하고 확정하는 것으로 규정된 입법권 본래의 기능은 총체로서의 입법권 속의 군주적 계기와 통치권적 계기, 특히 후자에 거의 맡겨지고 의회에는 아주 소극적이 역할만이 남겨지고 있을 분이다. 이 점에서도 헤겔이 개혁된 프로이센의 관료제국가를 각별히 좋아하였다는 사실이 엿보인다. 그렇다고는 하나, 『법철학』이 간행된 1821년에 프로이센왕은 국회개회의 무기한 연기를 명령하였다는 점을 감안해 보면 헤겔의 의회론은 배심재판론과 마찬가지로 어느 정도 선구적 성격을 지니고 있다고 이야기할 수 있겠다.

더욱이 헤겔은 대의원의 선출과 관련해서, 대국(大國)에서는 자신의 한 표 따위는 그다지 효과를 올리지 못한다는 생각에서 필연적으로 정치적 무관심이 발생한다고 이야기한다(311절 주). 똑같은 지적은 「1815 · 16년 뷔템베르크왕국 지방민회의 토론」이나 「영국 선거법 개정안에 관하여」 등의 글 속에서도 보인다. 그가 국가를 원자론의 체계가 아니라 어디까지나 '매개의 체계'(302절 보)로서 파악하고 있는 이유도 이러한 큰 국가의 약점을 극복하기 위해서이다.

◎ 여론에 있어서 진실과 허위

헤겔이 주체적 · 형식적 자유라고 이름한 것은, 개인이 개인으로서 공무에 관하여 스스로의 판단과 의견 및 제언을 갖고 이를 발표하는 것이고, 의회의 사명은 이 자유를 나타나게 하는 데 있었다. 그런데 그에 의하면 이 자유는 또한 여론이라고 일컬어지는 총괄적인 모습으로 나타난다. 그리고 여론 속에는 실체적으로서 참된 것이 그 반대의 것, 곧 다수자의 사견에 불과하여 그 자신으로서는 개인 독자의 특수한 것과 결합되어 있다(316절). 이리하여 헤겔은 다음과 같이 양면가치적(Ambivalenz)인 결론에 도달한다. "그러므로 여론은 존경될 만하기도 하고, 경멸될 만하기도 하다. 경멸될 만하다 함은 여론의 구체적인 의식과 밖으로 나타난 모습에서 보는 경우이고, 존중할 만하다 함은 여론의 본질적 기초를 들여다보는 경우에 그러하다. 그런데 이 기초는 다소간 흐려져서 구체적인 여론 속에서만 영현할 따름이다(318절). 여론 자신은 유감스럽게도 그 본질적 기초를 자각하는 능력을 갖고 있지 못하기 때문에 그 기초를 간파하여 실현해나가는 일은 정치적 지도자의 사명으로 된다 하겠다.

여론에 관한 헤겔의 이야기는 입법권의 영역을 벗어나서 역사상 위인(세계사적 개인)과 시대정신의 관련이라는 역사철학의 주제에까지 결부되어 간다. “시대가 의지하고 있는 것을 표현하고 그것을 시대에 알려주고 그리고 성취하는 자, 이 자야말로 시대의 위인이다. 그는 시대의 심층 속에 숨어 있는 본질을 수행하고 시대를 실현한다”(위의 절 보). 헤겔의 여러 저작들이나 강의에는 이러한 인물로서 전설상의 인물인 테세우스를 비롯하여 알렉산더, 시이저, 리셜리외, 로베스피에르, 나폴레옹 등등이 등장한다. 특히 나폴레옹에 대하여 헤겔은 바로 동시대의 세계사적 개인으로 보아 항상 변함없는 경의를 품었던 듯하다. 그는 어떤 편지 속에서 “말 위에 올라서서 전세계를 호령하는 이런 개인을 조망하면 불가사의한 기분이 듭니다. ……그를 찬미하지 않을 수 없습니다”(1806년 10월 13일자 니이트하머에게 보낸 편지)라고 써서 남기고 있다.

◎ 대외주권—헤겔의 전쟁관

헤겔에 의하면, 정치적 체제란 첫째로 국가의 조직인데, 국가의 유기적 생명이 생명 자신과의 관계에서 영위하는 생활과정이다. 둘째로는 하나의 개체성으로서 배타적인 일자(Eins)이다. 그리고 이 일자는 다른 여러 타자와 관계를 맺고, 자신의 구별작용을 밖으로 향하게 한다(271절). 첫 번째 측면이 우리가 이제까지 보아왔던 Ⅰ.국가체제 그 자체이고, 두 번째 측면이 지금부터 전개되는 Ⅱ.대외주권 바로 그것이다. 이리하여 국가는 외국과의 관계에 들어가는데, 이 단계에서 현실적 정신의 대자존재(그 자신만으로의 존재)가 현존재를 지니게 되므로, 국가의 독립이야말로 한 국민의 으뜸가는 자유이고 최고의 명예이다(322절).

국가가 이러한 대자적 존재라는 점이 나타나는 것은 말할 것도 없이 대외관계, 특히 전쟁에 있어서이다. 그리고 이때 평상시에는 자기 자신의 여러 가지 특수성 속에서 살고 있는 유기체가 주권이라는 단일개념에로 수렴하여 일치단결한다(278절 주). 또한 이때 개인에게는 자기 자신의 소유나 생명마저도 위험을 무릅쓰고 희생시킴으로써 이 실체적 개체성을, 곧 국가의 자립과 주권을 유지할 의무가 생긴다. 헤겔은 전쟁에 관하여 다음과 같이 이야기한다. "현세의 재물의 덧없음은 여느 때라면 늘상 틀에 박힌 설교의 테마에 불과하지만, 전쟁은 이 덧없음이 진실로 느껴지는 상태이다. 그러므로 전쟁은 특수한 것의 관념성이 그 권리를 획득하여 현실로 되는 계기이다"(324절 주). 그는 칸트의 논문 「영구평화를 위하여」를 풍자하기를, 지속적인 물결의 정적은 바다를 부패시키게 되듯이 영구평화는 물론이고 지속적인 평화조차도 각 국민을 부패시키게 되리라고 한다.

전쟁은 절대적인 해악이라거나 순전히 외면적인 우연이라고 보아서는 안 된다. 전쟁에는 도리어 각 개인으로 하여금 그들이 빠져들고 있는 협애한 시민사회의 이해관계를 벗어나오게 하여주는 인륜적 계기가 존재한다. 헤겔의 이러한 발언은 매우 절박한 것이라고 하지 않을 수 없다. 그가 살던 시대의 전쟁과 오늘날의 그것과는 근본적으로 성격이 다르다. 만일 그가 인류사상 두 차례나 걸쳐 비참한 세계전쟁을 겪었던 20세기에

살았더라면, 그 때에도 이와 똑같은 발언을 했겠는가는 의문이다.—어쨌든 헤겔이 결코 전쟁을 좋다고 이야기했다고는 할 수 없다. 전쟁은 국가 성원의 단결을 가져온다고 하는, 어떤 의미에서는 평범한 사실을 솔직하게 말하고 있을 따름이다. 이 취지는 그가 유럽국가들 사이의 관계를 어떻게 이해하고 있었는가를 살펴볼 경우 한층 뚜렷해진다. 결국 뒤에서 보듯이, 그는 현실의 전쟁에 관하여 이와 상이한 견해를 나타내고 있다.

◎ 국제공법

헤겔은 이상으로 A의 국내공법에 관한 논의를 마치고, 다음 B의 국제공법으로 이야기를 옮긴다. 앞서 본 대외주권의 항목이 국외에 대한 주권의 작용을 국가의 내부문제로 다루었던 데 비하여 여기에서는 국가들 사이의 관계가 조감되고 있다. 헤겔은 먼저 국가 승인의 문제를 제기한다.

개인이 다른 인격들과의 관계가 없이는 현실적 인격일 수 없듯이, 국가도 다른 국가들과의 관계를 제쳐 놓으면 현실적 개체일 수가 없다. 따라서 국가의 정통성은 한편에서는 국내와 관련된 관계, 곧 당해 국가의 체제나 헌법과 관련된 관계이지만, 다른 한편 그 정통성은 다른 국가들로부터 승인됨으로써 완전한 것이 되어야 한다. 그러나 승인받기 위하여서는 다른 국가들에 대하여 자국(自國)의 승인을 요구하는 당해 국가가 다른 국가들을 똑같은 방식으로 승인하리라는 보장, 다시 말하면 다른 국가들의 독립성을 존중하리라는 보장이 필요하다(331절 주). 국가는 '지상의 절대적 위력'(331절)이기는 하여도 다른 국가들에 의한 승인을 필요로 함인

데, 모든 국가는 서로 완전히 평등하다.

그러나 이러한 국가들 사이의 관계는 제각기의 국가주권을 원리로 삼고 있기 때문에, 국가들은 서로 이른바 자연상태에 놓여 있다. 요컨대 자국의 권리는 초국가적인 위력으로서 제도적으로 확립된 보편적 의지에 근거를 두고 있는 것이 아니라, 저마다의 특수한 의지에 근거하여 현실적인 효력을 갖는 데 불과하다. 따라서 국제공법, 일반적으로 말하면 국제법은 어디까지나 당위(Sollen)에 그치고, 그 실상은 "조약에 따르는 관계와 이 관계의 파기를 번갈음"의 상태가 되어버린다(333절). 그리하여 국가간의 싸움은 국가들 서로의 특수한 의지가 합의점을 찾아내지 못하는 한, 전쟁을 통하여 해결될 수밖에 없다.

◎ 전쟁을 억제하는 길

헤겔은 대외주권의 항목에 이어 여기에서 다시 전쟁 문제를 논급하고 있는데 이번에 이 문제를 다루는 방식은 앞의 경우와는 다르다. 그는 국가가 국가로서 상호 승인한다는 내용에는 전쟁에 있어서조차 하나의 유대가 존속한다는 뜻이 포함되어 있다고 한다. 그리고 모든 국가는 서로 즉자대자적으로 존재한다고 보는 데에서 이 유대가 이뤄지고 있기 때문에 전쟁은 한창 때에 있어서조차 "겪어 넘어가야 할 일시적인 것"으로 규정된다. 따라서 전쟁에는 다음과 같은 국제법상의 규정이 포함된다. 곧, "전쟁중이라 하더라도 평화의 가능성을 잃어버리지 않는다는 것, 그러므로 이를테면 적국(敵國) 사절 등을 존중하여야 한다는 것, 대체로 전쟁을 국내의 모든 제도, 평화로운 가정생활이나 사생활, 사적 인격에 대하여 행하지 않는다는 것 등과 같은 규정이다"(338절).

더욱이 헤겔은 "유럽 각 국민은 그의 입법, 습관, 교양의 일반적 원리에 따라서 하나의 가족을 이루고 있다"(339절 보)고 하는 참으로 주목할 만한 발언을 하고 있다. 그리고 전쟁상태에서는 이 원리를 준거로 하여 국제법상의 행동방식이 수정된다고 말한다. 습관이란 어떠한 상태에 처하더라도, 요컨대 전쟁 상태하에서도 유지되는 "행동방식의 내적 일반성"(339절)이어서, 전쟁의 확대를 억제하는 힘을 지니고 있다고 말한다.

◎ 국가와 세계사

그러나 그렇다고 해도 국가들 위에 위치하는 법관은 존재하지 않는다. 다시 말하면 국제공법은 어디까지나 국가들의 주권적 의지에 바탕을 두고 있고, 그 자체는 국가들에 대하여 하등 강제력을 지닐 수 없다. 그렇다면 국가들이 빼도 박도 못하는 대립과 항쟁의 상태에 빠진 경우 이 상태를 종결짓는 것은 필경 전쟁, 폭력밖에 없단 말일까. 만일 그렇다고 하면 세계를 궁극적으로 지배하는 것은 폭력이라 할일까. 헤겔은 그렇지 않다고 답한다. 아무리 특정한 국가 혹은 국가들의 연합이라는 형태로서의 법관은 존재하지 않는다 하더라도 세계정신이라는 법관이 존재한다는 것이다. 그리고 이 법관은 "세계 심판으로서의 세계사"(340절)를 무대로 하여 자신의 지고한 법을 집행한다. 이리하여 헤겔은 B의 국제공법에서 C의 세계사로 이야기를 옮겨간다.

그런데 헤겔의 세계정신 및 세계사에 관한 논의는 그의 『역사철학』에서 상세하게 전개되고 있음은 물론이다. 여기에서는 두 가지 점만을 지적하는 것으로 그치고자 한다. 첫째는 헤겔이 "인류의 완성가능성"(343절 주)을 확신하고 있다는 점, 역사가 하나의 목적을 뚜렷하게 갖고 있다고 보는 점이다. 그에게 있어 세계사는 이성이 자기를 실현하여 가는 과정 그 자체이고, 결코 맹목적인 운명의 "추상적으로 몰 이성적인 필연성" 따위는 아니다. 헤겔은 이 점을 다음과 같이 표현하고 있다. "오히려 세계사는 오로지 정신의 자유의 개념에서 비롯된 이성의 각 계기의 필연적 발전, 따라서 정신의 자기의식과 정신의 자유와의 필연적 발전이고—보편적 정시의 전개이며 실현이다"(342절).

둘째는 세계사에 있어서 자기를 실현하는 세계정신(이성)과 각각의 개인, 국가, 혹은 국민(Volk)과의 관계이다. 헤겔에 의하면, 이들은 세계정신이 자기를 실현하는 과업 속에서 저마다 특수한 어떤 원리를 담당하여 출현한다. 물론 이들도 각자 자신의 목적을 추구하지만, 그러나 동시에 "세계정신의 내적 과업의 무의식적인 도구이며 지절"(344절)인 것이다. 그리고 이들의 모습이 세계정신의 과업 속으로 사라져가는 데 반하여, 세계정신은 그들을 수단으로 삼으면서, 자신의 보다 높은 다음 단계로 이행하여간다. 이것이 바로 헤겔의 그 유명한 **이성의 교지**(혹은 간계, 간지)라는 사상이다.

마지막으로 헤겔은 "세계정신의 자기의식이 자신의 해방으로의 길을 걸어감에 있어서 취하는 형성태, 곧 세계사적 치세"(治世 : Reich, 352절)에 대해 언급하고 있다. 동양적 치세, 그리스적 치세, 로마적 치세, 및 게르만적 치세가 그것이다. 이들에 관한 『법철학』의 서술은 압축되어 있기 때문에 매우 난삽한 표현이 되고 있다. 오히려 『역사철학』에서 생생하게 나타난 서술내용을 참조하여야 할 것이다.—헤겔은 네 가지 세계사적 치세의 약술을 끝으로 『법철학』=객관적 정신의 논의를 매듭짓고 절대적 정신론, 곧 예술, 종교, 철학의 세계로 옮겨간다.

◎ 헤겔과 근대국가

헤겔의 사회이론을 이야기할 때면 시민사회와 국가의 관계가 커다란 문제로 대두되는데, 이 문제를 생각하는 데에는 『독일헌법론』의 근대국가관이 커다란 도움을 주리라고 본다. 그는 이 논문의 총론에서 국민의 자발적 노력이 국가에게 아주 중요한 사항이라고 못박은 다음, 그 자발적 노력은 "국가 최고권력이 가능한 한 많은 일을 시민자신의 배려에 맡길 때에 비로소 생명을 지닌다"고 이야기한다. 가장 중요한 사항(당시의 헤겔에게는 군사와 재정이다)은 국가권력이 장악한다 하더라도 그 밖의 것은 가능한 한 많은 부분을 시민의 자유로운 활동에 맡기라는 생각이다. '읍면의 학교장 임명'이라든가 '마을 회의장의 유리창 끼우기' 등과 같은 사소한 일거리들까지 명령, 관리 및 감독하려고 드는 식의 권위주의적 국가야말로 헤겔이 거부하였던 바이다. 이처럼 그는 시민의 자유로운 활동을 옹호한다. 그러나 그가 보는 시민사회는 개인과 전체의 유기적인 결합을 실현할 수 없다. 예컨대 아담 스미스가 강조한 분업에 의한 생산력의 증진, 그리고 생산력의 증진에 의한 사회의 일반적 부유화라는 연계도(『국부론』 제1편 제1장) 헤겔에게는 동전의 이면에 불과할 따름이다(요컨대 노동은 소외를 가져온다). 특히 시민사회의 순조로운 발전이 빚어내는 빈곤문제에 대하여 그는 시민사회의 범위 내에서는 참으로 유효한 해결책을 찾아낼 수 없다고 본다. 거기에서 그는 매우 복잡한 구조를 갖춘, 매개의 체계로서의 국가상을 구성해낸다. 이 국가를 통하여 그는 부르주아를 시뚜아엥이 되도록 하였다고 말할 수 있겠다. 그러한 의미에서 헤겔의 국가론은 시뚜아엥의 형성을 위한 교육론이라고도 볼 수 있을 듯하다.

같은 말을 다음과 같이 표현할 수도 있겠다. 이미 거듭 이야기했듯이 헤겔은 공동, 즉 자유라는 독자적 인간관을 지표로 하여 국가론을 전개해 나간다. 그러나 그의 인간관은 결코 전체주의라고는 할 수 없다. 다시 『독일헌법론』을 옮겨보면, 그는 독일 국가체제의 근대화를 위하여 '억압 없는 전제정치'와 '완전한 해체'의 중간에 놓인 길을(대의제도에서) 찾아내지 않으면 안 된다고 역설하고 있다(별론 제10절). 그는 전제도 무정부상태도 모두 똑같이 거부하는 것이다. 헤겔이 즐겨 쓰는 말로 표현하자면, 주체적 자유의 원리, 이 원리야말로 근대의 원리이고, 부정도 억압도 불가능하다. 이 점에서 그는 계몽주의의 전통을 뚜렷하게 계승하고 있다고 할 수 있겠다. 그러나 그로서는 이 원리를 완전히 방임할 수는 없다고 보았다. 이 원리를 보장하면서, 한편 그것을 어찌하면 전체를 유지하면서 제도적으로 결부시켜 나가느냐라는 문제를 밑바탕으로 하여 그의 국가론이 성립하고 있는 것이다.

헤겔의 사회이론에 대하여는 전체주의라고 보는 비판, 초국가주의(Ultra-nationnalism)라고 보는 비판, 혹은 반동적이라는 비판이 그칠 새 없다.

그러나 낱낱의 말이나 문장에 얽매이지 아니하고 그의 이론을 판단할 때, 그들 비판은 도저히 정곡을 찌르고 있다고 하기 어렵다. 여기에서 마르크스에 관하여 한마디 해보면, 마르크스도 또한 『법철학』을 비판하였음은 확실하다. 그렇지만 그가 왜 비판을 하였는가를 보면, 그 이유는 헤겔 법철학의 선진성 때문이었다. 헤겔을 비판함으로써 "현대가 그야말로 문제라고 느끼고 있는 문제들의 한가운데에 설" 수 있기 때문이었다(『헤겔 법철학비판 서설』). 그리고 근대사회에 있어서의 개체와 전체의 합일이라는 헤겔의 과제를 한 번 더, 그러나 이번에는 시민사회를 뛰어넘은 곳(국가)에서가 아니라 시민사회 그 자체 속에서 추구하는 작업이 마르크스의 생애를 건 과업으로 된다.

헤겔은 근대사회에 있어서의 개체와 전체의 합일이라는, 참으로 이상주의적인 과제를 설정하였다. 그리고 만일 그 해답이 최고관료의 보편적 통찰이었다면 —그만큼 입법권의 의의가 당연히 약화되는 것은 아니다— 오늘날의 눈으로 볼 때 그가 이 과제의 해결에 상공하였다고는 말하기 어렵다. 그 이유는 오늘날 자본주의국가나, 사회주의국가를 불문하고 관료제도는 매우 커다란 문제를 빈번히 일으키고 있기 때문이다—일찍이 정치학자 H.J. 라스키는 헤겔이 "정치적 권력은 직업과는 완전히 독립하여 생긴다"(『국가』 제1장)는 사실을 통찰하지 못하였다고 말하면서 논박한 적이 있다. 라스키의 헤겔 비판은 많은 경우 타당성이 결여되어 있으나, 이 지적만큼은 중요하다.— 그렇지만 복잡한 구조를 갖춘 국가체제에 의하여 개체와 전체와 매개를 도모하고자 하였던 헤겔의 문제제기는 오늘날에도 결코 낡은 생각이라고는 할 수 없으며, 오히려 그 중요성을 증대시켜가고 있다고 하겠다.

보 론

『법철학』의 이해를 위하여

上妻 精

헤겔의 묘

보 론

『법철학』의 이해를 위하여

1. 『법철학』의 해석사

◎ 마이네케의 말

F. 마이네케는 헤겔에 대하여 다음과 같이 이야기한다. "보수적인 사상가, 자유주의적인 사상가, 급진적인 사상가, 또한 역사적인 사상가, 순수 이론적인 사상가, 나아가 국민주의적인 사상가나 세계 시민주의적인 사상가 모두가 헤겔의 체계로부터 가르침을 바라고, 이 체계를 저마다의 목적을 위하여 일면적으로 이용할 수 있었다. ……그로부터 받는 자극은 어떠한 토대 위에도 이식되어 풍만한 결실을 빚어냈다. 그리고 특히 국가에 관한 헤겔의 교설은 아주 극단적으로 상반되는 방향으로 영향을 끼쳤다" (『세계 시민주의와 국민국가』). 확실히 헤겔만큼 평가가 갈라지는 사상가도 드물다. 그 중에서도 그의 법철학은 발간된 이래 독일의 정치정세가 그때그때 변화함에 따라서 여러 가지 해석을 낳고 있다. 이제 이 해석의 변천 상황에 관하여 더듬어 보기로 한다.

◎ 최초의 반향

헤겔은 『법철학』의 공간을 단념할 수는 없었다. 그가 자연법과 국가학에 관한 책을 쓴 사실은 그의 친구들을 비롯하여 세상이 다 아는 일이고, 출판을 단념하게 되면 그 이유를 둘러싸고 억측을 자아낸 끝에 그의 사상이 의심을 받아 나중에는 알텐쉬타인을 필연코 궁지에 몰아넣는 결과를 낳기 때문이다. 사람들은 긴장 속에서 이 책의 출판을 기대하였다. 이리하여 『법철학』은 복고체제와 이에 반발하는 학생 및 지식인과의 대립이 격화되는 1820년 가을에 성립하였다.

이 책은 널리 사람들의 관심을 끌어 모았다. 출판 직후인 10월 14일, 하이델베르크에 있던 힌릭스는 헤겔에게 그곳에서 책이 순식간에 다 팔리고 책방에 주문이 쇄도하고 있다고 알려왔다. 그러나 책의 평가는 구구하였다. 1821년 8월 24일에 문부대신 알텐쉬타인은 헤겔에게 "귀하는 현상황을 인식하지 못하고 쓸데없이 비난하며, 특히 국가에 관한 자의적인 이상을 즐겨 내세우는 위험한 풍조로부터 귀하의 강의를 듣는 사람들을 지키는 데 성공하셨습니다"라고 감사의 뜻을 전한다. 이에 반해 헤겔로부터 비판을 받았던 프리스나 후고를 비롯하여 드베테, 사비니, 쉴라이어마허 등이 이 책에 대하여 격렬한 반감을 품었던 사실은 두말할 나위도 없다. 특히 후고는 21년 4월에 『괴팅겐학보』에 책의 서평을 싣고, 자신의 책에 대한 헤겔의 비판을 포함해서, 헤겔은 자기 마음에 들지 않는 문장과 부닥치면 그 뜻을 충분히 이해하지 못한 채로 자기 글에서 그 문장을 특별한 활자 체로 부각시켜 인용하기를 즐기고 있다고 이야기하고, 아울러 헤겔의 양심도덕에 대한 비판을 가리켜, 자신의 철학적 적대자를 선동자로 날조하여 매장시키고자 하는 획책이라고 비난하였다. 이에 대해 화가 난 헤겔은 곧바로 『일반문예시보』에 반박하는 글을 썼다. 그러나 1821년부터 22년에 걸쳐 발표되었던 10여 편의 서평도 거의 다 헤겔에 대하여 비판적이었다. 그 비판내용은 주로 이성과 현실의 화해를 설명하는 헤겔의 입장, 세습에 의한 군주제를 이끌어내는 헤겔의 논리, 그리고 프리스를 비롯한 다른 사람들을 비판하는 경우에 보여주는 헤겔의 가차없는 태도에 쏠렸다. 이 비판적인 서평 가운데에는 파울스의 글(p.42면 참조)도 포함되었다.

◎ 프로이센국왕과 간스

그러나 『법철학』의 반향은 여기에만 그치지 않았다. 이윽고 보수적인 입장으로부터 헤겔비판이 나타났기 때문이다.

이미 1822년부터 23년 사이의 겨울학기 강의에서 헤겔이 국가의 정점에 위치한 군주가 자연이라는 우연성에 맡겨져 있다고 보는 그의 이론에 대한 비판에 응답하는 형태로서, 발전할 국가에서는 모든 권력이 법률에 따라 객관적으로 수행되고 군주의 지위는 형식적인 데에 불과하다고 설명하였을 당시, 이 강의 내용을 전해 들은 프리드리히 빌헬름 3세는 매우 불쾌한 뜻을 표명하였다고 한다. 또한 1828년에서 29년 사이의 겨울학기에는 간스가 헤겔을 대신하여 『법철학』을 교재로 강의하였는데, 국왕을 비롯한 그 측근들은 간스의 지나친 자유주의적 해석에 대하여 커다란 의구심을 품었다. 그리고 이러한 헤겔철학에 대한 비난은 1830년대에 들어서면서부터 점차 드세어져간다. 이 상황을 단적으로 나타내 주는 것은 1830년 뮌헨대학 교수 쉬타알(F. J. Stahl)의 『역사적 견지에서 본 법철학』에 발표된 헤겔비판이다. 그는 세계를 합리주의의 미망으로부터 건져내는 셸링철학의 영향을 받아 국가를 신의 의지의 실현으로 보고 군주권의 절대불가침설을 주장하는데, 이 입장에서 국가를 자유 이념의 실현으로 설명하는 헤겔의 이성주의를 비판하였다.

이러한 와중 속에서 헤겔 사후 그의 지위를 이어받은 간스가 1833년에 『법철학』 제2판에 덧붙인 '머리말'은 주목할 만하다. 거기에서 간스는 쉬타알의 비합리주의를 비판함과 아울러, 헤겔의 입장을 보수적이라고 규정짓는 비판도 고려하여 다시금 『법철학』을 꿰뚫는 주제는 자유의 이념이라는 점을 강조하였다. 동시에 그는 구체적으로 재판이나 의회의 공개성, 배심제도, 국가의 논리적 · 필연적인 정점으로서의 군주의 지위 등을 열거하면서 『법철학』이 지니는 합리적 성격을 천명하기에 힘쓰고 있다. 『법철학』을 가장 올바르게 평가할 수 있는 사람은 저자인 헤겔을 빼놓고 보면 실제로 국가권력을 장악한 군주이거나, 아니면 헤겔과 가장 가까운 인물이다. 만일 이러한 가정이 가능하다면 우리는 앞서본 국왕의 반응과 간스의 해석을 통하여 『법철학』이 어떠한 책인지를 단적으로 이해할 수 있다고 하겠다.

이와 관련하여 1840년에 프리드리히 빌헬름 3세와 알텐쉬타인이 잇달아 서거한 다음, 그 대신 낭만주의자인 프리드리히 빌헬름 4세가 즉위하고 아이히호른이 문부상에 취임하게 되자 헤겔철학을 베를린대학에서 추방하기 위하여 간스의 후임자로 셸링과 쉬타알이 초빙되었던 것이다.

◎ 헤겔학파의 분열

헤겔철학은 그 체계적인 포괄성으로 인하여 일찍이 헤겔 생전에도 많은 사람들의 관심을 끌어 모았다. 그러나 대립하는 것을 변증법적인 논리에 의하여 지양해나가는 데에서 성립하는 헤겔철학은 이미 그 자체 속에 서로 다른 이해와 논리전개를 허용할 가능성들을 잠재시키고 있다. 그리고 1831년 헤겔의 죽음은 이 철학이 지닌 가능성들을 한꺼번에 꽃피게 한 계기가 되었다. 베를린대학에서 헤겔철학을 공부한 젊은 헤겔학도의 진출, 1830년 프랑스의 7월 혁명, 1831년 영국 선거법개정운동과 1833년의 독일관세동맹의 결성 등의 정세변화가 이러한 헤겔철학의 변모에 대한 상황적 여건을 마련해주었다. 신성동맹은 해체되고 새로운 시대가 열린 것이다.

헤겔학파의 분열은 맨 처음 신학문제를 둘러싸고 진행되었는데 1840년대에 들어서자, 정치문제가 그 중심을 이루게 되었다. 자유와 통일을 요구하는 민중운동이 3월혁명을 향하여 고양되어감에 따라서 프리드리히 빌헬름 4세에 의한 프로이센국가의 반동적 경향이 점차 강화되어갔기 때문이다. 그리고 1848년 3월 혁명에서 프랑크푸르트 국민의회, 1866년 독일연방의 해체, 그리고 1871년 프로이센에 의한 독일제국의 성립에 이르기까지 현실정세가 격렬하게 움직여감에 따라서 헤겔의 국가론은 제각기의 정치적 입장에서 서로 다른 해석을 낳게 되었다.

일반적으로, 분열된 헤겔학파는 우파와 좌파 및 중도파 세 부류로 구별된다. 정치적 입장에서 이 구별을 보면, 우파는 프로이센국가의 지배를 옹호하는 보수주의, 좌파는 독일의 전면적인 변혁을 지지하는 급진주의, 중도파는 온건한 자유주의 입장이라고 말할 수 있다. 헤겔이 이성과 현실의 일치를 설명하고, 자유와 공동의 통일로서의 인륜의 원리를 전개하였을 때, 이 헤겔의 사상을 곧바로 실재하는 프로이센에 적용시키고자 한 것이 우파이고, 사회적 실천을 통하여 장래에 실현되어야 할 당위과제로서 받아들이는데에 그쳤던 입장이 좌파이며, 현실과 현존재의 구별(p.43 이하 참조)에 입각하여 두 입장의 중간에 섰던 것이 중도파라고도 이야기 할 수 있겠다.

◎ 헤겔좌파와 하임

헤겔학파 분열의 기폭제가 되었던 측은 좌파이다. 우리는 이 좌파 입장을 대표하는 글로서 루게(A. Ruge)가 1842년에 『독일학예연보』에 발표하였던 「헤겔법철학과 현대정치」, 그리고 마르크스가 1844년에 『독불연보』에 발표하였던 「헤겔법철학비판」을 들 수가 있다. 루게는 자유의 원리를 철학의 근저에 설정하였던 점은 헤겔의 공적이지만 그는 자신의 철학을 반동적인 프로이센에 합치시켰기 때문에 결과적으로 스스로의 원리에 불성실한 태도를 나타냈다고 비판하였다. 마르크스는 신의 말씀을 인간의 본질로 역전시킨 포이에르바하의 종교비판을 쫓아 헤겔에 있어서의 국가와 시민사회의 관계를 역전시킴으로써 시민사회야말로 정치적 국가의 물질적 기반이라고 설명하고, 헤겔이 이야기하는 인륜의 이상도 이 시민사회에서 자기 자신의 인간적 권리를 전면적으로 박탈당한 프롤레타리아의 부르주아지에 대한 계급투쟁을 통하여 비로소 실현된다고 주장하였다.

나아가 여기에서 R. 하임의 헤겔비판도 들어볼 만하다. 그는 엄밀히 말하면 헤겔좌파에 속하지 않고 철학의 입장은 오히려 칸트에 가까우며 정치적으로는 입헌군주제를 지지하는 자유주의자였는데, 루게의 헤겔비판을 계승한 형태로 1857년에 『헤겔과 그의 시대』를 썼기 때문이다. 여기에서 하임은 헤겔철학의 특색을 '복고적 정신의 고전적 표현, 정치적 보수주의, 정관(靜觀)주의, 낙천주의의 절대적 정신'이라고 규정하였는데 이 헤겔상은 그 후의 헤겔 이해에 결정적인 영향을 끼치게 되었다(1848년, 자유와 통일을 갈구하는 독일민중의 불만이 3월 혁명으로 폭발하였던 해에 루게와 하임은 프랑크푸르트 국민의회에서 각각 급진파 및 온건파 의원으로 활약하고, 한편 마르크스가 『공산당선언』을 발표하였다는 사실은 헤겔철학과 정치의 관계의 한 단면을 나타내주는 실례로서 흥미롭다).

◎ 에르트만과 로젠크란츠

헤겔좌파가 헤겔철학에 있어서의 국가의 신성화를 비판하고, 하임이 헤겔철학의 정치적 보수주의를 비판하였다는 사실은 다른 한편 헤겔철학을 이러한 부수주의적 방향에서 이해하는 일파가 존재하고 있었다는 사실을 나타내 준다. 헤겔 우파를 대표하는 사람은 에르트만(J.E. Erdmann)이다. 그는 철학사가로서는 중도파에 속하지만 법철학을 수용하는 입장에 관한 한은 우파이다. 왜냐하면 그는 순수한 프로이센인임을 자부하고, 복고시대의 철학자로서의 헤겔을 비판이 아니라 예찬의 말로 이야기하기 시작하고 있기 때문이다. 그의 국가론을 집약적으로 표현하는 저서는 1851년의 『국가에 관한 철학적 강의』이다. 여기에서 이야기되는 "국가는 최고의 인륜적 유기체이다"라는 구절은 3월혁명이 좌절된 후에 나타난 프로이센 보수주의의 정식을 가리킨다고도 할 만하다. 그에 의하면, 국가는 자기목적적 존재이고, 개인은 국가의 지체에 지나지 않는다. 이 입장에서 그는 자유주의 국가관을, 국가를 시민사회로 해체시키는 오성국가관이라고 비판하는 동시에 국민에게 이기심을 버리고 애국심으로 사는 윤리적 자각을 각성하라고 촉구하였다. 에르트만은 뒷날 비스마르크체제에의 귀의자가 되기도 하였다.

헤겔중도파를 대표하는 사람은 로젠크란츠(K. Rosenkranz)이다. 동프로이센의 자유주의 전통 속에서 살아왔던 그는 밑으로부터의 개혁을 요구하는 민중과 이를 탄압하려 하는 정부의 대립이 격화되는 현실에 직면하여, 이 대립을 조정하고 국내분열을 회피하는 길을 가르쳐주는 이론으로서 헤겔철학을 받아들였다. 그의 헤겔이해는 하임의 책과 함께 19세기의 헤겔연구를 대표하게 된 『헤겔의 생애』(1844년)에서 나타난다. 또한 1858년에는 『하임에 대한 헤겔의 변호』를 발표한다. 이 책들 속에서 그는, 자유의식에서 출발하는 헤겔의 국가관이 군주제를 제창하기는 해도 이 군주의 지위는 헌법의 제약 아래 위치한 것이고, 이러한 한도내에서 그의 국가관이 봉건적 프로이센을 옹호하는 것은 아니라는 점을 분명히 하였다. 역사의 진보를 믿고, 스스로도 입헌군주제에 의한 독일의 통일을 구상하였던 로젠크란츠는 1848년 독일이 처한 현실상황 속에서 루게나 에르트만에 비하여 헤겔과 가장 가까운 입장에 섰던 인물이었다고 하겠다(이 로젠크란츠도 비스마르크시대에 들어간 1870년에는 『독일국민철학자로서의 헤겔』을 썼지만 여기에서는 이 책을 문제삼지 않기로 한다).

◎ 비스마르크체제에서 제 3 제국에로

독일통일의 과제가 불완전하게나마 달성되고 비스마르크의 강력한 지도 아래 독일국내가 상대적 안정을 맞게 되자 헤겔철학은 곧 쇠퇴하였다. 이제 헤겔철학에 갈음하여 오히려 헤겔철학의 부정을 본질적인 동향으로 하는 실증주의와 유물론, 그리고 신칸트학파와 생의철학이 철학의 주류를 차지하기에 이르렀다. 그 간에 이 시기를 대표하는 헤겔학도로서는 레슬러와 A. 라손을 들 수 있다. 그들은 헤겔의 프랑스 혁명비판에서 개인주의 자유주의에 대한 반대를 이끌어내고, 또한 에르트만의 인륜적 유기체로서의 국가관을 권력국가론과 결합시킴으로써 비스마르체제에 철학적 표현을 부여하게 되었다. 금세기에 들어오면 제1차 세계대전으로 기울어가는 시대의 위기를 반영하여 헤겔철학의 부흥이 시작된다. 그러나 그 헤겔이해의 지평은 아직 국민국가의 테두리를 벗어나지 못한 한정된 것이었다. 헤겔의 정치철학을 1871년(독일제국의 성립)의 이념이나 1914년(영·불·노에 대한 선전포고)의 이념과 결부시켜 해석하는 G. 라손에게서 그 전형을 발견할 수 있다. 그리고 이 새로운 헤겔주의의 짜임들은 독일제국이 제1차 세계대전에서 패배한 결과 붕괴하고나서도 기본적으로 변함이 없었다.

단명하였던 바이마르체제를 거쳐 독일이 히틀러의 제3제국 시대를 맞이하게 되자, 헤겔의 국가론에서 민족공동체의 이념을 끄집어내고, 헤겔철학을 전체주의적 국가이데올로기와 결합시키는 움직임이 일어나고 있기 때문이다.

여기에서 우리는 프로이센국가, 독일제국, 제3제국을 일관하고 있는 에르트만에 뒤이은 헤겔우파의 발전을 더듬어볼 수 있다. 물론 이점은 에르트만의 사상이 나찌즘과 직결된다는 뜻은 아니다. 또한 제3제국 시대에서도 그 참된 이데올로기였던 로젠베르그나 보임러가 오히려 헤겔철학을 기피하였던 점도 주목할 만하다. 그러나 한 세기에 걸친 오랜 기간 동안 헤겔철학이 그때그때의 독일국가권력과 결부되어 발전해왔다는 사실은 어용철학자로서의 헤겔상을 고정시키는 데 있어 커다란 역할을 하였다고 말하지 않을 수 없다. 특히 독일과 적대한 미국, 영국, 프랑스 문화권에서의 헤겔 이해에 대하여 이 역사적 사실이 결정적인 영향을 미치게 되었던 점은 부정할 수 없다.

◎ 제2차 세계대전 이후의 동향

제3제국이 붕괴됨에 따라서 헤겔철학은 새로운 단계를 맞이하였다. 첫째로, 우파에 대신하여 중도파와 좌파의 계보를 이어받은 헤겔 이해가 주류를 이루게 되었다. 여기에서 중도파란 헤겔을 주체적 자유의 원리를 주장한 근대국가의 옹호자로 보는 입장이고, 좌파란 헤겔을 마르크스와 결부시켜서 이해하는 입장이다. 대표적인 것으로 우리는 중도파에 속하는 리터(J. Ritter)와 그 일파의 헤겔 이해를, 좌파에 속하는 루카치, 마르쿠제를 비롯한 프랑크푸르트 학파의 헤겔 이해를 들 수가 있다.

둘째로 헤겔의 철학연구와 문헌학적 연구가 양립하기에 이르렀다. 19세기에 여러 가지 헤겔해석이 생겨난 이유 중의 하나가 문헌학적 연구의 부재이다. 당시에는 젊은 시절의 헤겔의 초고를 비롯하여 많은 자료가 아직 발표되지 못한 상태였다. 사람들은 한정된 헤겔의 말을 근거로 그의 사상을 이해하였다. 금세기에 들어와 놀(H. Nohl), G. 라손, 호프마이스터(S. Hoff-meister)등의 노력으로 미발표된 헤겔의 초고가 정리·간행되기에 이르렀다. 『법철학』의 경우 아주 최근에 이르러 일팅에 의하여 헤겔강의의 전모가 뚜렷하게 드러났다.

셋째로, 헤겔연구가 국제적으로 확산되어 이루어지게 되었다. 지금까지 헤겔이라 하면 몇몇 사람을 제외하고는 반동적 사상가의 대명사인 양 받아들여왔던 미국 · 영국 · 프랑스에서도 전후 본격적인 연구가 진척되기에 이르렀다. 대표적인 것으로 앵글로 색슨계에서는 녹스(I. Knox), 펠찐스키(Z. Pelczynski), 아비네리, 테일러 등의, 프랑스에서는 베이유(E. Weil), 플레쉬만(E. Fleischmann), 돈트(J. D'Hondt) 등의 연구들을 들 수 있다. 이들은 헤겔을 근대정치사상의 흐름 속에서 파악하는 입장으로 중도파의 계보에 속한다고 하겠다. 소련권에서도 스탈린시대에는 헤겔철학을 프랑스혁명에 대한 귀족적 반동으로 재단하는 견해가 지배적이었지만, 오늘날에는 그의 진보적인 성격을 어느 정도 평가하기에 이르게 됨으로써 서구에서 좌파의 입장으로부터 이루어지는 헤겔연구에 대항하게 되었다. 비온트프스키의 연구 등이 그 대표적인 예이다.

물론 오늘날에도 비스마르크체제와 제3제국에 근거를 제공한 사상이라고 하여 헤겔철학을 보수반동의 철학으로 평가하는 견해도 유력하다. 대표적인 캇시러, K. 포퍼, 드빗치, 아베르트 등의 연구를 들 수 있다. 그러나 오늘날 헤겔철학이 재구축의 시기를 맞고 있음은 틀림없는 사실이다.

◎ 세 가지 헤겔상

이상의 이야기를 모아 보면, 지금까지에서 세 가지 헤겔상이 명확하게 내세워지고 있다고 말할 수 있겠다. 그 첫째는 헤겔을 자유주의, 계약사상, 공리주의 등 개인에서 출발하여 국가형태를 기초지우는 모든 입장을 비판하고 정신적, 윤리적 공동체로서의 국가를 설파하였던 국가철학자로 그려내는 것이다. 이는 또한 뒤집어 보면 시민사회가 지니는 해방의 경향을 국가에 의하여 제어하고자 하였던 보수주의자로서의 헤겔상이요, 국가를 신성화하고 멸사봉공(滅私奉公)을 이야기한 전체주의자로서의 헤겔상이라고도 말할 수 있겠다. 둘째는 주체적 자유와 실체적 일체성의 통일소에서 근대국가의 특질을 찾아내고, 이 특질을 어떻게 해서든지 독일의 현실을 극복해낸 상태에서 실현하고자 하였던 근대국가의 옹호자로서의 헤겔을 그려내는 것이다. 셋째는 헤겔을 근대사회가 지닌 인간해방의 기능을 정확하게 승인하면서도 그 사회가 지닌 인륜의 상실태로 전락할 가능성 또한 명확하게 인식한 최초의 사상가로 평가하고, 시민사회의 철학자로 그려내는 것이다. 이는 한편 사회주의의 선구적 사상가로서의 헤겔상이라고도 하겠다.

이들 세 가지 헤겔상은 제각기 『법철학』 속에 충분한 근거를 두고 있다. 그러나 똑같은 근거에서 그렇게 다른 해석이 나오는 만큼 이들 각기의 헤겔상이 거기에 근거를 두고 있다는 이유만으로는 문제가 없다고 할 수 없다. 첫 번째 국가철학자로서의 헤겔상은 시민사회의 문제에 무관심하고, 두 번째 근대국가의 옹호자로서 나타나는 헤겔상은 마르크스와 상통하는 바의 헤겔철학이 지닌 근대를 뛰어넘은 지평에 눈을 닫고 있으며, 세 번째 시민사회의 철학자, 사회주의의 선구적 사상가로서의 헤겔상은 마르크스에 의하여 국가의 사멸이 이야기되는 한, 시민사회와 국가를 구별한 헤겔의 폭넓은 시각을 국한화시키는 것이기 때문이다. 이러한 만큼 이들 세 가지 헤겔상은 제각기 일면적이며, 오직 이들 세 가지 헤겔상이 통합되는 곳에서 참된 헤겔이 존재한다고 말하여야만 한다. 그러면 과연 이러한 참된 헤겔상을 그려내는 것이 가능할까. 만일 가능하다면 그 헤겔상이란 어떤 모습일까. 이 물음은 바로 오늘날에 처한 우리의 문제라고 하지 않을 수 없다.

2. 『법철학』의 문제점 정리

◎ 반동적 프로이센의 국정교과서인가?

『법철학』은 복고체제하에 있던 반동적 프로이센의 국정교과서라고 평가하는 견해가 있다. 이는 루게나 하임에게서 유래하는 입장이라 하겠다. 이 이야기는 얼마만큼 정곡을 찌르는 내용일 수 있을까? 1820년 10월에 헤겔이 『법철학』을 재상 하르덴베르크에게 헌정하면서, 자신의 학문적 노력은 '정부의 자비로운 시책'을 촉진하게 되리라고 써보냈던 것은 사실이다. 그리고 문부대신 알텐쉬타인은 헤겔에게 감사의 뜻을 전하고 있다(p.229 참조). 이러한 정부와의 관계를 생각해보면, 『법철학』을 프로이센의 국정교과서라고 보는 평가에는 일리가 있다고 할 수도 있겠다.

그러나 하르덴베르크나 알텐쉬타인은 복고체제를 맞이하여 당시 국왕을 중심으로 한 보수세력이 다시 힘을 만회하는 상황 속에서 타협을 하면서도 여전히 프로이센의 개혁을 어떻게든 추진해 보려고 애썼던 사람들이다. 그리고 국왕과 그 측근이 헤겔철학을 보는 눈은 아주 의혹에 가득차 있었던 점은 이미 앞에서 본 바와 같다. 이 경우 『법철학』이 국정교과서라는 평가가 개혁의 여지가 많은 프로이센국가의 존재양식 그 자체를 옹호한 책이라는 뜻을 함축한 것이라면, 『법철학』을 국정교과서라고 말할 수 없음은 자명한 일이다. 더욱이 한 발 양보하여 『법철학』을 이러한 의미에서의 국정교과서라고 말할 수 있다 하더라도, 적어도 이 책을 반동적인 교과서라고 볼 수는 없다. 반동이 현재로부터 과거로의 복귀를 뜻하는 한, 헤겔의 자세는 이러한 반동을 위한 의도와는 전혀 무관하기 때문이다. 그리고 헤겔이 적대시하였던 할러의 『국가학의 부흥』 쪽이 오히려 보수세력에 영합한 반동적인 교과서라고 이야기되어야 한다.

나아가 우리는 다음과 같은 당시 사정을 간과해서는 안 된다. 곧 복고체제하의 프로이센이라고는 해도, 복고체제를 지도한 측은 카톨릭국가인 오스트리아였고 프로테스탄트교 국인 프로이센은 아니었다는 점, 또한 당시의 프로이센은 아직 프리드리히 빌헬름 4세 치하의 프로이센만큼은 반동화가 진행되지 아니한 상태였다는 점이다. 루게나 그를 추종한 하임의 헤겔비판은 자신들이 살던 프로이센을 1820년 전후의 프로이센 상황에 투영시키고, 자신들 시대의 프로이센과 헤겔철학을 동일시하는 데에서 성립하고 있다.

◎ 『법철학』의 정치적 평가

헤겔이 결코 반동적인 사상가가 아니었다는 점은 『법철학』의 내용을 조금만 검토하면 금방 드러난다. 헤겔이 보통선거에 의하지 않은 단체대표로 구성된 의회제도를 설명하고, 더욱이 실체적 계급으로서의 귀족 계급을 승인함으로써 2원제를 제창하였다는 점에서, 혹은 장자 상속제를 기초로 한다든지, 세습군주제를 이끌어낸다든지 하는 대목에서 우리가 헤겔의 보수주의를 인지할 수 있음은 분명하다. 그러나 이들 내용만을 가지고 『법철학』을 봉건적 귀족의 반동이데올로기를 표현한 것이라고 단정할 수는 없다. 이러한 평가를 내리기에는 그 책 속에서 너무나도 많은 근대 시민의 법의식 및 정치의식의 표현을 우리는 아울러 찾아낼 수가 있기 때문이다.

'추상법'의 전개과정에서 헤겔은 소유권의 주체로서의 인격을 변호하고, 노예제에 반대한다. 또한 토지에 대한 봉건적 권리를 부인한다. 사유재산의 자유라는 원리, 계약의 자유를 지지하고 있으며 만인의 법 앞에서의 평등을 이야기하고 있다. 봉건적 형벌권에 반대하고, 형벌권을 엄격하게 제한하며, 의도나 심정과 같은 내면의 문제는 도덕성에 맡긴다. '도덕성'의 전개를 살펴보면, 헤겔은 주체성의 권리를 주장하고, 책임을 귀속시키는 전제로서의 의도나 기도의 확인을 이야기한다. '인륜'의 전개에서는 사유재산 처분의 자유, 영업의 자유, 기업의 자유를 설명하고, 사법작용에 관하여 법전편찬을 요구하며, 아울러 재판의 공개와 배심제도를 지지하고 있다. 또한 자유로운 확신에 바탕을 둔 증거판단의 원리를 옹호하고 있다. 법률이 일부계급의 독점물화되는 것을 반대한다. 여기에서 우리는 시민계급이 정치적 · 경제적으로 진출해가는 데 불가결한 조건들을 전개시키는 헤겔의 모습을 찾아볼 수 있는 것이다.

이제 우리는 『법철학』을 객관적으로 봉건적 토지귀족과 시민계급의 타협의 산물이라고 확실히 말할 수 있다. 그러나 이 책이 어디까지나 귀족계급의 이익을 옹호하기 위하여, 고양되어 가고 있던 시민계급의 요구를 다소 받아들인 형태로 이루어진 것이 아님은 분명하다. 이 책에 나타난 헤겔의 입장은 기본적으로 시민계급의 요구를 지지하는 것이다. 귀족계급의 힘이 뿌리깊은만큼 그 귀족계급의 존재를 승인하긴 하지만, 그러나 헤겔은 이 계급도 근대화 사업의 일익을 담당하도록 편성하고자 하고 있다.

◎ 『법철학』의 표본

헤겔이 개혁의 여지를 많이 남기고 있는 프로이센의 실상을 그 자체대로 긍정하지는 않았다는 사실은, 『법철학』이 헌법을 말하고, 국회, 의회에서의 토론의 공개, 언론 · 출판의 자유, 배심제도, 시민의 법앞에서의 평등, 입법 및 과세에 대한 국민의 참가 등과 같은 당시 프로이센에 존재하지 않았던 여러 가지 제도를 설명하고 있는 데에서 잘 엿볼 수 있다. 그렇다면 헤겔이 이러한 제도들을 말할 경우, 그는 어느 국가제도를 표본으로 하고 있는 것일까, 헤겔은 "국가의 이념을 이야기할 때 특수한 국가나 특수한 제도를 염두에 두고 있지는 않다"(258절 보)고 말하고, 『법철학』이 프로이센을 비롯하여 어느 특정한 국가형태를 표본으로 하지는 않았다고 단언하고 있다. 실제로 헤겔은 이 책 속에서 특정한 나라명을 인용하기를 신중히 기피하고 있다. 그러나 그럼에도 불구하고, 우리는 헤겔이 『법철학』에서 영국의 정치형태와 프랑스의 정치형태의 종합을 구상하였던 게 아니겠는가라고 미뤄 볼 수 있는 충분한 이유를 갖고 있다.

헤겔에게 프랑스는 리셜리외와 나폴레옹으로 대표되는 프랑스이다. 다시 말하면 헤겔은 프랑스를 봉건적 특권들을 전면적으로 청산하고, 합리적인 법체계와 정치체제를 만들어내었다는 한도내에서 높이 평가한다. 그러나 헤겔은 모든 일을 위로부터 결정하려고 하는 극단적인 중앙집권제를 기피하였다. 그리고 무엇보다도 국왕의 처형에서 공포정치, 테르미도르의 반동에서 나폴레옹에 의한 쿠데타까지, 피로 피를 씻는 프랑스혁명의 양상에 대하여 비판적이었다. 그리고 그 혁명양상에서 실체적 통일에 대한 통찰이 결여된 추상적 자유의 원리를 발견하였다. 이에 반해 헤겔은 영국에 관하여는 지식인의 건전한 실체적 감각을 예찬하고, 또한 국가가 시민생활의 여러 영역, 단체에 대폭적인 자치를 보장하고 있는 점을 평가하였다. 그러나 동시에 헤겔은 모든 계층의 이해를 대표하여야 할 의회가 실질상 봉건적 특권을 유지하려고 하는 토지귀족이나, 런던은행, 동인도회사 등과 같은 힘있는 은행가와 상인에 의하여 좌지우지되고 있는 상태에 드센 반발심을 품었다. 여기에서 헤겔은 영국의 헌법체제가 특권과 사권의 집적이라는 한계를 지니고 있는 한에서는 원리를 기초로 하면서 그 원리를 관철시키는 프랑스혁명의 행동 양식을 받아들이되, 아울러 그 보편적인 원리가 추상적이기 때문에 특수성을 살리지 못하는 한도 내에서는 사회생활에 대한 국가의 간섭을 가능한 한 배제하여 각 지방, 각 단체의 자치에 맡기는 영국의 행동양식을 존중하고자 하였다. 그리고 이 입장이 슈타인,—하르덴베르크의 개혁노선에 부합되는 것이었음은 말할 나위도 없다.

◎ 종교개혁과 정치혁명

헤겔은 프랑스혁명이 공포정치에 빠지고 만 이유를 혁명이 표명한 자유의 원리 자체의 추상성에서 찾아내었지만 나아가 그것은 구교주의의 탓이기도 하였다. 그리고 그는 공포정치에 빠져든 프랑스혁명을 "종교개혁 없이 정치혁명을 수행하고자 하였던 근대의 일대 실책"이라고 평가하였다(『엔치클로패디』 552절). 종교개혁은 양심을 해방하고, 성·속의 구별을 철폐하였다. 이 종교개혁을 겪지 못한 프랑스에서는 자유와 권리에 대한 속박이 제거되었을 때, 그 상황은 무질서가 되어 버리고, 국가와 종교가 따로따로 심정의 최후보장을 맡게됨으로써 모든 사람이 반드시 국가의 존립을 가능케 하는 올바른 심정을 지닌다고 단정할 수는 없게 된다.

이러한 파악의 배후에는 종교개혁을 불완전하게나마 수행하였던 영국에서는 오래되고 훌륭한 전통을 보존하면서 근대화의 선두를 장식하고 국민은 실질적으로 자유를 누리고 있다는 생각, 곧 영국과의 대비가 깔려 있다. 그런데 프로이센은 종교개혁이 이루어진 프로테스탄트 국가이다. 여기에서 헤겔은 프로이센이 보편적인 원리에 입각하여 개혁을 추진하는 한도내에서는 프랑스를 모범으로 삼으면서도 그 실행방법으로는 공포정치를 드러내었던 프랑스혁명보다도, 명예혁명 이래의 영국 근대화의 길을 걸어갈 수 있는 가능성을 가지고 있다고 생각하였다. 헤겔이 『법철학』에서 입헌군주제를 설명하는 경우 그는 프로이센의 실상을 정당화한다기보다는 영국을 염두에 두고 이야기하는 것이다. 1831년에 헤겔은 『영국선거법개정안에 관하여』를 발표하는데, 여기에서는 7월혁명의 영향을 받음으로써, 영국에서 프랑스의 경우와 같은 추상적 자유의 원리가 밀려들어가 이에 대항하는 군주권이 매우 약체화되고 있다고 이야기하여, 자신의 영국관을 뒤엎는 사건의 출현에 대한 당혹감을 표현하고 있다.

◎ 개인과 전체의 문제

헤겔철학에서 개인은 전체 속에 해소되고 만다고 비판하는 견해가 있다. 헤겔을 전체주의자로 보는 이해가 이 입장을 대표한다 하겠다. 헤겔 『법철학』에서 국가를 유기체로 파악하고, 여기에 속하는 국가기관, 가족이나 시민사회라는 공동체 그리고 개인을 그 지체(肢體)로 설명하고 있음은 틀림없다. 그러나 우리는 헤겔에게서의 인륜의 입장이 실체성과 주체성의 통일에서 성립한다는 사실을 다시금 상기하지 않으면 안 된다. 곧 국가를 유기체로 보고, 개인을 그 지체로 파악하는 것은 실체성의 견지에서이고, 그 밖에 주체성의 견지에서 보는 또 다른 헤겔의 안목이 존재하고 있다. 무릇 『법철학』이 세계사의 전망을 끝으로 종결되고 있는 점에서 볼 수 있듯이, 헤겔의 국가론은 그의 역사철학을 바탕으로 하고 있다. 그리고 헤겔은 역사를 "자유의 의식에 있어서의 진보"로 파악하고 있다(『역사철학』 서론). 이는 개인으로서의 인간의 자각의 진보라고도 부를 수 있다. 헤겔은 소크라테스의 비극으로부터 고대 공화국의 붕괴, 그리고 로마세계, 기독교, 게르만세계, 종교개혁, 시민계급의 발전을 거쳐 프랑스혁명에 이르기까지 세계사를 더듬어오는데, 이 세계사란 인간이 자기의 주체성에 눈을 뜨고, 이 주체성의 의식을 사회 전면으로 밀고나가는 과정에 지나지 않는다. 헤겔이 세계종교의 발전사에서 기독교를 절대종교로 평가하는 이유도 그것이 개체성의 종교이기 때문이고, 예술사에서 낭만주의 양식을 평가하는 이유도 그것이 개성미를 전개하기 때문이며, 철학사에서도 그는 칸트에서 시작되는 독일철학운동을 데카르트에게서 비롯된 주체성의 원리의 완성태로 파악한다. 헤겔이 프랑스혁명의 주체적인 경위에 관하여는 비판을 하면서도 혁명을 인간이 자신의 이성을 척도로 해서 세계를 쌓아올리고자 한 사건으로서의 세계사적 의의를 승인하였던 점은 앞서 이야기한 바와 같다. 이렇게 볼 때, 헤겔이 개인을 전체 속에 해소시켰다고 비판하는 것은 편파적인 이해라고 하여야 한다. 그러한 비판은 헤겔이 『법철학』에서 개인의 특수한 권리를 이야기하고, 언론·출판의 자유를 설명하며 국가에 의한 여론의 존중을 주장하는 측면을 간과한 결과이다. 군주의 지위도 헤겔에게서는 이러한 국가를 일관하는 주체성의 원리를 집약적으로 나타낸 형태로서 이야기되고 있다. 헤겔이 국가의 중앙집권적인 조직화에 반대하고, 국가와 개인 사이를 매개하는 실체로서 직업단체나 자치단체와 같은 중간집단의 역할을 중시한 것도 이러한 각도에서 평가되어야 한다. 헤겔의 국가관은 결코 가부장적인 국가관이 아닌 것이다.

◎ 시민사회와 국가의 구별

헤겔이 시민사회의 국가에 의한 지양을 설명하였을 때, 이에 대한 평가에는 여러 가지 견해가 나뉜다. 거기에서 시민사회의 해방을 국가에 의하여 제어하려고 한 헤겔의 의도를 알아차릴 수 있다고 보는 견해가 있는가 하면, 반대로 시민사회의 해방의 경향을 국가에 의하여 조장하려고 한 그의 의도를 파악하는 견해도 있다.

우리는 먼저 이러한 헤겔 사상의 배경을 확인해 두어야만 한다. 루소의

『사회계약론』에 있어서의 '사회'는 동시에 '국가'였다. 이 경우 시민사회와 국가를 뚜렷하게 구별지은 사람은 헤겔이라고 이야기된다. 그런데 헤겔이 이 구별을 인식한 데에는 적어도 두 가지 배경이 있다고 생각된다. 첫째는 프랑스혁명에서 발표된 '인권선언'이고, 둘째는 아담 스미스로 대표되는 영국 국민경제학이다. 다시 말해서 '인권선언'은 정확히 말하면 '인권 및 공민권의 선언'이다. 여기에서 인권이란, 프랑스 사람에 한하지 않고, 인간이 인간인 한, 누구에게나 귀속되는 권리로서 인간의 본성으로부터 우러나오는 자연권인데, 구체적으로는 자유, 소유권, 안전 및 압제에 저항할 권리 등을 가리킨다. 공민권이란 프랑스인이 국민으로서 가지는 권리인데, 입법에 참가할 권리, 관직에 취임할 수 있는 권리 등을 가리킨다. 헤겔에 의하면, 인간이 하나의 인간으로서 활동할 수 있는 사회공간이 시민사회이고, 공민(Citoyen)으로서의 활동이 요구되는 사회공간이 국가이다. 이러한 정의는 헤겔이 인간과 시민의 구별을 가정하고, 시민을 인간이라고 불리우는, 표상에 있어서의 "구체적 존재자"(190절 주)라고 이야기하는 데에서 나타난다(여기에서, 곧 헤겔에 있어서 부르주아는 시뚜아엥과 대비되는 말이고, 프롤레타리아와 대비되는 뜻을 지닌 계급개념으로서의 부르주아는 아니라는 사실을 알 수 있다). 또한 아담 스미스는 정치의 영역과 경제 영역을 구별하고 자유방임정책을 설명함으로써, 정치적 국가와는 다른 시민사회의 존재를 시사하였다. 우리는 이 국민경제학의 영향도 헤겔이 '욕구의 체계'로서의 시민사회를 분석하는 데에서 뚜렷하게 찾아볼 수가 있다(189절 주).

◎ 시민사회의 모순의 발견

그러나 아담 스미스가 시민사회의 자율질서를 신뢰하고, 국가의 시민사회에 대한 간섭을 배제하였던 데 반하여, 헤겔은 시민사회가 인륜의 상실태로 전락할 가능성을 지적하고 국가에 의한 시민사회의 지양을 설명하였다. 영국에 비해 시민사회의 발전이 뒤떨어져 있었던 독일에 있으면서 헤겔은 어떻게 하여 이러한 통찰을 얻어냈을까. 간혹 사람들은 이를 가리켜 후진국의 우위성이라고 말한다. 뒤떨어져있음에서 비로소 선진국의 시민사회를 관념의 세계로써, 요컨대 머릿속으로만 이론화하고, 선진국의 사상을 철저하게 심화시킴으로써 이러한 통찰에 도달할 수 있었다고 한다. 그러나 이 견해는 일면적인 진실에 지나지 않는다. 헤겔은 눈앞의 현실을 망각하고 쓸데없이 바다 건너 영국을 조망함에 의하여 그의 시민사회론을 전개하지는 않았기 때문이다.

헤겔에 있어서 시민사회의 문제는, 그가 영국 국민경제학을 공부하기 훨씬 전인 초기부터 씨름하였던 생각이다. 신학교 졸업을 전후하여 헤겔이 기독교를 객체적 종교의 입장에서 사적종교라고 비판하였을 때, 그 비판 속에는 연방국가권력에 대한 비판과 함께 보편성의 영역으로부터 배제된 국민이 사인(私人)으로서 독선적인 생활에 빠져들고 있는 현상에 대한 비판이 내포되어 있었던 점은 앞서 본 대로이다(p.8 참조).

그러나 테르미도르의 반동에 의하여 부르주아민주제를 성립시킨 혁명의 추이는 헤겔에게 근대적 사상으로서의 시민사회라는 존재는 절멸되기 어렵다는 교훈을 가르쳐 주었다. 거기에서 헤겔은 고대 폴리스공화제로의 회귀라는 모습으로서가 아니라, 시민사회의 존재를 긍정한 다음, 이 시민사회가 빚어내는 폐해를 어떻게 하면 부정할 수 있겠는가라는 문제와 대결하기에 이르렀다. 헤겔은 이미 이 단계에서 시민사회의 지양이라는 시각을 획득하고 있는 것이다. 그리고 이 문제의 해결을 추구하는 과정에서 헤겔은 영국 국민경제학에 접근하고 있다. 더구나 이 부분에서 주목하여야 할 점은 헤겔이 아담 스미스보다 앞서서 스튜어트의 『경제학원리』를 공부하였다는 사실이다. 그렇게 보는 근거는 스튜어트가 중상주의자이고, 그의 책에서는 국가에 의한 경제생활의 관리라는 사상이 설명되고 있기 때문이다. 헤겔이 아담 스미스 등의 책을 읽을 때에는 이미 이러한 안목을 지닌 상태였다. 아담 스미스의 국민경제학이 산업혁명기의 영국 시민사회를 분석한 것인 만큼 이 이론을 자기 동화시킨 입장에 선 헤겔의 시민사회비판이 자본주의 사회의 비판과 일맥상통하는 내용이었음은 명백하다. 그러나 결과적으로 그럴 뿐이지 헤겔이 이야기한 시민사회의 문제는 결코 바다 건너 남의 나라의 문제가 아니라 바로 자기 자신이 살고 있는 독일 현실의 문제였다. 결국 『법철학』에서 전개되는 시민사회의 양상은 독일 시민사회를 그대로 반영하지도 않고 있거니와, 또한 영국의 시민사회를 그대로 드러낸 것도 아니다. 말하자면 헤겔은 시민사회의 가능한 존재양식을 그려내고 있는 것이다.

◎ 군주권의 문제

『법철학』에서 군주는 절대전제군주가 아니라 헌법의 제약 아래 위치한 군주이고, 국가권력의 근원이기는 하지만 국가의 정점에 선 그의 위치는 형식적인 권력이었다. 군주권의 문제는 헤겔의 정치적 자세를 평가하는 데 있어서 논란의 중심이 되어왔던 부분이다. 그렇기 때문에 이러한 헤겔의 군주론이 뜻하는 바를 여기에서 다시금 뚜렷하게 밝혀두고자 한다.

먼저 우리는 헤겔의 다음과 같은 이야기에 주목하여야겠다. "그 때문에 확실히 어떤 의미에서는 그 세 가지 형식(제한된 의미에서의 군주제형식, 곧 귀족제형식과 민주제형식에 대치되는 의미에서의 군주제형식도 포함하여)은 이념의 측면에서 보면 그 어느 쪽도 별 차이가 없다고 말하여도 상관이 없다. 그러나 피히테와는 반대의 의미에서 그러하다. 왜냐하면 대체로 그 형식들은 이성적으로 발전한 이념(272절)에 적합하지 않기 때문이고, 또한 이념은 세 가지 형식 그 어디에서도 스스로의 권리와 현실성에 도달할 수가 없을 터이기 때문이다. 이들 형식 가운데 어느쪽이 가장 뛰어난 것이냐 따위의 질문이 전혀 쓸데없는 물음이 되고마는 이유도 여기에 있다.—이러한 형식들은 단지 역사적으로 문제삼을 수 있을 따름이다"(273절 주). 여기에서는 국가의 이념에 입각할 경우, 역사적인 국가형식으로서의 군주제는 다른 국가형식과 마찬가지로 불완전한 것이라는 점, 그리고 문제는 국가이념의 실현에 있고, 이 실현이 보장되기만 하면 군주제냐, 민주제냐의 형식은 문제가 될 수 없으며, 그 형식의 선택은 민족의 역사적 전통과 문화상황에 따라서 결정되면 족하다는 점이 표출되고 있다. 말할 것도 없이 국가의 이념이란 개인의 특수한 권리를 승인하고, 개인의 특수한 복지를 촉진함과 아울러 이 권리와 복지 모두를 국가전체의 보편적 법과 복지에 연관시키는 것, 바꿔 말하면, 자유와 공동성의 통일이라는 이념이다.

헤겔이 군주제를 이야기하게 된 계기는 마침 그가 살던 독일이 군주제를 전통으로 하여왔던 데에 있을 뿐이다(더욱이 헤겔이 『법철학』을 완성하기 직전인 1820년 5월 15일에 독일연방규약을 보충하는 비인최종의정서가 성립되는데, 이 의정서 57조는 "독일연방은 지고한 군주에 의하여 구성된다. 단 자유도시는 예외로 한다"라고 규정하였다). 헤겔에 의하면 주권이 국가에 속하고 법이 국가의 유일한 지배자일 때, 그리고 정치적 국가의 실질적 기능을 정부와 의회가 달성할 때에는 형식적 결정을 내리는 자로서 정치적 국가의 정점에 위치한 인간이 군주이든 혹은 대통령이든 상관없다. 그리고 이러한 의미에서 입헌군주제를 설명하는 헤겔의 소론은 입헌민주제와도 충분히 일맥상통하는 위치에 놓여 있다.

다만 헤겔이 군주권을 이렇게 규정하였던 것은 그가 군주권의 약체화를 도모하였음을 뜻하지는 않는다. 군주의 지위가 형식적이라는 것이 곧바로 군주권이 약하다는 뜻은 되지 않는다. 군주권이 자유와 공동성의 통일에서 성립하는 국가의 일체성의 상징으로 나타나는 경우 군주권의 약체란 국가의 약체를 보여주는 데 불과하다. 헤겔은 오히려 군주권의 강화를 도모함으로써 국민에 기반을 둔 입헌군주제를 설명하였다.

◎ 헤겔의 국가관

여기에서 헤겔이 『법철학』에서 지향하였던 바는 1820년 당시 프로이센 국가의 신성화가 아니라, 주어진 조건 속에서 이성적 국가의 실현방법을 구상하였던 것이라는 점은 분명해진다고 하겠다. 그렇다면 헤겔의 국가관은 어떻게 총괄될 수 있겠는가? 헤겔의 국가관은 한마디로 말하면 인륜적 국가로서의 국가관이라고 할 수 있겠는데, 내용면에서는 이 인륜적 국가의 특색을 네 가지로 꼽을 수 있다.

첫째로 인륜적 국가는 자유와 공동성, 특수성과 보편성을 구체적으로 매개한다. 헤겔은 개인의 특수한 권리나 특수한 복지를 희생하여 국가전체의 안녕과 복지를 도모하는 식의 전체주의적 국가관에 반대하는 동시에, 거꾸로 국가를 한결같이 개인의 특수한 권리를 승인하고 개인의 특수한 복지를 도모하는 기관으로만 파악하는 극단적인 개인주의적 국가관에도 반대하였다. 전자는 독재국가를 후자는 국가의 해체를 가져오기 때문이다. 헤겔이 개인과 국가를 매개하는 실체로서 직업단체라든가 지방자치제 등과 같은 중간집단의 역할을 중시하고, 국민대의제도에 관해서도 개인에 의한 자유선거가 아닌 단체주의적인 선거제도를 이야기한 취지도 군사, 외교, 재정 등 국가존립에 직결되는 영역을 빼놓고는 교육, 종교, 상공업활동 등 가능한 한 많은 분야를 국민들 사이의 자치에 맡겨서 국가에 의한 일원적인 지배를 배제하고, 아울러 그 자치적 활동을 통하여 공공정신을 체득한 국민각층의 대표에 의하여 의회가 구성되도록 하고자 함에 있다.

둘째로 인륜적 국가는 추상법과 도덕성, 객관성과 주체성의 통일로서의 인륜의 최고의 현실태로서 법치국가이면서 동시에 이 한계를 뛰어넘은 것이라고 한다. 보편성과 특수성의 통일은 객관적으로 보면 법률이나 법률에 근거를 둔 제도에서 도모되는데, 주체적으로 보면 거기에서 생기는 개인의 통일을 의지하는 심정과 심정에서 우러나오는 행위에 의하여 떠받쳐

지기 때문이다. 주체적 자유가 특수성과 보편성의 통일을 의지하는 개인의 행위 가운데에서 개인의 직무로 확증될 때 법률이나 제도도 비로소 그러한 개인의 직무임과 동시에 만인의 직무로서 객관적 자유의 규정으로 될 수 있다. 거기에서 처음으로 국가는 구체적 자유의 현실태로 성립한다. 이러한 의미에서, 인륜적 국가는 어디까지나 그 국가에서 살아가는 한사람 한사람의 주체적 자각에다 그 기반을 두고 있으며, 그 주체적 자각을 떠난 법률이나 제도에 기반을 둔 것은 아니다.

셋째로, 인륜적 국가는 단지 인간의 불가침적 존엄의 보장만을 국가체제의 목표로 할 뿐 아니라, 인간에게 지상의 행복을 최대한 확보시켜주는 것도 그 목표로 한다고 한다. 이를테면 칸트는 각 개인의 자유와 안전이 최대한으로 그리고 평등한 권리로서 보장되는 것이 세계 공민사회의 이상이라고 지적하였다. 그런데 헤겔은 시민사회가 인륜의 상실태로 전락할 위험이 있음을 통찰하고, 이를 극복하기 위한 방책으로 사법 작용, 복지행정, 직업단체를 이야기하는 한편 정치적 국가의 역할은 이들 제도가 유효하게 작용할 수 있도록 배려하는 데 있음을 밝혀내었다. 여기에는 상호부조를 통하여 빈부의 차를 없애고, 더욱 나아가 각 개인이 저마다의 직무를 수행함으로써 자기와 자기가족의 생존을 유지하고 복지를 촉진할 수 있도록, 각자의 개인적인 모든 능력을 개발하게끔 도모하는 데에서 국가체제가 마땅히 지녀야 할 모습을 찾고자 한 헤겔의 안목이 내재되어 있다. 이러한 의미에서 헤겔이 설명하는 인륜적 국가는 그 내부에 민주주의를 싹틔우고, 사회주의와 일맥상통하는 요인을 지닌 형태로 되어간다.

넷째로, 인륜적 국가는 세계사적 원리에 바탕을 둔 국가라고 한다. 헤겔이 전체주의적 국가관을 주체적 자유를 배려하지 않는 것이라고 비판하는 대목에는 플라톤의 공화국에 대한 비판이 내재되어 있다. 동시에 헤겔이 개인주의적 국가관 속에서 실체적 일체성이 해체될 위험을 간취하여 이야기한 부분에는 의회를 매수하고, 의회를 개인의 이익을 위해 정부를 조정하는 수단으로 이용하는 영국 의회정치의 실상과 국내외문제에 유효하게 대처할 만한 힘을 잃어버리고 결국 나폴레옹의 쿠데타를 맞이하여야만 했었던 프랑스공화제의 경위에 대한 비판이 깔려 있다. 헤겔은 고대국가에서 인간의 보편적 · 실체적 본질이 일면적으로 실현되고 있음을 간파하는 동시에 근대국가에서 인간의 특수한 개인적 본질이 일면적으로 주장되고 있음도 간파하였다. 헤겔의 인륜적 국가는 이러한 세계사의 흐름에 대한 통찰에 의해 뒷받침되어서 세계정신이 현대에 들어와 도달한 드높은 자각적 표현으로 이야기되고 있다.

3. 『법철학』의 사상사적 의의

◎ 헤겔의 혁명개념

서론에서 우리는 헤겔철학을 <혁명의 철학>이라고 특색지웠다. 물론 이 때의 혁명개념은 헤겔 자신이 말한 바에 의한다. 오늘날 혁명이라 하면 사람들은 대중봉기에 의한 비합법적인 권력탈취를 머리에 그린다. 그러나 이러한 혁명개념은 마르크스주의, 특히 레닌의 '국가와 혁명'이래 형성된 혁명개념이고 헤겔이 말한 바는 아니다. 헤겔에게 있어 혁명이란 앞서 보았듯이 인간이 사상의 터전에서 현실을 쌓아올리는 것, 이성을 중심으로 세계를 움직이는 것을 뜻하였다. 헤겔이 이 혁명개념을 계몽사상의 영향을 받은 프랑스혁명으로부터 배웠음은 주지의 사실이다(p.15 참조).

무릇 혁명(Revolution)이라는 말은 그 나름대로 사상사적인 계보를 갖고 있다. 라틴어에 어원을 둔 이 말은 본디는 천체의 회전을 가리켰고, 이러한 뜻에서 천문학적 개념이었다. 이 말이 정치적 개념으로 정착된 것은 근래에 들어와서이고 특히 17세기에 있어서이다. 이러한 개념 변천에는 지상의 사건을 천체의 운행과 결부시켜서 이해하는 점성술적 관념과 더불어 우주를 그리고 역사를 회귀운동으로 파악하는 고대 그리스 이래의 순환적 세계관이 그 배후로 작용하였다. 이를테면 1688년 영국에서 윌리

엄 3세가 이룩한 왕가교체를 참된 질서의 회복이라는 의미에서 명예혁명이라고 이름하였다. 그러나 헤겔은 혁명개념의 회전이라는 어원적 의미를 살리면서도 이것을 전통질서의 회복이라는 뜻에서가 아니고, 사상을 중심으로 하여 현실을 움직인다는 의미로 규정하여 받아들임으로써 혁명개념의 사상사에 진일보를 새겨넣었다. 그리고 헤겔이 해낸 이 혁명개념의 재정립이 어찌하여 획기적이라 할 수 있겠는가는 헤겔이 열어놓은 이 혁명개념의 지평을 딛고섬으로써 비로소 마르크스가 『공산당선언』을 쓰고, 현실 혁명에 앞장서서 혁명의 목표와 과정 및 단계를 규명하고 전위당을 조직할 수 있었던 점에서 나타나는 그대로이다.

◎ 근대적 세계의 대자화

헤겔이 지향하였던 바는 독일 근대화를 달성하기 위한 터전이 되어줄 사상을 구축하는 문제였다. 그 문제를 모색하기 위하여 헤겔은 그 첫걸음으로 칸트에서 비롯된 독일철학운동에 투신하는 반면, 동시대 영국에서 진행되고 있었던 산업혁명이나 프랑스에서 진행되고 있었던 정치혁명이 던져주는 여러 가지 문제들을 적극적으로 받아들임으로써 자신의 사상을 단련시켜갔다. 그런데 독일철학운동, 영국 산업혁명, 프랑스정치혁명이 각각의 사상면, 경제면, 정치면에 있어서 르네상스로부터 시작된 근대세계의 전면적 개화를 나타낸다고 할 경우, 이것들과 비판적으로 대결한 헤겔철학은 근대를 대자화함으로써 결과적으로는 근대를 극복하는 시각을 열어주게 된다. 확실히 헤겔이 고대폴리스에 있어서의 실체성의 윤리와 근대시민이 갖는 주체성의 윤리를 통일하여 인륜의 입장을 뚜렷하게 내세웠을 때, 그 주장 속에는 근대를 살리는 동시에 근대를 반성하는 생각이 깃들어 있다. 말하자면 우리는 헤겔의 사색 속에서 그의 근대를 지양하고자 한 문제의식을 지적해 낼 수 있다.그리고 이 점은 마르크스가 헤겔의 시민사회비판을 이어받아서 자본주의사회에 대한 비판을 수행하고, 아울러 헤겔이 표방한 인륜의 원리로부터 공산주의사회의 이상을 이끌어내고 있는 바에서도 잘 엿볼 수 있다.

◎ 사회인식의 방법으로서의 변증법

변증법은 어느 의미에서는 이미 고대 그리스 철학에서 찾아볼 수 있는 논리이다. 플라톤이 '이데아론'에서 전개시킨 변증법은 유명하다. 그러나 근대에 들어와 변증법을 확립시킨 사람은 헤겔이다. 더구나 플라톤의 변증법은 감성적 억측을 해체시켜서 인간을 참된 지의탐구에 마음을 쏟게 하는 방법이고, 궁극의 이데아가 명상되면 이데아는 불변부동의 영원한 참된 실재로서 운동발전의 바깥에 위치한 것이라 하여 변증법은 이데아의 실체성 내부에 침잠되고 만다. 이에 비해 헤겔은 운동발전이야말로 만물의 참된 모습이라 하고, 이 운동에 내재하는 논리로서의 변증법을 추출한다. 이리하여 헤겔에 있어서의 변증법은 역사적으로 발전하는 사회현실을 총체적으로 인식하는 무기가 된다. 『법철학』에서 헤겔이 이성과 현실의 일치를 설명하고 주관성과 객관성, 특수성과 보편성의 통일로서의 자유의지의 구체적 개념에서 출발하여 추상법, 도덕성, 인륜을 전개하는 과정에서 우리는 변증법적인 사회인식의 산 표본을 발견한다. 이를테면 헤겔이 노동과 욕구 충족의 상호의존으로 구성되는 시민사회에서는 주관적 이기심은 특수성과 보편성을 매개하는 작용으로 전화되지 않을 수 없다고 분명히 밝힌 데에서 우리는 변증법적인 사회인식의 날카로운 안목을 발견할 수 있으리라 본다.

헤겔의 변증법, 그리고 『법철학』에 나타난 변증법에 관하여 여러 가지 비판이 있어왔음도 두말할 것 없이 틀림없는 사실이다. 변증법의 논리를 전혀 인정하지 않는 입장도 있고, 그 논리를 인정하기는 해도 마르크스와 같이 헤겔을 사유의 논리로서 현실을 재단하는 전도된 변증법론자라고 비판하는 입장도 있다. 그러나 이들 비판이 있다고 해도 헤겔의 사회인식의 방법으로서의 변증법을 확립시켜놓은 공적은 결코 무너뜨릴 수 없다 하겠다.

◎ 『법철학』과 현대

헤겔은 1831년에 일생을 마쳤다. 이 시기는 세계사적 동향을 보아도 획기적인 때이다. 정치면에서는 프랑스에서 7월 혁명이 일어났고, 영국에서는 선거법개정운동이 다시 불붙기 시작했다. 그리고 경제면에서는 영국의 산업혁명이 중공업을 중심으로 한 새로운 단계에 들어갔고, 동시에 프랑스나 독일에서도 영국을 좇아 산업혁명을 추진하기에 이르렀기 때문이다. 사상사의 측면에서도 마르크스와 키에르케고르가 등장한다. 바야흐로 시대는 현대에 들어섰다. 그렇다면 헤겔철학은 헤겔의 죽음과 더불어 역시 사장되고 말았던 걸까. 확실히 헤겔 이후의 철학운동은 헤겔철학의 부정을 본질적인 지표로 하여 전개되었다. 그러나 이러한 경향이 결코 헤겔 철학의 사멸을 뜻하는 것은 아니다. 그 점은 마르크스나 키에르케고르의 근대비판이 어느 의미에서는 헤겔의 근대비판을 이어받고 있으며, 그들의 변증법은 헤겔에게서 힘입은 것이라는 사실에서도 뚜렷이 드러난다.

근대세계를 대자화시킨 헤겔철학은 이리하여 현대철학의 출발점에 위치하게 된다. 더욱이 오늘날 마르크스에서 출발한 국제공산주의운동이나, 키에르케고르에서 비롯된 실존철학운동 모두가 커다란 전환점에 처하고 있다. 그리고 폐색된 사상적 상황을 타파하기 위하여, 나아가 새로운 사상을 구축하기 위하여 현대철학의 출발점으로의 회귀를 외면할 수 없는 상황에서, 헤겔철학을 오늘날 새삼 되새겨 보아야 할 시기에 우리는 놓여진 것이다.

헤겔이 대결하였던 문제는 참으로 현대의 문제이다. 『법철학』에서 헤겔이 제기하였던 자유의 문제, 국가와 개인의 문제, 법과 도덕의 문제, 시민사회의 문제, 의회제도나 관료제의 문제 등의 그 어느 것을 떼어내 보아도 신선함을 잃어버리지 않는다는 사실은, 이들 문제가 현대 국제사회에서의 동서대립에서 일본의 헌법논쟁에 이르기까지에 역사상 출현하였던 모든 국가형식은 자유와 공동성의 통일이라는 국가이념에 비춰볼 때 그 어느 것이나 모두 불완전한 국가형식이라고 이야기하였다. 이제 자신이 살던 현실에 입각하여 국가이념의 실현을 지향하는 국가의 존재양식을 구상하는 헤겔의 과제는 진정 현대에 사는 우리들의 과제라 해도 과언이 아니다. '존재 그 자체의 인식' 이것이야말로 오늘날 우리에게 필요한 일이 아니겠는가.

4. 『법철학』에 대한 비판적 논평*

I

이 저작은 『법철학』의 §261~§313에 대한 비판적 논평이다. 이 원고는 암스테르담에 있는 「국제 사회사 연구소」(International Institute of Social History)에서 발견되었다. 이 원고에는 아무런 제목도 날짜도 적혀 있지 않다. 일반적으로 『헤겔 국법론 비판』, 영어로는 『헤겔 법철학 비판』 또는 더 간단하게 그냥 『비판』*(Critique)*이라 불리우고 있다. 원고는 19×32cm의 노트로 되어 있는데 앞의 커버와 처음 네 페이지가 분실되어 있다. 분실된 부분은 아마도 헤겔 저작의 §257~§260에 대한 저자* * 의 논평이었으리라 짐작된다. 저자가 아마 집필 일자를 기록해 놓았을 커버가 분실됨으로써 주석자들 사이에는 이 날짜 문제에 대한 차이가 있다. 두 명의 초기 편집인들인 란트슈트(Landshut)와 마이어(Mayer)는 이 『비판』을 1841~1842년쯤으로 추정한다. 그런데 보다 신빙성 있는 근거에 따르자면, 그 시기는 1843년 3월~8월로 여겨지고 그 해의 여름에 저작을 완성한 것이 거의

---

* 이 부분은 Cambrige 대학 출판부에서 Joseph O'Malley가 펴낸 마르크스의 *Critique of Hegel's Philosphy of Right*(1970)에서 편집자 자신의 「서문」만을 발췌한 것이다.—역주.

* * 여기서는 마르크스를 지칭한다.—역주.

확실시된다. 이러한 사실은 당시 25세였던 저자가 그 해 봄에 정치 이론과 역사학 연구를 위해 사직을 하고 그의 어릴 적 애인이었던 예니 폰 베스트팔렌(Jenny von Westphalen)과 6월 19일에 결혼했던 곳인 크로이쯔나흐(Kreu-znach am Nahe)에서 집필했을 것으로 여겨진다. 이 저작은 바로 이 신혼부부들이 밀월의 신혼여행을 보낸 장모의 여름 별장에서 쓰여졌을 것이다.*

그는 헤겔의 『법철학』에 대한 비판을 1여 년 정도에 걸쳐 완성하기로 계획했었다. 그는 처음에 그의 계획을 그의 편집자 친구인 아놀드 루게(Arnold Luge)에게 1842년 3월 5일자 편지에 쓰고 있다. 루게가 프러시아의 검열에 피해 스위스에서 편집하고 출판하려 했던 것이 이 에세이 모음집이었다. 그 편지에 의하면 이 에세이의 목적은 '자기 모순적이고 자기 파괴적 혼합물인 입헌군주제에 대항하여 투쟁하는 데'있었다. 그는 곧 뒤이어 두 편의 다른 글을 루게의 모음집에 기고하였는데, 이 루게의 모음집은 『독일의 새로운 철학과 저널리즘에 대한 일화』(*Anekdota zur neuesten*

---

* 집필 일자에 대해서는 특히 다음을 보라. Bert Andéaes의 「마르크스와 엥겔스 그리고 헤겔 좌파」(Marx et Engels et la gauche hégélienne), Annali, Instituto Giangiacomo Feltrinelli(Milan, 1964/5),Vol.7(1965), pp.355,356 note I ;또 Manfred Friedrich의 『청년 마르크스의 철학과 경제학』(*Philosophie und ökonomie beim jungen Marx*(Berlin,1960), p.56, note 22. 이 주석자들은 David Rjazanov의 견해를 받아들이는데, 그는 마르크스의 후기 저작에서 두 개의 참고사항을 이용하고(이 책 258 페이지 하단을 보라), 『비판』의 목적에 대한 구절들과 '크로이쯔나흐, 1843 7월과 8월'이라는 날짜가 붙은 마르크스의 연구 노트에 있는 논평들과의 유사성을 또한 인용했다. 다음의 랴자노프의 언급을 참조하라. *Karl Marx/Friedrich Engels/Historisch-Kritische Gesamtausgabe*(이후로는 *MEGA*로 약칭, Berlin and Frankfurt a/M, 1927~32), Vol. I, I/ II(1927), pp.71~75, 402.

deutschen Philosophie und Publizistik, zurich und Winterthur, 2, 1843)라는 제목하에 두 권으로 출판되었다. 이 두 편 중 하나는 그 당시 프러시아 검열법에 대한 장문의 비판이고, 두 번째 것은 같은 시기에 씌어졌는데, 사변 철학과 신학에 대한 루드비히 포이에르바하(Ludwig Feuerbach)의 비판의 중요성을 알리는 짧은 단편이다. 그러나 그는 결코 헤겔의 『법철학』에 대한 그의 에세이를 내놓지 않았다. 사실 원래 계획했던 저작은 쓰여지지 않았던 것 같다. 이것은 아마도 그가 그 일을 하기 위한 시간이 부족했기 때문인 것 같다. 왜냐하면 1842년 3월 이후 그는 저널리즘에 종사하기 시작했다.

그리고 이러한 새로운 책임 때문에 그는 계획했던 또 다른 에세이, 예를 들면, 그가 상당한 연구를 기울였던 종교 예술사에 관한 에세이의 집필을 포기했다. 또 한편으로 그가 원래 계획했던 『비판』(*Critique*)을 쓰지 못한 것은 헤겔 정치 철학에 대한 체계적인 비판을 위한 적절한 방법론의 부족에 그 원인이 있기도 할 것이다. 왜냐하면 그 『비판』에 사용된 방법론의 중심요소는 루게의 『일화집』(*Anekdota*)에 처음 실린 포이에르바하의 에세이에서 사용된 방법론이었기 때문이다. 이 점에 관해서는 뒤에서 상세히 다룰 것이다.

어쨌든 그가 마침내 『법철학』을 비판했을 때, 그는 에세이를 쓴 것이 아니라, 대신에 약 150페이지 정도를 국가의 국내 헌정 체제에 대한 헤겔의 주장을 귀절귀절 베껴서 썼고, 여기에다 길고 수고스러운 분석을 가하였다. 그 결과 한편 화려하고 또 지루한, 특이한 스타일의 어조 높은, 색다른 분위기의 독자적인 원리적 진술, 빛나는 영감 그리고 저자 자신의 개성이 충실히 반영된 글이 나왔다. 마르크스의 전 저작 중에서 이 『비판』은, 대체로 그것이 마르크스가 처음 썼을 때의 그 상태 그대로이므로, 특히 다음을 예증하고 있다. 즉 빌헬름 리브크네히트(Wilhelm Liebknecht)가 "만일 뷔퐁(Buffon)의 귀절이 어느 누구에게나 유효하다면, 그것은 마르크스에 있어서도 유효하다 : '스타일은 바로 그 사람 자신이다' — 마르크스의 스타일은 바로 마르크스 그 자신이다"* 라고 간파했을 때 그가 뜻하고자 했던 것을 말이다.

1843년 가을 『비판』이 완성되었을 때 그는 그의 원고를 곧바로 출판하기 위해 교정하려 했다. 그는 계획한 교정판의 서문격으로 「헤겔법 철학비판에 대하여. 서언」(*Zur Kritik der Hegel' schen Rechtsphilosophie. Einleitung*)이라는 제목의 에세이를 썼다. 그는 이 에세이를 그와 아내가 1843년 10월에 자진 망명했던 파리에서 루게와 공동 편집한 『독불연보』(*Deutsch-französische Jahrbücher*, 1844년 2월)에 실었다. 비록 단 한 호만 나왔지만, 그 『독불연보』의 같은 호에서 그는 「유대인 문제에 관하여」(*Zur Judenfrage*)라는 에세이를 또 실었는데, 거기서 헤겔 『비판』에 대한 몇몇 주요 주제를 개발, 적용하였다. 그러나 그 이후 곧 마르크스는 『비판』 자체에 대한 수정계획을 복잡하다는 이유로 포기하고 말았다. 그리고 그가 비록 후기 저작에서 자신의 사상 발전으로 볼 때 그 수정의 중요성을 두 번 논의하고 있긴 하나, 그는 확실히 수정판 출판을 위한 그 후의 아무런 노력도 기울이지 않았다. 1883년 3월 그가 죽은 뒤에 원고는 그

* 「칼 마르크스 : 그의 생애와 업적, 파울 라파그와 빌헬름 리브크네히트에 의한 회상록」(*Karl Marx : His Life and Work. Reminiscences by Paul Lafargue and Wilhelm Liebkecht*, New York, 1943), p.39.

의 서류들 사이에 묻혀서 1922년까지 발견되지 않다가, 당시 마르크스와 엥겔스의 전 유고를 정리하고 있던 다비드 랴쟈노프(David Rjazanov)에 의해서 베를린의 독일 사회민주당 문서 보관실에서 발견되었다. 따라서 그것은 그때 처음으로 랴자노프가 편집을 해 MEGA* (1927) 제1권에 실려 출판되었다.

랴자노프는 1843년으로 집필을 추정하는 이유로서 마르크스의 후기 저작들에서 두 가지 참고사항을 인용한다. 첫 번째는 그의 『정치 경제학 비판』(*Zur Kritik der politischen Okonomie,* 1859)에 대한 서문이다. 거기에서 마르크스는 이 책의 저술에 이르기까지의 그의 배경과 사건들을 언급하고 있다. 헤겔의 『법철학』에 대한 비판적 재해석을 그가 언급하고 있는데, 마르크스는 바로 그가 「라인신문」의 편집장을 그만 둔 직후부터 (공식적으로는 1843년 3월 18일부터 시작한다) 정치사회에서의 물질적 이해관계의 운동에 대한 의문을 풀어 보려는 시도로서 이 작업에 몰두한다. 두 번째 것은 『자본론』 제1권 독일어 제2판(1873년 1월)의 저자 후기이다. 거기서 마르크스는 변증법의 사용에 있어 자신과 헤겔과의 차이점을 들고, 그가 거의 30년 전쯤에 행했던 헤겔 변증법의 기만적 측면에 대한 비판을 언급한다. 『비판』의 집필 시기에 대한 증거 외에도 이러한 참고사항들은 마르크스로 하여금 출판을 위한 수정 작업을 포기하도록 한 일의 복잡

---

* 원고의 발견에 대해서는 다음을 보라. 랴자노프의 「마르크스와 엥겔스의 유고집에 대한 최근의 보고」(*Neueste Mitteilungen über den litearischen Nachlass von Karl Marx und Friedrich Engels,* 독일어 번역판은 Carl Grünberg에 의해 번역됨) 『사회주의와 노동운동의 역사에 대한 문고』(*Archiv für die Geschichte des Sozialismus und der Ar beiter-bewegung*) 제11권(1925) pp.385~400을 보라.

성을 시사한다. 이러한 복잡성은 마르크스가 부여한 그 작업의 여러 목적에서 연유한다.

『법철학』 비판에 있어서 마르크스의 원래 목적은 입헌군주제를 공격하는 것이었다. 이러한 사실은 그가 애초부터 헤겔의 정치 철학에 대한 평가뿐만 아니라, 그 당시 존재하는 정치제도에 대한 평가까지도 의도하고 있었다는 것을 의미한다. 그리고 나아가 이러한 두 가지를 『법철학』에 대한 비판적 고찰을 통해 달성하려 하였다. 뒤에 보게 되면 그가 어떻게 헤겔 철학과 당시의 제도들을 동시에 비판하는가를 알게 될 것이다. 지금으로선 다음의 사실을 주목할 필요가 있다. 즉 그의 1859년판 서문에 있는 『비판』에 대한 마르크스의 후기의 언급을 보면, 그가 이것을 쓸 때 위에 말한 두 가지 원래의 목적 외에 또 하나의 목적이 있었음을 알게 된다. 그 자신 독자적으로 정치제도와 사회의 경제적 운동의 관계를 규명하고자 했던 것이 바로 그것이다. 이러한 목적은 마르크스가 1842년과 1843년 초까지 「라인신문」의 편집장을 지내면서 여러 구체적인 사회적, 정치적 문제들을 경험한 결과로서 생겨난 것이다. 이러한 경험은 우선 정치 사회에 있어서 경제적 요인의 중요성을 생각하게 하였고, 나아가 마르크스로 하여금 자신이 효과적인 사회 비평을 위한 필수적인 특수 지식(즉 근대 정치사회의 해부와 역사적 기원에 대한 지식)이 부족하다고 깨닫게 하였다. 크로이쯔나흐에서 헤겔의 『법철학』에 대한 비판과 그가 동시에 기울인 연구에서, 그는 최소한도 이러한 지식의 단초나마 제공하려 하였다. 그가 크로이쯔나흐에서 쓴 노트들은 이러한 연구들의 기록을 보여 주고 있다. 이것들은 모두 5권의 노트로 되어 있고, 24권의 정치이론과 역사에 관한 책에서 발췌한 내용과 간간이 논평을 가한 약 250페이지에 달하는 분량이다. 이러한 연구들과 『비판』과의 관계는 이 저작의 후반부에 두드러지게 나타나는 바, 마르크스는 여기서 그의 헤겔 논평에 더 많은 역사적 자료들을 끌어들이고 있다. 역사적 자료의 사용은 그가 『비판』에 이용했던 비판적 방법론의 독특한 특징이다.

마지막으로 지적해야 할 점은 『비판』의 복잡성에 대한 설명과 관계있는 그 『비판』의 범위에 대한 마르크스의 견해이다. 앞에서 인용한 『자본론』 독일어 제2판에서의 마르크스의 이 저작에 대한 언급, 그리고 『비판』 자체에서의 많은 구절들로 미루어 볼 때, 그가 이것을 헤겔정치 철학에 대한 비판 이상으로 생각했음은 분명하다. 사실 『법철학』에 대한 검토를 통하여 마르크스는 헤겔 철학 일반에 대한 본질적 특징들 그리고 그 오류들을 보여 주고 비판했다고 주장했다. 『비판』은 이러한 종류의 문제에 있어 마르크스의 마지막 저작은 아니다. 마르크스는 새로이 노력을 기울여, 비록 헤겔의 「정신현상학」에 치우치긴 하였으나, 중요한 저작인 『경제학·철학 초고』를 파리에서 1844년에 완성하였다. 그러나 다시 『자본론』에 있는 그의 언급에 비추어 볼 때, 마르크스가 『비판』을 헤겔 철학의 평가로서 중요하가 결정적인 것으로 생각했음은 명백하다.

『비판』의 여러 복합적인 성격을 요약하자면 다음과 같다. 즉 그것은 헤겔 철학 일반을 그리고 특히 헤겔의 정치 철학을 제시하고 비판한 마르크스 최초의 노력의 결과이다. 그리고 이것을 통해 당시 정치제도를 비판하고 또 정치이론과 역사의 연구에 힘입어 사회의 정치적 측면과 경제적 측면의 관계를 규명한 것이라 하겠다. 『비판』의 이러한 목적들이 달성되었는가 여부는 독자들의 판단에 달려 있을 것이다. 마르크스 스스로는 이 책이 그 목적들을 잘 달성했기에 그 결실을 맺기 위해서는 몇 차례의 출판이 필요하다고 굳게 믿었었다. 그래서 그는 『비판』을 수정해서 단 한 번의 저작으로 출판할 계획을 포기했다.

『독불연보』에서(즉 계획했던 『비판』의 수정판 서문에서) 나는 헤겔의 법철학 비판의 형식으로 법학과 정치학의 비판을 언급했다. 이것의 출판을 준비하면서 나는 주로 사변에 대한 비판과 다른 주제에 대한 비판의 결합이 아주 부적적함을 알게 되었다. 이러한 것은 토론의 발전을 저해하고 이해를 어렵게 한다. 게다가 다루어야 하는 주제의 풍부함과 다양성은 대단히 잠언적인 형식으로만 단 한권의 책에 실을 수 있을 것이다. 그리고 그러한 잠언적인 서술은 자의적인 체계화라는 인상을 주었을 것이다. 그러므로 나는 법과 정치, 도덕 등등을 각각 개개의 소책자에서 다룰 것이며 마지막으로는 그 개별적 작업 속에서 전체의 단일성을 꾀할 것이다. 즉 개별적 부분들의 관계, 그리고 결국에는 물질의 사변적 처리에 대한 비판들이다.*

마르크스는 이 이야기를 1844년 8월에 『경제학·철학 초고』 서문에 썼는데, 이 이야기들은 『비판』에서 전개될 여러 개별적인 소책자들의 초안에 해당한다. 그러나 이것들도 역시 출판되지는 않았다. 그리고 실은 마르크스의 생존시에 다 완성되지도 못했다.

그가 엥겔스와 함께 『신성가족』(*Die Heilige Familie*)의 편집에 몰두할

---

* MEGA I, 3(1932), p.33 : 영역판 번역은 Loyd Easton과 Kurt Guddat 번역, (이후로는 Easton과 Guddat로 약칭함). 『철학과 사회에 관한 청년 마르크스의 저작들』(*Writings of the Young Marx on Philosophy and Society*, Garden City, 1967), p.284.

때(이 책은 마르크스가 한편으로 정치 경제학 문헌에 대한 그의 보다 나은 연구에 열중할 때 씌어졌다), 그는 바로 위에 인용된 말들을 거의 마무리짓지 못하였다. 그렇지만 인용된 구절에 담긴 계획된 프로그램은 포기하지 않았다. 전체의 통일성을 기하려는 작업에 대한 언급은 역사와 사회에 대한 마르크스의 원숙한 이론의 첫째 진술로 지적되는 저작을 예견하게 한다. 사실 『헤겔 법철학 비판』은 마르크스가 그의 나머지 생애에 몰두했던 연구와 저술의 전반적인 프로그램으로 되었다. 그런데 보다 직접적으로, 또 이것은 마르크스 사상 발전의 중요기간 중에 그가 썼던 몇몇 저작들 중의 대표작이기도 하다. 문제되는 그 중요시기는 그가 1843년 봄에 편집장직을 사직하고 크로이쯔나흐로 갔을 때를 시작으로 『독일 이데올로기』의 완성과 더불어 끝난다. 『독일이데올로기』는 엥겔스와의 공저이며 1846년에 마무리지워진다.* 마르크스의 사상적 발전에 관한 몇몇 언급은 그의 사상적 발전의 전환점으로서 『비판』의 중요성은 물론 그의 전생애에 있어 이 기간의 중차대성을 명백히 알려 주고 있다.* *

---

* 1845년의 마르크스 노트들 중 하나에서, 계획은 했었지만 쓰지 않은 그가 다루었던 주제 목록을 보라. 이 목록은 『비판』에서 취급했던 정치적 중요성에 관한 여러 점들을 포함하고 있다. 「Karl Marx/Friedrich Engels」, Werke(이후는 Werke로 약칭, Berlin, 1953~), 3권, p.537을 보라.

* * 마르크스 초기 저작들의 집필 시기에 대해서 나는 막시밀리안 뤼벨의 「칼 마르크스의 저작 목록, 부록 : 프리드리히 엥겔스의 저작 카탈로그」(파리, 1956), 증보판(1960) Maximilien Rubel, Bibliographie des öuvres de Karl Marx. Avec en appendice un Répertoire des öuvres de Friedrich Engels(Paris, 1956), with Supplément(1960) ; 그리고 이미 인용된 안드레아(Andréas)의 책에 의존하고 있다.

II

마르크스의 성년 이후의 생활은 사회혁명을 위한 사회 비평에의 시종일관한 깊은 헌신으로 이루어져 있다. 이러한 소명 의식에 대한 그의 초기의 생각은 1835년 그가 김나지움 졸업반 때 쓴 졸업논문에 잘 나타나 있다. "직업 선택에 있어 가장 중요한 원칙은 인류의 안녕이다…… 사회의 완성과 복지를 위해서 일을 함으로써만 인간은 자기 자신을 완성할 수가 있다."* 마르크스의 그 이후의 생애를 회고해 볼 때 우리는 이러한 그의 청년 시절의 주장을 진지하게 생각하지 않을 수 없다.

마르크스에게 있어서 '비판'(criticism)이라는 용어는 삼중의 의미를 지닌다. 즉 자아규명(selfclarification), 타자규명(the clarification of others), 그리고 정치적 행동(political action)이다. 만일 인간 사회를 그 완성과 번영을 위해 혁명화시키고자 한다면, 우선 그 사회의 속성, 즉 기능하고 실패하는 것을 이해해야 하고, 이러한 이해를 타인들에게 전달해야 하고, 이것을 조직화된 정치적 행동으로 바꾸는데 노력하여 이 정치적 행동이 공동의 선을 위해 사회를 변혁시키도록 해야 할 것이다. 마르크스에게 있어 이론과 실천의 통일은 진정한 사회비판에 있어서의 이러한 세 가지 노력의 불가분성을 의미한다. 사회과학자, 교사, 정치적 조직가—이것이 전적으로 마르크스적 의미에서의 비판가의 세 가지 역할이다.

마르크스의 사상적 생애는 이 단순하고 복합적인 소명 의식의 산물이었다. 보통 생각하듯이 그의 생애가 둘로 양분된 적은 없었다. 청년 마르크

---

* *MEGA* I, 1/2, p.167 ; 영어판으로는 Easton과 Guddat의 것 p.39.

스와 장년 마르크스(the young and the old Marx)는 각각 상이했던 시기를 대표하고 그의 교의적 원칙들, 이론적, 실천적 관심들 그리고 사상적 견해가 서로 아주 대립된다고 주장하는 견해가 있는데 이는 근거가 없는 헛소리이다. 마르크스의 사후에 출판된 중요 저작들(이 중에는 특히 『비판』과 『자본론』의 예비 초고가 있다)은 이러한 위의 견해에 대해 반대의 훌륭한 원문 증거를 제시하고 있다. 이러한 근거를 바탕으로 볼 때, 마르크스의 사상적, 이론적인 발전은, 뤼벨(Rubel)의 말에 의하면 '유기체적'인 것이며 또 그가 원래의 초기에 취한 입장을 나중에 거부했다는 것은 사실무근이다. 이러한 발전의 맥락에서 마르크스의 초기와 후기 저작들은 근본적으로 일관되게 통일된 사회, 정치 이론들을 제시하고 있다.*

만일 우리가 마르크스가 사회 비판에 헌신했던 것을 고려해 보면, 그의

---

* 특히 다음을 보라. 막시밀리안 뤼벨의 『칼 마르크스 : 그 사상적 일대기에 관한 에세이』(*Essai de biographie intellectuelle*), Paris, 1957. (이 후로는 뤼벨의 『에세이』라고 약칭) : 그리고 슬로모 아비네리의 『칼 마르크스의 사회 정치사상』, Shlomo Avineri, *The Social and Political Thought of Karl Marx*, Cambridge, 1968(이후로는 아비네리, 『사회 정치 사상』이라고 약칭) 또 동일 저자의 글 『체계적 구성의 마르크스의 헤겔 「법철학」 비판』(*Marx's Critique of Hegel's "Philosophy of Right" in its systematic setting*), 「응용 경제 연구소」 기관지(Cahiers de l'Institut de science Economique Appliquée, 1966년 8월), pp.45~81 ; 이링 페쳐의 글 '청년 마르크스와 장년 마르크스', Nicholas Lobkowicz편저 『마르크스와 서방 세계』에 수록되어 있음(Notre Dame and London, 1967), p.19~39 ; 그리고 Gajo Petrović의 『20세기 중반에서의 마르크스』(*Marx in the Mid-twentieth Century*, Garden City, 1968), pp.31과 그 이후 페이지들, 특히 pp.35~51을 보라. 페쳐와 페드로빅은 둘 다 마르크스의 1844년 『경제학 · 철학초고』, 『자본론』 1권(1판 1967) 그리고 러시아에서 『정치 경제 비판 요강』(초안, *Grundrisse der Kritik der politischen ökonomie*), Rohentwurf, 1857~58년(이후는 『요강』이라 함, Berlin Dietz Verlag의 판도 참조)이라는 제목 하에 출판된 『자본론』 제1권, 예비 초고의 원문 비교에 의존하고 있다.

사상적 생애에 있어서의 발전과 연속성 둘 다를 감지할 수 있다. 마르크스는 그의 소명의 사상적, 실천적 요구를 오로지 단계적으로 그리고 특별한 경험의 결과로서 완전히 인식하게 되었다. 이러한 요구에 대해 그가 느끼면 느낄수록 그의 연구와 저작의 초점은 이동하였다. 즉 바꿔 말하면 그의 사상적, 원리적 발전은 효과적인 사회 비판에 필요한 지식과 행동에 대한 그의 자각에서 전개되어 나오는 움직임이었다.

마르크스의 사회 비판에 대한 최초의 진지한 노력은 1842년과 1843년 초 사이의 기간중에 저널리즘의 형식으로 나타났다. 이러한 것들은 대부분 『일화집』에 있는 검열에 대한 그의 장문의 글, 그리고 「라인신문」에 실린 여러 사회적 · 정치적 문제에 대한 그의 글에 쓰여 있다. 여기서 그의 비판에의 접근 방식은 다음과 같은 특징이 있다. 즉 사회개혁은 공중을 교화함으로써, 특히 정부로 하여금 정치 · 사회에 대한 그 속성과 목적의 철학적 이해를 가능케 하여 현존 사회 · 정치질서의 단점을 교육시킴으로써 가능하다는 마르크스의 명백한 확신이 그것이다. 비판의 이론적 측면은 사회 철학이었고 실천적 측면은 공중 신문을 매개로 한 공중 교화였다.

그러나 두 가지 경험이 사회 개혁 프로그램의 가능성에 대한 마르크스의 확신을 무효화시켰다. 첫째, 마르크스에게 있어 사회의 이성의 목소리로 대표되는 비판적인 신문에 대한 검열 등의 공적인 제재—이 사실은 글 하여금 공중 교화에 대한 노력만 가지고는 사회 개혁이 이루어질 수 없다고 결론짓게 하였다. 이러한 노력들은 실천적이고 정치적인 조직화와 함께 행해져야 한다. 둘째, 마르크스는 공동선에의 노력을 효과적으로 좌절시키는 정치사회 내부의 경제적 이해관계의 위력을 알게 되었다. 그래서 마르크스는 사회에 대한 철학적 이해가 아무리 타당하다 해도 그것만으로는 저절로 비판의 혁명적 목표 달성의 적절한 이론적 기초가 구성될 수 없다고 결론지었다. 즉 정치사회에서의 경제적 요인에 대한 이해가 동시에 요구되었다.

이론의 취약성에 대한 그의 이러한 인식, 특히 정치사회에 있어서의 경제적 이해의 중요성에 대한 인식은 마르크스의 사상적 발전에 있어 제 1 단계의 종료를 의미한다. 이러한 약점을 고치고 효과적인 사회 비판의 적적한 이론적 기초를 제공하기 위한 그의 이후의 집요한 노력은 제 2의 결정적인 단계를 형성하게 된다(1843년 봄~1846년 말). 이 기간은 정치적 조직화에 대한 노력과 함께 밀도 이는 자기 이해의 노력으로 특징 지워진다. 이 기간부터 정치 이론과 역사 그리고 정치경제학에 대한 지식 습득의 노력이 시작된 바, 이것들은 마르크스의 사회의 철학적 개념의 완성과 효과적인 혁명 프로그램의 기초를 제공하는 데 필수적인 것이었다. 이 기간중에 그는 산업 프롤레타리아와 처음 만나게 되는데 여기서 마르크스는 산업 프롤레타리아를 사회의 물질적 힘으로 여기게 되었고, 또 언젠가 그의 사회이론의 정신적 영향으로 그들이 자각하기만 하면 그들이 사회 혁명에의 담당자가 되리라고 생각했다. 따라서 사회 비판의 통합적 부분으로서의 교육은 공중이나 정부보다는 경제적으로, 사회적으로, 정치적으로 무산자인 사람들에게 더욱더 주어지게 되었다. 그리고 교육의 목표는 이들이 자신들의 이익과 사회의 혁명화에 있어 자신들의 잠재적 역량을 깨닫도록 하는 데 있었다. 노동자들의 조직화는 기존 경제적, 사회적, 정치적 질서의 근본적이 변혁을 위한 교육과 정치적 힘의 행사, 수행을 위한 두 가지의 수단이 되어야 했다. 1846년 말에 이르러 마르크스는 그의 소명의 요구를 전적으로 잘 알고 있었다. 그는 독자적으로 한 편의 요구인 사회 이론에 대한 주요점을 규명하였고, 다른 한 편의 요구인 정치적 조직화의 작업을 비판의 교육적 측면과 정치 권력의 추구를 결합시키면서 착수하기 시작하였다. 이후의 그의 실천적 생애는 소명에 대한 이러한 모든 측면들에의 추구를 위한 끊임없는 노력에 바쳐졌다.

마르크스가 정식화한 사회이론은 역사이론의 틀 안에 놓여 있고 '노동하는 인간과 정치적 동물'(homo laborans and zoon politikon)이라는 인간 개념에 기초하고 있다. 인간은 존재하는 실재의 총합인 자연의 일부이다. 인간은 의식적으로 내재적인 욕구의 역동성에 따라 그의 환경을 변혁시킨다. 인간에 의한 그의 환경의 변혁을 '생산'이라 부른다. 생산은 언제나 사회적 맥락 안에서 추구된다. 그리고 개별적인 인간이 합리적 존재로서 그의 고유한 능력을 각성하게 되는 것은 오로지 이러한 사회 활동의 틀 안에서만 가능하다. 역사라는 것은 인간이 환경과 관계하고 있는 특수한 방식으로 분석할 수 있는 생산 양식의 연속으로서, 이러한 방식하에서 인간은 그들에게 이롭게 생산력을 정리하고 개발하며, 그들 욕구의 충족을 위한 이 힘의 적용에 있어 타인들과 관계하게 된다. 그의 역사에 관한 초안은 유럽의 경험인 가장 최근의 사회적 생산양식의 역동적 발전 형태인 자본주의를 추적하기에 이르렀는데, 이 자본주의는 국가 간, 지역 간 분리를 해소하는 생산과 교환의 전세계적 체계를 만들어 냈으며, 전세계의 인간을 서로 연관된, 노동하는 관계로 가져다 놓았다. 이 단계에서 역사적 발전의 중요성은 단지 서구 세계에 한정되는 것이 아니다. 역사는 이제 세계사가 되었으며, 이것은 곧 인류 생활의 진보가 인간 고유의 합리적 통제에 달려 있는, 역사적으로 변형되고 인간화된 환경내에서 서로간의 창조가 상호 혜택을 주는 보편적 인간 공동체의 성립을 가리키는 것이다. 간단히 말해 이것은 바로 『독일 이데올로기』 제 1장의 주요 논지이다. 이것은 1843년~1846년 사이의 자기 이해를 위한 마르크스의 노력의 결과를 요약하고 있다. 이 노력의 기원은 그 시기의 인쇄되지 않은 글들을 통해서만 추적할 수 있는 바, 『헤겔 법철학 비판』으로 시작해서 정치이론과 역사에 대한 그 당시의 크로이쯔나흐에서의 노트들(1843), 정치경제에 대한 파리 시절의 노우트들, 그리고 『경제학 · 철학 초고』(1844), 『포이에르바하에 관한 테제』, 정치경제에 대한 브뤼셀과 맨체스타에서의 노우트들(1845~6)을 거쳐 『독일 이데올로기』까지가 바로 그것들이다. 여기 후반부의 저작들에서 쓰여진 이론적 입장과 이념은 그 이후의 모든 마르크스의 작업을 일관되게 주도하게 된다. 1847년부터, 그가 병이 들어 연구와 저술과 정치적 행동의 생산적인 생활을 그만둘 때인 1878년(그 이후 계속 앓다가 1883년 3월 사망)까지 그는 세 가지 일에 계속 몰두하였다. 첫째, 끊임없는 연구를 통한 인류 역사와 사회에 대한 이해의 심화와 둘째, 『자본론』에 와서 정점에 달했던 일련의 역사적, 정치적, 경제적 저술을 통한 이러한 자신의 사상의 타인에게로의 전파, 『자본론』은 근대사회의 성격과 역학을 포괄적으로 설명하려 한 마르크스 최후의 불멸의 업적이다. 셋째, 진정한 인간 사회의 창조에 있어 담당자적 요소가 될 물질적 힘인 노동자 계급의 조직화가 그것이다. 그러므로 마르크스의 생산적 생애의 마지막 30년간은 1843년부터 1847년까지 기간에 완성된 계획의 지속적인 실행 과정을 의미한다. 그리고 그의 이 30년 동안의 이론상의 발전은, 근본적으로 변함없이, 『독일이데올로기』에 있는 필수적 사회이론의 완성과 정선을 위한 것이었다. 마르크스의 이론적 자기 이해의 초기 중요 시기에서 가장 중요한 책인 『헤겔 법철학 비판』은 그의 성숙한 이론의 발전에서 각별한 위치를 차지한다. 나는 비판적 저작으로서의, 또 이론적 진술로서의 『비판』의 몇 몇 본질적 특징들을 이야기할 것이다. 나의 구체적인 관심사는 이 책이 구현하고 있는 비판적 방법론과 마르크스와 헤겔 간의 주요한 이론적 차이점을 명백히 하는 데 있다. 이것을 하기 위해 마르크스 인생에서의 사건들과 이 저작 집필 이전의 그의 이론적 입장을 검토해 보아야 할 것이다.

III

칼 마르크스는 모젤 강변에 있는 라인 주(州)의 트리에르라는 도시에서 그의 생애의 초기를 보냈다. 그는 1818년 5월 5일(Hirschel 태생) 하인리히 마르크스와 헨리에타 프레스부르그 마르크스의 아홉 아이 중 셋째로 태어났으나 형들이 유년기에 죽음으로 해서 장남이 되었다.* 마르크스의

* 마르크스의 초기 생애에 대하여는 Boris Nicolievsky와 Otto Maenchen-Helfen의 *Karl Marx : Man and Fighter*, G. David E. Mosbacher(London, 1936)가 번역한 책 pp.1~60을 보라. 기본적인 전기 자료는 *Karl Marx : Chronik seines Lebens in Einzeldaten* (이후 *Karl Marx : Chronik*로 약칭)이다.

부친은 법률가였는데 현실적, 사회적 이익을 향유하기 위해, 가문의 전통을 깨뜨리고 1816년에 유대교에서 루터의 개신교로 개종하였으며 그의 자식들도 1824년에 루터교 신자로서 세례받게 하였다. 어린 칼은 다정한 관계를 유지하였던 아버지와, 그가 후에 '아버지 같은 친구'라 불렀던 집안끼리의 친구인 루드비히 폰 베스트팔렌 남작(Ludwig von Westphalen)의 영향을 받으며 성장한 것으로 보인다. 두 사람 모두 어린 칼에게 비범한 재능이 있다고 믿었고 그들 자신의 지적 가치기준 및 태도를 얼마간 그에게 전수해 주었다. 그는 아버지로부터 계몽주의 휴머니즘의 이상에 대한 관심을, 폰 베스트팔렌으로부터 생 시몽(그의 이론은 1830년대 독일 라인란트의 사상적 모임들 사이에 충만하였다)의 사상에 영향받은 자유주의적 정치의식과 함께 고전, 낭만주의 문학에 대한 사랑을 물려받았다. 어린 마르크스는 어쨌든 자신의 아버지가 미온적 태도를 취하고 폰 베스트팔렌은 열광적으로 자신의 고도로 세련된 자유주의와 결합시켰던 프러시아 군주정에 대한 애국적 태도(그 주도하에 1815년 비엔나 회의에서 라인란트가 탄생하였는데)에는 조금도 동화되지 않았다.

소년 마르크스는 형식적인 중등교육을 1835년 8월 트리에르에 있는 프리드리히 빌헬름 김나지움에서 마쳤고, 그 해 가을 본(Bonn) 대학에서 법률을 공부하기 시작했는데, 거기에서 그는 학문과 아울러 재미있는 경험들에 흥미를 느꼈다(우리가 알고 있는 그의 초기의 취미들 중의 하나는 트리에르 출신 학생들의 본 음주클럽에서의 조각이나 판화였던 것으로 보인다). 1836년 10월 그는 베를린 대학으로 옮겨 법학, 철학, 역사학 등을 수강하고 그곳에서 1841년 봄까지 머물러 있다가 예나대학 철학과에 학위논문(*The Difference* *between the Democritean and Epicurean Philosophy of Nature*)을 제출하여 그 해 4월 박사학위를 받았다. 그의 대학 성적증명서는 단지 철학에 있어서의 형식적 과정만을 보여줄 뿐이다(1838년 베를린의 여름 학기, 논리학). 그러나 우리는 다른 자료들로부터 그가 1837년에서 1841년 사이에 아리스토텔레스, 스피노자, 라이프니쯔, 흄의 저작들, 칸트학파의 역사학, 헤겔의 전 저작으로 짜여진 힘겨운 프로그램을 수행하였다는 것을 알고 있다.*

베를린에서 마르크스는 사회비판에 대한 그의 초기의 충동을 자극하는 지적 환경을 발견하였다. 그는 재빨리 젊은 대학 조교들과 급진 지식인들의 모임인 박사클럽(Doktorenklub)으로 옮겼는데, 그들은 헤겔 철학의 틀내에서 종교와 정치에 대한 고무적이고 비판적인 토론에 몰두하였다. 그것은 당국의 인가를 받지 못하였으나 그래도 지배적인 지식인 세력이었고 모든 이론적 논쟁의 초점이었다. 이것이 헤겔의 사상과의 첫 대면이었는데, 그의 철학에 관해 마르크스는 곧 처음부터 끝까지 알게 되었다고 아버지에게 보낸 서신에 적고 있다. 그가 라인란트에서부터 가지고 간 정치적 자유주의는 이 모임에서 보다 급진적인 경향을 취득했다. 왜냐하면 박사클럽 멤버들의 일반적인 이론적 입장은 사회적, 정치적 현상유지(status quo)를 넘어서는 혁명적 외침으로 헤겔 철학을 해석하였고 특히 프러시

* 마르크스의 본과 베를린에서의 학문적 기록은 *MEGA* I, 1/2, pp.194~5, 247~8을 보라. 이 시기의 그의 철학적 연구에 대한 다른 자료로는 1837년 11월 아버지에게 보낸 장문의 편지와 베를린에서의 독서와 관련하여 그가 편집한 발췌 노트가 있다. 베를린 노트는 *MEGA* I, 1/2, pp.104~5, 107~13을 보라. 편지는 1/2, pp.213~21(Easton과 Guddat의 영역본 pp.40~50)을 보라.

아의 제도에 대하여는 그들의 실천적, 정치적 태도가 이러한 목표의 열광적 찬성이었기 때문이다. 마르크스는 쉽사리 이러한 정치적 견해를 채택하였으며 최소한 초기에는 헤겔에 대한 그의 동료들의 해석을 공유하였는데, 그는 헤겔의 철학을 사회의 합리적 변혁을 위한 이론적 도구로서 추구하였다. 그러나 혁명적 목표를 견지하는 동안, 그의 초기의 헤겔에 대한 열광은 곧 존경과 불신이 복합된 태도로 바뀌어 간다. 1842년과 1843년 초의 마르크스 저작들에서 헤겔이 직접적으로 인용되는 경우는 드물게 되었으며 그것도 제한된 동의와 함께인 것이다. 추상적 사상가로서의 헤겔에 대한 높은 관심은 마르크스의 초기나 후기의 저작 모두에 있어서 명백하지만 마르크스가 『비판』 이전의 시기부터 사회, 정치 이론에 대한 헤겔의 견해에 대해 미심쩍은 태도를 유지하는 것을 방해하지 않는다. 『비판』에서 우리는 초기에 헤겔에 대한 반대감정의 병립처럼 보였던 것이 이후 헤겔이 사회혁명의 왕자가 아니고, 정치철학이 현상유지의 정교한 정당화이며 축복이기까지 한, 으뜸가는 보수주의자라는 것을 발견한 후 마르크스의 실망의 심도를 암시하여 주는 명백하고 진정한 적개심과 신랄함으로 바뀌는 것을 알 수 있다.

마르크스의 베를린 시기의 유산은 정치관의 급진화와 헤겔사상과의 만남에 그치지 않는다. 그는 베를린에서 사회 비판의 이론적 도구의 연구와 적용에 있어서의 원칙과 기법에 대한 유익한 관심을 갖게 된다. 그가 법률을 배운 에두아르드스 간스(Eduard Gans)와 칼 폰 사비니(Karl von Savigny)의 강의는 이 관심에 가장 큰 영향을 준 것 같다. 간스는 헤겔이 총애하던 제자였고, 그가 편집한 『법철학』을 『비판』 저술 당시 마르크스가 사용하기도 한 사람으로서 그의 강의는 입법제도의 과정의 합리적, 비판적 분석의 모델 역할을 하였다. 한편 사회, 정치제도 분석의 역사적 방법을 마르크스에게 알려 준 사람은 폰 사비니였던 것 같다. 비록 마르크스가 폰 사비니와 동일시되던 역사법학파(Historical School of Law)를 지속적으로 통렬히 비난하지는 못했지만(이 학파는 인간 본성의 판단 기준에 대한 역사적 제도의 도덕적 가치를 판단하기를 거부했거나 실패했으므로) 그럼에도 그는 현존하는 제도의 의미를 그 역사적 기원의 설명을 통해 명료화하는 사비니의 기법을 자신의 과학적 방법론에 절대 필요한 부분으로서 채택하였다. 마르크스는 『비판』에서 이 역사 기원적 기법(historico-genetic technique)을 처음으로 체계적으로 사용하는데, 거기에서 이 기법을 참된 철학적 비판에 필수적이라고 주장하기까지 한다. 계속해서 그는 그것을 자신의 전반적 역사이론의 회고에 사용하는데, 그 이론에서의 그의 첫 번째 목표는 여전히 역사적 현재의 현실성을 명료화하는 것이다.*

마르크스는 본 대학에서 논리학을 강의하고 『저널』(*Journal*) 또는 『무신론 문고』(*Archive of Atheism*)라고 임시 명명한 비판적 잡지의 출판에 있어서, 베를린 시절의 동료인 브루노 바우어와 협력하면서 교사와 기자라는 이중의 직업을 추구한다.** 그러나 바우어는 그 강력한 무신론적 견

* Gans의 영향에 관해서는 Georges Gurvitch, 'La Sociologie du jeune Mary', *La Vocation actuelle de la Sociologie*(Paris, 1950), esp. pp.575~7을 보라. 여기에서는 마르크스의 초기 배경에서 그러한 요소를 강화시켰음에 틀림없는, Saint-Simon에 대한 열광적인 Gans의 강의의 도입이 암시되고 있다. Nicolaievsky와 Maenchen-Helfen, *Marx : Man and Fighter*, pp.30~1을 참조하라. 일반적으로 간과되고 있는 von Savigny et Marx', *Archives de Philosophie du Droit* Vol. XII (1967). pp.65~89를 보라.

해로 말미암아 본 대학 신학과에서 추방되었고, 그의 친구의 해고로 인해 마르크스는 대학에서 강의하려는 그의 계획을 포기하고 오로지 저술에만 전념하게 되었다. 그의 첫 번째 노작은 루게에 의해 『일화집』으로 출판된다. 그때 마르크스는 그 특유의 열정과 힘으로 「라인신문」과의 공동 연구에 몰입하였다. 『비판』 이전의 사회, 정치이론에 대한 그의 교의가 이 글들에서 보이는데, 이 글들은 철학의 실천적 의미에 관한 그의 초기의 견해들을 구체화하고 있다.

그는 철학을 응용된 자유 이성의 활동성이라 부르고 그것을 이론과 실천의 두 측면으로 구분한다. 이론으로서의 철학은 고독과 체계적 격리 속에서 수행되는 고행이다. 보통의 사람들에게 그것은 지나치게 긴장되고 비실제적인 직업으로서 그 마법이 거만하고 이해할 수 없는 것으로 들리는 일종의 마술로 보인다. 그것은 보통의 삶과는 무관하게 보인다. 그러나 그것은 오해이다. 사실 철학자는 그 시대의 산물이며 철학은 인간의 실제 행동을 일으키는 것과 동일한 정신에서 발생한다. 겉으로 그렇게 보인다 해도 철학은 속세와 무관하지 않다. 그것은 단지 인간의 여타 합리적 행위와는 다른 방식으로 존재한다. 세계는 철학의 기반이며, 철학은 그의 시대의 정신적 진수이다. 더 나아가 세계는 철학의 연구와 관심의 대상이며 철학은 세계의 지혜이다. 이 정식은 이론으로서의 철학의 본질을 요약하며 그 현실성의 기반을 실천으로 확립한다. 이것은 또한 철학을 종교와, 즉 (그에 따르면) 고요한 적대행위, 내세의 지혜와 구별한다.

실천으로서의 철학은 박식한 비판행위이다. 고독한 연구 속에 달성되고,

---

* * *Karl Marx : Chronik*, p.8.

처음에는 이해 불가능한 언어로 표현되는 예지의 기반 위에서 철학자는 존재를 본질에 대하여, 현실을 이상에 대하여, 존재(is)를 당위에 대하여 판단하는 비판적 안목으로 세계를 관망한다. 이것이 세계를 판단하고 그 결함을 선언하는 철학이다. 철학은 이 세계에서 세속적, 즉 실제적이고 창조적인 요소가 되며, 문화와 사회에 있어서 능동적인 힘이 된다. 철학자들은 연구한 후에만 이야기하고, 믿음이 아닌 이성에 호소하며, 교리를 세우기보다는 가르치고, 사물에 대한 회의를 기꺼이 환영하며, 진실을 약속하고 세계의 철학화에 목표를 둔다.*

말할 필요도 없이, 비판의 실천적 행위로서의 철학은 철저히 합리적인 훈련이다. 본질에 대한 존재, 이상에 대한 현실의 판단은 본질적이고 이상적인 것의 파악을 전제로 한다. 그러나 이러한 파악은 존재하고 있는 것에 대한 연구를 통해서만 얻을 수 있다. 마르크스는 1842년 가을 오펜하이머(Dagobert Oppenheimer)에게 보내는 편지에서 다음과 같이 쓰고 있다. 진정한 이론은 구체적인 환경과 현존하는 상황 속에서 발전되고 명료해져야 한다.** 세계를 판단할 수 있는 기준은 세계 그 자체에 대한 철학적 연구에 의해 끌어내어진다. 간단히 말하자면 이론으로서의 철학은 '존재'내에 함축되어 있는 '당위'를 발견하며, 실천으로서의 철학은 그 둘을 일치시킨다.

* 'Der leitende Artikel in Nr. 179 der Kölnischen Zeitung'(이후 'Leitende Artikel'로 약칭) 「라인신문」(이후 *RhZ*로 약칭) : *Werke*, I, pp.97~101 : 마르크스의 박사학위 논문(1841)에서의 철학 논의도 참조하라. *MEGA* I, 1/1, pp.64~5. 이러한 주제에 대한 초기의 진술을 구체화시킨 것으로서 박사학위 논문에 관하여는, *Activity in Marx's Philosophy* (The Hague, 1967)의 서론을 참조하라.

** *MEGA* I, 1/2, p.280.

그렇게 묘사된 철학은 인간사에 대한 여타의 지적 접근과 첨예하게 구분되게 된다. 마르크스는 역사법학파의 실증주의를 거부하고 한 제도의 단순한 역사적 현존이 그것을 도덕적으로 정당화하지는 않는다고 주장하였다. 실증주의적 태도는 법적, 도덕적, 정치적 인간에게 신성한 모든 것을 모독한다. 그것은 비합리적 입장이다. 왜냐하면 이성은 인간의 제도에서 인간의 합리성의 구조를 발견할 수 있으며, 그럼으로 해서 합리성의 요구에 대비시켜 현실의 역사적 제도를 평가할 수 있기 때문이다.* 또한 철학은 상상력의 발휘로 혼란되어서는 안 되며, 상상력이란 인간의 삶과 제도에 대한 토론에 편견과 허구의 이상을 가져 오는 것이다. 참된 철학은 기존의 개념 도식을 인간사의 역사적 세계를 이해하고 판단하는 과업에 적용한다는 의미에 있어서의 사변적 훈련이 아니다. 여기에 헤겔이 있으며, 비록 그가 우선 당장은 지칭되고 있지 않으나, 마르크스는 그를 떠올리고 있다. 마르크스는 직접적인 경험의 우위성을 강조한 루드비히 포이에르바하의 지도에 따를 것을 자신의 독자들에게 충고하고 있는데, 그 직접적인 경험 속에서 철학적 이성은 사물을 있는 그대로 파악할 수 있고, 합리적 비판의 기준을 찾아낼 수 있다.**

이 모든 것에 있어서 마르크스는 두 가지 근본적인 주장을 하고 있다.

---

* 'Das Philosophische Manifest der historischen Rhechtsschle', *RhZ* (1842. 8월) ; *Werke* I, pp.79,80,85 ; Easton and Guddat, pp.98,99, 104~5. 마르크스 역사법학파에 대한 공격에 대해서는 Jaeger의 'Savignyet Marx'를 보라.

** 'Die Zentralisationsfrage'(unpublished, 1842.5), *MEGA* I, 1/1, pp.230~1 ; Easton and Guddat, P.108 ; 'Luther als Schiedsricher zwischen Strauss und Feuerbach'(1842.1), *Anekdota* II, p.208 ; Easton and Guddat, p.95.

첫째, 인간의 제도의 역사적 세계는 그 자체의 내재적이고 실질적 합리적이며 윤리적인 내용을 갖고 있다. 둘째, 이 내용을 파악하고 이 세계를 개선할 목적으로 비판하는 것은 올바로 이해된 철학의 과제이다.

이론적 실천이 되기 위해, 1840년대 독일의 철학은 그 표현 매체로서 공공언론을 사용했다. 그것은 고독과 고행을 포기하고 사회비판의 보다 전통적 수단인 신문과 잡지를 통해 공중의 생활 속으로 들어갔다. 철학자는 여전히 철학자이면서 저널리스트가 되었다. 정치 사회는 그의 관심의 첫 번째 대상이다. 그는 사회와 법과 국가의 토대와 목적에 관한 자신의 지식을 현존하는 사회 · 정치적 질서의 결함에 대한 공개 토론장에 내놓는다.*

정치 사회의 제도와 규약은 인간 본성의 객관적 표현이며 그들의 합리적, 사회적 본성의 성향에 기초한 인간 행동의 산물이다. 그러므로 국가는 본래적 인간 능력과 경향의 자연적 기반(natural ground)에 기초하고 있다. 따라서 사회적, 정치적 조화에 대한 요구는 자연적 전제에 기반을 두고 있으며 국가 정체의 정당성은 기독교나 국가 자체의 본성과 본질에 기초하여 결정되지 않고, 기독교 사회의 본성이 아닌 인간 사회의 본성으로부터 결정된다. 사회정의에 대한 진정한 철학자의 요구에는 종교적 고찰도, 사변철학의 추상화도 깔려 있지 않다. 마르크스는 국가가 합리적 자유의 실현이라는 헤겔의 사상을 받아들이고 있으며, 그렇기 때문에 국가는 자유의 원리에서 추출되고, 인간관계의 이성으로부터 밝혀져야 한다고 곧바로 주장한다. 거기에서 현존하는 정치질서를 판단하는 일반적 기

* 'Leitende Artikel', *Werke* I, pp.97~8, 100.

준이 다음과 같이 얻어진다. 국가는 인간 본성의 절박성에서 비롯되며, 그 본성을 표현하고 인간의 합리적 자유를 구체화해야만 한다. 이런 일의 수행에 실패하는 정도만큼 그것은 불충분한 국가이다. 만약 국가가 인간의 천부적인 합리성과 사교성의 산물이라면, 철학자는 그것이 인간 본성의 국가일 것을, 인간본성의 요구를 충족시켜 주기에 적합한 국가가 될 것을 요구한다.*

법률에 관한 마르크스의 입장은 이러한 국가의 본성에 관한 일반적 교의의 당연한 결과로서 뒤따르게 된다. 다시 한 번 헤겔이 긍정과 함께 인용된다. 즉, 근대 정치철학의 우월성은 법적, 윤리적, 정치적 자유가 마땅히 실현되어야 할 유기체로서의 국가의 개념에 있다. 또한 마르크스는 그것은 개개

시민이 국가의 법률에 복종함에 있어서 다만 자기 자신의 이성, 인간의 이성의 본연의 법칙에만 복종하는 유기체라고 덧붙이고 있다.* 국가의 법칙은 그 국가 자체와 마찬가지로 인간의 본성에서 도출된다. 그것들은 본질적으로, 형식적 성문화(成文化)로 표현된 인간의 합리적, 사회적 행위의 내적 법칙에 불과한 것이며, 현실적으로 그렇게 되어야 한다. 세속의 세계는 입법자가 그 지배를 받는 천부적, 법적, 윤리적 내용으로 채워져 있다. "입법자는 자신을 자연주의자로 생각해야 한다. 그는 법을 만드는 것이 아니다. 그는 법을 발명하는 것이 아니라 다만 그것을 공식화하는 것이다. 그는 의식적이며 실재하는 법칙의 정신적 관계의 내적 원리를 표현한다." 입법의 본질에 관한 이 판단은 『비판』에서 거의 그 말 그대로 다

---

* 'Leitende Artikel', *MEGA* I, 1/1, pp. 102,103.

시 나타난다.*

그러므로 유기적 정치 사회가 인간 본성의 요구에서 생기고 그 요구를 충족시켜 줌에 있어서 그 본성의 표현이듯이, 정치 사회의 법칙 또한 그 본성과 함께 그리고 그 본성을 통해 창조되는 국민의 의지의 의식적 표현이므로 본성의 표현이다.** 이것은 다시 현존하는 국가의 법칙을 판단하는 일반적 기준을 제공한다. 형식적 법이 아닌 인간의 행위가 최고의 지위에 있다. 법이 인간 생활의 의식적 반영이라면, 그것이 정당하고 참된 것이기 위해서는 국민의 필요와 능력을 반영하여야 한다. 그것은 인간 생활을 속박해서는 안 되며, 그에 굴복하여야 한다. 즉 그것은 국민의 필요와 능력이 변화함에 따라서 변해야 한다. 오직 이렇게 해서만 법은 인간의 자유와 현실적으로 동일시될 수 있다.***

이것이 마르크스의 *초기*(『비판』 이전) 사회, 정치철학의 근본적 입장이다. 이것은 국가의 제도와 법에 대하여 국가의 개인적, 합리적, 사회적 성원들의 우위성을 지속적으로 강조하는 교의이다. 인간의 본질적 능력, 필요, 성향이 국가의 기원과 목적을 구성한다. 국가는 그것들로부터 이끌어내지고, 제도라는 형식에 있어서 그것들의 산물이고 표현이다. 그리고 국가의 존재이유(raison d'être), 합리적 자유의 실현이란 정확히 그것들의 충족이다.****

---

* 위의 글, *MEGA* I, 1/1, p.104 ; Easton and Guddat, p.130.

** 'Der Ehescheidungsgesetzentwurf', *RhZ*(1842. 11월~12월), *Werke* I, pp.316,318 ; Easton and Guddat, pp.138,140. 『비판』의 pp.58,120의 주를 참고하라. Jaeger에 따르면 ('Savigny et Marx' p.141) 이러한 입법의 개념은 근본적으로 사비니적이다.

*** 위의 글, *Werke* I, p.319; Easton and Guddat, p.141.

철학의 본질과 역할에 대한 이러한 고찰, 그리고 철학이 확립하는 정치적 비판에 대한 고찰에 비추어, 마르크스가 곧 직면하는(1840년대 프러시아의) 현존하는 사회, 정치적 질서의 결함은 그에게 너무도 명백했다. 관료의 변덕과 무지 속에 행해지는 국가의 검열은 합리적 비판의 목소리를 억압하고, 그럼으로써 국가를 그 적절한 목표로 인도하는 바로 그 적격의 소리를 침묵케 한다.* 프러시아 주법(Land-recht)은 인간의 사회생활의 본질적, 법적, 윤리적 내용을 무시함으로써 지속적으로 정당한 법을 위한 비판을 방해했고, 이것을 그 내적원리에 따른다기보다는 본질적으로 불법의 것으로 취급하면서, 이 정신도 법칙도 없는 것을 대외적 목적을 위해 주형하고, 변형시키고 정리하려 하였다.** 입법자들은 특수한 경우에는 국민의 전통적 관습, 국경을 초월하여 사물의 본성에 따르는 법에 대한 일반적이고 공적인 의식에 뿌리박은 관습을 침해하였다.*** 결국 합리적 국가의 이상과는 상반되게, 국가의 조직적 틀 밖으로 실제 떨어져 나온 현존하는 국민들의 사회단체에는—경제적 빈곤의 경감에 그 행정력을 적용하

**** 'Debatten über die Pressrfeihet', *RhZ*(1842. 5월), *Werke* I, p.58.

*'Bemerkungen über die neueste preussiche Zensurinstruktion. Voneimem Rheinländer'(1842. 2월), *Anekdota*, pp.56~88. 결과적으로 RhZ에서의 그의 퇴진과 언론의 억압을 가져온, 마르크스의 검열에 대한 투쟁은 최소한 그에게 『비판』에서의 관료제도에 대한 길고 신랄한 공격에 깔려 있는 경험의 일부를 제공해 주었다.

**Der Ehescheidungsgesetzentwurf' *Werke* I, p316; Easton and Guddat, p.138.

*** 'Debatten über das Holzdiebstahlgesetz', *RhZ*(1842. 10월~11월),
Werke I, pp.112, 119.

는 것에 대한 국가의 무능력, 또는 무의지에 의해 증명된 결함이 존재한다.*

이 결함에 대한 인식은 다시 한 번 마르크스로 하여금 사회에 있어서 경제적 이해관계와 그 정치제도의 작용의 관계에 의문을 갖게 한다. 그는 이미 몇 주 전에 공공의 이익에 대한 관심보다 사유지의 이해관계가 입법 신청을 지배해 왔으며, 결과적으로 사적, 경제적 이익의 성공적 추구의 수단으로 국가를 변형시켰다고 결론을 내렸다.** 실로 입법기관 자체에 대한 연구는 신분제 의회로서의 그 구성에 있어서, 그것이 국가의 필요 아닌 국가에 반하는 특수한 이익의 필요로부터 이끌어내지며, 그 원칙은 정치적 이성의 표현이 아니라 정치적 이성의 절대적 반정립인 사적 이익의 이기주의의 표현이라는 것을 보여 준다. 그래서 마르크스는 그러한 의회에 있어서의 정치적 지성의 대표나 일반의 이익이란 그러므로 모순이며 불합리한 요구라고 결론짓는다.***

---

*'Rechtfertigung des-Korrespondenten von der Mosel', *RhZ* (1843. 1월) *Werke* I, pp.172~99 ; 관련 구절은 Easton and Guddat의 영역본 pp.143~8, 'Dabatten über das Holzdiebstahlgesetz' *Werke* I, p.119 참조하라.

**'Debatten über das Holzdiebstahlgesetz' *Werke* I , pp.126,130, 143~4.

*** 'Die Beilage zu Nr. 335 und 336 der Angsburger Allgemine Zeitung über die ständischen Ausschüsse in Preussen'(이후에 'Die Ständischen Ausschüsse'로 약칭) *RhZ*(1842년 12월), *MEGA* I, 1/1, P.332 그러므로 두 개의 관련된 문제, 즉 토지 사유의 영향과 신분제 입법(Estate-legislature)의 성격을 『비판』에서 마르크스가 확대해서 정밀하게 다루는 것은 놀라운 일이 아니다. 그것들은 경제적 이익과 현존 정치구조의 결합이 처음으로 그에게 명백해지는 바로 그 문제이다. 그리고 이때가 그가 *RhZ*에 재직한 기간 중 마지막 달(月)이었다.

「라인신문」에 실리는 기사들의 점차 과격해지는 어조(특히 푸리에와 뵈이트링 같은 사람의 사상을 그대로 옮기는 모제스 헤스의 어조)로 인해 1842년 말, 신문이 공산주의 사상을 가지고 희롱하고 있다는 비난을 받게 된다. 그 비난에 답하면서 마르크스는 정치생활에 있어서 경제적 요인의 영향에 대한 근본적 문제와 논의되는 특수한 공산주의 사상에 관한 자신의 지식의 결핍을 암시적으로 인정하였고, 이 사상들을, 그들이 받아야 할 마땅한 철저한 비판 앞에 제출하겠다고 선언했다.* 그러므로 1843년 초 그의 정치적 저널리즘의 시기가 막을 내림에 따라 두 가지가 마르크스에게 점차 명확해졌다. 첫째, 현존하는 사회, 정치적 질서는 합리적 국가와는 거리가 멀다는 것(실로 어떤 면에서는 반정립이었다) 둘째, 그 질서내의 경제력의 작용에 대한 보다 명료한 지식이 없이는 개혁은 달성되지 않는다는 것이었다.

마르크스는 이 결론들 중 첫 번째 것을 1843년 봄 루게에게 보내는 편지에서 다음과 같이 적고 있다 : "현실 세계는 전도된 세계이다. 현존하는 정치 사회는 폭정이며 압제이다. 이처럼 인간이 멸시받고 비인간화되는 상태에서 무정견으로 통치하는 군주만이 모든 정치체제와 등가물이며 유일한 정치적 인간이다." 그러나 그는 국가가 어릿광대극이 되기에는 너무도 진지한 것이라고 주장하고 있다. 그리고 「라인신문」에서 이미 주장했던 원칙(국민에 의한 국민 전체의 대표)을 재확인하면서 그는 다음과 같이 쓰고 있다.

---

* 'Der Kommunismus und die Augsburger Allgemine Zeitung', *RhZ* (1842년 10월), *Werke* Ⅰ, pp.105~8.

"자유, 인간의 존엄성의 감정이 이 사람들에게 일깨워져야 할 것이다. 하늘의 푸른 안개로 사라진 그리스인들과 기독교와 함께 이 세계에서 자취를 감춘 이 감정만이 사회를 다시 자신들의 지고의 목적, 민주국가를 이룩하려는 인간들의 공동체로 변혁시킬 수 있다."*

1843년 봄에 행해진 프러시아 군주정에 대한 이러한 비난은 마르크스의 생각에 중요한 진보를 나타내지는 않는다. 이미 일 년 전에, 우리가 살펴보았듯이, 마르크스는 루게에게 그가 당시 자기 모순적이며 자기 파괴적 혼합물이라고 묘사했던 입헌 군주정에 대한 투쟁의 필요성에 관해 적고 있었다. 그렇다면 이런 측면에서, 「라인신문」의 시기는 특수한 사회적 문제와 관련하여 국가의 결함의 구체적 증거를 제공함으로써, 주로 이전의 판단을 확인하는 데 도움이 되었던 것이다.

아무튼 마르크스의 두 번째 결론은 그것이 새로운 이론적 작업에 대한 요구의 실현을 특징짓고 있기 때문에, 그리고 크로이츠나흐(Kreuznach)에서 추구하였던 연구와 저작의 계획을 확립시켰기 때문에, 중요한 진보를 나타낸다. 달리 말해서 비판이 이 시점에서 정치 사회와 관련된 존재와 당위의 격차를 판단하였다. 이제 그 둘을 일치시키려면 또 다른 지식이 요구되었다. 「라인신문」에 대한 탄압의 소식이 임박하게 들려왔을 때에, 마르크스가 1859년 회상한 바에 의하면, 그는 그것을 연구로 되돌아갈 수 있는 기회로서 기꺼이 맞아들였다. 이후 다섯 달 동안 그는 정치이론과 역사에 관한 24권의 책을 읽었으며, 이들로부터 250페이지 가량을 발췌

* *Werke* I, pp.338~40 ; Easton and Guddat, pp.206, 207~8 ; 'Die ständischen Ausschüsse' *MEGA* I, 1/1, P334도 참조하라.

하였고 150페이지의 『헤겔 법철학 비판』(*Critique of Hegel's Philosophy of Right*)을 저술하였다.

IV

마르크스는 『비판』에서 세 가지 비판 기법을 사용한다. 그 첫 번째는 루드비히 포이에르바하에게서 빌어온 것으로, 헤겔의 사변철학을 비판하는 변환적 방법(transformative method)으로서, 일반적으로 언급된다. 두 번째의 것은 곧바로 텍스트를 분석하고 해설하는 것이다. 세 번째의 것은 비판의 역사 발생학적 방법으로서 우리가 이미 보았듯이 아마도 폰 사비니에게서 시사받은 것이다. 마르크스는 이 세 가지 기법을, 헤겔의 철학적 교의의 비판을 현존하는 사회적, 정치적 질서의 비판과 결합시키는 결과를 갖는, 단 하나의 전반적인 비판과정으로의 각 단계를 이루는 방식으로 연결시킨다. 변환적 비판은 신비적, 범신론적 실재관으로서의 헤겔 철학의 형식과 특성에 초점을 맞춘다. 그 목적은 헤겔의 이론의 신비적 형식으로부터 그 경험적 내용을 탈취해내는 것, 그리고 현존하는 정치질서에 대한 헤겔의 설명, 그 사변적 치장을 벗겨내면 본질적으로 정확하다고 마르크스가 판단한 설명을 드러내는 것이다. 본문의 분석과 해설은 현존하는 정치사회에 대한 헤겔의 설명에 있어서 내면적 모순, 헤겔의 설명이 정확하다는 전제 위에서, 현존하는 정치사회의 내적 모순을 반영한다고 말해지는 모순을 드러내게 된다. 마지막으로 역사 발생학적 비판은 역사적 연구의 도움으로, 근대국가의 기원을 추적함으로써 이러한 모순을 보다 명확히 한다. 이 마지막 단계를 예외로 하면 마르크스의 비판적 작업은 『법철학』의 이론적 틀내에서 전적으로 수행되고 있다. 마르크스의 복합적인 비판적 과정에 대한 열쇠는 『법철학』의 특수한 철학적 형식내에서는 헤겔이 현존하는 정치 사회를 정확히 묘사하고 있다는 그의 판단이다. 그것이 마르크스로 하여금 헤겔의 『법철학』의 내재적 비판에 의하여 정치적, 사회적 현실의 비판을 수행하도록 하는 판단이다.

마르크스는 다음과 같이 적고 있다.

"헤겔에게서 그 가장 논리적이고 심오하고 완성된 표현을 얻었던 독일의 법과 국가철학의 비판은 곧 근대국가와 그에 관련된 현실의 비판적 분석이며, 과학의 수준에까지 향상된 가장 뛰어나고 가장 일반적인, 표현이 정확히 사변적 법철학적인 독일 법학과 정치학에 있어서, 의식의 모든 과거의 형식의 결정적인 부정이다."*

간단히 말해서 헤겔의 『법철학』은 독일 철학적-정치적 의식의 최고의 표현일 뿐만 아니라 근대국가에 대한 완벽하게 신뢰할 수 있는 설명이기도 하다.

마르크스는 그가 베를린에서 처음 만났던 루드비히 포이에르바하에서 변환적 비판의 기법을 빌려왔는데, 그를 그때뿐 아니라 그 이후에도 헤겔의 철학적 계승자 중에서 가장 진지한 사람으로 생각하였다. 우리가 이미 인용했었던** 『일화집』의 짧은 에세이에서 마르크스는 포이에르바하를 사

* 'Zur Kritik der Hegel'schen RechtsPhilosophie Einleitung,' pp.136~7의 주 참조.

변적 철학이 진리라는 지위를 얻기 위해서는 반드시 거쳐야 할 연옥으로 부르고 있다. 후에, 그의 1844년 『초고』에서 마르크스는 적극적 인간주의적, 그리고 자연주의적 비판이 포이에르바하로부터 시작되며, 그의 저작은 헤겔의 『정신현상학』과 『논리학』이후 진정한 이론적 혁명을 내포하고 있는 유일한 저작이라고 쓰곤 했다.*

이런 점에서 두 권의 포이에르바하의 저작이 마르크스에게 영향을 주었다. 즉 『기독교의 본질』과 그보다 더욱 중요한 「철학의 개혁을 위한 잠정적 테제」(*Vorläufige Thesen zur Reform der Philosophie*)이다. 전자는 1841년 출간되었으며 포이에르바하의 종교 비판을 담고 있다. 그것의 요점은 신을 근본적 주체로 생각하고, 인간은 신에 의존하며 인간에게서 신의 특성이 표현되거나 구체화된다는 전통적 신학관(神學觀)의 뒤엎음이었다. 포이에르바하의 교의는 인간이 진정한 주체이며, 신은 인간의 투영, 인간 자신의 본질적 완성의 대상화라고 주장한다. 신이 주어로 생각되고, 인간은 신의 술어로 생각되는 대신에, 인간은 이제 주어로 선포되며 신은 술어로 선포된다. 이러한 주어-술어(주체-대상) 관계를 뒤집고 난 뒤, 포이에르바하는 인간 정신내에서의 신의 발생을 추적해 나갔다.—이러한 절차는 『비판』에서 마르크스에 의해 합리적 비판, 즉 비판되고 있는 대상의 발생을 보여 주는 비판이라고 언급된다.* *

---

* * 'Luther als Schiedsrichter zwischen Strauss und Feuerbach' n.1 참조.

* *MEGA* Ⅰ, 3, P.34; Easton and Guddat, p.285; 그리고 *MEGA* Ⅰ, 3, P.151; Easton and Guddat, p.316: "포이에르바하는 이 분야에서 진정한 발견을 했고, 무엇보다 과거의 철학의 참된 정복자이며, 헤겔의 변증법에 진지한 비판적 관계를 갖고 있는 유일한 사람이다."

처음에 루게의 『일화집』(Anekdota)에 실렸고, 마르크스가 『비판』에 착수하기 전에 입수했던 「철학의 개혁을 위한 잠정적 테제」에서 포이에르바하는 그가 이전에 『기독교의 본질』에서 사용했던 주어-술어의 전환이라는 자신의 기법을 명확하게 보여 주고 있으며, 그 기법을 사변철학과 그것의 가장 완벽한 형태인 헤겔 철학을 비판하는 일반적 방법으로 제시하고 있다. 신과 인간에 대한 진리는 종교적 주어와 술어의 뒤바꿈으로 해서 이미 보여졌다. 따라서 헤겔 철학의 특유한 신학적인 구조들에 숨겨진 진리를 찾아내려고 한다면, 우리가 해야 할 일은 체계적으로 헤겔 철학의 주어와 술어를 뒤집는 것이다.

"사변철학 일반을 개혁하는 비판 방법은 종교철학에서 사용했던 것과 다르지 않다. 우리가 해야 할 일은 …… 은폐되지 않고, 순수하게 탁트인 진리를 얻기 위해서 술어를 주어로 만들기만 하면 된다."*

사변철학과 나란히, 신학이 무한자와 선험적인 것으로 간주하는 것은 사실은 독립적인 주체로 실체화되고 파악된 유한자의 본질이다.

** 『루드비히 포이에르바하의 전집』(이후 『전집』으로 약칭), Leipzig, 1883, Vol. Ⅶ, pp.26~7, 48ff를 보라.

* 철학의 개혁을 위한 잠정적 테제」, Anektoda Ⅱ, pp.62~86 ; 여기서 내가 인용한 것은 전집 Vol. Ⅱ, pp.244~68이다. 위의 인용문은 p.246. 이 구절은 『기독교의 본질』에서 언표한 결론과 정확하게 일치한다. '우리는 오로지 종교적 관계를 뒤엎기만 하면 된다. 즉 즉 종교에서 수단으로 가정되고 있는 것을 목적으로 간주하고, 종속적인 것을 근본적인 것으로 격상시키기만 하면 된다. (그러면) 동시에 우리는 환상을 파괴한 것이며, 가려진 진리의 불빛이 우리에게 밀려 들어오게 된다.' *Ibid.*, pp.274~5.

"종교와 철학의 무한자는 결코 유한한 것과 한정적인 것 이상의 것이 아니며 또 아니었고, 다만 신비화되었을 뿐이다. 즉 유한하며 한정적인 것이 비(非)한정적인 것으로 요청된 것이다. 사변철학은 신학과 똑같은 잘못을 범하고 있다. 즉 현실적이며 유한한 것의 규정을 무한자의 규정과 술어로 만들어 버리는 잘못을 범하며, 그 것도 현실적이며 유한한 것의 규정이 처하고 있는 한정성과 그것 자체의 한정성을 부정함으로써 행하는 오류를 범하고 있다."*

이러한 사변적 과오는 독일 관념철학을 특징짓고 있으며, 그 철학의 지배적인 개념들은 헤겔의 절대자(the Absolute)라는 개념에서 정점에 달하는데 위와 같은 신비화 과정의 결과들이다. 이에 반대해서 변환적 비판(transformative criticism)은 재차 유한자의 우위를 언명한다. 그것은 사변이 단자(the Monad)나 절대자와 같은 신비한 주체들에 속하는 것으로 보고 있는 힘, 질, 능력 등의 현실적 주체인 인간자신의 우위를 천명한다.

"인간 없는, 인간의 외부에서, 혹은 인간의 위에서 행한 권리, 의지, 자유 그리고 인격성에 대한 모든 사변은 통일, 필연성, 실체, 기초와 실재가 없는 사변이다. 인간은 자유의 실존이며, 인격성의 실존이며, 권리의 실존이다. 이리하여 오직 인간만이 피히테(Fichte)의 '자아'의 토대이며 기반이고, 단자의 토대이며 기반이고 절대자의 토대이며 기반이다.**

이리하여 사변철학에 대한 변환적 비판은 종교에 대한 포이에르바하의

* 「잠정적 테제」, 전집, Vol. II, p.253.

** *Ibid.*, p.267.

원래의 비판의 연장(延長)이다. 이러한 연장은 사변철학이 종교의 세련된 형태이므로 자연스러운 것이며 타당성 있는 것이다. '신학의 비밀은 인류학이며, 사변철학의 비밀은 신학이다. 즉 신성한 존재를 사변신학이 세계 내에서 표출되고 규정되며 실현된 것으로서 세계로 옮겨 놓는다'.* 포이에르바하의 「잠정적 테제」는 사변철학의 완결된 형태라 불리우는 헤겔 철학과 종교와의 관계를 설정한다. 즉 전자는 후자와 마찬가지로 인간의 자기 소외의 증례이다. 다시 말해서 자기에 대해서 예기되어지는 완성을 독립적인 주체의 지위로 끌어올리는 인간의 예이다.

"포이에르바하의 위대한 업적은 철학이 성찰 속에서 발전하고 성찰로 이끌어진 종교에 다름아니며, 그리하여 마찬가지로 철학은 인간 본질의 소외의 또 다른 형식과 양상으로서 저주받아야 한다는 것을 증명한 것이다."**

포이에르바하뿐만이 아니라, 마르크스도 그를 따라서 헤겔의 철학이 그 성격에 있어서 본질적으로 신학이라는 것과 헤겔이 '절대자'라고 부르는 것이 보통 사람들이 신이라고 부르는 것과 같다는 것을 의심하지 않았다. 두 사람 다 헤겔이 철학의 대상을 종교의 대상과 동일시하는, 말하자면 그것의 객관성에 있어서의 중심된 진리는 신, 바로 신이며, 신에 대한 설

---

* *Ibid.*, p.244.

** *MEGA* Ⅰ,3, p.152, Easton과 Guddat 역 p.316. 1844년의 『수고』(手稿)에서 나오는 위 구절에서, 철학이란 말에서 형용사 '사변적인'이란 말을 뺀 것은 오기(誤記)에 지나지 않는다. 사실 1844년과 1845년을 통해 그가 그러한 구별을 없는 것으로 하려고 했지만, 그 전에는 정당한 즉 진실한 철학과 사변철학을 구분하려고 했다. 하지만 『비판』에서는 여전히 이러한 구분이 유지되고 있다.

명이라고 나와 있는 구절을 잘 알고 있었다. 그 구절에서 헤겔은 그의 철학을 신과 관계하는 동안의 모든 주관적인 영감과 억견을 거부하는 예배식으로 특징짓고 있다.* 모든 개별적인 철학적 연구를 신 혹은 절대자의 자기 실현과 자기 현현의 특수한 양상의 설명으로 환원시키고 있는 헤겔의 논리학에서 요약되고 있는, 근본적으로 신학적인 그의 철학적 관점을 아무도 의심하지 않았다. 바로 이러한 사변철학적 사고의 관점을 헤겔은 유일하게 과학적이며 합리적인 절차 양식이라고 부른 것이다.

오직 절대정신만이 존재이며, 불멸의 생이며, 자기를 아는 진리이며, 진리의 완전체이다. 절재정신이 유일한 대상이며 내용이다. 그것이 모든 규정을 함유하며 그것의 본질은 자기 규정과 특수화를 통해서 자신으로 복귀하기 때문에, 그것은 다양한 국면을 지닌다. 이러한 다양한 국면에서 절대정신을 인식하는 것이 철학의 과업이다. "……이러한 특수한 양상들의 도출과 인식이 특수 철학적 학문의 미래의 과제인 것이다."**

헤겔은 이 구절을 『법철학』 서문에서 언급하고 있으며, 자신의 독자들에게 이 저서가 사변적으로 진행되며, 따라서 『논리학』에서 언급된 특수한 철학적 학문의 하나라는 것을 환기시키고 있다. 『법철학』은 절대자라는 개념을 인간의 사회 정치적 제도들을 설명하는 데 적용하고 있다. 즉 정치이론을 사변적 지(知)와 진정한 철학적 학문의 수준으로 끌어올리고

---

* G.W.F. Hegel, 『전집』, Glockner편 (Suttugart, 1959), Vol. XV, p.37 ; Nicholas Lobkowicz, 「종교에 대한 마르크스의 태도」에서 재인용, in *Marx and Western World*(Notre Dame and London, 1967), p.315.

** 『헤겔 논리학』, W.H. Jihnston과 L.G. Struthers(London and New York, 1961), Vol. II, pp.466~7.

있는 것이다. 다른 말로 하면 『법철학』에서 인간의 사회정치적 제도들은 이념의 특수한 양상들로서 그리고 이념의 자기규정의 다양한 국면으로서 이해된다.*

이에 반해서 포이에르바하는 변환적 비판과 일치하는 주장을 언명한다. '철학의 시작은 신이 아니며, 절대자도 아니며, 절대자나 이념의 술어로서의 존재도 아니다. 철학의 시작은 유한자, 한정자, 현실자인 것이다.'** 헤겔의 사변이, 국가는 세계의*** 실재 형식과 조직으로 전개되어 나간 '현재하는 정신'(Present-Spirit)으로서의 신성한 의지이다라고 주장하는 반면에, 변환적 비판은 인간이 국가의 구성체라고 주장한다. 국가는 인간 본질이 실현되고, 발전된 총체성이다.**** 이러한 사상은 우리가 본 바와 같이, 1842년과 43년 초의 저작에서 유사한 국가관을 표현한 마르크스와 동일한 것이다. 사실 포이에르바하의 「잠정적 테제」에 관한 마르크스의 유일한 유보사항은 포이에르바하가 계속해서 그의 변환적 비판을 정치의 영역에 적용시키려고 하지 않았다는 점이다. 왜냐하면 그가 1843년 봄 루게에게 보낸 편지에서 밝혔듯이, 철학이 단결될 수 있는 곳은 바로 정치의 영역이었기 때문이다.*****

『비판』에서 마르크스는 곧바로 헤겔 정치철학의 사변적 성격을 공격하

* 『헤겔 법철학』, T.M. Knox 역 (Oxford, 1962), p.2 : Knox의 논평을 참조하라, *ibid.*, pp.viii-ix, 그리고 p.298, n. 4.

** 「잠정적 테제」, pp.252~3.

*** Hegel, 『전집』, Vol. Ⅶ, p.350.

**** Feuerbach, 「잠정적 테제」 p.267.

***** *Werke*, XXⅦ, p.417.

기 시작한다. 헤겔의 『법철학』 262절에 대한 장문의 논평으로 시작해서, 그는 「잠정적 테제」에서 포이에르바하가 시험적으로 시작했던 것을 실행한다. 그는 헤겔이 사변적 지(知)의 방법에 맞추어서 현존하는 정치 사회의 제도들을 '현실적 이념'(die wirkliche Idee)에서 도출해 내고 있음을 간파했다. 국가는 완결의 계기에 있어서 무한한 현실적 정신으로서의 이념이다. 이에 반해 가족과 시민사회는(이 둘은 헤겔 정치이론에서 기술된 나머지 두 개의 사회영역인데) 이러한 완결의 성취에 있어서 유한한 국면들이다. 이러한 주제에 중심이 되는 것은, 이념에 대해 언급할 때 현실적인, 활동중인, 효과적인이라는 다양한 내포를 지닌 '현실적'(wirkhliche)이라는 낱말의 헤겔적 사용이 지니는 다양한 함축내용이다. 왜냐하면 이념은 헤겔에 의해서 유효한 원칙 혹은 행위 주체로 간주되며, 자신의 내재적인 목적론(teleology)에 따라 작동하기 때문이다. 동시에 헤겔은 현실의 인간 행위와 제도들을 '비유적인' 실존들의 지위로, 즉 이념과 그것의 자기 규정의 제 국면들의 특수한 양상들로 환원한다. 그것들은 단지 현상적인 존재들이며, 이념의 현상이며, 이념의 현현과 실현을 위한 그릇에 불과하다. 그것들은 실재의 화신(化身, incarnation)들이며, 따라서 그들 자신의 실체적인 목적이나 의미, 형식, 존재를 갖지 못한다. 요약해서 말하면, 이것이 헤겔의 논리적, 범신론적 신비주의다. 그는 이념을 창조적인 신비적 주체로 만들고 경험적인 현실은 그것의 산물과 술어로 만들어 버렸다.*

『법철학』은 이러한 신비주의로 가득 차 있다. 그리하여 예를 들면 헤겔은 개인의 애국심과 국가의 조직을 이념의 내적인 자기 발전의 상이한 양

* '비유'가 여기서 의미하는 바는 '어떤 경험적 존재율에 현실화된 이념'의 의미를 부여한다는 것이다.

상들로 환원시키며, 헌정체제(constitution)를 유기체(organism)로부터 발생시키며, 국가의 권력과 목표를 의지의 본질의 화신(化身)과 그것의 실존의 양상으로 언급하며, 군주를 주권의 이념의 화신으로 특징지우며, 입법부는 공적인 업무(public affairs)의 현존재로 묘사한다. 이리하여 헤겔은 사상(事象)의 진정한 순서를 역전시키고 있다. 언제나 그는 진정한 주어는 술어로, 술어는 주어로 만들어 버려서, 조건은 조건지워진 것으로 나타나며, 규정하는 것은 규정된 것으로, 생산하는 것은 자신의 산물의 소산으로 나타난다. 그리고 이러한 전도는 헤겔 방법상의 본질적인 성격을 구성하고 있다. 이러한 결과로 나타난 실재에 대한 전도된 관(觀)이 『법철학』과 헤겔 철학 일반의 신비이다.* 이러한 사변적이며 신비한 절차 양식의 직접적인 영향력은 경험적 실재가 본질적인 가치와 의미는 텅 빈 상태라고 하지만(신비화 되었지만), 그것은 동시에 이념의 현상이라는 의미를 부여받은 것이다. 이념의 현상은 경험적 질서의 모습에 이념적인 질을 부여하는 동시에 또 그것을 완전히 보존한다. 존재하는 그대로의 모습을 말한다는 것과 이념의 객관적인 계기들로서의 그것에 대해 말한다는 것은 완전히 다른 것이다. 두 경우에 언급되는 대상은 같지만, 마르크스가 지적하듯이 차이는 그 내용에 있는 것이 아니라, 그것을 사고하는 법 혹은 언급하는 방식에 있다. 사변철학은 자신의 사고법에 의해서 경험적 내용을 새로운 형식으로 바꿔 놓았으며, 결과적으로 사상(事象)에 대해 언급하는 방식으로 해서 신비하고 심원한 어떤 인상을 창출해냈다. 왜냐하면 사변철학은 이념에 의해서 만들어진 특수한 경험적으로 존재하는 것을 보기

* *Die heilige Famile, Werke* II p.62; Easton과 Guddat의 영역본 *The Holy Family* p.373참조.

위해서 그리고 따라서 모든 차원에서 신의 화신을 조우하기 위해서, 심원한 신비적 인상을 만들어냈기 때문이다. 이러한 논평은 「잠정적 테제」에 나타난 포이에르바하의 다음과 같은 경구에 의해서 영감을 받은 것이다. '있는 그대로의 것(즉 진실하게 표현된 진리truth truly expressed)은 피상적으로 보이고, 반면에 있지 않는 것(즉 진실되지 않고 역전되게 표현된 진리truth untruly and pervertedly expressed)은 심원한 것처럼 보인다.' *

마르크스는 헤겔의 경험적인 부정확성을 비난하지 않았다. 왜냐하면 비록 주어, 술어의 사변적인 전도에 의해서 부정확하게 표현되었을지라도, 현존하는 정치사회에 대한 진리가 『법철학』에서 나타나기 때문이다. '사이비 심원성'(pseudo-profundity)에 대한 마르크스의 비판은 곧바로 정치사회에 대해서 헤겔이 언급하는 방식과 사고하는 법을 향한 것이다. 공격을 받고 있는 것은 『법철학』의 경험적 내용이 아니라 철학적 형식이다. 따라서 마르크스도 내용과 형식 둘 사이의 구분을 유지하는 데 매우 주의하고 있다. 왜냐하면 (『비판』의 내용에서 자주 반복되고 있듯이) 헤겔이 자신의 사변적 구조틀 내에서 정치 사회의 현존하는 제도들을 정확하게 기술하고 있다는 것을 마르크스가 확신하고 있기 때문이다. 중요한 것은 경험적 내용을 『법철학』의 철학적 형식으로부터 벗어나게 하는 것이다. 이러한 이탈의 핵심에 변환적 비판을 적용시키는 것이다. 그것은 『법철학』에서 기술된 제도들로부터 신비적인 분위기를 벗겨 버린다. 따라서 헤겔이 연역적으로 경험적 제도들을 신적인 이념에 연결시킨 『법철학』의 핵심

---

* 「잠정적 테제」 p.254. 『신성 가족』에서 '사변적 구성의 신비'에 대한 마르크스의 느물거리는 투의 설명을 참조하라. *Werke* II pp.61~2 ; Easton and Guddat 판의 pp.371~3.

절에 대한 마르크스의 꼼꼼한 분석이 행해지기 시작한다.* 일단 이러한 연결이 잘못된 논증에서 발생한 환상이라는 것이 보여지면, 경험적인 것은 그 자신의 말로 나타날 수 있게 된다. 다시 말해서 신비적인 분위기를 벗어 던지고, 자신의 본질적인 가치와 의미를 지니며 따라서 직접적인 비판적 대결에 열려 있는 실체적 실재들의 정확한 설명으로서 간주될 수 있다. 이러한 관점에서 헤겔 철학에 대한 비판은 단순히 그것으로 그치는 것이 아니라, 동시에 헤겔의 글에서 반사된 사회 정치적 현실의 비판이 되는 것이다.**

마르크스는 우선 헤겔의 논리적 전개가 현실의 사회 정치제도들의 본질 혹은 특수한 성격을 고려한 데서 나온 것이 아니라, 그의 『논리학』의 추상적 범주들을 고료한 데서 나왔다는 것을 알아냈다. 이것은(「자연철학」과 마찬가지로) 헤겔 『법철학』을 『논리학』의 범주들로 대체된 경험적 현실의 이름을 가진, 그의 논리학의(즉 그의 형이상학의) 연습문제로 만들어 버렸다. 마르크스는 『법철학』에 있어서의 헤겔의 실제 관심사는 정치철학이 아니라, 논리학이라고 말한다. 그 저서는 논리학에 대한 단순한 삽입구이다. 정치체(政治體) 자체의 논리를 설명하는 대신에 논리학에 정치적 내용을 부여하고자 하는 노력이다.

더욱이 헤겔에 의해서 구성된 그의 논증의 출발점과 결말점 사이의 결합은, 다시 말해 『논리학』의 추상적 범주들과, 정치 사회의 제도들 사이

---

* 특히 pp.269~74, 279. 번역본

** Jean Hyppolite, 'La conception hégélienne de l'Etat et sa critique par Karl Marx', in *Etudes sur Marx et Hegel*(Paris, 1965), p.120 : Shlomo Avineri, *The Social and Political Thought*, p.16

의 결합은 순전히 말뿐이다. 헤겔은 경험적 자료를 그의 추상의 패턴으로 끌어들여서 이 둘을 그것들의 발전의 핵심에서 '그러므로'와 같은 말을 단순히 삽입시킴으로써 연결시키고 있다. 그리하여 경험적 질서와 이념적 질서 사이에 그가 설정한 관계는 환상적이며 궤변적인 것이다. 『법철학』에서 헤겔은 소피스트이다. 후에 마르크는 『신성가족』에서 똑같은 비난을 하고 있다.

"헤겔은 궤변적 기술을 가지고 어떻게 현실적 표현을, 즉 문제 자체의 표현을 자신의 사변적 표현내에서 나타내야 하는지를 알고 있었다. 사변적 전개내에서의 이러한 현실적 전개는 독자들을 사변적 전개가 실재적 전개이며, 실재적 전개는 사변적 전개라고 여기게끔 만든다."*

마르크스는 헤겔 철학의 유혹적 성격을 잘 알고 있었다. 그는 자신의 지적 혼란의 시기에, 헤겔 철학의 그로테스크하고 험한 멜로디에 대한 자신의 원래부터의 반발에도 불구하고, 헤겔 철학의 처음부터 끝까지 빠져들었었던 베를린 시절에 이미 학생으로서 이것을 직접 체험했다.** 따라서 『비판』에서 나타나고 있는, 그 자신의 마음속에서 헤겔의 논증의 특이성을 명확히 하고자 하는 배려심이 생겨나게 된다. 헤겔 철학에서 궤변적인 것으로부터 진실한 것(what true is)을 구분해 내는 것이 중요하다. 문제가 되는 것은 단순히 헤겔의 철학적 조작 양식(modus opreandi)의 특수한 평가가 아니며, 더 나아가 보다 중요한 것은 사회 정치 비판을 위한

---

* *Werke* II p.63; Easton and Guddat, p.373.

** *MEGA* I, 1/2, pp.218~19.

타당성 있는 철학적 기초를 수립하는 것이다. 사변적인 지적 구조틀 내에 머물러 있는 한 현존하는 정치 사회에 대해서 진실로 비판적인 입장을 마련할 수 없다. 왜냐하면 사변적 사유가 그 본질에 있어서 무비판적인 사유라는 것이기 때문이다. 경험적 현실은 절대자의 현상으로 이해되므로, 경험적 현실은 그것의 위장성세에 있어서의 명백한 비합리성과 무관하게 수락되어야만 한다. 마르크스는 『신성가족』에서 다음과 같이 말하고 있다.

"사변이…… 대상에 대한 합리적이고 자연적인 의존을 궤변적으로 피하려고 노력하면서…… 대상의 우연적이고 개별적인 성질을 사변은 절대적으로 필연적이며 보편적인 것으로 취함으로써, 어떻게 대상에 대한 가장 비합리적이고 비자연적인 복종에 빠지게 되는지는 명약관화하다." *

『비판』에서 마르크스는 헤겔이 어떻게 현존하는 정치적 제도들에 대해서 이러한 복종적인 태도를 취하게 되었으며 결국 정치적 보수주의자로 되었는가를 보여 주고 있다. 헤겔은 현존하는 정치 사회의 명백한 비합리성과 내적인 모순을 깨닫고 있으며 또한 지적해 내고 있다. 마르크스는 다음과 같이 말하고 있다. '우리는 헤겔이(규정적 요소들이 우리들의 국가에 존재하는 만큼) 규정적 요소들의 반립적 성격을 강조하고, 그것들로부터 시작하는 방법에서 그의 심원성을 인정한다.' * * 그러나 그가 경험적 세계를 이념 혹은 절대적 본질의 현현으로서 간주하고, 정치 사회의 규정적 요소들을 이념의 특수한 존재 양상으로 간주하기 때문에, 선험적으로, 마지막

---

* *Werke* II, p.63.

* * 괄호 삽입은 원문에 있는 것이다.

분석에서 경험적 질서를 합리적이라는 원리를 수락하게 된다. 이것 때문에 그는 경험적인 모순들을 해결하기 위해서 극단의 지적(知的)인 기술(奇術)로 나아가게 된다. 그는 현상적 질서 내에서의 제모순의 출현을 인정하고 그것들은 이념 속에서 극복되거나 초월된다는 것을 주장함으로써 이것을 완성한다. 다른 말로 하면 존재의 질서 내에서의 모순은 본질의 질서내에서 해소된다. 즉 이념의 사유세계에서 해소된다. 마르크스는 이것이 헤겔의 최대 과오라고 말하고 있다. 헤겔에 있어서 모순은 존재의 영역(현상)에만 있으며, 신비하게도 분리된 것으로 간주되는 본질의 영역(이념)내에는 없는 것이다. 그러나 마르크스는 다음과 같이 논증하고 있다.

"본질의 영역은 존재의 영역과 분리되어 있지 않으며, 모순은 본질적인 모순이 있기 때문에, 다른 말로 하면, 존재하는 것의 본질적 구조내의 모순들이 존재하기 때문에 존재의 영역에서 발견된다는 것이 진리이다." *

헤겔의 최대 과오는 그가 현상 속에 나타나는 모순을 본질에 있어서의, 즉 이념에 있어서의 통일로 간주한 점이다. 그러나 반면에 이념 속에서의 통일은 그것의 본질에 있어서 좀 더 심원한 어떤 것을 지니고 있으니, 다름아닌 본질적 모순이다.

사변적 사유의 구조틀 내에서, 모순은 현상의 차원에 관계하며 이념에서 초월되는 논리적 계기들로서의 사유 속에서 해체된다. 반면에 모순과 갈등은 현존하는 국가의 헌정체제내에서 끊임없이 지속한다. 헤겔도 분명

* *Werke* II, p.63.

이 경험적인 갈등을 보았으나, 그는 그 해소의 현상에 만족했으며 그것을 실제적인 것으로 간과하고 말았다. 현실적인 것과 존재하는 것을 현상화된 이념으로 여기면서, 적절하지 못한 방법으로 현실적인 것은 이성적인 것이라는 주장과 그리하여 정치생활의 문제에서, 비록 그 역시 있는 그대로를 보았을지라도, 가장 비합리적 현실을 받아들이기 마련이다.

헤겔은 그가 근대국가의 성질(nature)을 있는 그대로 묘사했던 점에서가 아니라 국가의 본질(essence)이 무엇인가를 제시하려 했다는 점에서 마땅히 비난받아야 한다. 이성적인 것은 현실적인 것이다라는 주장은 비이성적인 현실에 의해서 모순된다. 이러한 비이성적인 현실은 자신이 주장하는 것과 모순되며 실제로 존재하는 것과 모순되는 것을 주장한다.*

헤겔이 사회 정치적 제현상(status quo)을 무비판적으로 받아들이고 그것을 이성적인 것으로 정당화하고자 했던 노력의 결과로 해서, 스스로 알아차렸지만 피할 수 없었던 내적인, 고의적인 자기 모순들에 내몰리게 된다.

일단 변환적 비판을 통해서 헤겔의 정치 사회에 대한 신비적 분위기가 벗겨지면, 이러한 모순들은 보다 명확해진다. 또한 원문에 대한 단도직입적인 논평에 의해서도 쉽게 드러난다. 따라서 마르크스는 헤겔이 장자 상속제를 정치적 선(善)으로 정당화하기 위해, 가족의 원리가 사랑이라는 초기의 주장과 모순되어야 했음을 쉽게 보여 줄 수 있었다. 왜냐하면 장자에게만 상속을 제한하는 제도에 의해서는 자식들에 대한 사랑이 위배되기 때문이다. 또한 장자 상속제가 정치적으로 바람직하다는 주장을 함으로써 헤겔은 재산권이 소유자의 의지에 따라 양도될 수 있다는 초기의 주장을

* 직접 '신비주의'에 이르게 되는 헤겔의 정치 철학의 본질적으로 무비판적인 성격에 대해서는

번복하고 만 셈이다. 왜냐하면 상속 토재재산은 소유자의 마음대로 분할되고 팔릴 수 없을 뿐만 아니라, 그것의 소유권은 똑같은 제한적 조건에 종속되는 장자에게 돌아가기 때문이다. 이처럼 헤겔은 자신의 철학적 축복을 재산은 양도될 수 없으며, 그 소유자는 자기 재산의 재산이 되어 버리는 제도에 내림으로써 끝맺고 있다. 장자 상속제에서는 양도할 수 없는 토지가 재산인데 그것은 인간을 상속한다.

이러한 교의적인 불일치는 충실하게 현존하는 사회의 모순을 반영한다. 예를 들면 장자 상속제에 대한 헤겔의 교의적 설명은 가족에 대한 그의 교의와 모순에 있다. 즉 장자 상속제라는 현실적 제도가 사실상 가족생활을 위배하고 있기 때문이다. 장자 상속제와 재산에 대한 그의 설명은 사유 토지재산이 사실상 인간의 사회생활을 위배하기 때문에 모순에 처해 있다. 그러나 다시 한 번 헤겔의 신비주의는, 즉 구체화된 이념으로서의 비이성적인 현상(status quo)에 대한 그의 개념은 그로 하여금, 때로는 그의 건전한 본능에 반(反)해서, 필연적으로 비이성적인 조건들을 궁극적으로 이성적이며 그리하여 정당화된 것으로 받아들이게 된다.

이리하여 요약하면, 사변적 사유는 본질적으로 실재에 대한 목적론적인 관점이라고 비난받는다. 그 관점은 이론적인 측면에서 이념의 우위를 주장하며, 반면에 경험적 질서는 이념의 현상을 위한 본질적으로 무가치한 그릇으로 이해되며, 실천적 관점에서 볼 때, 그것은 경험적 악(惡)의 무비판적 수용으로 이끈다. 이러한 비판은 마르크스의 이후의 저작들에서 중요한 주제가 된다.*

---

* 예를 들면, 헤겔에 대해서는 1844년 『수고』(手稿)에 나타나 있다(*MEGA* I, 3, pp.167~8 ; Easton and Guddat pp.332~3). 『신성 가족』에서 '청

무비판적인 관념론이 합리성의 기준을 충족시키지 못하기 때문에 그리고 그러한 한에 있어서, 현상의 변혁을 목표로 하는 진정한 철학적인 비판보다 더 무비판적인 관념론에 대립되는 것도 있을 수 없다. 진정한 철학적 비판은 제모순을 존재하는 것으로 보여줄 뿐 아니라, 그것들을 명확하게 제시하며 그들의 본질과 필연성을 파악하고, 그것들 자체의 고유한 의미를 이해한다.

년 헤겔주의자'들의 철학적 노력은 의식과 역사에 관한 헤겔의 이론을 저급하게 해석할 것이라고 비난받고 있다(*Werke* Ⅱ, pp.88~90 ; Easton and Guddat, p.382 ; *MEGA* Ⅰ, 3, pp.257,265,301,314,345참조). 『철학의 빈곤』에서는 프루동의 '사변적' 정치 철학에 반대하고 있다. *Werke* Ⅳ, pp.127~8, 135 ; 영어 번역은 가명으로 되어 있다(Moscow, n.d.). pp.102~3, 111 ; 1846년 12월 28일자 마르크스가 안넨코프(P.V. Annenkov)에게 보낸 편지(in *Werke* Ⅳ, pp.549~50; 영어판, *Ibid.*, pp. 174,178)를 참조하라. 헤겔의 '신비주의'가 비이성적인 정치 질서에 특권의 지위를 부여하듯이, 프루동도 경제 사회의 근대 부루조아' 형태에(즉 사회적 교류의 소외된 형태에) 특권의 지위를 부여하고 그것을 생산과 교환의 영원한 자연법칙의 경험적 현실화로 간주하며, 따라서 Desfutt de Tracy, Adam Smith, James Mill 그리고 David Ricardo와 같은 근대 정치 경제학자들과 마찬가지로 무비판적 태도를 취하게 된다(*Werke* Ⅳ, pp.139~40, 552, *MEGA* Ⅰ, 3, pp.536~7; Easton and Guddat, pp. 265ff참조). 사변적 사유와 현상에 대한 무비판적 태도 사이의 관계를 보았기 때문에, 마르크스는 『신성가족』의 첫 문장에서 사변적 관념론을 진정한 휴머니즘의 가장 위험한 적이라고 부르고 있다(*Werke* Ⅱ p.7; 영어 번역 R. Dixon, Moscow, 1956, p.15). 끝으로 『자본론』Ⅰ에는 다음과 같은 문장이 나온다. "나의 변증법적 방법은 헤겔의 그것과 다를 뿐만 아니라, 바로 정 반대이다. 헤겔에 있어서, 그가 '이념'이라는 명칭하에 두고 있으며 독립적인 주체로 변형시키고 있는, 인간 두뇌의 활동과정(life-process), 즉 사유과정이 실재세계의 조물주이며, 실재 세계는 단지 '이념'의 외적이고 현상적인 형태이다. ……헤겔 변증법의 이러한 기만적인 측면을 나는 그것이 여전히 유행하고 있었던 거의 30년 전에 비판한 바 있다. ……신비화된 형태로, 변증법은 독일에서 유행하기 시작했었다. 왜냐하면 그것이 현존하는 상태를 변형시키고 찬양하는 것처럼 보였기 때문이다"(*Werke* ⅩⅩⅢ, p.27 ; 영어 번역, S. Moore and E. Aveling, Chicago, 1932, p.25).

이러한 비판의 핵심은 문제가 되고 있는 제모순들에 대한 발생론적 설명이다. 말하자면 현존하는 모순적 사회 정치질서가 어떻게 발생하게 되었는가를 설명하는 것이다.

포이에르바하는 종교세계의 전도된 성격을 지적했다. 그러고 나서 정신발생론적 비판을 통해서 그것을 명확히 했다. 마르크스는 이제 헤겔 『법철학』의 도움으로 더욱더 명백하게 정치세계의 전도된 성격을 보게 되었다.

그러나 정치세계는 정신적 실재나 상상적 존재로 된 세계가 아니라, 그것의 내적 모순들은 역사 발생론적(historico-genetic) 비판을 통해서 가장 극명하게 보여지는 역사적 제도들로 이루어져 있다. 신이 어떻게 나타나게 됐는가는 심리학적 연구 과제이다. 그러나 비합리적인 사회 정치적인 질서가 어떻게 발생하게 되었는지는 역사적 연구의 과제인 것이다.

일단 마르크스가 헤겔의 국가의 내적인 헌정체제에 대해서 변환적 비판을 가하고, 여기에다 헤겔의 교의적 모순들을 가장 극명하게 보여 주는 일종의 원문 논평을 첨가한 다음, 그는 끊임없이 자신의 원문 논평에 역사적 연구의 결과들을 적용하기 시작한다.

그리하여 『비판』은 헤겔의 철학적 교의의 내재적 비판에서 시작해서 현실의 사회 정치적 현상에 대한 비판으로 발전해 간다. 후자에 있어서는 끊임없이 역사적 설명의 성격을 취하고 있다.*

여기에서 마르크스는 세 가지의 역사적 발전 현상에 초점을 맞추고 있다. 즉 정치제도의 발전, 시민생활과 정치생활의 분리, 그리고 사유재산과 국가와의 관계가 그것이다. 논의가 진행될수록 그의 관심을 지배하는 문

* *MEGA* Ⅰ, 1/2 의 서문에 있는 랴자노프의 논평을 참조하라. XXVff.

제는 사유재산의 정치적 중요성의 문제이다. 모든 경우에 있어서 아직도 헤겔의 『법철학』이 마르크스의 논평의 출발점을 이루고 있지만 마르크스는 점점 헤겔의 철학 일반을, 특히 『법철학』의 틀을 벗어나고 있다. 그리고 마르크스는 이러한 경로를 정치사를 통해 나타난 여러 가지 자료나 그의 비판적 판단을 뒷받침해 주는 증거를 제시하면서 거쳐 가고 있는 것이다. 예를 들면 시민생활과 정치생활과의 관계를 논할 때 『비판』의 앞부분에서는 명백하게 헤겔의 역사 철학의 개념적 틀을 가지고 논의를 전개하고 있다. 그러나 그 이후에 똑같은 관계를 논하면서도(중세를 논할 때와 중세와 근대 정치사회를 비교할 때) 마르크스는 그의 분석과 판단의 기준으로서 점점 더 역사적인 고찰 내용을 제시하고 있다.* 사실 마르크스는 그의 역사적 고찰 내용의 준거하에서 헤겔의 오류를 지적할 때 헤겔을 비판하는 것보다 그가 발견한 새로운 역사적 내용들을 강조하는 데 더 관심을 지니고 있는 것처럼 보이는 경우가 종종 나타난다.* *

---

* Avineri, *The Social and Political Thought* pp.19ff를 보라.

* * pp.55, 57과 107~11번역을 보라. 내가 이미 지적했듯이 이것은 1843년 작품에 대한 증거로 랴자노프가 인용한 『비판』의 뒷부분에 대한 연구 결과의 표현이다. *MEGA* I, 1/1 pp. 74~5에서 그는 마르크스에 의해 '1843년 7월~8월'이라고 날짜가 적혀 있는 그의 Kreuznach에서의 *Exzerp-theft* Ⅳ에 있는 랑케(L. Ranke)의 불란서 왕정복고에 관한 책에 대해 마르크스의 긴 주석을 인용한다. 그리고 그는 이것을 『비판』(pp. 113~14)에 있어서 불란서의 귀족회의(Chamber of Peers)에 대한 마르크스의 주석과 관련시킨다. 뤼벨은(*Essai,* pp.77~8, esp. n.60) 랴자노프의 비평을 지적하는 것과 아울러 더 나아가 랑케에 대한 마르크스의 주석과 『비판』에서 발췌 인용한 또 다른 구절과의 유사성을 지적한다.

마르크스의 불란서의 귀족회의에 대한 『비판』에서의 주석은 날짜는 명기되지 않았으나 1843년 7월~8월(*MEGA*, I, 1/2, pp.134~5)에 씌어진 것이 분명한 Kreuznach 에서의 *Heft* Ⅴ에서 인용된 C.G. Jouffroy의 따라서 마르크스는 역사적인 고찰을 통해 헤겔의 정치이론을 비판함은 물론, 자신의 독특한 사회 · 정치이론을 형성할 수 있는 기반을 닦게 되는 것이다. 하나의 특별한 역사적 발전 현상이 사회 · 정치제도에 관한 헤겔과 마르크스의 논쟁의 맥을 제공했다. 나는 그것을 위에서 시민생활과 정치생활의 분리로 이야기했다. 이것은 근대 정치사회의 독특한 현상이며 근대 정치국가의 발전에서 나타난 하나의 특징으로서, 이것을 최초로 루소는 '시민'(homme)과 '공민'(citoyen)의 구별로 이야기하고 있다. 즉 목적이나 권리, 또는 의무에 있어서 뚜렷이 구별되는 두 영역이 존재하고 사적 이익의 영역과 공적 이익의 영역이 분리되어 존재한다는 것이다. 루소는 근대 사회에 있어서 이러한 이원성의 존재, 더 나아가서 근대 사회 성원들의 생활에 나타나는 이러한 이원성의 존재를 지적하면서 어떻게 근대인은 자신의 총체성을 회복할 수 있으며 또 시민생활과 정치생활간의

Das Princip der Erblichkeit und die französische und engliche Pairie; ein Beitrag zur Geschichte 에 대한 연구와 또한 연관되어 나타난다. 왜냐하면 『비판』과 *Exzerpthefte*의 내용과 유사하기 때문이다. 마르크스의 『비판』과 *Heft* V(*MEGA* Ⅰ, 1/2, p.133)의 내용의 묘사에서의 독일인과 로마인의 소유권에 대한 논의를 참조하고, 또한 마르크스의 *assemblée constituante*와 *assemblée constituée*의 차이점에 대한 『비판』과 *Heft* Ⅱ(색인 부분의 주 6을 보라)의 내용에 있는 주석을 참조하라.

MEGA Ⅰ, 1/2, pp.24ff에서 랴자노프는 Kreuznach에서의 *Exzerpthefte*와 『비판』과 *Deutsch-Franrösische Jahrbücher*(February, 1844)에 있는 그의 『비판』의 서문과 「유태인 문제」 두 개의 에세이의 관계에 대한 중요성을 길게 언급하고 있다. 그와 뤼벨은 모두 마르크스 노트의 중요성, 그리고 후기의 작품 특히 후기 노우트의 중요성에 주의를 기울인다. 이에 대해서는 이미 인용된 뤼벨의 *Bibliographie des OEuvers de Karl Marx (and Supplément)*와 그의 'Les Chiers de lecture de Karl Marx', *International Review of Social History* Vol. Ⅰ, no. 3(1957), pp. 392~420의 연관된 항목을 보라.

분리를 어떻게 극복할 수 있는가라는 의문을 제기했다. 비록 루소 자신은 이 문제에 답하지 못했지만, 이 문제는 루소 이후의 정치 이론가들이 루소로부터 물려받은 귀중한 유산이었다. 이 점에서 헤겔과 마르크스는 루소의 상속인이었다. 즉 사적 생활과 공적 생활간의 분리를 이해하고 해결하려는 노력은 그들의 공통 관심사였다.*

비판하는 것과 그가 새로 제시하는 대안들은 모두 바로 그들 공통의 관심사를 해결하려는 선상에서 이루어진 것이다. 마르크스는 헤겔이 루소의 질문에 대해 해결책으로서 제시한 제도적 구조를 철저히 비판하고 그 자신의 독자적인 대안을 구성하는 데(인간의 사회적 본질에 적합한 사회에 대한 그의 비젼과 그 사회를 이룩하기 위한 프로그램) 첫걸음을 내딛는다. 이것이 다음 장의 주제이다.

V

앞에서 살펴본 것처럼 인간은 본질적으로 사회적 존재이고 사회·정치 제도는 인간의 사회적 성향을 표현한 것이라는 명제는 1842~3년까지의

---

* 『비판』에서 마르크스가 『법철학』에서 헤겔이 내린 제도적 결론을 뢰비츠(K. Löwith)가 쓰고 그린(David E. Green)이 번역한 *From Hegel to Nietzsche*의 Part Two, Ch. I, 'The Problem of Bourgeois Society', pp.232ff를 보라.

마르크스의 정치적 저널리즘의 한 면을 이루고 있었다. 이 원리는(마르크스는 이 원리를 『독일 이데올로기』에 이르는 그의 초기 저작에서 계속 발전시킨다.) 『비판』에서 근대 정치사회에 대해 비판하고 또 헤겔이 『법철학』에서 근대 정치사회를 철학적을 다룬 내용을 비판할 때의 기초로서 제공되고 있다. 가장 기본적인 관념은 인간은 유적 존재(Gattungswesen)라는 것이다. 마르크스가 인간의 특징으로서 유적 본질을 제시하는 한에 있어서는 포이에르바하를 따르고 있다. 이 기본적인 관념은 인간을 의식적 존재로 규정하며 곧 인간의 사회적 성격을 함축하는 관념으로 연결된다.

인간은 유적 존재다라고 말하는 것은 그가 관념 속에서 그 자신은 물론 그의 유적 성격, 즉 그의 본질적인 성격을 이해한다는 것을 말하는 것이다. 인간의 의식은 그것이 자기 자신을 유의 구성원으로 인식하고 타자와 공통의 성질을 공유한다는 것과 다른 종류의 존재 사이에서 한 종류의 존재로 존재한다는 것을 인식한다는 점에서, 동물의 의식과 구별된다. 따라서 인간의 의식은 규정하고 분류하는 능력, 즉 과학적인 능력을 지니고 있다. 포이에르바하의 종교에 대한 분석은 유적 존재로서의 인간 개념 위에서 구축된 것이다. 즉 자신의 본질적 완성을 객관화할 수 있는 인간의 능력은 그것들을 자연을 초월한 존재자로 만들게 한다. 단지 인간은 유적 존재이기 때문에 신을 창조할 수 있었던 것이다.* 동시에 인간적인 사회의 존재를 위한 인간 의식에 있어서 기본 토대는, 인간 자신이 타인과 공통의 성질을 공유하고 있다는 것을 의식할 수 있는 능력이다. 이것이 마르크스가 발전시킨 인간의 유적 성격에 대한 관점이다.

---

* Feuerbach, *Sämmtliche Werk*, Vol. pp.34ff를 보라.

초기 저작에서 마르크스는 유적 존재를 표현하기 위하여 여러 가지 철학용어를 사용한다. 예를 들면 『경제학 · 철학 초고』에서 그는 인간의 '유적 생활'(Gattungsleben), '유적 정신'(Gattungsgeist), '유적 성격'(Gattungscharakter), '유적 활동'(Gattungstätigkeit), '유적 능력'(geistiges Gattungsvermögen), '유적 관계'(Gattungsverhältnis), '유적 의식'(Gattungsbewusstsein), '유적 힘'(Gattungskräfte) 등을 말하고 있다. 이러한 술어를 통해서 마르크스는 인간이 생산 활동이나 예술적 능력 또는 성 관계에서 즐기는 자유 같은 주제를 논하고 있다. 간단히 말해서 이러한 표현들은 마르크스가 본질적으로 '인간적'인 것으로 생각하는 것이(생, 정신, 성격, 활동, 능력, 관계, 의식, 힘 등의 영역에서) 어떠한 것인가를 말해 주고 있다.*

유적 존재로서의 인간에 대한 기본 관념은 『비판』에서 가족과 사회를 유적 형태로 언급한 것이나 공무를 처리하는 정치사회에 있어서의 결정과 행정에 관련하여 유적 의지를 언급한 것 밑에 깔려 있다. 유적 의지라는 표현은 집합적 또는 일반의지를 말하기보다는, 사회적 존재로서 개인의 의지를 가리키는 것이다. 그것은 인간의 보편적 특징, 즉 정치적 성향, 다시 말하면 공동체의 문제를 결정하고 다루어 나가는 데 있어서 완전한 참여를 포함하는 공동체적 생애 대한 의지를 의미한다. 마르크스는 인간의 유적 의지를 실현시키는 문제는 국가의 이념과 밀접한 관계를 맺고 있음을 간파했다. 즉 인간은 사회적 존재임은 물론 정치적 존재이다. 다시 말하면 그는 '의식적으로' 사회적 기능을 수행한다. 따라서 실제로 국가가 그것이 마땅히 취해야 할 형태로 존재하는 곳에서는(『비판』 이전의 술어법

---

* *MEGA* I, 3, pp.87~9, 113, 117, 156, 536.

을 빌린다면 현존하는 정치 사회가 그것의 이념에 따라서 존재하는 곳에서는) 국가는 의식적인 사회적 삶과 활동을 할 수 있는 인간의 능력의 충분한 실현을 상징해야 한다. 즉 국가는 인간의 유적 의지와 정치적 성향을 실현시킨다.

『비판』에서 마르크스가 사용하는 유적 형태라는 표현 역시 유적 존재로서의 인간 개념으로부터 도출된 것이다. 그 표현은 마르크스가 헤겔을 따라서 직접적으로 관심을 가지고 있는 가족, 사회, 국가 등의 사회적 형태들을 나타내기 위하여 사용된다. 마르크스는 그러한 것들이 인간의 천부적인 사회적 성향으로부터 파생되는 것이고 인간이 그러한 성향을 실행하고 표현하는 방식인 한, 인간의 삶에 본질적인 것이기 때문에 그러한 것들을 유적 형태라고 부른다. 더 나아가(여기서 우리는 마르크스 사회철학의 지속적 측면을 본다) 이러한 사회적 형태들은(『비판』에서 마르크스는 헤겔을 따라서 그러한 것들을 도덕적 혹은 인위적인 인격체로 말하고 있다) 한 개인으로서의 인간의 발전을 위해 필요한 조건이다. 왜냐하면 인간이 본질적으로 사회적인 한, 인간은 참된 인간적 존재로 발전하기 위하여 필요한 구조적, 사회적 틀을 요청하기 때문이다. 즉 사회, 공동체, 가족은 진정한 유적 형태들이며 그 속에서 현실적인 인간은 자기를 실현시키고 객관화시키며 추상성을 극복한다. 그리고 추상적 인간은 단지 인위적(도덕적) 인격체, 사회, 가족 등등에서만 그의 인격을 밖으로 드러낸다.

이러한 사상은 그 후의 마르크스의 저술에서도 다시 나타난다. 『경제학 · 철학초고』에서 인간적 감각을 지닌 개별 인간에 있어서 발전에 관한 짤막하지만 뛰어난 논의 속에서 나타나고 있으며,* 『독일 이데올로기』에서 그 사상은 인간의 말과 의식의 기원에 관한 설명에서 나타나고 있다.* 후에 그 사상은 『정치 · 경제학 비판』 서문에 붙이는 출판되지 않은 서론(1857)에서 정교하게 공식화된다. 거기에서 마르크스는 "인간은 그 말의 가장 언어적인 의미에 있어서 '정치적 동물'(zoon politikon), 즉 사회적 동물임은 물론 단지 사회 속에서만 하나의 개인으로 발전할 수 있는 동물"이라고 말하고 있다.* *

이러한 논의를 관통하며 흐르고 있는 기본적인 관념 중의 하나는 사회적 존재로서의 개인에 대한 관념이요, 또 하나는 사회와의 관계에 대한 관념이다. 사회는 개인이 인간화하는 데 있어서 필수 불가결의 것이다. 그리고 사회 성원의 특징은 사회 자체의 특징의 기능이 될 것이다. 하지만 동시에 사회의 특징은 그 성원들의 특징을 표현한 것이 될 것이다. 왜냐하면 사회 그 자체는 그 성원들의 사회적이고 공동체적인 성질이기 때문이다. 개인과 사회의 관계에 대한 그러한 관념은 『비판』에서 개인과 사회 모두를 의미하기 위하여 마르크스가 사용하는 '공동체'(Gemeinwen)라는 술어에서 보여지고 있다. 개인은 ein Gemeinwesen이며 그가 살고 활동하는 사회 복합체는 das Gemeinwesen이다. 이러한 기본 관념 위에 서서 마르크스는 출판되지 않은 1844년의 한 노트에서 제임스 밀(James Mill)에 대한 해석을 하면서 Gemeinwesen이라는 말의 이중적 의미와 인

---

* *MEGA* I, 3, pp.119~21.

* *Werke* III, pp.30~31.

* * K. 마르크스, *Grundrisse* (Berlin, 1953), p.6; N.I. Stone이 번역한 『정치 · 경제학 초고』(Chicago, 1904) 영역본 p.268. 동일한 텍스트에서 마르크스는 『독일이데올로기』 에서 행했던, 즉 언어의 발달은 현존의 사회구조를 전제로 한다는 것을 되풀이했다.

간의 사회적 유의 성격에 대한 것을 설명하고 있다.

"생산물의 교환은 물론 생산 활동 자체 속에서 이루어지는 인간 활동의 교환은, 그의 현실적이고 의식적이며 진정한 존재가 사회적 활동이고 사회적 만족인 유적 활동과 유적 정신과 같은 것이다. 인간은 본질적으로 공동체적 성격을 지녔고 공동체적 존재(Gemeinwesen)이기 때문에, 인간은 그들의 본질의 실현을 통해 공동체적 존재(Gemeinwesen) 즉 사회적 존재(gesellsch-aftliche Wesen)를 창조하고 생산하는데, 사회적 존재는 결코 한 개인에게 대립하는 추상적이고 보편적인 힘으로 존재하는 것이 아니라 모든 개인의 존재와 그의 활동과 그의 생활, 정신, 부(富)의 본질이다. 추상적으로 관념화된 인간이 아닌 현실적으로 생활하는 특별한 개인으로서의 인간이 이 존재를 구성한다. 따라서 그것은 그들 자신이다."*

『경제학·철학 초고』에서 마르크스는 인간의 존재 자체는 사회적 활동으로 이해되어야 하며 따라서 사회를 개인과 대립하는 추상적인 것으로서 생각하는 것은 피해야 한다고 서술하면서 이 주제를 더욱 발전시키고 있다.

"개인은 사회적 존재이다…… 개인적 생활과 유적 생활은 다른 것이 아니다…… 비록 인간이 독특한 하나의 개인으로서 존재하며 또한 그를 개인, 진실로 개인적인 공동체적 존재로 만드는 것이 그의 개별성이지만 그는 전체이고 이념적 전체이며 사유되고 경험되는 사회의 주관적 존재이다. 그는 사회적 존재를 표방하면서 또 사회적 존재의 진정한 정신으로서 실재 세계에 존재하며 생에 대한 인간적 표현의 총

---

* *MEGA* I, 3, pp.535~6. Easton과 Guddat 판의 pp.271~2의 약간 다른 번역을 보라.

합으로 존재한다." *

따라서 사회는 인간들간의 관계의 복합체이며 그 관계를 구체화시키고 표현하며 규격화시킨 제도들의 복합체이다. 즉 사회는, 그의 유적 활동은 노동과 그것의 산물의 교환이며 또한 그의 유적 정신은 그러한 교환 행위 속에서만 만족을 찾는 인간의 본질적 성격으로부터 파생된 것이다. 인간은 본질적으로 사회적이며 사회는 그이 사회성을 정확히 실현한 것이다. 사회의 존재는 사회 성원들의 존재와 구별될 수 없다. 그의 개인적 실존에서 그는 그의 사회를 구체화한다. * * 마르크스가 사용하는 보다 더 형이상학적인 용어를 빌린다면 개인은 주어이고 사회는 술어, 즉 인간은 문제의 초점이며 사회는 부차적인 것이다.

인간 사회의 본질과 그것의 개인과의 관계에 관한 마르크스의 관점을 받아들일 때 이익, 목적, 그리고 의무의 영역에 있어서 한 사회 내에 대립되는 영역이 존재한다는 것은 중요한 문제로 부각된다. 마르크스는 개인과 사회는 본질과 존재에 있어서 하나이며 따라서 어떠한 방식으로도, 사회적 존재와 생에 대한 인간적 표현의 총체를 구성하는 사회의 이익과 목적이 개인의 이익이나 목적, 그리고 의무와 대립되어서는 안 된다고 주장한다. 만약 현실적으로 인간적인, 즉 정치적 사회에서 대립되는 이익의 두 영역이 존재한다면(한편은 개인적이고 특별한 영역, 다른 한편은 일반적이고 보편적인 영역) 이 대립되는 영역의 존재는 인간의 사회적 성격과는 모순

---

* *MEGA* I, 3, 116~117. 영역본, T.B. Bottomore, *Karl Marx* : *Early Writings* (New York, 1964), p.158.

* * Marx의 'These on Feuerbach' *Werk* III, p.534를 참조하라.

된, 즉 인간의 사회적 성격으로부터 일탈된 현상을 말해 주고 있는 것이다. 그것은 사회를 구성하고 있는 개인적 인간들의 생활이 본질적으로 지녀야만 하는 사회적 삶과 다르다는 것을 뜻한다. 그러한 삶은 모순된 것이거나 아니면 일면적인 것이다. 만약 인간들이 서로 대립된 두 영역에서 동시에 또는 순차적으로 그럭저럭 행위하고 살아 나가면 그것은 모순된 것이고, 만일 그들이 사적 이익과 사적인 일의 영역 속에서만 산다면 그것은 일면적인 것이다. 어느 경우도 인간의 사회적 · 유적 존재를 실현시켰다고 볼 수 없다. 어느 경우에도 그의 사회적 존재에 있어서 인간은 통일된 전체가 아니다. 근대 정치사회의 발달과 함께 나타난 루소의 의문은 기본적으로 다음과 같은 것이었다. 올바르고 전체적인 것이 어떻게 근대 부르주아로부터 만들어질 수 있을까?*

똑같은 문제를 다루고 있는 헤겔의 『법철학』을 읽고, 또 근대국가의 기원과 성격에 관한 역사적 탐구를 통해서 마르크스는 그 문제의 성격을 충분히 이해하게 되었다. 『법철학』에 대한 비판적 분석을 행하던 크로이츠나흐(Kreuznach)에서 그가 처음으로 검토하고 발췌한 책이 『사회계약론』이라는 것은 우연의 일치가 아니다.** 정치이론과 역사에 대한 탐구를 통해서, 그리고 헤겔에 대한 분석을 통해서(우리가 살펴본 것처럼 마르크스는 헤겔의 근대 정치사회에 대한 설명을 경험적으로 정확한 것으로 받아들이고 있다) 마르크스는 근대인의 생활의 이원성을 알게 된다. 게다가 그는 그 문제를 헤겔과 똑같은 술어로서 이해하고 처리하게 된다.

---

* Löwith, *From Hegel to Nietzsche*, p.235.

** *MEGA* I, 1/2, pp.120~121과 마르크스의 *Exzerphtheft* II in *Ibid* pp.122~3의 논제 색인(topic-index)을 보라.

헤겔 자신은 『법철학』을 구성하기 오래 전에 그 문제를 파악했다. 장 이뽈리뜨(Jean Hypplite)의 설명에 따른다면 헤겔은 초기 저작에서부터 사회·역사에 대한 개념 틀을 지니고 그 문제에 접근했으며 또한 그러한 접근은 근대 세계를 고대 도시국가와 비교하면서 이루어졌었다. 그의 동시대인들이 그러했던 것처럼 헤겔도 도시국가를 인간(man)과 시민(citizen)간의 구별이 전혀 존재하지 않는 사회·역사적 형태로 이해했었다. 즉 개인적 삶과 시민으로서의 삶은 일치했다. 따라서 개인의 의지와 일반의지도 일치했다. 인간(l'homme)은 직접적으로 공민(le citoyen)과 일치한 것이다. 하지만 이러한 일치는 근대 세계에서는 찾아볼 수 없으며, 프랑스 혁명의 거대한 실패는 정확히 인간의 사회적 삶을 정치 국가 안에서 재통합시키려는 노력의 실패를 의미했다. 사적 생활과 정치적 생활의 분리는, 시민으로서의 생활로부터 개인으로의 후퇴와, 그와 동시에 일어난 사적 영역으로의 자기 자신의 폐쇄, 즉 자기 자신과 자기 재산 그리고 자기 일에만 관심을 집중지키는 것과 더불어, 최초로 로마 제국 안에서 발생했다. 결과적으로 국가는 소외된 권력의 외피, 즉 소외된 형태를 지니게 되었다. 자기의 국한된 영역에만 함몰되어 공동체적이고 보편적인 것에 참여하는 것을 망각해 버린 사적 개인은 자명한 것으로 요청된 보편성의 영역, 즉 개인의 유한적 영역으로부터 분리된 신성한 영역에서 위안을 찾게 된다. 따라서 정치적 소외와 종교적 소외는 발을 맞춰서 발전했다. '사적 인간'(home privé)과 '공민'(citoyen)간의 이원성을 극복함으로써 정치적 소외와 종교적 소외를 타파하려던 프랑스 혁명의 실패는 사회, 정치적으로 총체성을 구가했던 고대의 상태로 근대가 되돌아갈 수 없음을 반증하는 것이었다. 근대국가의 힘과 위용은(그리고 합리성에 대한 근대국가의 주장은) 정치생활의 총체성을 획득할 수 있는 능력에 달려 있다. 헤겔은 『법철학』에서 바로 이러한 언급과 함께 국가에 대해서 다루기 시작한다.

"국가는 구체적 자유의 현실태이다. 그러나 구체적인 자유는 사적 개인성과 그것의 특별한 이익이 완전한 발전을 이룩하고 또한 그것의 권리에 대한 명백한 안정을 획득하는 것과 …… 한편으로는 자발적으로 그것들이 보편적 이익으로 연결되며 다른 한편으로는 그들이 그 보편성을 알고 의지(意志)하려는 데 달려 있는 것이다…… 근대국가의 이러한 원칙은, 그것이 주관성의 원칙이 스스로 실재하는 개별성의 극단적 형태로 정점에 달할 것을 허용하고, 동시에 그 원칙을 실재적 통일과 연결시켜서 주관성 자체 속에 그 통일을 유지시키기 때문에 커다란 힘과 심오성을 지니고 있는 것이다."*

따라서 『법철학』의 출발점은 정치사회 내에 존재하는, 역사적으로 규정된 두 대립된 영역을 인식하는 것이었으며 근대국가의 합리성은 근대국가가 두 영역의 종합(syn-thesis)으로 되는 것에 달려 있다는 주장인 것이다. 『법철학』 서문에서 헤겔은 철학의 과제를 이상적 세계의 설립이 아닌 현실적 세계를 이해하는 것으로 서술하고 있다. 전제가 된 것은 현실의 이성적 성격, 즉 일시적인 것 속에 내재하는 영원성의 존재이다. 이것은 진정한, 즉 사변적 철학의 출발점이다. 철학적 과학의 저술로서 『법철학』은 "국가를 본질적으로 이성적인 것으로 그려내고 이해하려는 노력 이외의 아무것도 아니다. 철학적 작업으로서 그것은 마땅히 존재해야 할

* Hyppolite의 'La conception hegelienne', *Etudes sur Marx et Hegel*, pp.124~5.

국가를 그려내는 것과는 다른 것이어야 한다. 존재하는 것을 이해하는 것은 철학의 과제이다. 왜냐하면 존재하는 것은 이성적이기 때문이다."라고 했다. 근대 정치사회에 내재하는 명백한 대립이 사실상 근대국가에서 극복된 것을 보여 주는 것은 근대국가의 합리성을 보여 주는 것, 즉 현실적인 것이 이성적인 것임을 보여 주는 것이다. 사변적 철학자는 근대국가를 환영할 수 있다. 왜냐하면 근대 국가의 명백한 모순 속에서도 영원한 이성의 깜빡거림을 볼 수 있기 때문이다.

> "이성을 현재의 십자가에 내재해 있는 장미로 인식하여 현재를 즐기는 것, 이것은 우리를 현실과 화해시키는 이성적 통찰이다."*

『법철학』에서 헤겔의 제도적 대안은 근대 사회, 정치생활에 있어서의 이원성이 종국적으로 극복된 합리적이고 유기적인 구조로 제시되고 있다. 나는 그의 이론적 틀과 정치, 사회적 통일을 상징하는 것으로 그가 제시한 특별한 제도들을 언급하려 한다. 왜냐하면 마르크스의 비판은 헤겔과 똑같은 이론적 틀 안에서 이루어지며 통일을 대변하는 기구로서 상정된 제도에 대한 비판에 초점이 맞추어져 있기 때문이다.**

헤겔에 있어서 루소의 인간-공민(homme-citoyen)간의 구별은 시민-공민(Bürger-citoyen)간의 구별로 연결된다. 시민(Bürger)이 의미하는 것은 정치적 생활과 구분된 시민 생활에서 활동적이며 정치제의 공통적이고 보

* §260 ; 영역본, Knox, pp.160~1 ; 또한 이 문단을 첨가해서 *Ibid.*, p.280.

** *Ibid.*, Knox의 책, pp.10~12.

편적인 이익과 구별되는 사적 이익을 추구하는 인간을 말한다. 시민적 삶의 영역, 즉 시민의 삶의 영역은 시민사회(bürgerlich Gesellschaft)이다. 정치적 삶, 즉 공민(citoyen)의 삶의 영역은 국가이다. 특별 이익과 보편적 이익의 영역을 화해시키는 문제, 또는 '인간'(homme)과 '공민'(citoyen)의 일치성을 회복하는 문제는 따라서 시민사회와 국가의 조우라는 문제로 근대에 현상한 것이다.*

헤겔은 개인적인 필요와 이익이 타인과의 관계를 지배하는 인간의 사회적 삶의 국면을 표현하기 위해 시민사회라는 표현을 사용한다. 이렇게 이해될 때 시민사회는 홉스의 만인의 만인에 대한 전쟁터, 즉 모든 개인의 사적 이익들이 충돌하는 전쟁터인 것이다.** 시민사회에서 사회적 관계는 모든 경우에 있어서 타인을 자기 만족의 수단으로 생각하는 개인들이 주체가 되어 이루어진 관계로 환원된다. 시민사회를 움직이고 있는 것은 개인주의와 이기심이며 시민은 엄격한 의미에서 그 자신의 행복을 위한 수단으로서 타인과 관계를 맺는 사람이다.*** 이것은 경제적 생활 영역이며

---

* 물론 헤겔의 정치 이론에 대해서는 많은 문헌이 있다. 영어로 된 2차 연구들 중 특히 Z.A. Pelezynski의 M. Knox가 번역한 책 *Hegel's political writings* 중에서 'Introductory Essay'(Oxford, 1962), pp.5~137을 보라. J.N. Findlay의 *Hegel: A Reexamination*(New York 1962)는 『법철학』에 대한 그의 주장을 요약한 것이다. 특히 마르크스에 의해서 직접적으로 비판된 부분, p.326~30을 보라. 마르크스의 비판에 대한 특별한 언급으로 이루어진 연구는 H. Marcuse의 *Reason and Revolution*: *Hegel and the Rise of Social Theory*(Boston, 1960), pp. 169~223과 L. Dupré의 *The Philosophical Foundation of Marxism*(New York, 1966), pp.39~66이다. 이것들은 이미 인용된 Avineri와 Löwith의 저작에 첨가되어 있다.

** Löwith, *From Hegel to Nietzsche*, pp.237ff. Hegel의 Knox에 의해 번역된 『법철학』의 §190의 주석을 참고하고, 헤겔의 §187, Ibid. pp.355~76에 대한 역자의 주를 참고하라.

그 사회의 조화는 정치, 경제학의 법칙으로 표현되고 그 사회의 내용은 사적 목적의 추구이다.*

그러나 시민사회는 인간의 사회적 삶의 한 측면을 나타내는 개념적 범주 이상의 것이다. 왜냐하면 그러한 사회적 삶의 측면은 근대 정치사회내에 구체적인 영역으로 존재해 왔기 때문이다. 즉 특별한 권리와 이익이 공식적으로 인정되는 영역이며 권리와 이익을 보호하고 발전시키기 위하여 적당한 제도적 장치를 구비하고 있는 영역이 큰 시민사회인 것이다. 명확한 법적 체계이며 공통의 관심사가 사적 이익을 보호하는 것인 상호적 구조로서 시민사회의 존재는 이러한 의미에서 독특한 근대적 현상이다. "시민 사회의 탄생은 근대 세계의 업적이다."**

『법철학』에서 헤겔의 과제는 근대 세계의 그러한 업적이 함축하고 있는 시민생활과 정치적 생활과의 명백한 이원성에도 불구하고 어떻게 정치적 삶과 사회적 삶의 통일이 근대국가내에서 이루어지는가를 보여 주는 것이다. 그의 주장은 이러한 통일이 다음과 같은 기본적인 특징을 지니고 있는 제도적 장치에 의해서, 그리고 그 장치내에서 이루어진다는 것이다. 그 특징들을 보면 (1)출생에 의해 왕좌에 앉고 따라서 정치적 파벌과 관계없이 왕위를 지니는 군주, (2)그들의 목표가 국가의 목표와 일치하는 신분(estate)이나 계급을 구성하는 유급 공무원들로 구성된 거대한 관료

*** Knox가 번역한 책, p.189, 헤겔의 §289에 대한 주석.

* Knox의 번역 『법철학』, 헤겔의 §182, p.354에 대한 역자의 주 41.

** Hegel의 §182에 대한 첨가. Knox번역의, pp.266~7: Hegel의 §§157과 188을 참고하라.

제, (3)군주와 행정력을 대변하는 자와 시민계급을 대변하는 자가 만나 국가와 시민사회 각각의 목표를 화해시키고 그들의 결정을 법안화하는 신분제 의회(An Assembly of Estates) 등이다.

'신분'(Stand)이라는 말은 헤겔에 있어서 시민사회적 의미와 정치적 의미를 모두 지니고 있다. 그것의 시민사회적 의미는 유사한 직업을 가졌거나 똑같은 법적, 사회적, 정치적 위치를 향유하는 인간들의 집단이나 계급을 말한다. 정치적 문맥에서 사용될 때 그 말은 다원적인 것을 의미하며(Stände) 그 국가내의 다양한 이익들을 입법부를 통해 반영하는 대표기구를 의미한다. 헤겔은 그 말의 어원으로부터, 시민사회내의 계급과 신분, 구별 등을 반영하기 위하여 정치적 대표 입법부, 즉 신분제 의회를 구조화하는 것의 타당성을 주장한다.* 헤겔은 두 개의 시민 신분을 명확한 신분을 가지고 따라서 정치적 중요성을 가지는 관료로부터 구분하기 위하여, 비공식적(unofficial)이라고 부른다.

농업 계급을 포함하는 실체적인 계급(그들의 정치적으로 중요한 구성원들은 귀족과 지주계급the landed gentry으로 이루어지고 있지만)은 대의원(the chamber of peers)에 의해, 특히 부르주아 계급들인 산업 계급과 상업 계급을 포함해서 신흥 부르주아들은 대리인(deputies)에 의해 대표된다.**

헤겔이 사회-정치적인 통일체의 원리들을 발견한 것은 보편적인 헌법

---

* Pelczynski의 'Introductory Essay', pp.82,85. 헤겔의 §303에 대한 주석을 참고하라. Knox 번역의 p.198과 그의 책의「서문」p.7을 참고하라.

** 나는 J.N. Findley (*Hegel: A Reexmination* p.325)를 따라서 이러한 계급을 부르주아 계급이라고 명명하겠다. 헤겔이 시민계급을 형식적으로 나눌 때 이러한 계급을 반성적 혹은 형식적 계급이라고 지칭하고 있다. *The Philosophie of Right*, p.202, Knox 번역의 p.131.

체제 내에서였다. 간략하게 말해서 이러한 대리인들은 네 가지로 분류할 수 있다. 뷰로크라시(the bureaucracy), 직업단체들(the corporations), 토지를 수반하는 장자 상속제(primogeniture), 그리고 일반적인 신분의회(the Assembly of estates) 등이 그것이다.

우리가 이미 본 바와 같이, 공무원으로서 관료주의는 일차적으로 정치적 중요성을 가지고 있는 계급이다. 다시 말해서, 특수한 계급으로서 관리들의 목적은 국가의 보편적 이익과 동일하다고 말해질 수 있다. 그러므로 '보편적 신분'(die allgemeine stand)으로서 말해진다.* 여하튼, 국가의 관리가 아닌 두 개의 계급들은 그들이 시민으로서 추구하는 개별성과 그들의 대표자들이 보여 주어야만 하는 보편성으로서의 복지에 관한 관심을 조화시켜야 한다. 상공업 계급과 실체 계급내에서 이러한 화해를 위해 마련된 제도들은 상세하게 말해서 직업단체들과 장자 상속제의 원리에 의해서 지배되는 것들이다. 부르주아 계급내에서의 직업단체와 토지 귀족내에서의 장자 상속권은 보편적 계급으로서의 관료주의와 마찬가지로 헤겔이 국가를 설명하는 데 있어서 사회-정치적 통일체라고 명명하는 것들이었다.

헤겔이 '직업단체'라는 말을 사용할 때 헤겔은 무역, 전문적인 조직들과 자치적인 조직들(이러한 것들은 길드라는 계통에서 동시적으로 이해되어질 때 일차적으로는 경제적이며 또한 정치적인 특성을 지니고 있다)이라는 다양한 의미로서 직업단체를 해석하고 있다. 직업단체는 시민사회에 있어서 노동을 조직하고, 특히 부르주아 계급의 경쟁적인 활동을 조직하고 국가에 대해

---

* Hegel, *The philosophy of Right.* §§291,303을 보라.

서는 시민사회의 이익을 옹호하는 입장을 고수한다. 직업단체가 갖는 정치적 기능은 이중적이다. 경제적 아니면 특수한 공통의 목적을 지닌 결사체로서 직업단체의 구성원들은 개별자의 이익을 협동적인 행위로 전환시킨다. 둘째, 직업단체들은 그들의 요구를 법적인 인정 속에서 구체적으로 보장받기 위해서 그 구성원들의 이익을 내세운다. 그럼으로써 시민사회의 이익들은 국가의 이익에 대비해서 그 균형을 유지한다. 간략하게 말해서, 직업단체는 시민사회를 특징짓는 적나라하며 자기 중심적인 이기주의와 국가를 특징지우는 보편적인 이익 사이에서 그 매개역할을 한다.*

상술한 바와 같이, 토지에 있어서 장자 상속권은 가족의 땅 모두를 자동적으로 또한 필연적으로 장자에게 넘겨주는 제도이다. 이러한 제도는 재산권의 일부를 양도하지 못하도록 하며 가족들끼리 서로 분할하는 것을 배제한다. 그러므로 소유권은 장자의 소유 아래 세대에서 세대로 상속되고 가족 단위로서 보존된다. 그래서 재산 소유권은 시장의 변동(부르주아 계급의 운명은 이것에 좌우되지만)과 정부에 의한 임의적인 간섭으로부터 보호된다. 그러므로 소유권은 실체적 계급의 구성원들에게 사심없이 정치적 욕구를 추구할 때 경제적으로 독립할 수 있는 안정된 지반을 제공해 준다. 따라서 실체적(substantial) 부동산내에서의 장자 상속권이라는 제도는 부르주아 계급내에서의 직업단체와 마찬가지로, 사회-정치적인 통합을 위한 힘이다. 이것은 시민사회의 이기주의적 욕망과 정치생활이 지니는 보편적이며 일반적인 관심을 중재한다.

전반적으로 헤겔은 근대국가에서 사회-정치적인 통일을 성취하는 데

---

* Pelczynski의 ‘Introductory Essay’ pp.121~122를 보라.

있어서 신분제 의회를 무척 중요한 대리인으로 생각했다. 신분들의 법적인 체제내에서 다양한 시민들과 정치적 구성원들(군주, 관료, 시민대표 등)의 대표자들은 국사(nationstate)를 토론하고 결정하기 위해서 모인다. 전반적으로 이러한 것들은 정치공동체(the body politic)의 이익을 촉진하면서 시민사회의 이익을 보호한다. 헤겔은 이러한 신분제 대표를 복잡한 매개의 대변자라고 서술한다. 이러한 매개과정 속에서 헤겔은 시민사회의 자기 중심주의와 국가의 보편성 사이에서 종합을 바람직하게 성취하려고 한다. 법적 제도로서 이러한 매개과정은 보편적 계급이자 직업단체, 즉 상공업자 계급이자 토지소유에 기반을 둔 실체적인 계급으로서의 관료제 내에 함축된 사적 이익과 공적 이익의 매개 속에 구체화되며 결실을 맺는다. 헤겔에 의하면 군주, 혹은 일반적인 집행자의 힘에 의해서 대표되는 것에 대해 저항적인 결사체를 구성하는 것은 의미가 없다. 의회와 집행부로서의 정부(government-qua-execuive)들은 동일한 정치적 결사의 상호 보충적인 조직물이다.

이와 같은 것은, 간략히 말해서 헤겔이 루소의 문제에 대하여 대답할 때 주었던 구조물이었다. 사적 생활과 공적 생활의 이원성을 극복하고 인간과 공민(homme and citoyon)의 통합을 아주 독특하고 근대적인 방식으로 회복하는 것이 헤겔의 과제였다. 현실을 정당화하고 실제적인 것과 화해하기 위해서 국가를 합리적인 것이라고 묘사하고 이해하는 것이, 헤겔이 『법철학』의 목적을 실현하기 위해서 제공한 것이다.

이와는 반대로, 마르크스에게 있어서는 동일한 헌법적 구조가(마르크스는 이것을 헤겔 자신의 프러시아를 정확하게 초상화한 것이라고 생각한다) 인간의 사회적 생활과 그의 유적 본성을 이원화시켜서 요약해버린 시대착오적이고 자기 모순적인 잡종물이라고 생각되었다.

마르크스가 주목했던 정치적 국가는 시민사회와 분열되었다. 종교적 소외와 정치적 소외가 동시에 전개되고 있는 헤겔의 초기 이론을 회상하면서, 마르크스는 시민사회의 정치적 국가가 시민생활의 세속적 영역과 대조를 이루고 있으며 단지 일상생활의 종교적 영역으로 존재하고 있을 뿐이라고 설명한다. 근대의 정치적 국가는 대중적 생활의 종교요, 이 지상에서 그것의 실현과 대조되는 의미에서 보편성의 천상이다. 혹은 다시 말해서, 근대 사회의 개별적 요인들은 정치적인 국가에서 보편적 영역을 가지고 있고, 또 다르게 표현하면, 종교적 영역, 유적 본질의 영역을 가지고 있다. 시민적 삶과 정치적 삶의 분열은 프랑스 혁명에서 완성되었다. 프랑스 혁명은 중세의 유산을 완전히 제거했다. 중세에서는 시민적인 삶과 정치적이 삶을 현실적으로 구분하는 것은 존재할 수 없었다. 시민사회와 국가가 인간 사회의 분리된 영역으로서 분열되어 버렸기 때문에, 국가의 시민들과 시민사회의 구성원들, 시민과 부르주아 또한 분리되었다. 그러므로 근대 정치 사회에 있어서 개별적 인간은 자기 내부에서 본질적으로 분열을 느끼지 않을 수 없었다. 『법철학』에서 헤겔은 이러한 소원함이 증대하리라는 것을 표현했다. 여하튼 헤겔은 이러한 소원함을 극복하지 못했다. 이러한 소원함은 바로 소외였다.

그러나 헤겔의 제도적(institutional) 결론들을 비판하는 데 있어서, 마르크스는 헤겔 이론의 일반적 구조를 벗어나지 않고 있다. 마르크스는 헤겔이 제공한 사회-정치적 통일체의 대리인을 체계적으로 제거함으로써 자기 자신의 사회적, 정치적 이론의 근본적 특징을 형성한다. 마르크스는 헤겔이 주장한 관료주의를 보편적 계급으로서의 프롤레타리아로 대체한다. 장자 상속권 대신에 그는 사유재산의 폐지를 옹호한다. 그리고 마르크스는 국가와 시민사회라는 이원적인 분열의 '지양'(Aufhebung) 속에서, 신분제의회 대신에 보편적 참정권 제도를 요구한다. 맨 마지막 것은 『비판』에서 분명하게 되었다. 첫 두 개는 차후의 저작에서 형성되었다. 「서론」과 「유대인 문제에 대해서」라는 논문 속에서 이러한 문제는 나타나고 있고, 이 논문들 중 두 개는 『비판』이 있고 난 다음 즉시 이루어졌다. 즉 1844년 2월에 출판되었다. 이러한 세 개의 관점들은 『비판』 이전에 마르크스의 저작에서 처음으로 나타났던 주제의 심화된 발전을 나타내고 있다.

마르크스는 헤겔이 말한 보편적 계급에 관해서 진지하게 생각했다. 다시 말해서 사회내에서 한 계급의 관심사는 전반적으로 사회의 관심과 동일하기 때문에 사회적이며 유적 존재로서의 인간 자신과 일치하는 것이다. 프러시아 행정부에 대한 마르크스의 체험은 헤겔이 관료제를 보편적 계급으로 보고자 하는 것을 인정할 수 없었다. 마르크스는 자신의 첫 정치적 저작에서(그것은 특별히 국가 검열제도에 반대하는 것이었는데) 프러시아의 관료주의가 정치적 지성을 안하무인격으로 독점하겠다고 주장하는 정치적 통일체내에서의 조직이라고 비판한다. 이러한 프러시아 관료주의는 법보다도 위에 서서 행동하고, 무책임하고 비밀스럽게 그리고 정책의 객관적 기준에 대한 어떠한 관심도 없이, 위계적이고 해롭기조차 한 관료조직내에서 불법적이기조차 한 입안을 더 이상 눈에 보이지 않게 진행한다.*

* 'Bemerkungen über die neueste preussische Zensurinstruktion' (1842년 2월) *Werke* I, pp.15,20,24,25. Eston and Guddt pp.81,86~

동일한 비난이 『비판』에서 재현된다. 그때까지 마르크스는 정치적 관료주의의 발달을 역사적으로 연구했고 일반적으로 관료주의와 검열제도에 대해서 계속되는 자신의 체험을 객관화할 수 있었다. 길고도 날카로운 마르크스의 비판은 관료제를 폐쇄적인 직업단체라고 비난한다.

이러한 직업단체는 국가의 보편적 목적을 사적 이익의 형태로 변화시키는 일종의 국가내에서의 시민사회에 속한다. 따라서 이것은 사이비 보편계급(pseudo-universal class)이고 그들의 구성원들은 보편적인 삶을 계산 가능한 사적 이익으로 전환시킨다. 심지어 헤겔 자신조차도 관료제의 정신을 일상적으로 반복되고 제한된 영역내에서 움직이는 것으로 인정하지 않을 수 없었다. 마르크스는 직업단체의 비판을 관료제의 비판과 결부시킨다. 직업단체는 관료제의 시민적 대응물이고 관료제는 직업단체의 정치적 대응물이다. 왜냐하면 양자는 개인의 사적 이익을 유일한 일반적 이익으로서 최고의 지위에 위치시키는 동일한 정신의 제도화된 형태들이기 때문이다. 그러므로 부르주아 관료제는 사회적으로 합리적인 충동에 반대해서 만인의 만인에 대한 투쟁(bellum-omnium contra onmes)을 인간이 지니고 있는 천부적인 사회적 조건이라고 주장한다. 동시에 관료제와 직업단체는 동일한 정신의 대립적 형태를 표현하고 있고, 국가와 시민사회의 이원성이 제도화된 특수한 예이다. 그러므로 마르크스는 관료제가 보편적 이익과 특수한 사회계급의 이익의 동일성을 표현한다는 헤겔의 주장을 일축한다. 관료주의하에서 이러한 일치란 환상적이며 모순적이기까지 하다. 『비판』에서는 한 사회 계급이, 즉 그 사회 계급에게 있어서는 동일성이 더 이상

7,91,92.

환상적이지 않고 그들의 관심이 인간의 보편적, 사회적 본성의 관심과 일치하여 현재의 사회를 인간의 유적 본성에(사회적 본성에) 적합하게 변형시킬 수 있는 계급이 어떻게 보여질 수 있는가 하는 문제가 남아 있다. 마르크스가 1844년까지 프로레타리아를 현대 사회내에서 진정한 보편적 계급의 요구를 만족시킬 수 있는 계급으로 인정할 수 있었다는 사실은 그의 사고 진행이 빨랐음을 시사해 준다.

그의 이론적 진척이 이렇게 빨랐던 이유는 그가 『비판』을 발표하고 파리로 이주해 간 후, 그곳에서의 프랑스 노동자 계급과의 만남 때문이었다. 그러나 프롤레타리아를 인류의 보편적 계급과 일치하는 계급으로 파악하는 이런 발전은 그의 초기 저술도 마찬가지다.

1842년 10월 「라인신문」(Rheinsche Zeitung)에서도 중산층이 가진 부의 분배를 요구하지만, 또한 마르크스는 아무것도 갖지 않은 계급의 존재를 언급하고 있다. 이것은 맨체스터나 파리, 리용의 거리 어느 곳에서도 명백한 사실이었다. 1843년 2월에도 「라인신문」에서 그는 정치적인 참여는 할 수 없고 그 때문에 경제적 이익도 얻지 못하고 빈곤해진 사회 계급을 이루어 가는 라인란트 지역의 노동자에 대해 개탄하고 있다. 이런 상황에서 마르크스는 사회 이론가들의 주의를 끄는 조건을 직접 접할 수가 있었다. 즉 현대 사회의 경제적 활동에 있어서 가장 중요한 역할을 하면서도 그 사회의 정신적, 물질적 혜택으로부터 소외된 사회 계층의 존재를 알게 되었다. 이와 같은 사회 현상을 다루며 소외된 사회 계급을 프롤레타리아로 인식하는 문헌들에 마르크스가 친숙했다는 사실은 이미 『비판』에서 암시되었다. 마르크스는 『비판』에서 현대 사회의 특징적 계급에 대해서 말하고 있다. 그런데 그 계급이란 소유 재산의 결핍과 강요된 노동에 의해 특징지워진다. 마르크스는 이 계급을 시민사회의 어떤 한 계급으로 생각하기보다는 시민사회의 제 영역이 이 계급에 의존하고 이것에 의존해서 움직이는 계급이라고 생각한다.* 그러나 『비판』에서는 프롤레타리아라는 용어를 쓰고 있지는 않다. 또한 마르크스는 현존하는 사회 내에서 그들의 관심이 보편적인 계급(만약 그들이 권력을 거머쥐게 되면 관료주의는 폐지가 되지만)에 대한 요구와, 그들의 주요한 특색이 사회 경제적인 소외로 특징지워지는 계급과를** 연결시키지도 않았다. 그러나 5개월만에

---

* Avineri는 통상 인정되고 있는 것과 같이, 마르크스가 단지 Lorenz von Stein의 저작을 통해서 프롤레타리아라는 관념에 이르게 된 것은 아니라고 설득력 있게 주장한다. Avineri가 확신에 차서 이 문제를 취급한 것은 *The Social and political Thought*, 특히 pp.53~7을 보라.

** 이 점에 대해서 사람들은 헤겔이 노동자 계급의 경제적, 사회적인 빈곤을 설명하는 것을 마르크스가 직접적으로 언급하는 것이 결여되어 있다는 데 대해서 의아하게 생각할 것이다.
*The philosophie of Right*의 §§ 241~5; 그리고 특별히도 마르크스가 후기에 프롤레타리아의 궁핍에 대하여 기술하는 것은 헤겔이 궁핍한 천민(Pöbel)의 발생에 대해 묘사한 것과 현저하게 비슷하다. Lapine가 제안한 것과 같이, 만약에 마르크스가 명백하게 그의 『법철학 비판』을 헤겔의 시민사회(§§ 182~256)에까지 확장시키고자 의도했다면 이러한 결여는 쉽게 설명이 될 것이다. pp.81~2에 대해서 마르크스가 비판한 것을 참고하라.
만약에 마르크스가 그러한 비판을 성취할 수 있었다면, 그는 문제시되고 있는 절(pp.81~82)을 상세하게 비판적으로 고찰할 때까지 헤겔이 궁핍화(천민의 발생)를 설명했던 것을 직접 언급하기를 기피했을 것이다. 여하튼 시민사회에 대한 헤겔의 section을 비판한다는 것은 착수되지 않았다. 그리고 초기 1844년에 마르크스는 오히려 정치 경제연구에 자신의 관심을 돌렸다.
Nicolai Lapine, 'Lapremière critique approfondie de la philosophie de Hegel par Marx,' *Rechterches Internationales à la Iumière du marxisme*(Paris), Cahier 19, p.63을 참조해 보아라.

그 연결이 명백한 용어로 성취된다. 현존하는 사회 질서의 해체는 다음과 같은 사실에서 도출된다.

즉 근본적인 유대의식을 지닌 계급의 형성, 시민사회의 계급이면서 시민사회의 구성원이 아닌 소외된 계급, 모든 계급의 해체된 계급, 그들의 보편적인 고통 때문에 보편성을 가질 수 있는 사회의 계급, 절대적인 궁핍과 악이 그들을 괴롭히기 때문에 보편성을 가지는 사회의 계급, 모든 사회적 계급으로부터 자신을 해방시키지 않고서는 자신을 해방할 수 없는 계급, 한마디로 말해서 인간성의 완전한 상실로서의 계급, 총체적인 인간성의 회복을 통해서만 자신을 회복할 수 있는 계급이다.*

진실로 보편적인 계급의 역사적 역할을 담당할 수 있는 프롤레타리아의 사명은 계급의 해체라는 보편적인 성격에서 연유한다. 그 계급의 해체와 폐지는 정치적 생활의 영역에서 오는 것이 아니라 인간 생활 그 자체의 영역에서 발생한다. 그 계급의 존재는 인간의 사회적 생활의 모든 혜택을 부정하는 것이다. 그러므로 그 계급의 이해는 인간의 사회적 본성의 관심과 일치한다. 이런 의미에서 프롤레타리아는 마르크스의 후기 저술에서 반복적으로 나타난다.**

그러나 마르크스는 프롤레타리아를 모든 인간적 가치들의 부정으로만

---

* 'Zur Kritik der Hegel'schen Rechts-Philophie, Einleitung'; pp.141~2.

** 예를 들면 『신성가족』에서[*Werke* II, p.38 ; English Transl. Dixon (Moscow 1956, p.52)]and in *Vorwärts*(10 August 1844), *MEGA* I. 3, p.21 ;English transl. Bottomore (New York, 1964) p.237.
이 제목의 후기 언급에는 *The Communist Menifesto*(1848) and the *Preamble to the General Rules of the Intentional*, drafted by Marx in 1864, see Avineri *The Social and Political Thought*, pp.61~2.

보지는 않았다. 정말로 마르크스는 프랑스 노동자 계급을 직접 목격하고서, 비록 프롤레타리아 계급이 보편적으로 가치를 박탈당했음에도 불구하고, 참다운 인간의 공동본질(Gemeinwesen)을 특징지우는 긍정적인 가치를 주장했다. 프롤레타리아는 참된 인간의 고귀함을 나타내고 인간을 다른 상품을 위한 수단으로서가 아니라 그자체로서, 한 인간을 인격을 위한 교제의 공동체로서 열망한다.

궁핍화의 한가운데서도 타인을 유용성의 각도에서 도구적으로 이용하기보다는 오히려 우정이 사회적 유대로서 나타난다. 그러므로 역설적으로 인간의 사회적 본성의 요구에 적합한 사회를 건설할 수 있다는, 실현 가능성 있는 긍정적인 증거는 프로레타리아가 처해 있는 부정적인 조건에서 나타난다. 다시 말하면 마르크스는 참된 보편적 계급은 보편적 박탈이라는 것 속에, 프롤레타리아의 부정적인 조건 속에 있다고 주장한다.

1844년에 마르크스는 프롤레타리아에게서 긍정적인 면과 부정적인 면이라는 이중의 모습을 보았는데 그럼으로써 헤겔이 보편적 신분이라는 관념을 통해서 관료주의를 보편적으로 간주했던 것을 마르크스는 프롤레타리아로 대체한다. 프롤레타리아가 보편적인 가치를 박탈당했고 또한 그것의 명백하고 긍정적이며 보편적으로 중요한 자질 때문에 마르크스는 열정적으로 프롤레타리아를(자기 자신의 사상에 의해 점화되었을 때는) 사회 생활의 통일체와 충분히 인간적 가치를 성취할 수 있는 계급과 동일시하고 있다.

헤겔이 사회-정치적인 통일의 원리로서 장자 상속권에 의해 지배되는 토지 사유재산권을 강조한 것은(『법철학』 306절에서) 마르크스에게 사유재산권이 지니고 있는 정치적 중요성과 본성을 처음으로 체계적으로 탐구할 수 있는 계기를 만들어 준다. 1842년 후반에, 마르크스가 공동선을 정치적으로 추구하는 것을 전복시킨 사적이며 경제적인 이익의 힘을 감지했다는 사실은 『비판』에서 마르크스로 하여금 장자 상속권을 비판하는 기로 안내했고 어느 정도로는 마르크스가 자신의 비판을 관철시키는 데 있어서 그의 정열을 설명해 준다. 사유재산은 그 재산이 지니고 있는 정치적인 중요성과 아울러 인간적 중요성을 지닌 것으로 탐구된다.

이러한 두 측면에서 마르크스는 그의 사상에 있어서 그 후의 전개를 통괄하는 결론을 『비판』에서 성취하고 있다. 또 한번 그의 비판은 헤겔의 이론적 설명이 정확하게도 사태(state of affairs)의 실상을 묘사하고 있다는 원리에 입각해 있다. 헤겔이 장자 상속권을 설명하는 데 있어서 드러내 보인 특수성과 모순들이 비합리적인 실재성을 반영하고 있었다.

마르크스가 헤겔 자신의 텍스트가 내재적으로 지니고 있는 모순들을 지적하는 데 있어서 매우 예민하다. 비록 헤겔이 지주계급을 정치적 중요성의 실존을 위한 필요한 기초와 동일시하려고 했지만, 그는 토지 소유재산에 의해 제공된 경제적 독립성은 그와 같은 정신의 가능성을 함축하고 있으며 필연성을 내포하고 있지 않다는 생각을 인정하지 않을 수 없었다. 여하튼 더욱 심각한 것은, 토지 귀족의 독립성이(상속권이라는 독립된 재산에 의존한 채) 자세히 살펴보면 진정한 정치적 정열과 성향에 대해서 대립적인 모순을 지니고 있다는 사실이다. 재산권이 이처럼 독립해 있다는 것은 사회적이거나 정치적인 성격이 전적으로 결여되었다는 데서 연유한다. 소유권은 정치적, 사회적, 윤리적인 연대에서 벗어난 사유재산의 징후들이다.

그러한 소유에 대해 적절한 의식은 진정한 정치적 열정과 무관하고 국가와의 일체감을 상실했고 또한 공동체에 의존하고 있지 않는 의식이다. 그 대신 재산이 독립적이라는 이유 때문에 소유욕에 사로잡힌 인간은 국가와 사회의 일반적인 관심들로부터도 무관하다.

그럼에도 불구하고, 이러한 사유재산권을 정치적 국가의 기초로서 파악하는 점에 있어서 헤겔은 옳았다. 정말로 소유권은 근대적으로 국가를 구성하는 데 있어서 지배적인 영향력을 행사하고 있다. 소유권은 국가의 기초이고 보증이다.

여하튼 이러한 사실은 결코 축복되어질 성질의 것이 아니다. 왜냐하면 재산의 소유권은 국가로 하여금 인간의 정치적 정열과 정치적 본성을 객관화하는 데 도움이 되는 것이 아니라 반(反)사회적이고 반(反)국가적인 형태로서 국가를 사유재산의 도구로 삼는 데에 기인한다. 이러한 면에 있어서 마르크스는 국가가 반사회적이며 반공동체적인 도구적 객체화로 전락해 버렸다고 설명한다. 역사적 명증성은 헤겔 텍스트를 분석하는 데 있어서 요구되어지는 결론을 강화할 뿐이다. 장자 상속권에 있어서 국가의 존재이유는 직접적으로 사유재산에 고착되어 있거나 그것을 관리하는 데 있다.

장자 상속권이 정치적으로 갖는 중요성을 비판한다는 것은 일반적으로 사유재산권이 갖고 있는 정치적 중요성을 비판하는 것이고 마르크스에게 있어서는 또한 그렇게 인식되었다. 현재 존속하고 있는 정치 사회에 있어서 상속된 토지 소유재산이 지니고 있는 위치와 영향력에 대해서 말해질 수 있는 것은 일반적으로 사유재산권에 대해서도 타당하다. 헤겔은 소유권을 인간의 사회적 생활에 대한 통합으로서, 또한 사회-정치적 생활의 원리로서 파악했지만, 사유재산은 본질적으로 사회의 해체이고, 사회적 삶을 분열시키는 힘이다.

사유재산권은 사적 이익을 이기주의적으로 추구하는 것을 은폐함으로써, 다시 말해서 경제적 이익을 위해서 경쟁적으로 투쟁하는 도구로 파악함으로써 국가로 하여금 환상적인 보편성을 지니도록 하고 있다.

마르크스는 장자 상속권을 평가하는 문제를 정치적인 차원에서만 한정하지는 않는다.

또한 마르크스는 더욱 상세하게 토론을 철학적 지반으로까지 확장한다.

헤겔이 사유재산권을 파악한 방식을 해명하는 데 있어서 마르크스는 장자 상속권에 있어서 주어-술어의 전도된 관계를 인지한다. 헤겔에게 있어서 소유권은 소유자의 의지에 공헌하는 사물이다. 소유권의 본질은 소유자의 의지에 따른 그것의 소외성에 기초해 있다. 따라서 소유자는 의지의 주체이고 그이 소유권은 그의 의지의 객관화이고 술어이다. 다시 말해서 의지 주체로서의 그 자신의 객체화이다. 그러나 장자 상속권에 있어서, 소유권은 양도 불가능하고 소유자의 의지에 따라서 처분 가능한 것이 아니다. 그러므로 장자 상속권에 있어서 소유권은 의지의 주체로 나타나고 소유자의 의지는 소유권의 술어로 전락한다.

여기서 소유권의 의지는 소유당해지는 것이다(Here the will of the owner is what is owned). 더욱이 이것은 출생에서 다음 출생에 이르기까지 불변이고 분열되지 않은 채 전승되므로 토지 소유자는 주체가 아니라 객체로서 나타나고 또한 단순한 우연으로 실존한다. 인간을 상속시키는 것은 사실은 소유권이다. 여기서 주체는 재산권이고 술어는 인간이다. 인간의 의지는 그의 재산권의 의지로 되어 버린다. 그는 자신의 소유권에 대해서 단지 노예 상태에 있다. 그의 정치적 자질은 상속된 부에 내재해 있는 정치적 특성이다. 소유권이 주어와 실체의 위치로까지 격상된 데 반하여, 인간이 술어와 우연성으로까지 전락되어 버린 점은 인간과 그의 소유권 사이에 있어서의 관계가 반드시 회복되어져야만 하는 전도된 관계이다. 다시 말해서 의지의 창조적 주체와 그이 의지와 창조적 능력을 객관화하는 일들 사이에서 반드시 올바르게 회복되어야만 한다. 그러나 장자상속권을 비판한다는 것은 역시 역사적으로 조건지워져 있는 재산권의 근대적인 형태에 있어서 소유재산권의 제양태들에 적용될 수 있는 비판을 사유재산권의 극단적인 형태에 초점을 맞추는 데 있다.

사실상 마르크스 자신이 차후에 이러한 것을 적용했다. 장자 상속권의 제도에 특별히 구체화되어 있는 변환적 비판의 범주들을 적절히 사용한다는 것은 1844년의 『경제학·철학 초고』에 나타난 소외된 노동과 사유재산권의 원형적인 모습이며 『자본론』에 나타난 상품의 물신적 성격에 대한 토론의 핵심이다.

그러므로 마르크스는 『비판』에서 다음과 같은 결론에 도달한다. 사유재산권은 사회적 통일체를 위한 긍정적인 역할 대신에 국가를 환상적인 공동체로 변화시키고 시민사회를 그들 자신의 창조적인 활동에 의해 산출된 상품에 의해서 지배되는 원자적 개인들의 집합으로 전락시키는 것이다. 이러한 결론은 사유재산의 폐지가 공동본질로서의 사회-정치적인 이념들의 성취를 위한 본질적인 성취물이라는 마르크스의 주장을 표현하고 있다.

곧이어 1844년 2월 「서문」(Einleitung)에서, 마르크스는 프롤레타리아가 협상화(coming into being)하고 있는 새로운 사회의 촉매로서 사유재산의 부정을 요구하고 있다고 진술하고 있다. 그리고 「유대인 문제에 관하여」(Zur Judenfrage)라는 논문에 있어서, 「서문」에 있어서와 마찬가지로(「유대인 문제에 관하여」 라는 소논문은 비판을 탈고한 후에 바로 씌어졌는데) 마르크스는 유대인이 정치적으로 해방될 수 있는 토론의 가능성을 사유재산의 폐지(Aufhebung)를 요구하는 인간의 일반적인 해방이라는 토론으로 전환시킨다.

사유재산을 정치적으로 폐지하는 것, 다시 말해서 능동적이며 수동적인 참정권을 위해서 특권적 재산을 폐지하는 것은 제일 중요한 단계다. 유대인이 정치적으로 해방되는 것과 같이 이것 역시 현존하는 질서의 제한된 구조 내에서 인간적 해방의 궁극적이며 가능한 형태이다. 이것은 사유재산권을 폐지할 수 없는 것과 마찬가지로 정치적 해방은 유대인으로 하여금 종교적 결합(그것은 그들의 미래의 사적 생활이라는 형태에 보존된 채 남아 있지만)을 자유롭게 할 수는 없다. 유사한 방식으로, 사유재산권은 인간생활의 비정치적 영역에 있어서 지배적인 힘으로 계속 작용하고 있다. 다시 말해서 정치적 국가와는 구별되는 형태인 시민사회의 원리로서 계속해서 작용하고 있다.

이러한 이기주의적 생활방식이라는 모든 전제들은 정치적 영역 밖에서 시민사회의 특질로서 계속해서 작용하고 있다. 정치적 국가가 그것의 충분한 발전을 유지하고 있는 곳에서 사람은 사유와 의식에 있어서 뿐만 아니라 생활과 실재에 있어서도, 이원적인 실존(지상적인 것과 천상적인 실존)이라는 분열에 이른다. 그는 정치적 공동체에서 산다. 거기서 그는 스스로를 공동체적 존재(Gemeinswesen)로서 생각하고, 시민사회에서 그는 단순히 사적 개인으로서 행동하고 타인을 단지 수단으로 다루고, 자신을 단순한 수단의 역할로 평가절하하며 소외된 힘의 역할을 하는 존재에 지나지 않는다.

공적 이익과 사적 이익 사이의 갈등, 정치적 국가와 시민사회의 분열, 시민(Homme)과 공민(Citoyen) 사이의 이원성은 해결되지 않은 채 남아 있다. 다른 한편으로 진정한 인간적 해방은 그와 같은 갈등과 이원성을 제거함으로써 성취될 수 있고, 또한 개별적 인간이 유적 본질로서의 생활을 실제로 영위할 수 있을 때만 이러한 갈등과 이원성은 극복될 수 있다.

그러나 이것은 다만 전제조건, 즉 자기 이해와 이익의 추구와 장삿속을 챙기는 바로 그 가능성을 폐지하는 사회, 간단히 말해 사유재산과 화폐의 지배를 폐지하게 될 사회의 조직화 속에서만 이루어진다.*

이러한 점에서 마르크스는 사유재산의 폐지에 동일시되는 운동단계내에 있다. 그는 이것을 자신의 『경제학 · 철학초고』(1844)에서 행하는데, 그것은 사유재산의 폐지를 이루는 '공산주의적' 행위이며 '공산주의' 그 자체는 사유재산의 적극적 폐지에 동일시되어지며, 그러므로 현존사회의 분업에 있어서 제도화된 모든 소외의 적극적 철폐이다. 이러한 소외의 철폐는 동시에 공동체적 존재(Gemeinwesen), 즉 진정으로 인간적이고 사회적인

---

* *Werke* I, pp. 372~5; *Karl Marx: Early Writings*, pp. 34~7.

삶을 구성하는 공동체의 창조이다. 그리하여 프롤레타리아의 요구, 즉 보편적 계급으로서의 이해는 사유재산의 적극적 철폐로서 이내 곧 존재하게 될 새로운 세계의 촉매인 공산주의의 현실성과 일치한다.* 이러한 식으로, 마르크스의 공산주의에의 집착은 보편적 계급으로서의 프롤레타리아에 대한 자기 동일시와 마찬가지로 『법철학』에 대한 그의 체계적 비판, 특히 사회·정치적 통일의 원리로서 장자 상속권에 대한 헤겔의 언급에의 비판으로부터 성립한다.**

신분에 대한 헤겔의 교의(教義)를 비판함에 있어서 마르크스는 일찍이 1842년 12월 「라인신문」과 1843년 3월 루게에게 보낸 편지에서 단지 암시할 뿐이었던 것을 자세하게 설명한다. 첫 번째 예로 그는 신분의회를 참다운 대중의 대표제에 정반대를 이루는 것으로 규명하고, 둘째로 입헌

---

* *MEGA* 1.3.112,114,115,134 ; *Karl Marx* : *Early Writings*, pp.153, 155, 156, 176.독일 『이데올로기』에서의 공산주의에 대한 그의 정의는, *Werke* III, p.35. 이것과 관련하여1844년 『초고』는 그가 「라인신문」 편집장으로 있을 때 공산주의 이념에 대한 비판적 경로에 수행하겠다는 약속의 이행을 나타낸다. '필요' 생산 그리고 노동분배라 제목 붙여진 『초고』에서의 그의 언급을 보자(*MEGA* 1,3,134). 비판적 이론으로서의 공산주의는 여전히 이론에 의해 지배된다고 하더라도 실천적 행위(praxis)가 되어야 한다고 주장한다. 이러한 이론과 실천의 통일로서 공산주의에 대한 언급은 『비판』 이전에 이론적이고 실천적인 국면에 있어서 '비판'으로서 철학에 대한 마르크스의 언급의 특정의 발전이다. 이 발전에 있어서 프롤레타리아의 위치는 이미 확립되었고 그것은 비판적인 이론을 실천적인 행동으로의 변화를 매개시키는 사회내의 요소이다.

** '사유재산의 지양'으로부터 나타나는 것으로서 마르크스에 의하여 관찰된 재산체계의 문제는 인간적이고 사회적인 그리고 개인적인 재산이 세세하게 토의되어지듯이 마르크스의 저작들을 통하여 상관적인 문장 속에서 여러 번 언급된다. 『자본론』에서 극도로 흥미있고 일반적으로 경시된 부분도 포함된다. Avineri, *The Social and Political Thought*, esp. pp. 114~17, 174~82.

군주제의 전체적 제도적 구조를 자기 모순적 잡종(self-con-tradictory hybird)으로서 규정했다.*

『법철학』에서 헤겔은 신분의회를 그것을 통하여 국민이 국가의 일에 참여하게 되고 반대로 국가의 목적과 관심사가 국민의 관심사가 되는 정치적 기관으로서 묘사한다. 신분의회는 왕과 국민, 정부와 사적 시민, 근대적 삶의 정치적 영역과 시민적 영역 사이의 매개기관이며 중간항이다. 그것은 국가와 시민사회의 이중성의 철폐를 위한 적절한 매개물이다.**

그러나 마르크스에 따르면 여기서 또한 헤겔의 주장은 사태의 진실, 즉 신분의회는 공적인 일에의 대중적 참여의 형식적 환상 외에 아무것도 아니며 국민의 생각이나 의지는 국가 속에서 실현을 볼 수 없다는 사실을 벗어나고 있다. 헤겔 정치철학의 모든 비일관성과 자기 모순은 그의 신분의회에 대한 언급에서 발견되는데, 그것은 헤겔이 직면하여 해석하고 있는 근대사회의 모든 모순이 이러한 정치적 구체물 속에 가장 명확하게 드러나기 때문이다. 어느 곳도 신분의회에서만큼 근대국가가 국민의 정치적 의식과 감정의 객관화가 아니라는 것이 명확하지는 않다. 공적인 일에 국민들이 참여할 수 있도록 하는 대신에, 신분의회를 공적인 일의 추구를 하나의 환상, 그것도 관료적 관계(官界)에 의해 독점화된 환상으로 만들어 버린다. 신분의회는 이성적인 정치적 질서에 있어서 중간항이라기보다는 오히려 사회적 인간의 보편적 목적의 실현을 가능하게 하지 못하는 사회

---

* 본서 pp.256 277~8

** 특별히 Hegelo의 §§301~2, 그리고 이에 대한 그의 언급을 보라 ; 삼단논법의 형식에 따른 국가에 대한 그의 해석에 대해서는, 특히 §302에 대한 그의 언급을 보라. 또한 Knox의 §312에 대한 노트와 *The Philosophy of Right*의 그의 번역에서 p.372를 보라.

를 조직적으로 상호 화해시키는 희화적인 요소이며 국가와 시민사회 사이의 이중성을 매개시키는 대신에 그것은 14세기 프랑스의 스콜라 철학자인 장 부리단의 당나귀처럼 두 영역 사이에 군림한다. 오히려 합리적인 것은 신분의회는 시대착오이고 근대적 병의 치료책으로 제시된 중세적 제도라는 것, 즉 신분의회 헌법은 시민사회와 정치적 국가의 특별히 근대적인 이중성을 중세적 삶의 회상을 통하여서 해결하려 한다라는 것이다.

더구나 근대적 형식에 있어서 신분의회는 하나의 잡종이다. 왜냐하면 한편은 귀족원이 거의 순수하게 중세적인 형식으로 그에 상당하는 시민신분(토지귀족)과 관계되며 다른 한편에서는 시민 대표원이 근대적 형식, 즉 자치체로부터 나오는 중세적인 모습을 여전히 유지하고 있다 할지라도 선거를 통하여서 시민신분(상업적이고 공업적인 계급)에 관계된다. 게다가 그것들은 모순적인 잡종이다. 한편으로 시민사회에 대한 신분의회의 관계는 국가 그 자체를 시민사회의 종속적 확장으로 만드는 바, 신분의회에 있어서 입법부의 본질(정치적 심성)은 독립적인 사유재산(귀족원에 자리잡은 귀족들의 토지재산)에 의해 보장되어지고 입법부의 존재는 자치체의 특권(시민대표원의 현실적인 위임자)에 의해 보장되어진다. 다른 한편으로 그 관계는 사적 이해와 관련하여 국가의 독립을 보장하도록 의도되어진다. 왜냐하면 신분의회의 구성원들은 귀족이나 시민 대표자나 전체로서의 보편적 정치이익을 위해서 자신의 시민계급의 이익을 버릴 수 있기 때문이다. 그들은 자신의 계급이익의 대표자이며 동시에 대표자가 아니고 또한 국가의 구성원이며 동시에 그렇지 않고 시민사회의 구성원이면서 시민사회의 구성원이 아니다.

헤겔은 이러한 비합리적 상황을 합리적인 것으로서 주장하려고 함으로써 비일관적이고 자기모순적일 수밖에 없었다. 그는 신분의회가 합리적인 입법부의 요구를 현실적으로 충족시킬 수 있는지 어떤지를 결코 묻지 않는다. 다시 말하면 그는 진정으로 철학적인 관점을 채택하지 않고 그 자신의 술어로 사태를 검토하지 않는다. 대신에 그는 신분의회를 자신의 신비적 논리학의 요구를 만족시키기 위하여 있는 것으로, 즉 '공적인 일'이 명확한 존재를 획득하는 용기(用器)를 갖는 것으로 받아들인다. 그리고 그는 이 모두를 좀더 쉽게 행한다고 마르크스는 신랄하게 적고 있는데, 왜냐하면 헤겔은 국민에 있어서 진정한 정치의식과 감정의 존재를 부정하는 프러시아의 관료제 세계의 놀랄 만한 오만함에 물들었기 때문이다.

물론 마르크스는 국민이 정치의식과 감정의 실제적 주체라는 반대의 입장을 가정한다. 따라서 그는 신분의회에 반대되는 헌정체제, 즉 국가의 현실적 구성원 모두의 의지에 적합한 조직을 그것의 존재를 정치적인 것으로 증명하고 그러한 것으로 실행하기 위하여 확립할 것을 요구한다. 더구나 국민은 주권의 실제적인 주체이다. 따라서 그는 군주제에 반대되는 헌정체제를 요구한다. 이러한 두 가지 요구는 인간의 진정한 정치적 본질에 적합한 유일한 체제로서 민주주의에 대한 그의 주장에 수렴한다. 그는 단지 민주주의에서만 실제적으로 인간 스스로가 체제를 창조하고 형성하며 국가는 실제로 인간의 사회적 유적 본질의 객관화라고 주장한다. 그리하여 군주제가 인류의 정도를 벗어났음에 대하여 민주주의는 인류의 유적 본질에 걸맞는 체제이다. 기껏해야 군주제는 한 인간이 모든 인간에 내재적인 주권의 상징으로서 군림하는 체제이며 잘해야 한 인간이 그 밖의 모든 사람을 배제하여 정치적 존재의 영역을 독점하고 사람들을 비참하고 비인간적인 조건으로 몰아넣는 체제이다.

더구나 단지 민주주의에서만이 국민들은 공적인 일과 국가의 일, 즉 사회적 존재로서의 자기 자신의 일의 결정과 실행에 완전하게 참여할 수 있다. 이러한 참여를 위한 수단은 적극적이면서 소극적이기도 한 보통선거이다. 단지 이것만이 신분의회가 순전히 환상적인 방법, 즉 정치적 국가와 시민사회간의 이중성을 초월(transcendence)로 수행한 것을 성취할 수 있다. 보통선거의 실천은 시민사회를 정치적 존재로 끌어올리며, 그럼으로써 분리된 영역으로서의 시민사회를 소멸시키며 동시에 분리되고 적대적 영역으로서 국가를 소멸시킨다. 역사적으로 조건 지워진 국가와 시민사회의 근대적 이중성(즉, 근대인의 사회적 존재 내에서의 분열)의 진정한 철폐(지양 ; Aufhebung)는 보통선거의 형식을 갖는 민주주의를 통하여 수행되어질 수 있다.

적극적이면서도 소극적이기도 한 제한되지 않는 선거로 시민사회는 현실적으로 자기 자신을 처음으로 자신의 추상, 즉 자신의 진실된 보편적이고 본질적인 존재로서 정치적 존재에로 끌어올렸다. 그러나 이러한 추상의 완전한 성취는 또한 곧 바로 추상의 지양이다. 자신의 진정한 존재로서 정치적 존재를 현실적으로 확립함에 있어서 시민사회는 동시에 자신의 시민적 존재를 정치적 존재로부터 분리하여 비본질적인 것으로 확립하여 왔다. 그리하여 둘은 분리하여 서로 절대적으로 정립한다. 추상적 정치국가내에서 선거제도 개혁은 이러한 정치국가의 소멸로 나아가며 또한 시민사회의 소멸로 나아간다.

“『비판』의 끝 부분에 공식화된 이러한 교조적 결론은 일찍이 마르크스가 ‘시민사회는 정치적 존재의 비현실성이고 시민사회의 정치적 존재는 자신의 소멸이며 자신으로부터 그것의 분리이다.’ ‘시민사회는 자신의 모든 구성원이 입법자라면 그러한 것으로서 자신을 방기할 것이다’라고 썼을 때 암시되고 있다. 국가의 소멸을 함축하는 것으로서 보통선거에 대한 같은 언급은 또한 어떤 근대의 프랑스 이론가의 무정부주의적 입장에 대한 마르크스의 시인을 명확히 한다. 『비판』에 있어서 민주주의에 대한 처음의 논의에서 그는 ‘진정한 민주주의에서 정치적 국가는 사라진다’라고 쓴다.” *

그리하여 가끔 마르크스는 무정부주의로, 즉 국가의 소실, 소멸 혹은 철폐에 대한 요구로서 언급되어졌던 것은 『법철학』에 대한 체계적 비판으로부터, 특별하게는 신분의회가 인간의 사회적이고 정치적인 삶의 통합을 위한 원리적인 제도적 대표라는 헤겔의 교의에 대한 비판에서 성립한다. 그리하여 그의 무정부주의는 그것이 처음 공식화되었던 이론구조에 대한 언급으로 이해되어져야만 한다. 프롤레타리아와 사유재산의 철폐에 대한 교의와 마찬가지로 마르크스의 민주주의와 보통선거에 대한 요구는 그 자체 국가의 폐지에 대한 요구와 상응하며 ‘공동존재’(Gemeinwesen)의 이념을 확립함에 있어서 헤겔의 제도적인 결론의 하나에 대한 그의 체계적 거부로부터 도출된다. 다시 말해 프롤레타리아와 사유재산의 철폐에 대한 그의 교의와 마찬가지로 보통선거에 대한 그의 지지는 이론적이고

* pp.20,29~30; 위에서 인용된 1843년 5월의 루게에게 보낸 마르크스의 편지(pp.277~8)와 『비판』에서의 그의 언급을 보자.

계획적인 일련의 저작 속에서 제시된 사회적이고 정치적인 이론의 통합된 부분이 된다. 거기에서 보통선거의 확립 '민주주의를 위한 주장'에 있어서의 승리, 그리고 국가의 철폐는 반복적으로 동등시된다.*

---

* 예를 들면 *Werke* Ⅲ, p.537; 「독일에 있어서 공산당의 요구」(1848), *Werke* V.p.3 (English) in the *Communist Manifesto of Karl Marx and F. Engels,* ed. D. Rjazanov(New York, 1963), Appendix H, pp.345~6; *The Civil War in France*(1871)의 출판, 이 출판의 양자 모두를 보자. 마르크스의 후기 저작과 연설에 있어서 이러한 언급의 위치에 대한 세세한 검토는 『비판』에 있어서 그것의 발전에 관한 언급과 함께, Avineri에 의한 *The Social and Political Thought* 특히 pp.202~20을 보라.

역자후기

헤겔이 그의 『역사철학강의』에서 말했듯이, "철학은 그 시대의 아들이며 또한 사유 속에서 포착되어진 그 시대이다." 따라서 철학은 시대를 초월한 어떠한 추상적인 사변도 용납되지 않으며, 그런 의미에서 철학의 최고의 사명은 그 철학이 자리하고 있는 그 시대를 철저하고 완벽하게 개념적으로 파악하는 것이다. 헤겔의 철학체계내에서 그러한 철학의 실천적 사명을 가장 극명하고 구체적으로 드러낸 것이 바로 『법철학』이다.

『법철학』, 보다 정확하게는 『법철학 요강 또는 자연법과 국가학 강요』는 책이 출판된 그 당시로부터 오늘날에 이르기까지 가장 많은 비판과 주목을 받아 왔던 책 중의 하나이며, 그 비판의 방향도 각각의 시대의 동향에 따라, 그리고 비판하는 사람의 철학적 정치적 입장에 따라 각양각색으로 변하여왔다. 그러나 이 책의 저자가 밝히고 있듯이 헤겔이 발딛고 서 있었던, 헤겔의 철학적 사유에 동기를 부여하고 동시에 생기를 불어넣어 주었던 헤겔의 시대, 그 시대의 사회 정치적 배경을 토대로 해서 그의 철학적 입장에 접근했을 때, 우리는 보다 적적한 헤겔의 모습에 접근할 수 있을 것이다. 그런 면에서 이 책은 헤겔의 『법철학』이 위치하고 있던 사회 역사적 배경을 비교적 자세하게 다루고 있다는 점에서 우리에게 많은 도움을 주고 있다.

헤겔의 『법철학』에 대한 비판 가운데 가장 뚜렷하게 드러나고 있는 것은 그가 프러시아 전제국가의 어용철학자였는가, 아니면 진정 시대의 고민을 끌어안고 보다 참된 해방과 자유에의 길을 모색했던 진보적 또는 혁명적 철학자였는가 하는 점일 것이다. 이 책의 저자들은 후자의 입장에 기울어져 있는데, 때문에 그러한 입장을 증명하기 위한 노력을 도처에서 보여주고 있다. 이들의 입장은 헤겔이 주어진 현실을 무비판적으로 그대로 받아들이는 실증주의 내지 헤겔이 그 극복의 대상으로 한 근대 시민사회를, 목적 그 자체로서 보았던 근대 자연법 학설을 비판함과 동시에 현실의 모순을 실제적으로가 아닌, 오히려 현실과는 동떨어진 추상적 사유 속에서 직접적으로 초극하려고 했던 당시의 낭만주의를 비판했다는 사실로부터도 입증될 수 있다.

또한 H. 마르쿠제는 그의 유명한 헤겔 비판서인 『이성과 혁명』에서 『법철학』을 "자기의식에 도달한 중산계급의 철학"이라고 말한다. 여기에서 자기의식에 도달했다 함은 중산계급이 자신의 토대로 삼고 있는 사회제도로서의 근대 시민사회, 즉 자본주의의 근본적 모순을 깨달았다는 것이요, 중산계급의 철학이라 함은 자본주의 자체의 모순을 깨달았지만, 이 자본주의의 필연적인 모순을 그 사회를 넘어서는 또 다른 사회체제로서의 도약이 아닌 자본주의 자체 속에서, 즉 경제제도로서의 자본주의보다 높은 단계, 즉 헤겔이 참된 인륜의 현실태로 이상화시켰던 국가의 정치적 조정에 의해서 해결하려고 했으며 따라서 이는 결국 중산계급의 이익과 밀접하게 연결되어 있는 철학체계임을 말한다. 헤겔의 『법철학』이 갖는 이러한 특징은 헤겔 당시의 유럽의 전체적 상황 및 독일의 사정을, 즉 자유와 평등을 내걸었던 프랑스 혁명이 그 원리의 추상성으로 말미암아 자코뱅주의의 '절대적 공포'를 낳고, 나폴레옹의 몰락 이후 유럽 전체가 반동화되어 가는 가운데 한편으로는 혁명 그 자체를 반성의 대상으로 삼으면서 또 한편으로는 근대 시민사회로의 진보를 위한 사회·경제적인 물적 토대를 결여한 후진 독일의 근대화의 길을 모색해야 했던 당시의 상황을 고려할 때, 보다 확연히 드러날 수 있다. 그런 의미에서 『법철학』의 한계는 그 책이 드러내고 있는 시대, 즉 근대 시민사회의 한계라고 볼 수 있겠다. 그러나 "미네르바의 올빼미는 황혼이 진 뒤에 비로소 날기 시작한다."

헤겔은, 사적 소유재산을 기반으로 한 근대 시민사회의 근본적 모순을 사적 이익과 공동이익 사이의 화해 불가능한 갈등으로 보았다. 그리고 이 둘의 통합, 즉 진정한 보편성의 획득, 각각의 개인이 자립적인 현실성을 갖고 있으면서 그들의 본질의 절대적·정신적 통일을 얻고 있는, 혹은 인간 상호의 공동체가 본질적으로 개인의 자유의 제한으로서가 아니라 그것의 확대로서 존재할 수 있는 상황의 회복은 고대 그리스의 폴리스 공동체처럼 자연적, 무매개적이 아니라, 근대 시민사회를 매개로 한 의식적, 합리적인 방법을 통해서만 실현 가능하다고 보았다. 헤겔이 관념적인 형태로 드러내었던 이러한 근대 시민사회의 모순이 그 구체성을 드러냈을 때, 그것이 근본적으로 현재 이 땅에서 살고 있는 바로 우리들이 고민하는 문제이며 또한 우리들이 실천적으로 해결해야 하는 문제임을 발견하게 되는 우리는 헤겔의 『법철학』을 통해 많은 시사점을 얻을 수 있으리라 생각한다.

『법철학』은 「추상법」, 「도덕성」, 「인륜」의 세 부분으로 구성되어 있는데, 이 각 부분의 단계적 이행은 변증법적 논리를 따르고 있으며 또한 그 각각이 구체적인 사회·경제적 배경을 가지고 역사적으로 진행하고 있다. 이러한 기본적 관점을 염두에 둘 때, 우리들은 이 책을 읽어 가면서 헤겔에 이르러 그 완성에 도달했던 모든 개념들이 '참된 인륜성의 부흥'을 지향했던 『법철학』에서 그것들이 생겨난 역사적 · 사회적 현실에 적용되어, 그 추상성을 탈각하고 그것들의 구체적 형태를 되찾게 되는 과정을 볼 수 있을 것이다. 여기에서 또한 우리는 헤겔의 철학이 인간의 구체적인 삶을 그 대상으로 하고 있으며 『법철학』은 그런 실천철학의 대표적인 예임을 알 수 있다.

이 역서의 원본은 헤겔의 정치철학에 조예가 깊은 일본의 上妻 精, 小林靖昌 및 高柳良治 세 명의 학자가 분담집필한 有斐閣新書의 『ヘーゲル法の哲學』(1980)이다. 몇몇 비판서를 제외하고는 본격적으로 헤겔의 『법철학』을 전체적으로 다루고 있는 책이 없는 현상황에서 『법철학』을 처음 공부하고자 하는 분들에게 많은 도움이 되리라 생각한다.

끝으로 이 책을 번역하는 데 많은 도움을 준 강금실씨와 여러 친구에게 감사한다. 독자들에게 많은 도움을 줄 수 있는 책이었으면 하는 바람이다.

역자를 대표하여 김정길

● 참고문헌

金子武蔵,『ヘーゲルの 國家觀』岩波書店, 1944. (復刊, 1980).

金子武蔵 (譯, 解說),『ヘーゲル政治論文集』上, 岩波文庫, 1967.

上妻 精(譯), 金子武蔵(解說)『ヘーゲル政治論文集』下, 岩波文庫, 1967.

K. Marx,『ヘーゲル國法論批判』(『マルクス·エンゲルス全集』 第 1 卷, 大月書店, 1959, 所收,『マルクス·エンゲルス選集』 第 1 卷, 新潮社, 1957, 所收).

K. Marx,『ヘーゲル法哲學批判序說』(『マルクス·エンゲルス全集』 第 1 卷, 大月書店, 1959, 所收, 『ユダヤ人問題によせて』岩波文庫, 1974, 所收).

F. Rosenzweig, *Hegel und der Staat*, 2 Bde, München und Berlin, 1920, Aalen, 1962.

H.A. Reyburn, *The Ethical Theory of Hegel, A Study of Philosophy of Right*, Oxford, 1921, 1967.

P. Vogel, *Hegels Gesellschaftsbegriff und seine geschichtliche Fortbildung durch Lorenz Stein, Marx, Engels und Lassalle*, Berlin, 1926, 1980.

H. Marcuse(桝田啓三朗 · 中島盛夫 · 向來道男 譯),『理性と革命』岩波書店 1961.

E. Weil, *Hegel et l'état*, Paris, 1950.

A.A. Piontkowski, *Hegels Lehre über Staat und Recht und seine Stra-frechtstheorie*, Berlin, 1960.

E. Fleischmann, *La philosophie politique de Hegel sous forme d'un com-mentaire des fondments de la philosophie du droit*, Paris, 1964.

J. Barion, *Hegel und die marxistischen Staatslehre*, Bonn, 1963, 2. Aufl, 1970.

W. Maihoffer, Hegels Prinzip des modernen Staates, in. *Festschrift für Gerhart Husserl zum 75*, Geburtstag. 1965.

M. Riedel(淸水正德・山本道雄 譯), 『ヘーゲル法哲學』 福村出版, 1978.

M. Riedel, *Buergerliche Gesellschaft und Staat bei Hegel*, Neuwied, 1970.

Z.A. Pelczynski(Hrsg.), *Hegel's political philosophy, problems and pers-pectives*, Cambridge, 1971.

S. Avineri(高柳良治), 『ヘーゲルの 近代國家論』 未來社, 1978.

K.H. Ilting, Einleitung- "Die Rechtsphilosophie" von 1820 und Hegels Vorlesungen über Rechtsphilosophie, in, *Vorlesungen über Recht-sphilosophie* 1818~1831, Stuttgart-Cannstatt, 1973.

M. Riedel(Hrsg.), *Materialien zu Hegel's Rechsphilosophie*, 2 Bde, Frankfurt a. M., 1975.

J. Ritter(出口純夫譯), 『ヘーゲルと フランス革命』 理想社, 966.

R. Hočevar, *Hegel und der Preußische Staat*, München, 1973.

J. D'Hondt, *Hegel en son temps*, Paris, 1968.

H. Ottmann, *Individuum und Gemeinschaft bei Hegel*, Bd, I, Berlin/ New York, 1977.

기본용어 원어 대조표(基本用語原語對照表)

가족(Familie)
개념(Begriff)
개연주의(Probabilismus)
객체성(객관성)(Objektivität)
경향(Neigung)
계약(Vertrag)
공동(체)(Gemeinschaft, Gemeinde)
공화제(Republik)
관리(Beamte)
관습(Sitte)
교양(Bildung)
교육(Erziehung)
국가(Staat)
국가체제(Verfassung)
국민(Volk)
국민 대의제도(Volksvertretung)
군주(Monarch)
군주권(fürstliche Gewalt)
군주제(Monarchie)
권리(Recht)
귀책(歸責 : Zurechnung)
기도(企圖 : Absicht)
긴급권(Notercht)
노동(Arbeit)
당위(Sollen)
대의원(Abgeordnete)
대자(für sich)
덕(德 : Tugend)
도덕성(Moralität)
물건(物件 : Sache)
반성(反省 : Reflexion)
배심재판(Geschworenengericht)
범죄(Verbrechen)
법(Recht)
법률(Gesetz)
법외적 손해(Laesio enormis)
변증법(Dialektik)
보편성(Allgemeinheit)
복지(Wohl)
불법(Unrecht)

빈곤(Armut)
사기(詐欺 : Betrug)
사랑(Liebe)
사법작용(Rechtsflege)
사변(Spekulation)
사용(Gebrauch)
사유(思惟 : Denken)
사형(Todesstrafe)
생(Leben)
선(善 : Gutes)
선택(Wahl)
성실(Wahrhaftigkeit)
소외(Entfremdung)
소유(Eigentum)
승인(Anerkennen)
시민(Bürger)
시민사회(bürgerliche Gesellschsft)
신념(überzeugung)
신탁유증(信託遺贈 : Fideikommib)
실정법(實定法 : positives Recht)
실존(Existenz)
아집(我執 : Eigensinn)
악(惡 : Böses)
애국심(Patriotismus)
약정(約定 : Stipulation)
양도(Entäuberung)
양심(Gewissen)
여론(öffentliche Meinung)
영구차지권(Emphyteusis)
오성(Verstand)
욕구(Bedürfnis)
우연성(Zufälligkeit)
위선(Heuchelei)
육체(Körper)
의도(Vorsatz)
의무(Pflicht)
의지(Wille)
이념(Idee)
이성(Vernunft)
이용(Benutzung)
인격체(Person)
인륜(Sittlichkeit)
인책능력(引責能力 : Zurechnungsfähigkeit)
자산(資産 : Vermögen)
자연법(Naturrecht)
자유(Freiheit)
자율(Autonomie)
자의(Willkühr)
장자상속(長子相續 : Majorat)

재판(Gericht)
점유(Besitz)
절도(Dieb)
정신(Geist)
정열(Leidenschaft)
정의(Gerechtigkeit)
조약(Traktate)
주권(Souveränität)
주체성(주관성 : Subjektivität)
즉자대자(an und für sich)
지양(Aufheben)
직업단체(Korporation)
책임(Schuld)
천민(Pöbel)
추상법(abstraktes Recht)
충동(Trieb)
통찰(Einsicht)
통치권(Regierungsgewalt)
특수성(Besonderheit)
판단(Urteil)
표식(Zeichen)
표절(Plagität)
필연성(Notwendigkeit)
행복(Glückseligkeit)
행위(Handlung)
현상(Erscheinung)
현실(Wirklichkeit)
현존재(Dasein)
형법(Strafrecht)
화해(Versöhnung)